Detlef Schmiechen-Ackermann

Diktaturen im Vergleich

Kontroversen um die Geschichte

Herausgegeben von
Arnd Bauerkämper, Peter Steinbach und Edgar Wolfrum

Detlef Schmiechen-Ackermann

Diktaturen im Vergleich

Wissenschaftliche Buchgesellschaft

Einbandgestaltung: Neil McBeath, Stuttgart.

Die Deutsche Bibliothek – CIP-Einheitsaufnahme
Ein Titeldatensatz für diese Publikation ist bei
Der Deutschen Bibliothek erhältlich.

Gedruckt auf säurefreiem und alterungsbeständigem Papier
Printed in Germany

Besuchen Sie uns im Internet: www.wbg-darmstadt.de

ISBN 3-534-14730-8

Inhalt

Vorwort der Reihenherausgeber

Kontroversen begleiten nicht nur die wissenschaftliche Arbeit, sondern sind deren Grundlage. Dies gilt auch für die Geschichtswissenschaft. Weil wissenschaftliche Auseinandersetzungen nicht leicht zu durchschauen und noch schwerer zu bearbeiten sind, ist es notwendig diese aufzubereiten

Die Reihe „Kontroversen um die Geschichte" ist als Studienliteratur konzipiert. Sie präsentiert die Auseinandersetzungen zu Kernthemen des Geschichtsstudiums; ihr Ziel ist es, Studierenden die Vorbereitung auf Lehrveranstaltungen und Examenskandidaten ihre Prüfungsvorbereitung zu erleichtern. Entsprechend kennzeichnet sie ein didaktischer und prüfungspraktischer Darstellungsstil.

Über diesen unmittelbaren Nutzen hinaus nimmt die Reihe die Pluralisierung der Historiographie auf, ohne dem Trend zur Zersplitterung nachzugeben. Gerade in der modernen Gesellschaft mit ihrer fast nicht mehr überschaubaren Informationsvielfalt wächst das Bedürfnis nach einer schnellen Orientierung in komplizierten Sachverhalten. Ergebnisse der historischen Forschung werden in dieser neuen Reihe problemorientiert vermittelt. Die einzelnen Bände der „Kontroversen um die Geschichte" zielen dabei nicht auf eine erschöpfende Darstellung historischer Prozesse, Strukturen und Ereignisse, sondern auf eine ausgewogene Diskussion wichtiger Forschungsprobleme, die nicht nur die Geschichtsschreibung geprägt, sondern auch die jeweilige zeitgenössische öffentliche Diskussion beeinflusst haben. Insofern umschließt der Begriff „Kontroversen" zwei Dimensionen, die aber zusammengehören.

Die Spannbreite der „Kontroversen um die Geschichte" reicht vom 16. Jahrhundert bis zur Zeitgeschichte. Einige der Bände sind jeweils einzelnen Themengebieten wie der Verfassungsgeschichte gewidmet, die im historischen Längsschnitt behandelt werden und überwiegend über den deutschen Sprach-, Kultur- oder Staatsraum hinaus eine vergleichende Perspektive zu anderen Regionen und Staaten Europas eröffnen. Andere Bände behandeln einzelne Epochen oder Zeitabschnitte europäischer und deutscher Geschichte wie etwa den Absolutismus oder die Weimarer Republik. Gelegentliche Überschneidungen sind somit nicht nur unvermeidbar, sondern auch durchaus sinnvoll.

Der Aufbau der Bände folgt einem einheitlichen Prinzip. Die Einleitung entfaltet den Gesamtrahmen der behandelten Epoche oder des dargestellten Querschnittbereichs. Daran schließt sich ein Überblick an: Er begründet die Auswahl der behandelten Deutungskontroversen und ordnet diese in den Gesamtrahmen ein. Der Hauptteil der Bände umfasst sechs bis acht Forschungsprobleme. Dabei werden nicht vorrangig alle Entwicklungen und Stadien der Forschung nachgezeichnet, vielmehr Schlüsselfragen und zentrale Deutungskontroversen der Geschichtswissenschaft übersichtlich und problemorientiert präsentiert. Der Darstellung dieser Schlüsselfragen folgt zum Schluss eine kritische Bilanz des Forschungsstandes, in der auch offene Probleme der Geschichtsschreibung dargelegt werden. Historische Forschung ist ein nie beendeter Prozess, dessen Befunde immer einer kritisch-distanzierenden Bewertung bedürfen. Auch dies soll in dem abschließenden Kapitel der Bände jeweils deutlich werden. Eine Bibliographie der wichtigsten Werke steigert den Gehalt der Bände; das Register weist zentrale Personen- und Sachbezüge nach und dient einer schnellen Orientierung.

Unser Wunsch ist es, dass die Reihe „Kontroversen um die Geschichte“ einen festen Platz in den Bücherregalen von Studierenden der Geschichtswissenschaft, aber auch benachbarter Disziplinen einnimmt, die sich auf Lehrveranstaltungen oder Prüfungen vorbereiten. Darüber hinaus sind die Bände der Reihe an Leserinnen und Leser gerichtet, die Befunde der Geschichtsschreibung sachkundig vermitteln möchten oder ganz generell an historisch-politischen Diskussionen interessiert sind.

Arnd Bauerkämper
Peter Steinbach
Edgar Wolfrum

I. Einleitung

1. Das Signum des 20. Jahrhunderts: Aufstieg und Überwindung von „modernen" Diktaturen

„Die Diktatur bedroht ständig unsere Generation: wir sind es schon gewohnt, dass sie uns wie ein wildes Tier beschleicht, dessen Brüllen uns in der Nacht aufschrecken lässt, das uns so nahe kommt, dass wir manchmal seinen Atem verspüren. Jeder Abschnitt unseres Lebens ist durch eine Tyrannei gekennzeichnet. Mussolini betrat das Capitol, als wir noch mit Glaskugeln spielten; Hitler kam, als wir im Jünglingsalter standen; Franco und Pétain traten auf, als wir junge Männer waren; die Volksdemokratien entstanden, als wir den Weg der Reife beschritten; dann waren die Militärs des Mittleren Ostens an der Reihe, schließlich die unseren." (12, S. 7) Der französische Sozial- und Politikwissenschaftler Maurice Duverger (Geburtsjahrgang 1917) formulierte diese emphatische Warnung 1961 als einleitende Passage zu seiner Abhandlung „Über die Diktatur", nachdem putschende Militärs während der Algerienkrise die Vierte Republik in ihre finale Krise gestürzt hatten. Überwunden wurde diese Staatskrise durch Übertragung von Sondervollmachten an die von General de Gaulle geführte neue französische Regierung und schließlich durch die Bildung der Fünften, präsidial geprägten Republik. Während des in den folgenden Jahren durchgeführten Prozesses der Dekolonisierung sah sich freilich auch das autoritäre Regime de Gaulles einer ständigen Bedrohung durch putschende Militärs ausgesetzt. „Demokratie" und „Totalitarismus" sind mithin, wie der Politikwissenschaftler Raymond Aron anhand des französischen Beispiels herausgestellt hat (2), nicht ausschließlich als trennscharfe systemtypologische Gegensätze zu fassen. Ebenso sind auch die autoritären und totalitären Potentiale zu analysieren, die in pluralistisch verfassten Gesellschaften vorhanden sein und im Extremfall zu deren Zerstörung führen können. Dabei ist freilich von Fall zu Fall nach den konkreten Ursachen und Rahmenbedingungen der politischen Entwicklung zu fragen und im Ergebnis sorgfältig zu differenzieren, etwa zwischen der fahrlässig „verspielten Freiheit" der Weimarer Demokratie (30) oder der Zerstörung der spanischen Republik (ein komprimierter Überblick in: 4, S. 84 ff.) sowie der bedrohlichen, aber letztlich doch bewältigten französischen Staatskrise im Übergang von der Vierten zur Fünften Republik oder der Aushöhlung der Demokratie durch den McCarthyismus (35). Dabei wird deutlich, dass auch die zweite Jahrhunderthälfte, die zumindest aus europäischer Perspektive vor allem als erfolgreiche Überwindung von diktatorischen Regimen zu beschreiben ist, noch im langen Schatten der weltanschaulich fundierten Diktaturen gestanden hat, die in der ersten Hälfte des Jahrhunderts in Ost-, Mittel- und Südeuropa einen scheinbar unaufhaltsamen Aufstieg erlebt hatten.

Die Krise der liberalen Demokratien und der Aufstieg ideologisch unterschiedlich ausgerichteter diktatorischer Bewegungen – diese beiden einander bedingenden Entwicklungen stellen für die Zeitspanne zwischen dem Ersten und dem Zweiten Weltkrieg das Schlüsselthema der europäischen Politikgeschichte dar. In den ersten Jahren der Zwischenkriegszeit standen diese Prozesse, psychologisch und soziologisch betrachtet, in einem engen Zusammenhang mit der Verarbeitung der Kriegsgräuel der vielfach traumatisierten und zudem nun häufig in ihren Gesellschaften „überflüssigen" heimkehrenden Soldaten. Aus politologischer Sicht sind sie vor allem in den Kontext der schwierigen ökonomischen Bewältigung der drückenden Kriegsfolgelasten sowie des letztlich gescheiterten Versuches, eine stabile internationale Friedensordnung zu etablieren, einzuordnen.

In dem in seinen Bewertungen indifferenten und daher problematischen Sammelwerk zum „Prozess der Diktatur" beschrieb 1930 der Herausgeber Otto Forst de Battaglia recht treffend den Zeitgeist: „Das Problem der Diktatur ist das beherrschende unserer politischen Gegenwart. Die Frage, ob das Erbe des 19. Jahrhunderts: ob die Lehre vom contrat social, die in der Ansicht von der natürlichen Gleichheit, von der angeborenen Freiheit aller Menschen wurzelnde Demokratie auch weiterhin die Staatsform des europäischen Kulturkreises bleiben solle, ist zur Diskussion gestellt und von den einzelnen Ländern, Nationen, Parteien verschieden beantwortet worden..." (14, Geleitwort)

Unter den 28 Staaten, die im Europa der Zwischenkriegszeit existierten, befanden sich 1920 nur zwei Diktaturen: die aus der Oktoberrevolution geborene Sowjetunion sowie das autoritäre Horthy-Regime, das in Ungarn die von Bela Kun geführte kommunistische Rätediktatur abgelöst hatte (vgl. 36, S. 91 ff.). Mit dem inszenierten „Marsch auf Rom" (am 28. Oktober 1922) und der schrittweise vollzogenen Machtübernahme Mussolinis etablierte sich die faschistische Alternative zu der in Russland aufgerichteten bolschewistischen Diktatur. Der italienische Faschismus hat in den zwanziger und dreißiger Jahren als dezidiertes Gegenmodell zur liberalen Demokratie auf viele europäische Länder ausgestrahlt, allerdings in den meisten Fällen nur zur Bildung von faschistischen Bewegungen, aber nicht zur Errichtung eines faschistischen Staates geführt (38, 58 ff.). Während sich in Großbritannien und Frankreich das demokratische System als stabil genug gegenüber den diktatorischen Herausforderungen erwies (37; 3; 29, S. 147 ff.), markierte die in Deutschland vollzogene Machtübertragung an Hitler einen entscheidenden Wendepunkt im Kräfteverhältnis zwischen demokratisch-pluralistisch verfassten und diktatorisch organisierten Gesellschaften in Europa. Bis zum Jahresende 1938 schmolz die Zahl der Demokratien auf zwölf zusammen, zwei Jahre später existierten nur noch fünf intakte demokratische Staaten: Großbritannien, Irland, Schweden, Finnland und die Schweiz (25, XI ff.). So kann für diese Periode mit Recht vom Zusammenbruch der Demokratien (13; 27; 39) und damit im Ergebnis von einem „Europa der Diktaturen" gesprochen werden.

Der Politik- und Wirtschaftswissenschaftler Moritz Julius Bonn, nach eigener Charakterisierung ein „wandering scholar" zwischen deutschen und amerikanischen Universitäten (5, S. 150 ff.), hatte bereits als mitlebender Zeitgenosse die „Krise der europäischen Demokratie" als den die Zwischenkriegszeit prägenden politischen Prozess beschrieben (6). Seit den dreißiger Jahren wurde der beinahe unaufhaltsam erscheinende Aufstieg der Diktaturen und die bedrückende und zeitweise übermächtigende Erfahrung von „totalitärer" Herrschaft nicht nur im unmittelbar betroffenen Europa, sondern auch in den USA zu einem beherrschenden Thema der historischen, vor allem aber auch der politik- und sozialwissenschaftlichen Forschung (vgl. hierzu Kap. III, 1). Während des Zweiten Weltkriegs und in der frühen Nachkriegszeit entstanden, häufig von aufgrund der nationalsozialistischen Verfolgungsmaßnahmen nach Amerika emigrierten Wissenschaftler(inne)n verfasst, grundlegende Referenzwerke der Diktatur- und Totalitarismusforschung wie etwa Sigmund Neumanns „Permanent Revolution" (1942), Hannah Arendts „The Origins of Totalitarianism" (1951) und „Totalitarian Dictatorship and

Autocracy" (1956) von Carl Joachim Friedrich und Zbigniew Brzesinski (31; 1; 15 sowie 10 und 16). Der in Prag geborene, seit 1934 in den USA tätige Historiker Hans Kohn beschwor in seiner 1950 vorgelegten „Zwischenbilanz" zum zwanzigsten Jahrhundert die „Wiederbelebung des demokratischen Verantwortungsgefühls" als Mittel gegen die bleibende Herausforderung durch Diktaturen und Revolutionen, mit der sich die westliche Zivilisation auseinander setzen müsse. Die erste Jahrhunderthälfte verstand er dabei als „Jahre der tödlichen Krise", die deutlich gemacht hätten, „wie verwundbar die Zivilisation ist." (23)

Zwar wird bis heute über unterschiedliche Forschungsansätze und Deutungsmuster kontrovers debattiert (vgl. Kap. III, 1), gleichzeitig hat sich mit wachsender zeitlicher Distanz aber auch nachdrücklich bestätigt, dass die Krise der liberalen Demokratie und der damit korrespondierende Aufstieg von Diktaturen in der ersten Hälfte des Jahrhunderts (sowie deren Überwindung in der zweiten Jahrhunderthälfte) in makrohistorischer Sicht die zentralen Entwicklungsprozesse in der politischen Geschichte des 20. Jahrhunderts darstellen. Dies gilt in ganz besonderem Maße aus der europäischen Perspektive, die den Bezugsrahmen dieses Bandes bildet, lässt sich allerdings auch auf den außereuropäischen Bereich übertragen (17).

In Deutschland wird seit dem Fall der Berliner Mauer und der friedlichen Revolution in der DDR intensiv über eine angemessene Einordnung der SED-Herrschaft in die deutsche Geschichte und, hiermit eng zusammenhängend, über den Vergleich der beiden deutschen Diktaturen gestritten. Auf internationaler Ebene war es der Zusammenbruch der Sowjetunion (1991) und das damit verbundene Ende des über vier Jahrzehnte die Weltpolitik dominierenden Ost-West-Gegensatzes, die sehr bald als markante Zäsur der Weltgeschichte identifiziert wurden. Innerhalb weniger Jahre entstand eine größere Zahl von bilanzierenden Analysen und Interpretationen zu der als nunmehr abgeschlossen betrachteten Epoche. Große Aufmerksamkeit wurde dem welthistorisch angelegten Rückblick des britischen Sozialhistorikers Eric Hobsbawm zuteil, der das aus seiner Sicht „kurze", nämlich nur von 1914 bis 1991 zu datierende, 20. Jahrhundert prägnant als „Zeitalter der Extreme" („Age of Extremes") charakterisiert hat. Für ihn ist diese Epoche in drei Abschnitte gegliedert: Mit der „Epochenschwelle" (vgl. hierzu 24) des Ersten Weltkriegs beginnt das „Katastrophenzeitalter", das über das Jahr 1945 hinaus auch noch die unmittelbaren Nachwirkungen des Zweiten Weltkriegs umfasst. Es wird in Hobsbawms Zeitraster abgelöst von einem „Goldenen Zeitalter", das in etwa mit dem dritten Viertel des Jahrhunderts deckungsgleich ist, um danach mit den achtziger und neunziger Jahren für große Teile der Welt erneut in eine neue „Ära des Verfalls, der Unsicherheit und Krise" zu münden (17, S. 20ff.). Hobsbawms welthistorische Betrachtung endet – trotz der Überwindung der großen „weltanschaulich" geprägten Diktaturen – mit einem skeptischen „Blick ins Dunkle", bei dem der „Zusammenbruch des einen Teils der Welt" (gemeint ist neben dem ehemaligen Sowjetimperium vor allem Afrika) am Ende nur die „Malaise des anderen", also der wirtschaftlich und politisch tonangebenden Industriestaaten, enthüllt (17, S. 24). Seine kritische Gesamtbilanz der Epoche und der sich abzeichnenden Zukunftsperspektiven steht in einem diametralen Gegensatz zur „metaphysischen Prophetie" (so Hobsbawm (17, S. 21) in polemischer Zuspitzung gegen den amerikanischen Politikwissenschaftler Francis Fukuyama), die nach dem nahezu weltweiten Triumph des liberalen Kapitalismus in überschießender Euphorie das „Ende der Geschichte" verkündet hatte, was postwendend durch mörderische (Bürger-)Kriege und „ethnische Säuberungen" in den neunziger Jahren ad absurdum geführt worden ist.

Pessimistische Prognosen sind unter den „Nachrufen" auf das vergangene Jahrhundert zahlreich vertreten. Aus ganz anderer Warte als der ehemals marxistisch orientierte, heute linksliberale Sozialhistoriker Hobsbawm hat der amerikanische Politologe Samuel P. Huntington vor einem drohenden „Kampf der Kulturen" gewarnt, bei dem sich die westlichen Zivilisationen im Kontext der „multipolaren, multikulturellen Welt" des 21. Jahrhunderts auf neuartige Herausforderungen einzurichten hätten. Dabei werde die überwundene Rivalität der Supermächte USA und Sowjetunion durch einen „Konflikt der Kulturen" abgelöst. In dieser künftigen Weltordnung „werden die hartnäckigsten, wichtigsten und gefährlichsten Konflikte nicht zwischen sozialen Klassen, Reichen und Armen oder anderen ökonomisch definierten Gruppen stattfinden, sondern zwischen Völkern, die unterschiedlichen kulturellen Einheiten angehören" (19, S. 24). Eine „zentrale Achse der Weltpolitik nach dem Kalten Krieg" und eine sehr sensible neue Konfliktlinie sei dabei die Positionierung der westlichen Zivilisation gegenüber dem islamischen und fernöstlichen Fundamentalismus.

Die totalitäre Form der Diktatur, der „totale Staat" sei „*das* politische Phänomen des 20. Jahrhunderts", hatte der nach Großbritannien emigrierte Jurist Gerhard Leibholz bereits im November 1946 in einem Rundunkvortrag erklärt, den er im Rahmen einer Vorlesungsreihe für die BBC hielt (26). Zahlreiche Historiker und Politologen (von Klaus Hornung und Ernst Nolte bis Friedrich Pohlmann, Eckhard Jesse und Karl Dietrich Bracher) haben diese Sichtweise aufgenommen und bezeichnen daher das 20. Jahrhundert als das „Zeitalter des Totalitarismus". Dabei verzerrt Hornung allerdings die Konturen seines komplexen Untersuchungsgegenstandes. In seiner auf frühere Arbeiten gestützten „Bilanz des 20. Jahrhunderts" (18) verfolgt er das Phänomen des „politischen Messianismus" historisch zurück bis in die Phase der jakobinischen Diktatur, um im nächsten Schritt den von ihm in den Schriften von Marx und Engels identifizierten kommunistischen Messianismus politisch-moralisch für das spätere Auftreten totalitärer Herrschaft haftbar zu machen. Gleichzeitig blendet er aber den historischen Entstehungsort des „stato totalitario", nämlich den italienischen Faschismus, sowie das Versagen der bürgerlichen Eliten angesichts der faschistischen Herausforderung vollständig aus. Im Ergebnis prägt eine ideologiegeleitete Sichtweise die gesamten Anlage dieses einseitig ausgelegten Bilanzversuches. Dabei wird der totalitäre Charakter der stalinistischen Sowjetunion und des NS-Staates weitgehend auf eine statische Momentaufnahme reduziert, indem sowohl die konkreten historischen Entstehungsbedingungen als auch die, jedenfalls im Falle der Sowjetunion, bemerkenswerten Wandlungsmöglichkeiten überhaupt nicht zur Kenntnis genommen werden. Schließlich werden „Hitler und der totalitäre Nationalsozialismus" als „Gegen- und Nachbild" (18, S. 184ff.) zur „totalitären Despotie" Stalins konstruiert, während die Vorbildrolle Mussolinis und die Ursachen für den Zerfall des bürgerlichen Liberalismus ausgeklammert werden. Damit kommt Hornung den in den späten Schriften Ernst Noltes vertretenen Thesen recht nahe, die darauf hinauslaufen, die NS-Bewegung als quasi verständliche und moralisch legitimierte Reaktion auf die „bolschewistische Herausforderung", mithin gleichsam als präventive Maßnahme im Rahmen eines von 1917 bis 1945 währenden „europäischen Bürgerkriegs" zwischen Nationalsozialismus und Bolschewismus (32) oder gar eines fast über das ganze 20. Jahrhundert ausgreifenden „Weltbürgerkriegs", zu interpretieren. Mit starken Argumenten ist diesem Ansatz und seinen Vertretern vorgeworfen worden, dass die beispiellosen Verbrechen der NS-Zeit durch die exklusive Überbetonung des kausalen Zusammenhanges der beiden Extremformen der Diktatur in unzulässiger Weise relativiert werden. Insofern spiegeln einige der vorgelegten „Bilanzen" zum gerade vergangenen 20. Jahrhundert, teilweise in modifizierter Form, noch einmal die Fronten und kontroversen Grundsatzpositionen des „Historikerstreits" der achtziger Jahre wider.

Als der wohl konsequenteste Verfechter der Totalitarismustheorie in den in Deutschland über mehrere Jahrzehnte geführten kontroversen konzeptionellen Debatten ist Karl Dietrich Bracher anzusehen. Sein Bemühen richtete sich in den siebziger Jahren vor allem darauf, den wissenschaftlichen Kern dieses Forschungsansatzes gegen die durchaus eingeräumte geschichtspolitische Instrumentalisierung während des „Kalten Krieges" zu verteidigen (7, S. 59ff.). Für Bracher ist das 20. Jahrhundert im Rahmen eines theoretisch weit ausgreifenden systemtypologischen Analysekonzeptes, das sich nicht zuletzt auch auf eigene bahnbrechende Studien zum Verfall der Weimarer Demokratie und zum Charakter des NS-Staates als „deutsche Diktatur" stützen kann, als „Zeitalter der ideologischen Auseinandersetzungen zwischen demokratischen und totalitären Systemen" (8) bzw. als „Jahrhundert der Ideologien und Totalitarismen" (9, S. 31) zu charakterisieren. Auf einer ähnlichen Interpretationslinie bewegt sich Eckhard Jesse, für den 1917, 1933, 1945 und 1989 als „Schlüsseljahre" die entscheidenden Zäsuren im „Zeitalter des Totalitarismus" markieren (22; ähnlich auch: 34). Zwar wird die Überwindung des „Großtotalitarismus" als Leistung der Demokratie herausgestellt, denn so Jesse, „totalitäre Systeme vom Schlage der kommunistischen Sowjetunion oder des nationalsozialistischen Deutschland [...] haben keine Wirkungsmacht mehr" (21, S. 30), aber gleichzeitig – unter Verweis auf die Kriege und nationalistischen Exzesse der neunziger Jahre – vor überzogenen Optimismus gewarnt, da „diktatorische Gefahren" auch nach dem Ende des „Zeitalters des Totalitarismus" eben keineswegs ein für alle mal gebannt sind. Erheblich kritischer fällt Mark Mazowers Rückblick auf das Europa des 20. Jahrhunderts aus, das er als „dunklen Kontinent" identifiziert (28). Er hebt dabei auf drei große rivalisierende Ideologien ab, die nach dem Ersten Weltkrieg einen unversöhnlichen und nur knapp entschiedenen Kampf um die politische Definitionsmacht über das moderne Europa führten: den Kommunismus, den Nationalsozialismus und die liberale Demokratie, als deren wichtigsten Repräsentanten er Woodrow Wilson herausstellt (ähnlich auch 33).

Eberhard Jäckel argumentiert in seiner stark aus der nationalgeschichtlichen Perspektive komponierten politikgeschichtlichen Bilanz, die zu Ende gegangene Epoche sei – freilich im negativen Sinne – das „deutsche Jahrhundert" gewesen, denn kein anderes Land habe „Europa und der Welt im 20. Jahrhundert so tief seinen Stempel eingebrannt wie Deutschland, schon im Ersten Weltkrieg, als es im Mittelpunkt aller Leidenschaften stand, dann natürlich unter Hitler und im Zweiten Weltkrieg, zumal mit dem Verbrechen des Jahrhunderts, dem Mord an den europäischen Juden" (20, S. 7f.). In gewisser Hinsicht gelte dies aufgrund der Nachwirkungen der genannten Faktoren sogar für die Zeit nach 1945. Jäckel konstatiert, Deutschland sei in Gestalt des „Dritten Reiches" einen „besonderen Weg gegangen", der als „schreckliche Abweichung von den westlichen Traditionen der Demokratie und der Menschenrechte" zu kennzeichnen sei, auch wenn es sich dabei keineswegs um einen spezifischen deutschen „Sonderweg" gehandelt habe (20, S. 9).

Der in Tel Aviv und Leipzig lehrende Historiker Dan Diner hat schließlich eine „universalhistorische Deutung" des gerade vergangenen Saeculums vorgelegt (11). Wie viele andere Erklärungsansätze auch, trägt diese zwar stark eurozentrische Züge, zeichnet sich aber durch die ungewöhnliche Verschiebung der Untersuchungsperspektive vom Zentrum an die Peripherie, von West- nach Osteuropa aus. Diner betrachtet aus diesem Blickwinkel das 20. Jahrhundert durch die Untersuchung einer Reihe miteinander verbundener Antagonismen: Freiheit versus Gleichheit, Bolschewismus versus Antibolschewismus, Kapitalismus versus Kommunismus, Ost gegen West, Demokratie gegen Diktatur. Dabei kommt er zu dem Schluss, dass ein „angemessener Zugang" zur untersuchten Epoche nur erreicht werden kann, indem die beiden aus seiner Sicht konstitutiven und sich ergänzenden Deutungsachsen zur Interpretation der neueren europäischen Geschichte miteinander „verschränkt" und konzeptionell verbunden werden. Die vordergründig dominierende sei die des „Weltbürgerkrieges der Werte und Ideologien", der freilich bei Diner keineswegs eine legitimierende und damit relativierende Funktion erhält wie bei Ernst Nolte, sondern, analog zu Hobsbawm, als problematische Ausgangslage einer durch die „Urkatastrophe" des Ersten Weltkriegs und den Niedergang des Liberalismus gezeichneten Epoche verstanden wird. Für Diner bleibt diese „ideologische" Deutungsachse aber unterlegt durch eine traditionelle, aus dem 19. Jahrhundert stammende: nämlich die von „Ethnos und Geographie", die zwischenzeitlich zwar in erheblichem Maße überdeckt worden war, aber seit dem Ende des Ost-West-Gegensatzes wieder verstärkt an Wirkungsmächtigkeit gewonnen und ihre über lange Jahre unterdrückte zerstörerische Energie entfaltet habe. Letztlich ist für Diner die strikte Gegenüberstellung von Demokratie und Diktatur in nachdiktatorialen Gesellschaften zwar aus „volkspädagogischen" Gründen „erforderlich", aber als Leitlinie zur Strukturierung der europäischen Geschichte im 20. Jahrhundert eher „wenig überzeugend". Unter Rückgriff auf ältere Überlegungen von Henry A. Turner wirft Diner die Frage auf, ob angesichts des Zersetzungsprozesses der Weimarer Republik, des „Verfalls der republikanischen und parlamentarischen Optionen die angemessene historische Sichtweise nicht besser von einer Entgegensetzung von Diktatur und Diktatur auszugehen hätte als von der idealtypisch vorgegebenen Dichotomie von Diktatur und Demokratie" (11, S. 137 f.).

Allen hier vorgestellten „Nachrufen" auf das 20. Jahrhundert ist gemeinsam, dass das Phänomen der modernen Diktaturen im Rahmen unterschiedlicher Interpretationsansätze, gleichermaßen in sozial- und politikgeschichtlicher wie in politologischer oder geschichtsphilosophischer Perspektive sowie aus nationaler ebenso wie aus europäischer oder weltgeschichtlicher Perspektive, eine zentrale Rolle spielt. Allerdings treten Tyranneien und Despotien in unterschiedlichen Formen und Ausprägungen bereits in der antiken Welt, im Mittelalter und in der Frühen Neuzeit auf. Aber erst in den „modernen Diktaturen" des 20. Jahrhunderts gewinnt das epochenübergreifende Gesamtphänomen der Diktatur eine zeittypische Gestalt, die den erheblich erweiterten technologischen Möglichkeiten der industriellen Welt entspricht.

2. Diktatorische Herrschaft im Wandel der Legitimationen und Herrschaftstechniken: Von der antiken Tyrannis zu den Diktaturen des 20. Jahrhunderts

Franz Neumann definiert in seinen unvollständig gebliebenen und postum veröffentlichten „Notizen zur Theorie der Diktatur" seinen Untersuchungsgegenstand zunächst sehr weit als „Herrschaft einer Person oder einer Gruppe, die sich die Macht im Staat aneignet, sie monopolisiert und ohne Einschränkung ausübt" (49, S. 224). Aus dieser Festlegung ergibt sich, dass das verfassungsmäßig verankerte, zeitlich begrenzte und an einen konkreten Auftrag – vor allem die akute Verteidigung gegen einen äußeren Feind oder die Überwindung innerer Unruhen – gebundene Institut der ursprünglichen „Diktatur" in der römischen Republik keine diktatorische Herrschaft im eigentlichen Sinne darstellt, sondern eine Form der „Krisenregierung". Paradoxerweise stellt also für Neumann (und ebenso für zahlreiche andere Autoren) jenes Phänomen, von dem der später auf viele andere Regime übertragene Begriff abgeleitet wurde, im herrschaftstypologischen Sinne selbst keine „Diktatur" dar. Franz Neumanns weite Definition wirft noch ein zweites Problem auf: das Verhältnis von Monarchie und Diktatur. Unter dem Gesichtspunkt der tatsächlichen Machtausübung ist der absolute Monarch nämlich durchaus als „Diktator" zu bezeichnen, im Hinblick auf die Legitimationsbasis seiner Herrschaft gilt dies dagegen nicht, sofern er die Macht durch festgelegte Erbfolge oder Wahl erlangt hat. Den Typus des monarchischen Diktators verkörpert aus dieser Perspektive allein der durch einen Staatsstreich an die Macht gelangte Usurpator, der sich weder auf eine „legale" noch eine „traditionale" Herrschaftslegitimation (vgl. hierzu den 2. Abschnitt der Herrschaftssoziologie von Max Weber, 55, S. 551 ff.) stützen kann. Franz Neumann unterscheidet in seinen „Notizen" drei Idealtypen diktatorischer Herrschaft. Als „einfache Diktatur" bezeichnet er eine Tyrannei oder Despotie, die sich, angesichts nur in geringem Maße politisierter gesellschaftlicher Verhältnisse, auf die Kontrolle der „klassischen" Herrschaftsinstrumente und Zwangsmittel autoritärer Herrschaft (Armee, Polizei und Bürokratie) beschränken kann. Die „caesaristische Diktatur" integriert in ihr Herrschaftskalkül zusätzlich das Element der öffentlichen Unterstützung, schafft sich also eine Massenbasis, auf die die Machtausübung des Diktators gestützt werden kann. In klassischer Form sieht Neumann diesen Herrschaftstypus in der attischen Tyrannis des Peisistratos und der römischen Diktatur Julius Caesars sowie in der Neuzeit etwa durch Oliver Cromwell, Napoleon I. oder Juan Perón verkörpert (49, S. 227 ff.). Deutlich hiervon abzuheben ist für Neumann das Phänomen der „modernen totalitären Diktatur", das durch fünf wesentliche Momente zu charakterisieren sei: erstens die Umwandlung des Rechtsstaates in einen Polizeistaat, zweitens eine Aufhebung von Gewaltenteilung und föderalen Prinzipien, die im Ergebnis zu einer hohen Machtkonzentration führt, drittens die Schaffung einer monopolistischen Staatspartei als flexibles Herrschaftsinstrument, viertens die Verschmelzung der Gesellschaft mit dem Staat und schließlich fünftens die „nicht berechenbare Anwendung physischer Gewalt als permanente Drohung gegen jeden" (49, S. 234 ff.).

Ein weiter ausdifferenziertes typologisches Modell legt Otto Stammer seinen in einem wichtigen Handbuchartikel zusammengefassten systematischen Betrachtungen zugrunde. Diese spiegeln zugleich den auch international anerkannten hohen Entwicklungsstand der in den fünfziger und sechziger Jahren auf dem Gebiet der Diktaturforschung in Deutschland führenden Berliner Politikwissenschaft wider. Die zu beobachtenden Unterschiede in den Ursprüngen, in der Legitimation, in der Herrschaftsorganisation, in den Zielen sowie im Stil der praktizierten Politik lassen es für Stammer geboten sein, fünf Ausprägungen von Diktaturen idealtypisch zu unterscheiden (54, 162 ff.; die folgenden Zitate stammen aus dem in Manuskriptform erhaltenen deutschsprachigen Ursprungstext): Die *despotische Einzelherrschaft* zeichnet sich nach Stammers Definition dadurch aus, dass „die politische Macht durch einen oft moralisch bedenkenlosen, aber zu kühnen Entschlüssen aufgelegten Despoten in einer kritischen Situation eines Staatswesens bzw. einer Gesellschaft in der Regel auf dem Wege des [...] Staatsstreichs ergriffen und meist nur kurze Zeit ausgeübt wird. Es handelt sich um eine ausgesprochene Willkürherrschaft ohne rechtliche Bindungen des Diktators, die besonders labil ist, da sie sich nicht auf eine feste Machtorganisation, sondern zumeist nur auf Verschwörergruppen, kleine Cliquen [...] zu stützen vermag." Despotische Einzelherrschaften traten vor allem in der griechischen Antike und der italienischen Renaissance auf, blieben aber auch im 20. Jahrhundert in Form des monarchischen Despotismus sowie in zahlreichen Diktaturen der „Dritten Welt" weiterhin relevant. *Elitengebundene* Herrschaft stellt für Stammer einen zweiten Typus der Diktatur dar. Ihr wichtigstes Merkmal sei die „Herausbildung einer Machtpyramide in einem autoritär regierten Staatsgebilde", wobei der Diktator zwar die entscheidende Schlüsselposition an der Spitze der in Staat und Gesellschaft einflussreichen Eliten und „Machtaggregate" (Armee, Polizei, Bürokratie, besitzende Klasse, ggf. herrschende Gruppe des Parlaments) einnimmt, sich aber gleichzeitig auch fortwährend darum bemühen muss, ein Machtgleichgewicht zwischen diesen Eliten herzustellen bzw. die ihm gewogenen Gruppen gegen andere auszuspielen. Daher sind der Willkür des Diktators bei diesem Herrschaftstypus durchaus Grenzen gesetzt. Beispielhaft verkörpert wird er etwa durch die späte römische Diktatur, durch den Lordprotector Cromwell, das Konsulat und Kaisertums Napoleons, das plebiszitär fundierte Regime Louis Bonapartes sowie durch etliche Militärdiktaturen des 19. und 20. Jahrhunderts. Den dritten Typus bildet bei Stammer die *orientalische Despotie*, die er vor allem mit den alten Kulturen Chinas, Indiens, des Nahen und Fernen Ostens sowie mit dem zaristischen Russland assoziiert. Der Despot stützt sich dabei vor allem auf die den Staat tragende Bürokratie und das Militär.

Die vierte und für die europäische Zeitgeschichte zentrale Gruppe bilden die modernen Diktaturen als *totalitäre Herrschaften*, in denen, nach Stammer, nicht nur das politische System des „totalen Staates" durch die Existenz einer „Monopolpartei" und ihrer in fast alle Bereiche der Gesellschaft hineinwirkenden Nebenorganisationen spezifisch geprägt wird. „Der Begriff des Totalitarismus bezieht sich immer auch auf die Gesellschaftsstruktur und alle Maßnahmen zu ihrer Umgestaltung, auf ein dirigistisch beeinflusstes Wirtschaftssystem, auf die zur Rechtfertigung und Erhaltung der Herrschaft entwickelte politische Ideologie und Rechtsordnung und damit auf alle Regionen des ‚kulturellen Überbaus'" (54, S. 165). Trotz dieses umfangreichen Katalogs signifikanter Merkmale wählt Stammer im Rahmen seiner typologischen Zuordnung eine ausgesprochen weite Definition „totalitärer" diktatorischer Herrschaft. Er versteht sowohl die kommunistischen Diktaturen (unter Hervorhebung der Regime in der Sowjetunion und in China) als auch alle „Systeme des westlich-fascistischen Typus" (also den italienischen Faschismus, den Nationalsozialismus, aber auch „einige halbfascistische Diktaturen, wie das peronistische System in Argentinien oder das falangistische in Spanien") als „totalitäre Herrschaften". Diese Sichtweise hat sich in der Forschung nicht durchsetzen können: Als Prototypen „totalitärer Diktaturen" sind nahezu durchgängig vor allem der Nationalsozialismus und der sowjetische Stalinismus identifiziert worden, während die Anwendung dieser Qualifizierung bereits für den italienischen Faschismus oder die von der Sowjetunion abhängigen kommunistischen Regime kontrovers diskutiert worden ist. Hinzu kommt, dass der analytische Wert des Totalitarismus-Konzeptes auch aufgrund von theoretischen und methodologischen Überlegungen infrage gestellt worden ist (vgl. hierzu Kap. III, 1). Den letzten der bei Stammer entwickelten fünf Idealtypen bildet die so genannte *konstitutionelle* Diktatur als ein zeitlich begrenztes Instrument zur Bewältigung von Krisensituationen. Geradezu paradigmatisch ist am Beispiel der Weimarer Republik deutlich geworden, wie schnell die Anwendung eines Notverordnungsrechts zur Etablierung einer unbeschränkten Diktatur führen kann. Die komplexe Problematik solcher „Notstandsdiktaturen" wird im vorliegenden Band nicht behandelt.

Unter den chronologisch angelegten historischen Gesamtdarstellungen zum Phänomen der Diktatur stammen die derzeit „neuesten" aus den fünfziger Jahren des 20. Jahrhunderts. Aus dem amerikanischen Exil nach Österreich zurückgekehrt, publizierte der Sozialist Julius Deutsch seine erzählende Abhandlung zu „Wesen und Wandlung der Diktaturen" (42) erstmals 1953. Wenig später legte der aus dem nationalsozialistischen Deutschland in die USA emigrierte Historiker George W.F. Hallgarten auf der Basis eigener Vorarbeiten seine von der Antike bis in die Zeit nach dem Zweiten Weltkrieg reichende „Kurze Geschichte der Diktatur" (45) vor und ersetzte damit ältere, vor allem aus dem englischen Sprachraum stammende Überblicke (48; 47; 40) durch sein Standardwerk. In Maurice Duvergers Studie „Über die Diktatur" (12) steht dagegen die Analyse von Strukturbedingungen, Voraussetzungen und Begleiterscheinungen im Mittelpunkt. Der Autor greift zwar immer wieder auf historische Beispiele zurück, bietet aber keine chronologisch aufgebaute Überblicksdarstellung. Er stützt sich vorrangig auf die genannten englischsprachigen Publikationen und nicht auf den in französischer Sprache vorliegenden, von ihm aber als „oberflächlich" eingestuften historischen Abriss von Jacques Bainville aus den dreißiger Jahren. In den frühen Jahren der Bundesrepublik blieb die grundsätzliche und umfassend angelegte Auseinandersetzung mit dem Phänomen der Diktatur eine Domäne einzelner aus dem Exil zurückgekehrter Wissenschaftler. Später wurde der Horizont des Forschungsfeldes vor allem durch die starke Fixierung auf den Nationalsozialismus einerseits und den Stalinismus andererseits eingeschränkt. So ist derzeit eine aktuelle problemorientierte historische Gesamtdarstellung der Diktaturgeschichte ein wichtiges Desiderat der Forschung. Tatsächlich muss, in Ermangelung einer neueren Arbeit, für einen grob orientierenden historischen Überblick noch immer auf die von Hallgarten vor nunmehr fast einem halben Jahrhundert vorgelegte „Kurze Geschichte der Diktatur" zurückgegriffen werden.

Hallgarten ordnet die von ihm beschriebenen diktatorischen Regime fünf großen Zeitebenen zu, und zwar ausschließlich nach chronologischen und nicht nach systematischen Gesichtspunkten. Die *erste* Gruppe bilden danach die „Diktaturen der antiken Welt" (45, S. 11). Sein historischer Abriss setzt ein mit den bekanntesten Vertretern der griechischen und sizilianischen Tyrannis, greift dann aus der römischen Geschichte die angemaßten Alleinherrschaften des Marius und Sulla auf, um schließlich Gaius Julius Casear als Paradebeispiel eines antiken Diktators hervorzuheben. In der *zweiten* Abteilung folgen die „Diktaturen des Frühkapitalismus" (45, S. 57 ff.), also die Tyranneien der Adelsgeschlechter und städtischen Oligarchien der italienischen Früh- und Spätrenaissance sowie die aus der englischen Revolution hervorgegangene Diktatur Oliver Cromwells. In der *dritten* Zeitschicht fasst Hallgarten, hier sehr hölzern dem Diktat der Chronologie folgend, ganz unterschiedlich ausgeprägte „Diktaturen in der Aufstiegsperiode des industriellen Kapitalismus" zusammen: sowohl die heterogenen „Diktaturen der Französischen Revolution" (45, S. 93–135) – vom Wohlfahrtsausschuss unter Robespierre über Napoleon I. als den ersten „modernen Diktator" (vgl. auch 40, S. 79 ff.) bis zum bonarpartistischen Regime des Louis Napoleon (46) –, als auch die Herrschaft von Militärdiktatoren („caudillos") und, „Befreiern" („libertadores") im spanisch-portugiesischen und lateinamerikanischen Kulturkreis (45, S. 135 ff.; vgl. 43; 41; 51). Unter der missverständlichen Überschrift „Die Diktatur in der Epoche der proletarischen Massenbewegung" (45, S. 155 ff.) bündelt Hallgarten in der *vierten* Gruppe die kommunistischen Diktaturen, den italienischen Faschismus und den Nationalsozialismus, also jene Regime, die treffender als „moderne totalitäre Diktaturen" (49, S. 235; vgl. auch 54, S. 164 f. sowie als zeitgenössisches Panorama: 52) beschrieben worden sind. Nicht behandelt werden bei Hallgarten der austrofaschistische Ständestaat (vgl. hierzu 42, S. 105 ff.; 36,

S. 80ff.) und die autoritären Präsidialregimes in den baltischen Staaten (vgl. 50). Im kurzen *fünften* Kapitel werden schließlich als „Diktaturen der Gegenwart" (45, S. 234–273) das peronistische Argentinien und das francistische Spanien (vgl. 44; 43) sowie die Diktaturen Tschiang Kai-scheks und Mao Tse-tungs in China (vgl. 53) knapp analysiert, während auf Titos Herrschaft in Jugoslawien, das Salazar-Regime in Portugal, Nassers autokratisches Regiment in Ägypten und die kemalistische Türkei nur am Rande verwiesen wird. Auf den Prozess der Entstalinisierung wird im Rahmen einer knappen Analyse der sowjetischen Nachkriegsentwicklung eingegangen (45, S. 245–265). Hallgartens Panorama der Diktaturen hat sich im Laufe der zweiten Hälfte des 20. Jahrhunderts kontinuierlich erweitert. Seit den sechziger Jahren war vor allem in den Staaten der Dritten Welt der rasche Aufstieg und oft ebenso plötzliche Fall neuer Diktatoren zu beobachten. Schließlich hat auch der Triumph des westlichen Zivilisationsmodells mit seiner pluralistischen Verfassung und kapitalistischen Wirtschaftsordnung über den ideologisch erstarrten Weltkommunismus keineswegs ein Ende der Diktaturen gebracht.

II. Überblick

1. Die vergleichende Methode in der Geschichts- und Politikwissenschaft

„Die vergleichende Methode vermag vieles; ich halte ihre Verallgemeinerung und Vervollkommnung für eine der zwingendsten Erfordernisse, die sich den historischen Studien heute aufdrängen. Aber sie vermag nicht alles: In der Wissenschaft gibt es keine Zaubermittel. Sie muss auch nicht mehr neu erfunden werden. In mehreren Gesellschaftswissenschaften hat sie schon längst ihre Fähigkeiten unter Beweis gestellt. Wiederholt ist ihre Anwendung auf die Geschichte der politischen, wirtschaftlichen und rechtlichen Institutionen gefordert worden. Und doch ist deutlich, dass die Mehrzahl der Historiker davon nicht wirklich bekehrt ist: Sie stimmen höflich zu und wenden sich wieder ihrer Arbeit zu, ohne ihr Herangehen in irgendeiner Weise zu ändern." (58, S. 121) Bei diesem Statement handelt es sich nicht etwa um eine kritische Beobachtung von einer Historikertagung an der Wende vom 20. zum 21. Jahrhundert, sondern um eine Feststellung, die der französische Mediävist Marc Bloch, einer der Begründer der wirkungsmächtigen „Annales"-Schule, bereits Ende der 1920er-Jahre gemacht hatte. Im Kern ist seine pointierte Kritik nach wie vor gültig.

Vergleichende Untersuchungsansätze sind in der Politik- und Sozialwissenschaft bis heute deutlich stärker verbreitet als in der Geschichtswissenschaft und in diesen Disziplinen auch schon seit langem als wichtiger methodischer Zugang unverzichtbar geworden (56; 57; 60; 72). Dies gilt im Besonderen für die Parteien- und Eliten-Forschung, die Politische-Kultur-Forschung oder den Vergleich politischer Systeme, wo komparative Studien per se als die gegebene Analysemethode erster Wahl angesehen werden. Auch für den auf die komplexe Untersuchungsperspektive der „Gesellschaftsgeschichte" verpflichteten Teil der historischen Zunft gelten komparative Zugänge weithin als „Königsweg" der Forschung (74). Für die Mehrheit der Historikerinnen und Historiker stellt dagegen die Anwendung der vergleichenden Methode noch immer eine besondere methodische Herausforderung dar. Hier wirkt teilweise noch die Tradition des deutsche Historismus nach, die auf der Grundüberzeugung basierte, dass geschichtliche Phänomene stets einmalig und unwiederholbar sind. Entsprechend richtete die Geschichtswissenschaft ihr Untersuchungsinteresse traditionell vor allem darauf aus, die jeweils einzigartigen historischen Entwicklungen in ihrem Kontext zu *interpretieren*, nicht aber Ähnlichkeiten und Unterschiede verschiedener Phänomene systematisch zueinander *in Beziehung zu setzen*. Insofern wirft das Erkenntnisinteresse der historischen Komparatistik insbesondere für sehr traditionell orientierte und daher auch weniger interdisziplinär ausgerichtete Historikerinnen und Historiker gravierende methodische Probleme auf, denn „vergleichen heißt immer auch: abstrahieren" (61, S. 23). Abstraktion aber erfordert, sich in einem bestimmten Arbeitsschritt von den im Detail untersuchten empirischen Quellen zu lösen und sich damit zumindest vorübergehend vom klassischen Kern der eigenen Disziplin zu entfernen. Hinzu tritt das Problem, dass für alle untersuchten Fallbeispiele adäquate und möglichst gleichartige Quellen gefunden werden müssen, was erhebliche Probleme bereiten kann. Im Ergebnis bedeutet dies, dass beim historischen Vergleich gegebenenfalls Abstriche im Hinblick auf die Komplexität und den Umfang des Untersuchungsprogramms gemacht werden müssen, um durch eine Beschränkung auf die wirklich vergleichbaren Teilbereiche die historische Kompatibilität zu gewährleisten. Insofern tangiert und modifiziert ein konsequent durchgeführter komparativer Ansatz das Selbstverständnis und die eingeübte Routine der historischen Profession.

Dennoch scheint die wachsende Zahl von vergleichenden Arbeiten, vor allem in der Sozial- und Wirtschaftsgeschichte (59; 69; 67, S. 151 ff.), sowie die Tatsache, dass in den letzten Jahren in der deutschen Geschichtswissenschaft methodologische Diskussionen über das analytische Potential und die Anwendungsprobleme des historischen Vergleichs in Gang gekommen sind, auch auf diesem Gebiet eine Öffnung der historischen Zunft in Richtung der stärker interdisziplinär ausgerichteten internationalen Forschungspraxis (70) anzudeuten. Dies wird besonders im Rückblick auf dieses Forschungsfeld deutlich: So hatte etwa Theodor Schieder in den sechziger Jahren zwar für eine verstärkte Nutzung der vergleichenden Methode „im Dienste universalhistorischer Deutungen" (73, S. 197) geworben, gleichzeitig aber auch die seinerzeit in der bundesdeutschen Geschichtswissenschaft noch deutlich ausgeprägte Randexistenz des komparativen Ansatzes dokumentiert. Inzwischen belegen die in den neunziger Jahren vorgelegten theoretischen Einführungen und Forschungsstandsanalysen (67; 61) recht eindrucksvoll die gestiegene Bedeutung und das wachsende Selbstbewusstsein dieses Forschungszweiges.

Historische Vergleiche lassen sich nach den ihnen zugrunde liegenden unterschiedlichen Interessen, Ansätzen und Perspektiven der Analyse in mehrere „Arten" oder „Varianten" unterteilen. Sie erbringen verschiedene, sich ergänzende wissenschaftliche Leistungen, wobei sie vier prinzipielle methodische Funktionen (61, S. 12 ff.) erfüllen: Historisch vergleichende Studien dienen dazu, Problemfelder und Fragehorizonte zu erkennen, die durch eine isolierende Analyse einzelner Phänomene kaum in den Blick kommen. Diese *heuristische* Perspektive hatte Ende der 1920er-Jahre bereits Marc Bloch (58) als eine wichtige Leistung der vergleichenden Geschichtswissenschaft herausgestellt. In *deskriptiver* Hinsicht ermöglichen historische Vergleiche eine prägnante Konturierung und Profilierung der jeweils untersuchten Fallbeispiele. Aus *analytischer* Sicht leisten vergleichende Untersuchungen einen wichtigen Beitrag, da sie sich in der Regel nicht mit der Beschreibung von Unterschieden begnügen, sondern nach den Ursachen und Bedingungen bestimmter Strukturen oder Entwicklungsprozesse fragen. Und schließlich kommt der historischen Komparatistik auch in *paradigmatischer* Hinsicht ein besonderer Wert zu, da Vergleiche den Blick für alternative Optionen und Konstellationen öffnen.

Grundsätzlich lassen sich mehrere Arten oder Typen des Vergleichs (vgl. 61, S. 11 ff.; 67, S. 25 ff.) unterscheiden, die jeweils mit bestimmten Intentionen und Erkenntnismöglichkeiten, aber auch mit spezifischen methodischen Problemen verbunden sind. In der konkreten Forschungspraxis überschneiden und ergänzen sich die nur theoretisch trennscharf zu unterscheidenden Varianten fast immer. Die häufigste, bereits bei John Stuart Mill vorgenommene Aufgliederung ist die nach der bevorzugten Anwendung entweder der „method of difference" oder aber der „method of agreement" bzw. nach einem „contrasting type" und einem „universalizing type" des Vergleichs. Die Frage, ob eine vergleichende Untersuchung vorrangig dazu dient „ein Allgemeines zu finden, das dem Verglichenen zugrunde liegt" (Generalisierung), oder aber eher dazu, das einzelne Fallbeispiel „in seiner Individualität schärfer zu erfassen und von den anderen abzuheben" (Kontrastierung bzw. Individualisierung), hatte in Deutschland Otto Hintze bereits Ende der 1920er-Jahre als grundsätzliche Prioritätensetzung für historische Vergleiche beschrieben (66). Allerdings dürfen diese beiden hier theoretisch geschiedenen Grundrichtungen nicht als sich gegenseitig ausschließende Pole verstanden werden, auch wenn die Schwerpunkte der Analysen unterschiedlich gesetzt werden. Hartmut Kaelble hat eine Erfahrung aus der Forschungspraxis sehr treffend auf den Punkt gebracht, indem er darauf verwiesen hat, dass weder der generalisierende Vergleich völlig von den bestehenden Unterschieden abstrahieren kann, noch der individualisierende Vergleich ohne die Feststellung eines Mindestmaßes an Gemeinsamkeiten auskommen kann. Ein derart ins Extreme gesteigerter individualisierender Vergleich würde sich ad absurdum führen, da ihm am Ende das Tertium Comparationis abhanden käme: „Völlig Unvergleichbares lässt sich eben nicht vergleichen" (67, S. 27).

Nur angedeutet werden können an dieser Stelle einige zentrale, im konkreten Einzelfall jeweils unterschiedlich bedeutsame Unterscheidungsmerkmale (vgl. hierzu vor allem 61, S. 26ff.). So etwa die Frage, ob sich der Vergleich umfassend auf ein Gesamtphänomen oder nur auf partikulare Strukturen eines größeren Ganzen bezieht. Der ganzheitliche oder *integrale* Vergleich (von Kaelble auch als „Gesamtvergleich" bezeichnet, vgl. 67, S. 36ff.) und komparative *sektorale* Studien (oder „Spezialvergleiche") stehen nicht etwa in einem konkurrierenden, sondern in einem sich ergänzenden und gegenseitig bedingenden Verhältnis zueinander. In modifizierter Form lässt sich die von Marc Bloch seinerzeit im Hinblick auf die raumbezogene Aggregathöhe angestellte Überlegung, dass ein Gesamtvergleich erst sinnvoll durchgeführt werden könne, nachdem in vorausgehenden Lokalstudien bereits in größerer Breite empirische Erkenntnisse gewonnen worden sind (58, S. 136), auch auf das Verhältnis von integralem und sektoralem Vergleich übertragen. Ein adäquater integraler Vergleich zweier historischer Phänomene oder Entwicklungen kann nur auf der Basis differenzierter Erkenntnisse aus der empirischen Quellenauswertung aufbauen, die wiederum in den meisten Fällen nur im Rahmen von sachlich und räumlich bzw. zeitlich eingegrenzten Analysen geleistet werden kann. Wie Günther Heydemann in seinen wegweisenden methodologischen Überlegungen zum Zusammenwirken von integraler und sektoraler Vergleichsperspektive (62; 63; 64; 65) herausgestellt hat, bildet umgekehrt freilich auch der zunächst vorläufige und annäherungsweise durchgeführte „Gesamtvergleich" eine wichtige Voraussetzung und Orientierungshilfe für die sektoralen Analysen, deren Stellenwert im Rahmen des Gesamtkontextes jeweils ausgewiesen und reflektiert werden muss. Erkenntnistheoretisch und methodologisch ergibt sich somit eine komplexe Konstellation: Die integrale Vergleichsperspektive stellt einerseits eine notwendige Voraussetzung für differenzierende sektorale Analysen dar, kann sich andererseits aber nur durch die Synthese arbeitsteilig entstandener Spezialvergleiche weiter entwickeln und empirisch begründen. In der Forschungspraxis kann diesem Dilemma nur durch eine intensive Rückkoppelung und Vermittlung der durch Spezialvergleiche und Gesamtvergleiche erzielten (und immer nur vorläufigen, da stetig weiter zu differenzierenden) Ergebnisse begegnet werden.

Entsprechend sind auch die *„Einheiten"* von vergleichenden Untersuchungen sehr unterschiedlich dimensioniert, wobei die Variationsbreite in räumlicher Hinsicht vom einzelnen Ort bis zur Nation oder gar einem zivilisatorischen Kulturkreis bzw. in sozialer Hinsicht von überschaubaren Personenkreisen bis hin zu gesellschaftlichen Großgruppen gegeben ist. Im Hinblick auf die zeitliche Dimension sind *synchrone* und *diachrone* Vergleiche zu differenzieren, also Untersuchungen, die zeitlich parallel verlaufende Entwicklungen betrachten, von solchen, die Phänomene in unterschiedlichen Zeitebenen in Beziehung zueinander setzen. Komparative Analysen können ihren Untersuchungsschwerpunkt zudem auf *qualitative* Merkmale bzw. Indizien oder aber auf die Herausarbeitung von *quantifizierenden* Befunden legen. Historisch vergleichende Studien können vorrangig nach Strukturen oder eher nach Erfahrungen fragen, also konzeptionell als *Struktur-* oder als *Kultur*vergleiche angelegt werden. Weiterhin kann die „Reichweite" bzw. der Problemhorizont von Vergleichen entsprechend der vorhandenen Rahmenbedingungen variiert werden. Schließlich sind methodologisch im engeren Sinne *vergleichende* Untersuchungen von *beziehungsgeschichtlichen* Studien zu unterscheiden, wobei Letztere im Kern nicht auf die Herausarbeitung von Ähnlichkeiten und Unterschieden bzw. auf Typologisierung oder Kontrastierung mehrerer Fallbeispiele zielen, sondern nach den Wechselwirkungen zwischen unterschiedlichen Phänomenen fragen.

Kaelble schlägt vor, nach dem jeweils dominierenden Erkenntnisinteresse fünf verschiedene Formen von historischen Vergleichen zu unterschieden (67, S. 25 ff.): Der *analytische* Vergleich konzentriert sich vor allem auf die Ermittlung von historischen Ursachen bzw. die Entwicklung historischer Typologien. Er zielt vorrangig darauf, „bestimmte gesellschaftliche Strukturen, Institutionen, Mentalitäten, Debatten, Ereignisse und Entscheidungen aus ihren historischen Bedingungen heraus" (67, S. 49) zu erklären. Vor allem diese Form des historischen Vergleiches hat in den letzten Jahrzehnten eine starke Konjunktur erlebt, und zwar in unterschiedlichen Varianten: einerseits als quantitativer Vergleich von Strukturen, andererseits auch als qualitativer Vergleich von Institutionen, Ideen, Leitbildern und Mentalitäten, Entwicklungsprozessen, Entscheidungen usw. Der *aufklärende* oder auch *urteilende* Vergleich zielt im Kern auf die „Gegenüberstellung von positiven und negativen gesellschaftlichen Entwicklungen, vor allem um eine bessere Erklärung von Fehlentwicklungen in der einen Gesellschaft in Konfrontation mit gelungenen Entwicklungen in einer anderen" (67, S. 56) zu gewinnen. Aufgrund seines stark normativen Charakters kann der urteilende Vergleich auch als eine wissenschaftlich fundierte Form der Bewertung verstanden werden, die, beispielsweise im Hinblick auf die Verletzung von Menschenrechten oder das Auftreten von Rassismus, bisweilen unumgänglich ist, aber dazu tendiert, den Historiker in die problematische Rolle eines „Richters über die Geschichte" (und eben nicht eines möglichst objektiv vorgehenden Analytikers) zu drängen. Beim *verstehenden* Vergleich steht ein intensives „Hineindenken" in andere Gesellschaften bzw. ihre Institutionen, Mentalitäten und Strukturen im Mittelpunkt. Der komparative Untersuchungsansatz dient in diesem Falle also in erster Linie einer präziseren Wahrnehmung, und weniger der Erklärung von Unterschieden oder gar der Bewertung der untersuchten Phänomene. Historische *Identitätsvergleiche* zielen darauf, kollektive Identitäten (etwa einer Nation oder einer Berufsgruppe) in abgrenzender Perspektive zu ermitteln und zu beschreiben. Mit Recht verweist Kaelble darauf, dass Historiker in der Vergangenheit häufig der Versuchung erlegen sind, bestimmte „historische Identitäten zu erfinden oder umzubauen" und so durch eine sinnstiftende Identitätsgeschichte zur Ausprägung von „irrationalen Bindungen und gefährlichen Feindseligkeiten" (67, S. 70) beigetragen haben. Dies gilt vor allem für die Komposition von affektiv aufgeladenen nationalen Identitätsgeschichten, die, aufgrund der historischen Hypothek von „totalem Krieg" und Holocaust, in Deutschland in ganz besonderem Maße desavouiert sind. In jüngerer Zeit durchgeführte Identitätsvergleiche stellen daher inzwischen seltener die Nation, sondern in der Regel andere Bezugsgrößen (etwa Regionen, Orte, Organisationen oder auch gesellschaftliche Gruppen wie Frauen oder Jugendliche) in den Mittelpunkt. Eine auf der Makroebene des Weltmaßstabes angesiedelte Sonderform des historischen Identitätsvergleiches ist der historische *Zivilisationsvergleich*, der es sich zur Aufgaben macht, ganze Zivilisationen wie Europa, die arabische Welt oder Lateinamerika und so genannte Großgesellschaften wie die USA oder die frühere Sowjetunion miteinander zu vergleichen. Definiert werden sollen diese „Zivilisationen" dadurch, dass sie aufgrund des Selbstverständnisses und der Erfahrungen der ihnen angehörenden Menschen, also „durch kulturelle und gesellschaftliche Besonderheiten gegenüber anderen Zivilisationen und Großgesellschaften, durch innere Verflechtungen, durch eine gewisse Ähnlichkeit der Teilgesellschaften und durch eine gemeinsame Geschichte" (67, S. 79) jeweils eine sinnvoll abgrenzbare Einheit bilden. Bislang haben nur wenige Historikerinnen und Historiker sich diesem sehr komplexen und umfassenden Untersuchungsfeld gewidmet, allerdings ist unübersehbar, dass in jüngster Zeit eine intensive theoretische und methodologische Debatte über den historischen Zivilisationsvergleich bzw. die Perspektiven einer „transkulturell" vergleichenden Geschichtswissenschaft eingesetzt hat (68; 71).

2. Entwicklung und systematische Aufgliederung des Forschungsfeldes Diktaturenvergleich

Der Diktaturenvergleich ist ein – zumindest in Deutschland – bis vor kurzem eher wenig beachteter und betriebener Teilbereich des historischen Vergleichs gewesen. Zudem ist die aktuelle „Konjunktur", die dieses Forschungsfeld seit dem Zusammenbruch der DDR erfahren hat (80), ganz nachhaltig durch geschichtspolitische Kontroversen geprägt. Die vergrößerte Bundesrepublik sucht nach ihrem Standort in der Welt des 21. Jahrhunderts und in diesem Rahmen muss sie auch den historischen Ort der beiden deutschen Diktaturen im „Zeitalter der Extreme" bestimmen. Der über Jahrzehnte betriebene Prozess der „Aufarbeitung" der NS-Vergangenheit wirft zwangsläufig Überlegungen zum Umgang mit den Folgen der SED-Diktatur auf. Schließlich stellt die Frage nach der Beziehungsgeschichte der beiden deutschen Diktaturen, also etwa danach, ob die SED-Führung partiell von der diktatorischen Herrschaftsdurchsetzung des NS-Regimes „lernte" bzw. sich die Bevölkerung durch die Erfahrungen der NS-Zeit einen spezifischen Umgang mit diktatorischen Machthabern angeeignet hatte, zu den wichtigsten, aber auch den schwierigsten Komplexen einer kritischen Gesellschaftsgeschichte der DDR. So kann es nicht verwundern, dass der Terminus „Diktaturenvergleich" in der jüngeren Debatte häufiger den Charakter eines emotional besetzten Kampfbegriffes gewonnen hat statt als nüchterne Bezeichnung für einen wissenschaftlichen Untersuchungsansatz verwendet zu werden – der im Übrigen natürlich nicht etwa dazu kreiert worden ist, um die DDR zu desavouieren. In kritischer Rückschau auf die in den frühen neunziger Jahren mit beinahe missionarischem Eifer geführte hitzige geschichtspolitische Debatte ist zudem auf die starke Blickverengung dieser sehr „deutschen" Diskussion hinzuweisen. Vor diesem aktuellen Hintergrund erscheint es besonders wichtig, die Fixierung auf den deutsch-deutschen Sonderfall zu durchbrechen und die historische Entwicklung sowie die systematische Ausdifferenzierung des Forschungsfeldes Diktaturenvergleich auf *internationaler* Ebene zur Kenntnis zu nehmen und zum Bezugsrahmen dieses einführenden Überblicks zu machen sowie die methodologischen Probleme der komparativen Untersuchung von Diktaturen auf allgemeiner

Ebene (und eben nicht auf die politischen Bewertung von NS- und SED-Herrschaft zugespitzt) zu reflektieren. Dies soll in den folgenden Abschnitten geschehen.

Die wissenschaftliche Beschäftigung mit den modernen Diktaturen des 20. Jahrhunderts ist fast genauso alt wie das Phänomen selbst. Bereits in der Zwischenkriegszeit entstanden (vor allem in Großbritannien, Frankreich, Italien, Deutschland und den USA) frühe Ansätze einer Diktaturforschung, die vielfach auf komparative Verfahren zurückgriff, um durch die vergleichende Analyse unterschiedlicher diktatorischer Regime und Bewegungen die Erkenntnis des einzelnen Falles zu präzisieren (vgl. Kap. II, 1, a). Als konzeptionelle Leitlinien dienten entweder der „Fascismus" (exemplarisch hierfür: 78) oder aber die stetig an Brisanz gewinnende generelle Auseinandersetzung zwischen demokratischen und diktatorischen Regimen (48; 76; 77) bzw. ganz allgemein das Auftreten von „modernen Diktaturen" unterschiedlicher Couleur (83; 75). Seit den späten dreißiger Jahren setzte sich dann, unter maßgeblichem Einfluss aus Deutschland emigrierter Wissenschaftlerinnen und Wissenschaftler, zuerst in den USA und dann international das Konzept des „Totalitarismus" als neues, die Diktaturforschung in den mittleren Jahrzehnten des 20. Jahrhunderts dominierendes Paradigma durch (1; 15). Sowohl vom wissenschaftsgeschichtlichen Ursprung als auch vom systematischen Zusammenhang her steht die Denkfigur der „politischen Religion" (84; 85) einerseits in Konkurrenz, andererseits aber auch in einem engen, sich ergänzenden Zusammenhang mit dem Totalitarismus-Konzept. Schließlich ist durch den Zusammenbruch des sowjetischen Imperiums das „kurze 20. Jahrhundert" seit 1989/1991 sehr schnell „historisiert" worden, was unter anderem eine neuerliche, sehr intensive Hinwendung zur Erforschung der diese Epoche ganz entscheidend mitprägenden Diktaturen geführt hat. Insbesondere in Osteuropa erfuhr der Interpretationsansatz des Totalitarismus eine neue Renaissance. Angesichts der nachhaltigen und substantiellen Kritik, die dieses Konzept seit den späten sechziger Jahren erfahren hat, ist in diesem Zusammenhang aber auch als Alternative vorgeschlagen worden, mit einem offener angelegten und flexibler handhabbaren Modell der „modernen Diktatur" zu operieren. Die erste Forschungskontroverse (Kap. III, 1) behandelt diese konkurrierenden theoretischen Ansätze, die in der Forschungspraxis dem Diktaturenvergleich zugrunde gelegt werden. Dabei wird versucht, durch ergänzende Hinweise zum beruflichen und politischen Hintergrund der wichtigsten Autoren eine grobe Einordnung der vorgestellten Positionen zu ermöglichen.

Dem historisch fundierten politik- und sozialwissenschaftlichen Vergleich „nichtdemokratischer" bzw. diktatorischer Systeme sind prinzipiell kaum Grenzen gesetzt, wie die von Juan Linz entwickelte Systematik autoritärer und totalitärer Regime (81) oder die nach den sozialen Ursprüngen von Diktatur und Demokratie fragende Analyse Barrington Moores (82) beispielhaft belegen. Eine derart umfassende Betrachtung kann im Rahmen dieser Einführung nicht annähernd realisiert werden. Die erste grundsätzliche Eingrenzung besteht darin, dass außereuropäische Entwicklungen nicht berücksichtigt werden. Weiterhin findet eine zeitliche Konzentration auf die „modernen Diktaturen" des 20. Jahrhunderts statt. Im Mittelpunkt der exemplarisch angelegten Problemaufrisse werden daher vier Regime stehen: der italienische Faschismus, die Sowjetunion, der NS-Staat und die in der DDR errichtete SED-Herrschaft. Weiterführende Hinweise auf einschlägige Studien und Forschungsüberblicke sollen dabei auch jenseits der hier als roter Faden verfolgten vergleichenden Perspektive Zugänge für ein vertiefendes Studium der einzelnen Regime eröffnen. Insgesamt werden – allerdings mit unterschiedlicher Gewichtung – vier zentrale *Forschungszweige* des Diktaturenvergleichs berücksichtigt: die vergleichende Faschismusforschung, die vergleichende Kommunismusforschung, der systemübergreifende Vergleich zwischen den beiden Extremfällen, also der stalinistischen Sowjetunion und dem nationalsozialistischen Deutschland sowie der Vergleich zwischen der NS- und der SED-Herrschaft.

3. Chancen, methodische Probleme und Grenzen des diktaturvergleichenden Untersuchungsansatzes

Die gegenüber einer isolierenden Einzeluntersuchung erheblich erweiterten Erkenntnismöglichkeiten, die eine korrekte und reflektierte Anwendung der Methode des historischen Vergleichs eröffnet, sind eingangs dieses Kapitels bereits als heuristische, deskriptive, analytische und paradigmatische Kompetenz des Verfahrens erläutert worden. Gleichzeitig werden aber auch Einwände gegen den historischen Vergleich erhoben. Ein prinzipieller, vor allem zu Beginn der neueren Debatte über die Möglichkeit oder Unmöglichkeit eines Vergleiches der beiden deutschen Diktaturen (vgl. 65, S. 12 f.; 90; 89) erhobener Kritikpunkt beruht nicht zuletzt auf einem sprachlichen Problem: In der Umgangssprache wird das Verb „vergleichen" sowohl benutzt, um Ähnlichkeiten und Unterschiede verschiedener Fallbeispiele in Relation zueinander zu setzen, als auch, um wertend eine qualitative Gleichsetzung auszudrücken. Hinzu kommt, dass in der Tradition des deutschen Historismus die vergleichende Methode, wo sie überhaupt akzeptiert wurde, weithin auf einen „analogischen" Vergleich reduziert worden ist, der aus vorliegenden Erkenntnissen zu bereits untersuchten Beispielen unter der Annahme einer prinzipiellen Gleichheit auf noch unerforschte Fälle zu schließen sucht (73, S. 200 ff.). Um nahe liegende Missverständnisse auszuräumen ist daher seit geraumer Zeit in nahezu jedem methodologischen Beitrag zum Diktaturenvergleich darauf hingewiesen worden, dass im modernen sozialwissenschaftlichen Sprachgebrauch der Vergleich immer nur im Sinne einer *vergleichenden Untersuchung* verschiedener Fallbeispiele gemeint ist und keinesfalls per se eine bewertende Gleichsetzung beinhaltet. Jeder korrekt durchgeführte wissenschaftliche Vergleich berücksichtigt grundsätzlich sowohl Unterschiede als auch Gemeinsamkeiten, wobei freilich der Schwerpunkt der einzelnen Untersuchung je nach der vorrangig verfolgten Intention (generalisierend oder kontrastierend) unterschiedlich ist.

Ein zweiter prinzipieller Einwand leitet sich aus der Grundüberzeugung ab, dass alle historischen Phänomene prinzipiell einmalig seien und sich daher jedem Vergleich entzögen. In der Debatte um eine angemessene Interpretation der NS-Diktatur gewinnt diese Argumentation besonderes Gewicht. So geht eine wichtige Interpretationsrichtung davon aus, dass es verharmlosend und unangemessen sei, die nationalsozialistische Herrschaft als „faschistische" Diktatur zu kennzeichnen, aber gleichzeitig auch nicht ausreiche, sie als ein „totalitäres Regime" zu bestimmen. Vielmehr sei der Nationalsozialismus adäquat nur als ein Phänomen sui generis zu fassen, das aufgrund seiner Einzigartigkeit letztlich jeder systematischen Typisierung verschlossen bleibe (vgl. 87, S. 71 ff.). Wie zunächst der „Historikerstreit" 1986 und später noch einmal die Goldhagen-Debatte 1996 eindrucksvoll bestätigt haben, wird zudem aus anderer Warte der an den Juden verübte industriell organisierte Völkermord mit Recht als ein einzigartiges Phänomen interpretiert, das sich einer Gleichsetzung mit den zahlreichen anderen Massenverbrechen des 20. Jahrhunderts entzieht. Allerdings verweisen diese Extrembeispiele nicht auf eine generelle Unmöglichkeit des Vergleichs, sondern auf seine Begrenzung und damit auf die Notwendigkeit einer sorgfältigen methodologischen Reflexion, die die Grenzen der Vergleichbarkeit für jede einzelne Untersuchung konkret bestimmt. Als allgemeine Regel gilt hier, was Jürgen Kocka mit Blick auf eine kritische Gesellschaftsgeschichte der DDR und den Vergleich der beiden deutschen Diktaturen (siehe hierzu ausführlicher Kap. III, 1) knapp und treffend formuliert hat: „Der Diktaturenvergleich beleuchtet einige Dimensionen der DDR-Wirklichkeit, andere nicht." (88, S. 249)

Methodische Fragen und Probleme ergeben sich in der Forschungspraxis auch im Hinblick auf die unterschiedlichen Arten oder Typen des historischen Vergleichs (vgl. 67, S. 14 ff.). Am weitesten verbreitet ist heute ganz allgemein der *synchrone*, sich also innerhalb einer Epoche bewegende Vergleich. Räumliche Bezugsgrößen sind dabei meist Nationen, Gesellschaften oder „Zivilisationen" – auf dem Feld des Diktaturenvergleichs also etwa der Gesamtvergleich des NS-Staates mit dem italienischen Faschismus oder aber mit der stalinistischen Sowjetunion. Seltener werden kleinere Einheiten (wie Regionen, Städte, Orte in unterschiedlichen Gesellschaften) für komparative Untersuchungen herangezogen. Hinzu kommen vielfältige Spezialvergleiche, etwa von Herrschaftsagenturen und Eliten in den jeweiligen Diktaturen, von Herrschaftsmitteln (z. B. Terror und Lager) oder bestimmten Verhaltensmustern (etwa der Denunziation). Soziale Gruppen oder Milieus, aber auch die Differenzierung nach Geschlecht oder Generation können zentrale Bezugsgrößen für diktaturvergleichende Studien darstellen. In der großen Mehrzahl der historischen Vergleiche werden jedenfalls Institutionen, Gruppen oder Verhaltensweisen aus *unterschiedlichen* Gesellschaften *derselben* Epoche miteinander in vergleichenden Analysen verbunden. Allerdings belegen etliche Beispiele ebenso den Erkenntniswert von *diachronen*, also zeitversetzt angelegten historischen Vergleichen. Das bekannteste Beispiel dürfte Max Webers Studie zur Bedeutung der Stadt in verschiedenen historischen Zivilisationen sein. Ebenso wie zeitlich nacheinander erfolgende Nationenbildungs- oder Industrialisierungsprozesse mit großem Gewinn in vergleichenden Studien untersucht worden sind, können selbstverständlich auch Diktaturen diachron untersucht werden, wie sowohl die theoretisch-systematisch angelegte Analyse von Maurice Duverger (12) als auch der von Sheila Fitzpatrick und Robert Gellately herausgegebene Sammelband mit empirischen Studien zum Phänomen der Denunziation in der modernen europäischen Geschichte (86) beispielhaft belegt haben.

Der gleichsam „klassische" historische Vergleich ist eine intragesellschaftliche und nicht eine innergesellschaftliche Studie (67, S. 17 f.). Dies gilt weithin auch für das Feld des Diktaturenvergleichs, wirft allerdings Fragen im Hinblick auf die aus deutscher Sicht besonders wichtige komparative Untersuchung der beiden deutschen Diktaturen des 20. Jahrhunderts auf, denn der Vergleich von NS- und SED-Herrschaft stellt in doppelter Hinsicht einen Sonderfall dar. Zum einen handelt es sich um einen Vergleich innerhalb einer Nation, zum anderen zusätzlich noch um eine diachrone Untersuchungsanordnung, die insbesondere dadurch methodische Probleme aufwirft, dass die beiden untersuchten Diktaturen nicht nur nacheinander existierten, sondern auch noch eine komplizierte asymmetrische *Beziehungsgeschichte* aufweisen. Während im durchschnittlichen „Normalfall" eines historischen Vergleichs Strukturen oder Entwicklungsprozesse bei zwei oder mehreren deutlich voneinander getrennten Fallbeispielen miteinander kontrastiert werden, muss im Hinblick auf das NS-Regime und die DDR diese komplexe Beziehungsgeschichte als zusätzliche Rahmenbedingung reflektiert werden. In der Forschungspraxis hat sich bisher gezeigt, dass es besonders schwierig ist, solche „Lernprozesse", die sich auf die Erfahrungen in und mit einer untergegangenen Diktatur stützen, präzise zu bestimmen. Aufgrund dieser methodologischen Probleme stellt der wissenschaftlich fundierte Vergleich von NS- und SED-Herrschaft eine besonders anspruchsvolle Herausforderung dar – gleichzeitig ist er nicht nur „legitim und nützlich" (88, S. 249), sondern auch aus Gründen der politischen Bildung unverzichtbar, denn vorwissenschaftlich „verglichen" werden die beiden deutschen Diktaturen in den publizistischen und politischen Debatten ständig. Zudem bietet er seit der Öffnung der DDR-Archive die bislang einzigartige Chance, zwei unterschiedlich ausgerichtete, in vieler Hinsicht gegensätzliche, aber aufeinander folgende Diktaturen im Rahmen eines nationalen Kontextes auf breiter Quellengrundlage zu untersuchen.

Eine hervorstechende Qualität des Diktaturenvergleiches ergibt sich schließlich aus seiner Stellung im Übergangsbereich zwischen Geschichts- und Politikwissenschaft. Wie jeder historische Vergleich basiert er auf der empirischen Durchdringung nicht nur eines, sondern mehrerer im Detail zu untersuchender Fallbeispiele. Hierdurch erhalten die in der Regel aus der Politik- und Sozialwissenschaft übernommenen theoretischen Überlegungen die notwendige empirische Unterfütterung. Durch ein Pendeln zwischen quellenkritischer hermeneutischer Analyse einerseits und aus der Politischen Soziologie bzw. der Vergleichenden Systemlehre adaptierten Modellen und Konzepten andererseits ergibt sich das besondere analytische Potential dieses Forschungsansatzes, das vor allem auf Interdisziplinarität und methodischer Flexibilität, im Ganzen also auf einem notwendigerweise vielfältigen wissenschaftlichen Handwerkszeug beruht. Der vorliegende Problemaufriss versucht dem gerecht zu werden, indem in den ausgewählten empirischen Themenfeldern die Perspektive immer wieder zwischen stärker geschichts- und stärker politikwissenschaftlichen Ansätzen und Untersuchungsmethoden variiert wird.

4. Die Auswahl der behandelten Themenfelder

Die theoretische und häufig auch überaus abstrakt geführte Diskussion darüber, mit welchen Konzepten, Modellen und Begriffen diktatorische Regime angemessen untersucht und in komparativer Perspektive analysiert werden können, hat die Debatte um den Vergleich von Diktaturen über die Jahrzehnte in ganz hohem Maße bestimmt. Entsprechend nimmt die erste Forschungskontroverse (Kap. III, 1), die die konkurrierenden Paradigmen („Totalitarismus", „politische Religion" und „moderne Diktatur") vorstellt und diskutiert, relativ breiten Raum ein.

Die zweite Forschungskontroverse (Kap. III, 2) behandelt den Gesamtvergleich von Diktaturen, wobei die vier in dieser Einführung schwerpunktmäßig behandelten Fallbeispiele durch die unterschiedlichen Forschungsrichtungen in jeweils spezifischer Weise erschlossen werden. Im ersten Unterkapitel werden möglichst umfassend angelegte Vergleichsstudien behandelt. In den weiteren Abschnitten folgen der Vergleich des faschistischen Italiens mit dem NS-Staat (mit dem Fokus auf die Kontroverse über den Sinn eines generalisierenden Faschismus-Begriffes im Kontext der vergleichenden Faschismusforschung), die Analyse des europäischen Kommunismus als politische Bewegung und als Herrschaftssystem (vergleichende Kommunismusforschung), die kontroverse Debatte über die regimetypologische Kontrastierung von Nationalsozialismus und Stalinismus (als zentrales Feld der Totalitarismusforschung) sowie der Ansatz zu einer „historisch-genetischen Differenzierung" im Hinblick auf den Vergleich der beiden deutschen Diktaturen.

Die folgenden vier Kapitel rücken ausgewählte Forschungsprobleme zu vier besonders wichtigen Sektoren des empirischen Diktaturvergleichs in den Blickpunkt: Diktator und Herrschaftsapparate, Herrschaftsanspruch und reale Grenzen der Diktatur, Terror und Verfolgung sowie schließlich Opposition und Widerstand. Die Auswahl dieser vier empirischen Untersuchungsfelder reflektiert zum einen die Schwerpunktsetzung der Faschismus-, Kommunismus- und Totalitarismusforschung; zum anderen wird hierdurch aber auch gewährleistet, dass sowohl die diktatorischen Machthaber und ihre Funktionseliten als auch die unter der Diktatur lebende Bevölkerung in den Blick kommen. Die weitere Aufgliederung dieser umfangreichen Themenkomplexe in mehrere, wiederum exemplarische Aspekte ermöglicht – über die für den Diktaturenvergleich naturgemäß zentrale Politikgeschichte hinaus – die Einbeziehung von sozial- und kulturgeschichtlichen Fragestellungen. Aufgrund des begrenzten Raumes werden für die zu untersuchenden Teilaspekte jeweils nur einige wenige, und zwar tatsächlich *empirisch* angelegte diktatur*vergleichende* Arbeiten in den Mittelpunkt gerückt. Eine ausführliche Behandlung des theoretischen Hintergrunds dieser Untersuchungsfelder verbietet sich in diesem Problemaufriss ebenso wie ein breites Referieren der spezifischen Forschungsstände zu den *einzelnen* Regimen. Da das Konzept der Publikationsreihe Belege und Literaturverweise nur in sehr begrenztem Maße vorsieht, kann nur punktuell auf neuere Forschungsüberblicke bzw. auf besonders einschlägige Spezialstudien verwiesen werden, um so systematische Zugangswege für eine intensivere Analyse einzelner Fallbeispiele anzudeuten. Insgesamt basiert das Gestaltungsprinzip dieser Einführung auf der dargelegten *Auswahl* zentraler Aspekte und dem *exemplarischen* Charakter der behandelten Problemfelder und Teilaspekte.

Unterschiedliche und zum Teil gegensätzliche Interpretationsansätze zum Charakter und zu den zentralen Mechanismen von diktatorischer Herrschaft stehen im Mittelpunkt des Themenkomplexes „Diktatoren und Herrschaftsapparate" (Kap. III, 3). Zunächst wird mit Blick auf die drei hervorstechenden „Führer" Hitler, Stalin und Mussolini die Frage nach der Bedeutung von charismatischen und bürokratischen Elementen von diktatorischer Herrschaft aufgeworfen. Von diesen Überlegungen ausgehend werden anschließend unterschiedliche Deutungsansätze zur funktionalen Bedeutung und zum Stellenwert der Staats- bzw. Einheitsparteien in den unterschiedlichen Diktaturen miteinander konfrontiert und schließlich wird anhand der Beispiele der „Pseudo-Gewerkschaften" DAF und FDGB sowie der mädchenspezifischen Jugendarbeit der Staatsjugendorganisationen nach der Rolle von Massenorganisationen für die Diktaturen gefragt.

Das Spannungsverhältnis zwischen der totalitären Vision einer vollständigen „Durchherrschung" der Gesellschaft und der in der Praxis immer begrenzten gesellschaftlichen Reichweite diktatorischer Herrschaft steht als Forschungsproblem im Zentrum des Untersuchungskomplexes „Totalitärer Herrschaftsanspruch und Grenzen der Diktatur" (Kap. III, 4). Exemplarisch wird für eine Schicht (Arbeiterschaft) und eine Gruppe (Frauen) der Gesellschaft sowie für das Themenfeld Literatur und Sprache unter der Diktatur nach dem Erreichen oder Verfehlen der totalitären Herrschaftsabsichten gefragt.

Mit dem Komplex „Terror und Verfolgung" (Kap. III, 5) wird im nächsten Schritt ein Sektor in den Mittelpunkt der Analyse gerückt, der in ganz besonderem Maße mit dem „Totalitarismus" des 20. Jahrhunderts identifiziert wird. Die Unvorstellbarkeit der im NS-Staat verübten Massenverbrechen hat die Frage aufgeworfen, ob sich der Völkermord an den Juden nicht überhaupt jeder Kategorisierung entzieht. Umgekehrt ist aber auch infrage gestellt worden, ob der „Rassenmord" der Nationalsozialisten wirklich als einzigartig anzusehen ist oder aber im „Klassenmord" des Stalinismus ein kongeniales Pendant gefunden habe. Im Mittelpunkt des ersten Unterkapitels stehen komparative Analysen zu Terror und Repression im Nationalsozialismus und im Stalinismus, von denen ausgehend eine Einschätzung der heftigen Kontroverse um das „Schwarzbuch des Kommunismus" vorgenommen wird. Ergänzend wird nach den Unterschieden zwischen dem Antisemitismus und der Judenverfolgung im NS-Staat und im faschistischen Italien gefragt und damit die These überprüft, ob es sich hierbei wirklich um ein rein nationalsozialistisches und nicht um ein genuin faschistisches Problem gehandelt hat. In einem dritten Zugriff auf das Generalthema Verfolgung in der Diktatur wird die Forschungskontroverse um die Bedeutung der Geheimpolizei und von Denunziationen als Herrschaftsinstrumente der totalitären Diktatur aufgegriffen.

Den Schlusspunkt der ausgewählten Forschungsprobleme bildet der angesichts seiner fundamentalen Bedeutung für die „Aufarbeitung" von Diktaturerfahrungen relativ breit behandelte Sektor „Opposition und Widerstand" (Kap. III, 6). Ein wichtiges Desiderat stellt dabei die Frage nach der europäischen Dimension des Widerstandes gegen den Faschismus dar, die erst in Ansätzen und perspektivischen Entwürfen behandelt worden ist. Angesichts des nach Jahrzehnten intensiver Forschung inzwischen sehr differenzierten Forschungsstandes zum Widerstand gegen den Nationalsozialismus ist die Frage aufgeworfen worden, ob sich die auf diesem Gebiet gewonnenen Erkenntnisse nicht auch gewinnbringend auf die Opposition in der DDR übertragen lassen. Erste Versuche einer Adaptierung bewährter Konzepte und Forschungsstrategien markieren hier den Beginn einer noch andauernden Debatte. Schließlich ist für beide deutschen Diktaturen das Verhältnis zwischen den Kirchen und der Diktatur bereits intensiv untersucht worden. Daher wird die kontroverse Debatte über Anpassung und Selbstbehauptung der Kirchen, die Frage eines gesellschaftlich verankerten religiösen Dissenses und das Feld der christlich motivierten Widerstandes als exemplarischer Teilaspekt herausgegriffen.

III. Deutungsmuster und ausgewählte Forschungsprobleme der vergleichenden Diktaturforschung

1. „Totalitarismus", „politische Religionen" und „moderne Diktaturen" – drei konkurrierende Deutungsmuster

Welcher Untersuchungsansatz bietet die günstigste Basis für eine sachgerechte und umfassende geschichts- und politikwissenschaftliche Analyse von modernen diktatorischen Regimen? Nach einer die historischen Wurzeln verdeutlichenden, etwa bis zum Beginn des Zweiten Weltkriegs reichenden Einführung zur älteren Diktaturforschung in Deutschland, Italien, Frankreich, England und den Vereinigten Staaten (die Leserinnen und Leser, die ausschließlich an der *aktuellen* Debatte interessiert sind, auslassen können) werden in den folgenden Abschnitten die drei konkurrierenden Paradigmen vorgestellt und diskutiert, die sich als grundsätzliche Deutungsansätze bzw. Erklärungsmodelle anbieten und die auch bevorzugt zur Analyse von diktatorischen Regimen herangezogen worden sind. Im ersten Schritt werden für jedes Konzept der *Entstehungszusammenhang* sowie die grundlegenden Thesen der *zentralen Referenzwerke* erläutert. Anschließend werden die ins Feld geführten *kritischen Einwände* geprüft und das Deutungspotential des Ansatzes anhand von *empirischen Anwendungen* betrachtet. Am Ende jedes Abschnitts werden Schlüsselfragen und zentrale Deutungskontroversen noch einmal stichpunktartig zusammengefasst, um hierdurch einen komprimierten *Überblick* zum entfalteten Problemhorizont zu vermitteln.

a) Traditionen und Konzepte der älteren Diktaturforschung

Der von Carl Schmitt 1921 vorgelegte rechtshistorische Abriss „Die Diktatur" (98) setzt mit dem Institut der „rechtlichen Diktatur" im antiken Rom ein und schließt mit einer Betrachtung der rechtsstaatlich legitimierten „Diktatur des Reichspräsidenten", die nach Artikel 48 der Weimarer Verfassung erklärt werden durfte, sofern nach Einschätzung des Staatsoberhaupts die öffentliche Sicherheit und Ordnung gefährdet war. Im Kern arbeitet Schmitt in seiner Abhandlung eine grundlegende Unterscheidung zwischen der „kommissarischen" Reformations-Diktatur des 16. Jahrhunderts, die er exemplarisch in den Vorstellungen von Machiavelli und Bodin verkörpert sieht, und der seit dem 18. Jahrhundert sich entwickelnden „souveränen" Revolutions-Diktatur heraus. Für Letztere sei charakteristisch, dass der Diktator zwar auch „Kommissar" bleibe, aber eine Legitimationsbasis als „Souverän" gewinne, die sich aus der zwar „nicht konstituierten, aber konstituierenden Gewalt" des Volkes, also nicht etwa aus demokratischen Wahlen, sondern aus massenhafter Akklamation ableite. Dieser „Volkskommissar" sei mithin ein Diktator, „der auch seinem Auftraggeber diktiert, ohne aufzuhören, sich an ihm zu legitimieren" (98, S. X; vgl. auch 100, S. 80ff.). Im Zusammenhang mit seinen anderen Schriften, in denen Schmitt u.a. den Begriff des Politischen aus einem Freund-Feind-

Schema ableitet und die Prinzipien der parlamentarischen Demokratie verwirft, erweisen sich diese Reflexionen zur Diktatur als Thesen eines dezidierten Antidemokraten. Dies gilt erst recht vor dem Hintergrund von Schmitts späterer Anbiederung an das NS-Regime (Parteieintritt 1933 als „März-Gefallener") und seiner Rechtfertigung diktatorialen Terrors, auf die Spitze getrieben in der perfiden Formel „Der Führer schützt das Recht" als Reaktion auf die im Zuge der „Röhm-Aktion" im Sommer 1934 verübten politischen Morde. Heutige Leserinnen und Lesern müssen zwangsläufig die Frage aufwerfen, welchen Stellenwert Schmitts 1921 formulierte Kritik hat, dass eine Diktatur, die das Recht ignoriert, aber gleichzeitig erklärt, dies nur zu tun, um „das Recht zu verwirklichen", über „keine Rechtfertigung im Rechtssinne" verfüge, „denn der noch so gute wirkliche oder vorgebliche Zweck kann keinen Rechtsbruch begründen, und die Herbeiführung eines den Prinzipien normativer Richtigkeit entsprechenden Zustandes verleiht noch keine rechtliche Autorität" (98, S. IX). In seinen weiteren Ausführungen verwässerte Schmitt diese grundlegende Feststellung zudem, indem er über die Möglichkeit einer „konkreten Ausnahme" spekulierte, als die er die „Ermächtigung einer höchsten Autorität" ansah, „die rechtlich imstande ist, das Recht aufzuheben und eine Diktatur zu autorisieren". Staatstheoretisch sei nämlich das Phänomen der Diktatur zu identifizieren als das „in der allgemeinen Rechtlehre bisher noch wenig systematisch behandelte Problem der konkreten Ausnahme" (ebenda). Trotz aller Anpassung fiel Schmitt, den sein früherer Freund und später erbitterter Gegner Waldemar Gurian als „Kronjurist des Dritten Reiches" und damit als wichtigen Stichwortgeber für die Perversion der Rechtsvorstellungen im NS-Staat charakterisiert hat, ab 1936 politisch in Ungnade. Mit Ralf Walkenhaus kann man Schmitt verstehen als „ein Symbol für die antidemokratische, antiliberale Richtung einer autoritären Staatslehre, die mit der Politisierung ihrer Gegenstände für eine normativistische Abwertung und machtpolitische Überfrachtung steht" (100, S. 78). Insgesamt bleibt der ebenso scharfsinnige wie hemmungslos anpassungswillige Schmitt eine schillernde, in hohem Maße umstrittene und noch heute polarisierende Persönlichkeit des „Zeitalters der Extreme". Als auskunftsfähige Autorität zum Problem der Diktatur ist er nicht geeignet.

Die normative Indifferenz der im deutschen Sprachraum seinerzeit praktizierten intellektuellen Auseinandersetzung mit dem Phänomen der Diktatur spiegelt sich ebenfalls recht eindrucksvoll in einem 1930 von Otto Forst de Battaglia herausgegebenen Sammelband über den „Prozess der Diktatur" wider, in dem in 21 sehr heterogenen Beiträgen verschiedene Epochen (vom alten Rom bis zu Mussolini) und Aspekte der Diktatur (von einem Sinnspruch Albert Einsteins über „Wissenschaft und Diktatur" bis zu einem Aufsatz über „Liebe und Diktatur") behandelt werden. In seiner Bilanz führt der Herausgeber aus, es sei das Ziel der Publikation gewesen, „die Diktatur aus dem Konnex mit Himmel und Hölle" zu reißen, „sie an die Erde zu haften und dann zu zeigen, was, in verschiedensten Bereichen, von den Diktaturen tatsächlich vollbracht wurde." (14, S. 391) Forst de Battaglia konstatiert 1930 – vor dem Hintergrund einer viel zu optimistischen Beurteilung der politischen Lage mit einer ungewollten und daher um so gespenstischeren Prophetie – dass die Wahrscheinlichkeit einer Diktatur in Deutschland „momentan nicht groß", in Frankreich „gleich Null" und in Österreich „vom raschen Wechsel der parlamentarischen Lage abhängig" sei. „Nur plötzliche Krisen könnten die Situation schnell verändern. Sich über diese Eventualitäten zu äußern, möchte ich Propheten und Schwarz- (oder Rot-)Sehern überlassen." England, die skandinavischen Nationen und die Benelux-Ländern kämen für eine Diktatur ohnehin prinzipiell nicht infrage. Für die zuvor genannten Fälle stehe zudem fest, dass „nur gänzliches Versagen der bestehenden verfassungsmäßigen Instanzen den Sturz der Demokratie bewirken würde." (14, S. 410) So schließt Forst de Battaglia seine Betrachtung mit einem „Freispruch" für die Diktatur, die durchaus als probates Mittel zur Bewältigung bestimmter schwieriger Situationen anerkannt wird (14, S. 413). Angesichts dieser für weite Teile der bürgerlichen Eliten in den späten Weimarer Jahren typischen ambivalenten Haltung gegenüber der Herausforderung der Demokratie durch die Diktatur verwundert es nicht, dass die heute noch richtungweisenden Referenzwerke der älteren Diktaturforschung vornehmlich aus der sich bewusst als „Demokratiewissenschaft" verstehenden amerikanischen Politikwissenschaft oder aber aus der Feder von vor der NS-Diktatur in die USA emigrierten deutschen Wissenschaftlerinnen und Wissenschaftlern stammen.

Aus dem Blickwinkel der *vergleichenden* Diktaturforschung kommt sowohl Hermann Hellers kritischer Analyse des „fascistischen" Regimes als „die der kapitalistischen Gesellschaft entsprechende Form der Diktatur" (78, S. 123) als auch der Studie über Marxismus und Diktatur (92), in der sich Arkadij Gurland – letztlich nicht überzeugend – bemüht, einen „soziologischen Diktaturbegriff" aus den von Marx und Engels entwickelten geschichtsphilosophischen Thesen abzuleiten, nur untergeordnete Bedeutung zu. Wichtige Beiträge zur älteren diktaturvergleichenden Forschung deutscher Tradition stellen vor allem die Arbeiten von Eduard Heimann, Karl Loewenstein und Hans Kelsen sowie Hans Kohn dar.

Der Wirtschafts- und Sozialwissenschaftler Eduard Heimann, zusammen mit Paul Tillich Begründer der zahlenmäßig kleinen, aber bedeutsamen Gruppe der „Religiösen Sozialisten", bestimmte in seiner lange vorbereiteten, aber erst 1938 im Exil publizierten systemtypologischen Studie (77) den klassischen Sozialismus als die erste, den Kommunismus als die zweite und den Faschismus als die dritte „Transformation" des demokratischen Systems. Das Auftreten des Faschismus wird als „Strafe" dafür gedeutet, dass sich der Marxismus sozialistischer wie kommunistischer Ausprägung mit seiner Vision einer „Diktatur des Proletariats" des Verrats an der Freiheit schuldig gemacht habe. Im letzten Kapitel seines Werkes entfaltet Heimann die normative und zugleich im positiven Sinne utopische Perspektive seiner Analyse: eine modernisierte pluralistische Demokratie, die auf den Prinzipien Freiheit *und* Gleichheit beruht. Im ökonomischen Bereich sei dieses Ziel anzustreben durch ein aufeinander abgestimmtes Zusammenwirken von planwirtschaftlichen Kontrollmechanismen in dynamischen Wirtschaftsbereichen und einem dezentralisierten freien Markt in den sich nicht dynamisch entwickelnden Zweigen der Wirtschaft. Die Elastizität der sozial-ökonomischen Strukturen ist nach Heimann für die erfolgreiche Gestaltung einer modernisierten Demokratie in einer sich diversifizierenden Welt letztlich von größerer Bedeutung als die Struktur selbst (77, S. 272) – eine auch noch aus heutiger Sicht zukunftsweisende und ganz offensichtlich vom amerikanischen Erfahrungshorizont inspirierte Idee, die der europäischen Gedankenwelt in diesem Zeitalter der „weltanschaulichen" Kämpfe weit voraus war.

Der Jurist und Politikwissenschaftler Karl Loewenstein entwarf Mitte der dreißiger Jahre im amerikanischen Exil ein Panorama des zeitgenössischen Europa, das er in zwei antagonistische politische Lager aufgeteilt sah. Die fundamentale Spannungslinie konstituierte sich dabei für Loewenstein nicht etwa zwischen dem Bolschewismus bzw. dem internationalistischen Sozialismus und den nationalistisch geprägten faschistischen Bewegungen und Regimen sondern zwischen den unter Druck geratenen liberalen Demokratien und den verschiedenen autokratischen bzw. diktatorischen Formen von Herrschaft, auf deren Basis bereits der größere Teil des europäischen Territoriums regiert wurde. Der erste Teil seiner Analyse (97, S. 577ff.) arbeitet vor allem die Bedingungen heraus, die ganz allgemein zum Aufschwung faschistischer Bewegungen, in einigen Fällen auch zur Durchsetzung faschistischer Regime geführt haben: Die weltweite Wirtschaftskrise habe das Vertrauen in die internationale Zusammenarbeit zerstört; Autarkie und Wirtschaftslenkung seien die Schlagworte der Zeit. Auf politischem Gebiet sei die Demokratie vielfach nicht wehrhaft genug aufgetreten. In der gesellschaftlichen Krise und der hierdurch zugespitzten politischen Polarisierung sei die Anfälligkeit einiger unter Druck geratener sozialer Gruppen (Bauern, bürgerliche Mittelschichten, Arbeitslose, Jugendliche) für eine auf charismatischer Führerschaft beruhende Herrschaft dramatisch gewachsen. Dies habe den „Schwarzhemden“ in Italien und den „Braunhemden“ in Deutschland erst die Übernahme der Macht ermöglicht. Im zweiten Teil seiner Abhandlung (97, S. 755ff.) setzt sich Loewenstein vor allem mit der Frage auseinander, welche Chancen faschistische Regime haben, sich auch in den noch verbliebenen demokratischen Nationen Europas durchzusetzen. Gefahren werden für solche Länder konstatiert, in denen die demokratische Praxis nicht tief verwurzelt ist (z. B. Spanien, Rumänien); als gefestigte europäische Demokratien werden dagegen vor allem Großbritannien sowie die Schweiz, Belgien, die Niederlande und die skandinavischen Staaten bezeichnet. Als „kritischen Punkt“ in der „Schlacht“ zwischen Autokratie und Demokratie in Europa macht Loewenstein Frankreich aus. An seinem Schicksal werde sich entscheiden, ob Europa den Weg von Demokratie und Frieden oder den von Imperialismus und Krieg gehe. Die Situation im Jahre 1935 unterstreiche das bekannte Diktum: „If France is quiet, all Europe is quiet“ (97, S. 782). Loewenstein geht in seiner optimistischen Schlussbilanz davon aus, dass das Auftreten von Diktaturen in allen Ländern Europas (eventuell mit Ausnahme Russlands) eine nur vorübergehende Erscheinung sein werde, denn die moderne Geschichte sei ein unumkehrbarer Prozess der revolutionären Veränderungen von der Autokratie zur Demokratie, bei der jeder Rückschritt bald durch weitere Fortschritte aufgehoben werde. Im Ergebnis greift diese im Detail ungemein kenntnisreiche Analyse der politischen Situation in Europa zu kurz, weil Loewenstein mit seinem sehr stark auf die innere Entwicklung der einzelnen Staaten abhebenden Diktaturkonzept die zerstörerische Dynamik nationalsozialistischer Kriegs-, Großraum- und Vernichtungspolitik nicht antizipieren konnte. Insofern verdeutlicht die letztlich immer noch begrenzte Reichweite dieses bereits sehr differenzierten Ansatzes der älteren Diktaturforschung, warum sich in der Folgezeit das Paradigma des „Totalitarismus“ als Antwort auf eine neue Dimension von diktatorischer Herrschaft durchgesetzt hat.

Der Jurist Hans Kelsen, wissenschaftlich vor allem als Begründer der Wiener rechtstheoretischen Schule ausgewiesen, propagierte in seinen politiktheoretischen Schriften die parlamentarische Demokratie als die am besten geeignete Staatsform, um eine umfassende „Friedensordnung“ und eine evolutionäre Veränderung der Gesellschaft zu erreichen. Bezeichnend für seine aus Prinzip vertretene tolerante Grundhaltung ist, dass Kelsen Ende 1932 der Berufung seines wissenschaftlichen Kontrahenden Carl Schmitt an die Kölner Universität zustimmte, was letzteren freilich nicht davon abhielt, nach dem 30. Januar 1933 umgehend und erfolgreich Kelsens Amtsenthebung zu betreiben. Während seiner Exilzeit in Genf (1933–1940, danach in den USA) setzte sich Kelsen mit der Einparteiendiktatur auseinander, die er als die moderne Form der Autokratie oder Diktatur und damit als Opposition zum demokratischen Parteienstaat bestimmte (93). Ihr zentrales Merkmal sei, dass die für die Demokratie fundamentale Trennung von Staatsapparat und „Parteimaschinen“ aufgehoben werde. In seiner komprimierten

Skizze benennt Kelsen die Essentials der modernen Einparteiendiktaturen: Die jeweilige Ideologie, hier der Sozialismus in seiner bolschewistischen Ausprägung, dort die faschistische Variante des Nationalismus, diene dazu, die Bevölkerung für die schweren Opfer zu präparieren, die ihr durch die Diktatur auferlegt würden. Im Bolschewismus sei es die Parteielite, die als selbst ernannte Avantgarde des industriellen Proletariats auftrete, im Faschismus der charismatisch legitimierte Führer und seine „lieutnants", die demokratische Herrschaftsmechanismen ersetzt hätten und von ihrer Gefolgschaft Disziplin und unbedingten Gehorsam einforderten. Gleichermaßen seien diese modernen Diktaturen durch Militarisierung und einen fundamentalen Antipazifismus sowie durch ein imperialistisches Auftreten in der Außenpolitik gekennzeichnet. Im Ergebnis repräsentierte die faschistische Variante der Einparteiendiktatur für Kelsen die gegebene politische Form des „dekadenten Kapitalismus". Es sei aber keineswegs unmöglich, dass sich dieser exklusiv auf die Mittelschichten gestützte „Staatskapitalismus" in seinen langfristigen ökonomischen Strategien dem bolschewistischen „Staatssozialismus" annähere. Die zentrale Kategorie in Kelsens komprimierter Strukturskizze ist noch die der „Diktatur", zugleich wird aber die Mitte der dreißiger Jahre unter den deutschen Emigranten immer stärker an Bedeutung gewinnende Interpretationsfolie des „totalitären Staates" im letzten Abschnitt seiner systematischen Analyse bereits aufgegriffen (93, S. 31), ohne freilich eine tragende Rolle zu spielen. Insofern sind Hans Kelsens Reflexionen als Bindeglied zwischen den Traditionen der älteren deutschen Diktaturforschung und der im internationalen Kontext sich neu etablierenden Totalitarismusforschung zu verstehen.

Im *Italien* der Zwischenkriegszeit, dem faschistischen Ständestaat Mussolinis, konnte kritische Diktaturforschung selbstverständlich nicht öffentlich betrieben werden. So war es der nach eigener Charakteristik als italienischer „Patriot" im Exil lebende Diplomat und liberale Politiker Carlo Sforza, der 1932 eine bemerkenswerte Analyse der europäischen Diktaturen der Zwischenkriegszeit publizierte, und zwar zeitgleich in englischer, französischer und deutscher Sprache. Seine stilistisch zwischen Zeitzeugenbericht und gelehrter Abhandlung (es fehlt ein Anmerkungsapparat) angesiedelte Schrift zielte in erster Linie auf ein breiteres historisch und politisch interessiertes Publikum und nicht vorrangig auf den wissenschaftlichen Diskurs.

Sforza behandelt zunächst intensiv die politische Entwicklung in seinem Heimatland und widerlegt dabei die Legende, der Faschismus habe Italien vor einer bolschewistischen Diktatur „gerettet" (52, S. 51 ff.). Während die Sowjetunion für Sforza eindeutig als „imperialistischer" Staat bestimmbar ist, bleibt das Deutschland der zusammenbrechenden Weimarer Demokratie für ihn eine „Sphinx". In seinen Reflexionen offenbart sich der Autor nicht nur als ein überaus kenntnisreicher Beobachter der Weltpolitik, sondern gleichzeitig auch als ein geschlagener politischer Akteur, der in etlichen politischen Ämtern und diplomatischen Positionen miterleben musste (und dabei studieren konnte), wie Europa nach dem Ersten Weltkrieg von Diktaturen unterschiedlicher Couleur wie von einer Epidemie geradezu „überschwemmt" wurde. Die Diktatur, die er in jeder Spielart als eine durchweg auf das Standrecht gegründete Form der gewaltsamen und illegitimen Herrschaft definiert, ist in seiner Sichtweise eine Art ansteckende Krankheit. Sforzas kritischer Blick richtet sich dabei nicht in erster Linie auf die Diktatoren selbst, sondern auf die Eliten, durch deren Mitwirkung die liberale Gesellschaft erst hatte zerstört werden können: „Es sind im Grunde weder die Stalins, Mussolinis und Piłsudskis noch ihre vermeintlichen Nachäffer in Deutschland, Österreich, Spanien, Ungarn oder sonstwo, denen die Unruhe in Europa zu verdanken ist. Das eigentliche

Symptom der geistigen Krankheit, die Europa befallen hat, ist dies: daß sich nicht nur ‚Konservative' gefunden haben, die der Zerstörung geltender Gesetze zujubelten – naiv überzeugt, auf diese Art ihrem eigenen unmittelbaren Interesse zu dienen –, sondern auch Intellektuelle, Söhne der Freiheit, die nicht zu erkennen vermochten, daß sie durch ihr Eintreten für ein freiheitsfeindliches Regime den Ast absägten, auf dem sie selber saßen." (52, S. 18) Trotz der im Einzelnen herausgearbeiteten Unterschiede in der Entstehung und den propagierten „Endzielen" der einzelnen Regime zeichnete Sforza ein klar konturiertes Gesamtbild der politischen Konstellation und der prekären Perspektiven im Europa der Zwischenkriegszeit. Allein Liberalismus und Demokratie könnten danach die europäischen Gesellschaften „vor den neuen Formen der Sklaverei retten, die uns durch Rußland drohen, und vor dem geistigen Niedergang, der notwendigerweise das Endergebnis der militaristischen und nationalistischen Diktaturen sein muss." (52, S. 226) Bemerkenswert ist, wie sich die Wertungen Sforzas in auffallender Weise von der fast zeitgleich erschienenen und sich nach Form und Stil an ein ähnliches Publikum in Deutschland wendenden Schrift von Otto Forst de Battaglia abheben. Wo Letzterer in seiner Grundhaltung gegenüber der Diktatur ambivalent bleibt, fordert Sforza eine offensive Auseinandersetzung, denn er ist überzeugt, dass die modernen Diktaturen „eine furchtbare sittliche und materielle Erbschaft [...] hinterlassen werden" (52, S. 12).

In *Frankreich* war es Élie Halévy, der, ausgehend von seinen ideengeschichtlichen Untersuchungen zu den widersprüchlichen demokratischen und antiliberalen Potentialen in den Theorien des Sozialismus, eine intensive Diskussion über ein neues, begrifflich sehr eng vom antiken griechischen Vorbild abgeleitetes „Zeitalter der Tyrannei" anstieß. Für Halévy setzt die „ère de tyrannies" in den Krieg führenden Staaten bereits im August 1914 mit der Einschränkung der parlamentarischen Demokratie durch staatliche Kontrollmechanismen ein und mündet dann im Ergebnis des Weltkriegs beinahe zwangsläufig in der Etablierung moderner „Tyranneien". Er plädiert ausdrücklich für diese Begriffswahl, da „Diktaturen" nach der antiken Tradition per definitionem nur für eine begrenzte Zeit installiert worden seien, der korporatistisch geprägte italienische Faschismus ebenso wie der russische Bolschewismus aber auf eine dauerhafte Existenz zielten. Kritische Einwände provozierte Halévy unter anderem dadurch, dass er den Bolschewismus, dessen Regime er weitaus stärker durch die Bedingungen des Krieges als durch die marxistische Theorie bestimmt sieht, aufgrund der Art seiner Machtdurchsetzung, bei der eine kleine bewaffnete Avantgarde den Staat usurpiert habe, als eine Variante des Faschismus bezeichnete (76, S. 266f.). Die profunde Auseinandersetzung Raymond Arons mit den streitbaren Thesen Halévys markiert in der französischen Debatte den Übergang zu den zugespitzteren Interpretationsansätzen des „Totalitarismus" und der „politischen Religion". Dabei übernahm der frühe Aron zwar vorübergehend Halévys Leitbegriff der „modernen Tyrannei", differenzierte aber seine inhaltliche Bestimmung, indem er den von Halévy herausgestellten Gemeinsamkeiten von „sowjetischer Tyrannei" und „reaktionären Tyranneien" seine Bilanz der gravierenden Unterschiede entgegensetzte: „Der Faschismus und der Kommunismus haben ihren Ursprung in verschiedenen sozialen Klassen; Ersterer erhält die bestehende soziale Struktur, Letzterer zerstört die alten führenden Klassen und bemüht sich zu verhindern, dass die Einkommensunterschiede sich zu Klassenunterschieden kristallisieren. Die Ideologien, hier idealistisch, heroisch, irrational und organisch, dort materialistisch, internationalistisch und szientistisch, stehen ebenfalls in Gegensatz zueinander." (91, S. 200) Arons Fazit lautet, dass die von Halévy begonnene Analyse der modernen Tyranneien weitergeführt und auf ein neues Niveau gehoben werden muss, indem die inneren Strukturen und das außenpolitische Handeln der jeweiligen Regime miteinander verglichen werden (91, S. 201).

Sieht man von E.E. Kelletts eher populärwissenschaftlicher und teilweise auch oberflächlicher „Story of Dictatorship" (47) ab, so wurden in der Zwischenkriegszeit in *England* vor allem zwei Versuche unternommen, das Phänomen der Diktatur umfassender in seiner historischen Entwicklung bzw. in seinen systemtypologischen Gegebenheiten zu analysieren. Der Historiker und Parlamentsabgeordnete John Marriott (48) präsentierte seinen Leserinnen und Lesern eine kontrastierende Geschichte von Demokratie und Diktatur, die in einem chronologischen Durchgang von der griechischen Antike bis zur aktuellen Situation Mitte der dreißiger Jahre entfaltet wird. Mit der vorrangig auf systematische Fragestellungen (historische Evolution von Diktaturen, Entstehungs- und Zusammenbruchsbedingungen, ökonomische und politische Konsequenzen) zielenden Studie von Alfred Cobban wird in England der Übergang von der älteren Diktaturforschung zur sie ablösenden Totalitarismusforschung markiert. Einerseits bildet zwar der Begriff der „modernen Diktatur" noch die terminologische Ausgangsbasis von Cobbans Analyse (40, S. 21 f.), andererseits ist seine Untersuchung aber bereits auch als Entwicklungsgeschichte der totalitären Diktatur zu lesen.

Den in den *Vereinigten Staaten* bereits in den zwanziger Jahren erreichten Stand der politik- und sozialwissenschaftlich ausgerichteten Diktaturforschung repräsentieren beispielhaft zwei bilanzierende Überblicksartikel Henry R. Spencers. In seinem Beitrag zur 1931 erstmals erschienenen „Encyclopedia of the Social Sciences" arbeitet Spencer zunächst die wechselnden Bedeutungen des Begriffes „Diktatur" in der Antike, der frühen Neuzeit und in der Moderne heraus. Im systematischen Teil seiner Ausführungen bestimmt er den „Haupttyp" der Diktatur als ein Phänomen, das im Regelfall aus instabilen oder revolutionären Verhältnissen hervorgeht, die auf eine Phase konstitutioneller und legitimierter Herrschaft gefolgt sind. Da zahlreiche der ihm vor Augen stehenden autokratischen Regime allein mit dieser Definition nicht adäquat zu fassen sind, müssen weitere Differenzierungen vorgenommen werden. Als wichtige Faktoren werden die Ursachen und Motive für die massenhafte Akzeptanz von Diktatoren in der Bevölkerung, die Hintergründe für die in vielen Fällen wachsende Distanz zur Demokratie und zum Parlamentarismus, die Zusammenarbeit bestimmter sozialer Gruppen mit den Exponenten der politischen Reaktion und die Rolle des Militärs benannt. An anderer Stelle untersucht Spencer anhand der in Europa existierenden diktatorischen Regime die Frage, ob ein neues „Zeitalter der Despoten" drohe. Sie wird am Ende nicht mit einer nüchtern-distanzierten wissenschaftlichen Einschätzung, sondern mit einem emphatischen Appell beantwortet, der exemplarisch belegt, dass die ältere vergleichende Diktaturforschung, die noch nicht auf das Interpretationsmodell des „Totalitarismus" hin zugespitzt war, keineswegs normativ indifferent sein musste: Den Völkern werde die demokratische Regierungsform (self-government) nicht ohne eigenes Zutun geschenkt und garantiert. Sie erfordere vielmehr mühevolles Engagement, freiwillige Achtung der vereinbarten Gesetze und das Unterwerfen des eigenen Willens unter das „öffentliche Gewissen". Aus dieser Geisteshaltung heraus erhalte der demokratisch legitimierte Minister und Parlamentarier das Vertrauen, das er verdient habe, der Tyrann aber das Schwert, durch das er untergehen werde (99, S. 551).

Der von Guy Stanton Ford herausgegebene Aufsatzband über die Diktaturen in der modernen Welt (75) verdeutlicht das hohe analytische Niveau und vor allem die methodische Vielfältigkeit der älteren vergleichenden Diktaturforschung in den USA. Das

Sammelwerk bündelt in seiner zweiten, erheblich erweiterten Auflage 14 in sich abgeschlossene Beiträge, in denen sowohl einzelne diktatorische Regime (etwa Henry R. Spencer über Mussolinis Italien, Harold C. Deutsch über den Ursprung der Diktatur in Deutschland) wie auch vielfältige Aspekte und Rahmenbedingungen der modernen Diktaturen (von wirtschaftlichen Fragen über die Propaganda bis zur Situation der Frauen unter der Diktatur) analysiert werden. Im einführenden Beitrag untersucht der Politologe Max Lerner das „Grundmuster" der modernen Diktaturen und geht insbesondere der Frage nach, ob der Faschismus einen für den „Export" geeigneten „Gebrauchsartikel" („exportable commodity") darstelle. Er identifiziert dabei das „Modell" der faschistischen Diktatur als „gepanzerte Faust, erhoben zur Verteidigung des kapitalistischen Nationalstaats [...] Wenn wir wirklich einem neuen Zeitalter von Despotismus entgegengehen, so ist hier der Entwurf für den Despotismus." (96, S, 34)

Diana Spearman charakterisiert in ihrer Monographie die Renaissance autokratischer Herrschaftsformen in Europa als die verblüffendste Herausforderung unter den politischen Entwicklungen der Moderne. Es scheine plötzlich so, als ob die Freiheit eine weitaus geringere und autoritäre Herrschaftsformen eine deutliche höhere Anziehungskraft besäßen, als man bisher geglaubt habe (83, S. 9). Dies mache es notwendig, gängige Überzeugungen der politischen Psychologie und der politischen Theorie einer kritischen Überprüfung zu unterziehen. Der konzeptionelle Leitbegriff ihrer Analyse bleibt jener der „modernen Diktatur", wobei freilich die ergänzende Charakterisierung als „totalitäres" Regime hierzu eine differenzierende Funktion gewinnt. Die provokante Frage, ob die untersuchten modernen Diktaturen denn als „erfolgreich" bezeichnet werden können, beantwortet Spearman in ihrer Schlussbilanz eindeutig negativ: Jeder denkbare Vorteil, den eine Diktatur in ökonomischer, „nationaler" oder anderer Hinsicht haben könnte, sei prinzipiell mit einem mindestens teilweisen oder gar vollständigen Verlust der politischen Freiheit verbunden. Aus den unterschiedlichen Typen von modernen Diktaturen könne sich allenfalls ein unterschiedliches Maß an Unterdrückung der freien Meinungsäußerung und des unabhängigen Denkens in der wissenschaftlichen und kulturellen Sphäre ableiten (83, S. 256). Als positives Gegenbild hierzu biete die Demokratie dem Individuum die Chance, selbst die Verantwortung für die Gestaltung der eigenen Existenz zu übernehmen (83, S. 265).

Besonders prägnant wird der zeittypische Paradigmenwechsel vom allgemeinen Diktaturbegriff zum stärker normativ aufgeladenen Konzept des „Totalitarismus" bei Hans Kohn sichtbar. Seine erst im amerikanischen Exil zwischen 1935 und 1939 vorgenommene Umorientierung wird belegt durch den deutlichen Kontrast zwischen einem noch ganz in den gewohnten terminologischen Bahnen argumentierenden Aufsatz über die kommunistische und faschistische Diktatur (94) und der pointiert zugespitzten Deutung in seinem Essay „The Totalitarian Crisis" (95), die Kohn als einen sehr frühen, allerdings im Vergleich mit den herausragenden Exponenten nicht besonders wirkungsmächtigen Vertreter der Totalitarismustheorie ausweist.

Zusammenfassend ist festzuhalten, dass es anspruchsvolle und vielfältige Aspekte thematisierende wissenschaftliche Auseinandersetzungen mit den seit dem Ersten Weltkrieg in Europa sich etablierenden Diktaturen bereits in den dreißiger Jahren gab, also *vor* der Durchsetzung des Totalitarismus-Paradigmas. Während in den USA bereits zu dieser Zeit vor allem integrierende politologische Modelle (mit dem Fokus „dictatorship") die vergleichende Diktaturforschung dominierten, waren in Europa die Zugänge der wissenschaftlichen Forschung zum Problem der Diktatur wesentlich heterogener. Weitgehend unverbunden existierten vielfältige historisch-chronologische Darstellungen, rechtshistorische bzw. staatstheoretische Studien sowie soziologische und politologische Analysen nebeneinander.

b) Totalitarismuskonzept und Totalitarismusforschung

Im Italien der Zwischenkriegszeit, dem Schauplatz der ersten und damit als mögliches Vorbild ausstrahlenden faschistischen Machtübernahme in Europa, wurden die Begriffe des „totalitären Staates" bzw. des „Totalitarismus" zuerst von der gegen Mussolini gerichteten Opposition (u. a. durch die Liberalen Giovanni Amendola und Piero Gobetti, den Sozialisten Lelio Basso und den Führer der katholischen Volkspartei, Luigi Sturzo; vgl. 166, S. 29 ff.) mit negativer Bedeutung geprägt und verwendet, bevor das Adjektiv „totalitär" schließlich von den Faschisten selbst, und zwar nun im Sinne einer positiv aufgeladenen Parole, übernommen wurde (173; 147). In Frankreich erfolgte die Verbreitung dieses neu geschaffenen Begriffes und Konzeptes u. a. durch Raymond Aron, Boris Souvarine, Georges Bataille und Emmanuel Mounier (vgl. hierzu 109, S. 23 ff.). Unter den deutschen Wissenschaftlerinnen und Wissenschaftlern fungierten vor allem Hannah Arendt (1), Franz Borkenau (108), Paul Tillich (189) und Waldemar Gurian (vgl. 136) frühzeitig als wichtige Vermittler. Vor allem italienische Emigranten wurden zum Ausgangspunkt für die Übernahme der Begriffe „Totalitarismus" und „totalitäre Herrschaft" in die publizistische und wissenschaftliche Debatte in Großbritannien (137, S. 29 ff.). In die Vereinigten Staaten gelangte das neue Paradigma quasi – wie es ein treffendes Sprachbild formuliert hat – im „Reisegepäck der Emigranten", denn in der großen Mehrzahl waren die „Erfinder" dieser Theorie „exilierte Intellektuelle [...], also prädestinierte Opfer entweder des Hitler- oder des Stalin-Regimes, die der Todesdrohung oft nur mit knapper Not entrinnen konnten – bisweilen waren sie sogar von beiden Regimen gleichzeitig verfolgt" worden (183, S. 18).

Zunächst unter dem Eindruck des sich immer weiter zuspitzenden Terrors der Hitlerdiktatur und des „totalen Krieges", später ganz wesentlich stimuliert durch die Konfrontation der westlichen Welt mit dem Kommunismus im Kalten Krieg, setzten sich die Denkfigur des „Totalitarismus" und die hieraus abgeleiteten Forschungsansätze für mehr als zwei Jahrzehnte als bestimmendes Paradigma des politischen Systemvergleichs durch. 1971 konnten über 600 relevante Titel dieser Forschungsrichtung aufgelistet werden (138). Eine detaillierte Schilderung der Forschungsentwicklung, die alle auch nur vorübergehend Bedeutung erlangenden Ansätze aufnehmen, einordnen und bibliographisch dokumentieren würde, kann angesichts dieser Materialfülle aus Platzgründen nicht geleistet werden. Sie erübrigt sich auch, da die von Bruno Seidel und Siegfried Jenkner (178) herausgegebene Aufsatzsammlung einen breiten Überblick zur Entwicklung der Totalitarismusforschung von den dreißiger bis zu den sechziger Jahren vermittelt und die forschungsgeschichtlichen Abrisse von Martin Jänicke (138) und Walter Schlangen (175) den Diskussionsstand der älteren Totalitarismusforschung nachzeichnen. Zudem sind in den letzten Jahren neben dem instruktiven theoriegeschichtlichen Überblick von Marc-Pierre Möll (166) zwei Aufsatzbände erschienen, die die Auseinandersetzung mit den zentralen Referenzwerken der älteren Totalitarismusforschung mit aktuellen Fragen nach den heutigen Perspektiven des Paradigmas verbinden (180; 182). Ausführliche Bibliographien, die auch die wichtigen älteren Titel berücksichtigen, bieten Möll (166, S. 459–552) sowie das von Eckhard Jesse in einer Publikationsreihe der Bundeszentrale für politische Bildung herausgegebene Sammelwerk (21, S. 559–585), das zugleich auch einen breiten Überblick zum Stand der Totalitarismusforschung vermittelt. Im Folgenden findet daher eine Konzentration auf drei zentrale Referenzwerke (Hannah Arendt, Carl Joachim Friedrich/Zbigniew Brzesinski, Raymond Aron) statt, während die Breite der Forschung nur angedeutet wird. Dies eröffnet die Möglichkeit – nach knappen Skizzen zu den zeitlichen Phasen der Entwicklung und den großen Richtungen der Totalitarismusforschung – im nächsten Schritt systematisch und ausführlicher auf die aus *heutiger* Sicht zentralen Positionen und Argumente in der kontroversen Debatte über die Chancen und die Grenzen der Totalitarismusforschung einzugehen.

Nach ihrem 1928 mit einer Dissertation abgeschlossenen Philosophiestudium (bei Heidegger, Husserl und Jaspers) arbeitete *Hannah Arendt* im Berlin der frühen dreißiger Jahre auf der Basis eines Stipendiums an einer Untersuchung über Rahel Varnhagen und die deutsche Romantik. Nachdem sie im Sommer 1933 verhaftet und eine Woche lang verhört worden war, flüchtete sie über Prag, Italien und die Schweiz nach Paris, wo sie sich als Reaktion auf die erlittene Verfolgung und die erlebte Hilflosigkeit des assimilierten Judentums vorübergehend der zionistischen Bewegung anschloss und ab 1935 als Generalsekretärin der „Jugend-Alija" in Frankreich die Auswanderung von Jugendlichen nach Palästina organisierte. In der Subkultur der in Paris lebenden Emigranten fand Hannah Arendt mit Walter Benjamin einen Freund und wichtigen Gesprächspartner und in Heinrich Blücher, einem aus Deutschland emigrierten Journalisten, der sich als KPO-Mitglied gegen den Kurs der stalinistischen Bolschewisierung gestellt hatte und die Moskauer Schauprozesse verurteilte, ihren (zweiten) Ehemann. Nach dem Einmarsch der Wehrmacht wurde sie für einige Wochen im südfranzösischen Internierungslager Gurs festgesetzt und entging am Ende der drohenden Deportation in die nationalsozialistischen Vernichtungslager nur knapp, da sie, gemeinsam mit ihrem Ehemann und ihrer Mutter, im Mai 1941 in die USA einreisen durfte (zu Leben und Werk: 194). Als wirkungsmächtige, aber auch unbequeme und überaus kontrovers rezipierte politische Theoretikerin, die sich selbst niemals einem der großen „politischen Lager" wie dem Sozialismus oder dem Liberalismus zurechnen mochte, verkörperte Hannah Arendt (1906–1975) den Typus der Irritationen auslösenden intellektuellen „Querdenkerin". Dies gilt in ganz besonderem Maße für ihren heftige Abwehrreaktionen auslösenden Bericht über die „Banalität des Bösen", den sie als kritische Beobachterin des 1961/62 in Jerusalem gegen SS-Obersturmbannführer Adolf Eichmann geführten Gerichtsprozesses verfasste. Seyla Benhabib, die derzeit vielleicht einflussreichste Interpretin Hannah Arendts, charakterisiert sie sehr treffend als „melancholische Denkerin der Moderne" und hebt hervor, Arendt sei „die erste Theoretikerin, die das Phänomen des Totalitarismus als eine in der Menschheitsgeschichte völlig neue Form politischer Macht verstand" (105, S. 9).

Ihr wegweisendes Hauptwerk „Elemente und Ursprünge totaler Herrschaft" (1) verfasste Hannah Arendt zwischen 1945 und 1949. Es besteht aus drei jeweils in sich abgeschlossenen, aber miteinander verbundenen Studien zur Entstehung des modernen Antisemitismus im 19. Jahrhundert, zu seiner Zuspitzung im Kontext des Imperialismus und schließlich zur „totalen Herrschaft", wobei im dritten „Band" des Gesamtwerkes die Radikalisierung des Antisemitismus zum Völkermord nur einen von mehreren Ansatzpunkten darstellt. Der letzte Abschnitt des Buches wurde 1953 durch ein Kapitel über „Ideologie und Terror" ergänzt und teilweise modifiziert. Für Arendt findet die Weiterentwicklung vom überlieferten und religiös begründeten „Judenhass" zum hiervon deutlich zu unterscheidenden modernen Antisemitismus statt, als die Juden ihre wichtige Funktion als Hoffinanziers verlieren und die traditionellen Nationalstaaten

Europas zu aggressiven imperialistischen Mächten umgebaut werden. Die Dreyfus-Affäre bildet dabei eine wichtige Zäsur, denn sie verdeutlicht, dass der traditionelle „klerikale Antisemitismus" nicht über die „erforderliche Radikalität" verfügt, die die „antisemitische Bewegung" um die Jahrhundertwende kennzeichnet. Im „Bündnis zwischen Kapital und Mob" identifiziert Arendt ein neuartiges und zutiefst problematisches Strukturmerkmal der Epoche des Imperialismus. Der Streit der europäischen Kolonialmächte um die Aufteilung der Welt geht einher mit der Zuspitzung des Rassegedankens und führt im Ergebnis zum Aufstieg des völkischen Nationalismus.

Ihre volle zerstörerische Energie entfalten diese Entwicklungen erst, nachdem sie zur „totalen Herrschaft" ausgeformt worden sind. Arendt nimmt hier Überlegungen aus der seinerzeit populären kulturkritischen Massenpsychologie auf und definiert die als kollektive Akteure in den Mittelpunkt des dritten Bandes gerückten „totalitären Bewegungen" als „Massenorganisationen atomisierter und isolierter Individuen", die sich dadurch auszeichnen, dass ihre Führer von der Gefolgschaft eine „unerhörte Ergebenheit und ‚Treue' verlangen und erhalten können." Für Arendt repräsentieren diese totalitären Bewegungen die „bis heute [...] einzige Organisationsform, welche die modernen Massen gefunden haben und die ihnen adäquat erscheint." (1, S. 663 und 697) Für den Aufstieg des Faschismus wie des Kommunismus in Europa sei es geradezu konstitutiv, dass beide ihren Massenanhang vor allem aus „scheinbar politisch ganz uninteressierten Gruppen" gewonnen hätten. Dieser politische Erfolg verweise auf zwei grundlegende, unter den Verfechtern der parlamentarischen Demokratie weit verbreitete Illusionen: Tatsächlich seien eben nicht alle Einwohner eines Landes auch Bürger, die aktiv an der Gestaltung ihrer Gesellschaft partizipieren wollten. Es könne sogar der Fall eintreten, dass „politisch neutrale und indifferente Massen" in einer Demokratie die Mehrheit der Bevölkerung stellen können. Die logische Folge sei dann, dass trotz der Einhaltung der formalen demokratischen Prinzipien nur eine Minderheit herrsche bzw. politisch repräsentiert sei. Das zweite Problem bestehe in der stillschweigend gemachten Annahme, dass diese indifferenten Massen wirklich „neutral" und in der Praxis ohne politisches Gewicht seien. Die tief greifenden Erschütterungen des politischen Lebens, die totalitäre Bewegungen auch in solchen Ländern verursacht haben, in denen sie nicht an die Macht gelangten, unterstreichen für Arendt, dass grundsätzlich auch jeder demokratische Staat „auf die schweigende Duldung aller politisch inaktiven Elemente in der Bevölkerung angewiesen ist und von dieser inartikulierten und unkontrollierbaren Massenstimmung ebenso abhängt wie von den artikulierten und organisierten öffentlichen Institutionen." (1, S. 670) Dass totalitäre Bewegungen auf die „rückhaltlose Ergebenheit ihrer Mitglieder" zählen können, ist für Arendt eine beklagenswerte, aber erklärliche Tatsache. Wirklich „erstaunlich und beunruhigend" ist für sie dagegen „die unzweifelhafte Anziehungskraft", die der Totalitarismus auf Teile der geistigen und künstlerischen Elite ausübt, und die im Ergebnis zu einem „zeitweiligen Bündnis zwischen Mob und Elite" führen kann (1, S. 702 ff.).

Nach der Eroberung der Macht stützen sich totalitäre Machthaber vor allem auf drei Herrschaftsinstrumente: den Staatsapparat, die Geheimpolizei und die Konzentrationslager. Letztere versteht Arendt als „die konsequenteste Institution totaler Herrschaft" und als das „richtunggebende Gesellschaftsideal für die totale Herrschaft überhaupt". Insofern seien die Lager gleichsam „Laboratorien", „in denen experimentiert wird, ob der fundamentale Anspruch der totalitären Systeme, dass Menschen total beherrschbar sind, zutreffend ist." (1, S. 907 f., 912) Der später als 13. Kapitel in das Gesamtwerk aufgenommene Abschnitt über „Ideologie und Terror" stellt eine komprimierte und vergleichend angelegte Analyse der Diktaturen Hitlers und Stalins dar, bei denen es sich nach Arendt um ein völlig neuartiges Phänomen handele, das die überlieferten politischen Kategorien geradezu „sprenge". Besonders steche diese „Originalität" totalitärer Regime im Ausmaß der von ihnen verübten Verbrechen ins Auge: „Der Satz ‚Du sollst nicht töten' versagt gegenüber einer Bevölkerungspolitik, die systematisch oder fabrikmäßig darangeht, die ‚lebensuntauglichen und minderwertigen Rassen oder Individuen' oder die ‚sterbenden Klassen' zu vernichten, und dies nicht als einmalige Aktion, sondern offenbar in einem auf Permanenz berechneten und angelegten Verfahren." (1, S. 944 ff., das Zitat auf S. 945) Deutlicher als in den früher verfassten Kapiteln beschreibt Arendt nun den Totalitarismus als eine „neue Staatsform", die auf zwei sich ergänzenden „Grundelementen" basiert: *Ideologie* und *Terror*. Dabei hat die Ideologie die Aufgabe, die Menschen auf die für den Totalitarismus charakteristische „Tyrannei des zwangsläufigen Schlussfolgerns" vorzubereiten und hierdurch sowohl die Vollstrecker als auch die Opfer totalitärer Herrschaft zu „präparieren" (1, S. 961 und 968 f.). Nicht mehr der handelnde Mensch, sondern vermeintlich universale „Bewegungsgesetze" von „Geschichte" (Klassenkampf) oder „Natur" (rassistische Auslese) spielen dabei eine zentrale Rolle (kritisch zu dieser gleichwertigen Einstufung: 192, S. 31 f.). Dabei liegt es in der erbarmungslosen Logik dieser vermeintlichen „Bewegungsgesetze", dass die „Vollstrecker", die „‚minderwertige Rassen und lebensunfähige Individuen' oder ‚absterbende Klassen und dekadente Völker' liquidieren, morgen diejenigen sein können, an denen dieser Ausscheidungsprozess vollzogen werden muss." (1, S. 961) „Wahrhaft total" werde der totalitäre Staat aber vor allem dort, wo er das Privatleben der Individuen und insgesamt das gesellschaftliche Leben der ihm Unterworfenen „in das eiserne Band des Terrors spannt." (1, S. 974 f.) Schließlich beraube der Totalitarismus die Menschen nicht nur ihrer individuellen Handlungsfähigkeit, sondern mache sie zudem auch noch „mit unerbittlicher Konsequenz zu Komplizen" aller vom Regime verübten Verbrechen. Im Ergebnis hinterlasse der Terror beim Einzelnen das Gefühl, „von allen ganz und gar verlassen zu sein". Daher sei die menschliche „Grunderfahrung", die unter totalitärer Herrschaft politisch realisiert werde, die der existentiellen *Verlassenheit*. Gleichzeitig sei es aber eben genau dieses Grundgefühl einer zunehmenden Verlassenheit, die den modernen Menschen „so leicht in die totalitären Bewegungen jagt" (1, S. 975 ff.).

Eindrucksvoll arbeitet Hannah Arendt in ihrer Phänomenologie des Totalitarismus den prinzipiell unbegrenzten totalitären Herrschafts*anspruch* sehr nachdrücklich heraus, verweist aber gleichzeitig auch darauf, dass dieser in der Realität noch niemals vollständig eingelöst worden sei. Man könne aber bereits an den „immer noch vorläufigen Experimenten totaler Organisation" klar erkennen, dass eine „durchaus mögliche Vervollkommnung dieses Apparats menschliches Handeln in dem uns bekannten Sinne abschaffen würde." (1, S. 959) Dies bedeutet, dass „Totalitarismus" in erster Linie als *Idealtypus* im Sinne einer potenziell immer drohenden Perversion der Moderne (und damit auch als ständige Bedrohung der Demokratie) gefasst wird, aber eben nicht als empirischer Realtypus. Hannah Arendt wusste sehr genau, dass die totalitäre Versuchung immer präsent bleiben wird, aber gleichzeitig *nicht* dauerhaft sein kann, denn ebenso wie die klassische Tyrannis trägt auch der moderne Totalitarismus einen „Keim des Verderbens" in sich (1, S. 978). Diese Passage belegt – gegen zahlreiche Fehlinterpretationen – den *dynamischen* Charakter ihrer historisch-genetischen Analyse und gestattete ihr schließlich auch einen flexiblen Umgang mit dem von ihr geprägten Forschungsansatz, als sie 1966 in einem aktuellen Vorwort zum dritten Band rückblickend konstatierte, dass die Sowjetunion nach Stalins Tod „einen echten, wenn auch nie unzweideutigen Abbau totaler Herrschaft" erlebt habe (1, S. 632). Konsequenterweise lehnte sie daher jede empirische Anwendung des von ihr entwickelten Totalitarismusansatzes auf die Sowjetunion nach 1953 ab.

Hannah Arendts historisch-genetischer Aufriss des Totalitarismus hat eine ganze Reihe berechtigter Einwände hervorgerufen, auf methodischer Ebene vor allem den, dass manche pauschale Verallgemeinerung nicht empirisch abgesichert ist. In seiner über weite Strecken sehr kritischen, aber insgesamt durchaus wohl wollenden Rezension meinte Raymond Aron in Arendts „wichtigem Buch" eine „Mischung aus deutscher Metaphysik, scharfsinniger Soziologie und moralischen Tadeln" zu erkennen, bei der am Ende „die Eigenschaften und Fehler von Menschen und Regimen übertrieben werden" (102, S. 276). Noch vehementer war der politisch motivierte Widerspruch: Von „linker" Seite ist ihr – häufig in überzogener Form und in unzutreffender Weise – unterstellt worden, sie rede einer problematischen Gleichsetzung von Stalinismus und Nationalsozialismus das Wort. Zutreffend ist, dass Arendt eine weitgehend abstrakte theoretische Skizze einer neuartigen Staatsform entwirft, für die sie zwar eine Erklärungskompetenz sowohl im Hinblick auf den „rechten" wie auf den „linken" Totalitarismus beansprucht, sich aber bei ihrer historisch-genetischen Ableitung ganz überwiegend von der analytischen Untersuchung des Nationalsozialismus leiten lässt. Von „rechts" wurde sie attackiert, weil sie sich gegen die polarisierenden Denkschemata des Kalten Krieges sperrte und gegen den McCarthyismus polemisierte. Trotz aller zu konstatierenden Mängel und berechtigter Einwände stellt „Elemente und Ursprünge totaler Herrschaft" für Seyla Benhabib „ein bedeutendes und meisterhaftes Werk dar. Vom Standpunkt anerkannter fachlicher Methodologien aus gesehen, entzieht es sich einer klaren Einordnung, da es eine Menge Regeln verletzt; es ist übersystematisiert und interpretiert zu stark, so dass es i.e.S. nicht als historische Darstellung gesehen werden kann; es tritt zu anekdotenhaft und begriffsgeschichtlich auf, um als Sozialwissenschaft gelten zu können; und obwohl es Lebendigkeit und das stilistische Gespür einer Arbeit des politischen Journalismus besitzt, ist es zu philosophisch, um einem breiten Publikum zugänglich zu sein." (105, S. 112) Im kritisch abwägenden Rückblick auf eine nunmehr fünfzigjährige Wirkungsgeschichte wird man sich diesem differenzierten, aber grundsätzlich positiven Urteil sicherlich anschließen können, sofern man Hannah Arendts opus magnum in erster Linie als zentralen politiktheoretischen Interpretationsversuch versteht, der einen Idealtypus einer neuartigen Herrschaftsform zu entwickeln sucht und dabei zwar historisch-genetisch argumentiert, aber nicht im engeren Sinne empirisch vorgeht.

Dies führt ums zum zweiten hervorstechenden Beitrag der Totalitarismusforschung.

Der deutsch-amerikanische Politikwissenschaftler *Carl Joachim Friedrich* (1901–1984) hat ihn gemeinsam mit seinem amerikanischen Kollegen *Zbigniew Brzesinski* vorgelegt. Friedrich hatte in den frühen zwanziger Jahren ein Austauschprogramm für deutsche und amerikanische Studenten initiiert, aus dem später der Deutsche Akademische Austauschdienst hervorging. Im Wettbewerb mit seinem Konkurrenten Arnold Bergsträsser hatte er sich am Heidelberger Institut für Sozial- und Staatswissenschaften freilich nicht durchsetzen können. Über eine Gastprofessur in der Juristischen Fakultät, vermittelt von Carl Schmitt, mit dem Friedrich Anfang der dreißiger Jahre intensive fachliche und persönliche Kontakte pflegte, kam er nicht hinaus. Seine bedeutsame Rolle als „Dolmetscher" zwischen dem deutschen und dem amerikanischen Wissenschaftsbetrieb ermöglichte Friedrich aber eine beachtliche Karriere in Harvard, wo er 1936 „full professor" für Regierungslehre wurde. Vor dem Hintergrund dieser beruflichen Etablierung beantragte Friedrich, der bereits 1924 eine Amerikanerin geheiratet hatte, die amerikanische Staatsbürgerschaft, die ihm 1938 verliehen wurde. In diesen Jahren entwickelte er sich zu einem entschiedenen Gegner der deutschen Politik, bildete während des Krieges Verwaltungspersonal für die vorgesehenen amerikanischen Besatzungstruppen in Europa und Japan aus, beriet den amerikanischen Kongress in Fragen des Marshallplanes und wurde schließlich Berater des Chefs der Militärregierung, General Clay. 1956 erhielt er ein eigens auf ihn zugeschnittenes Ordinariat an der Universität Heidelberg, wo er bis zu seiner Emeritierung im Jahre 1966 semesterweise alternierend mit Harvard lehrte (zur Vita vgl. 152, S. 19ff.). Als Präsident der „American Political Science Association" und der „International Political Science Association" zählte Friedrich in den späten sechziger Jahren zu den weltweit einflussreichsten Politologen.

„Totalitarian Dictatorship and Autocracy" erschien zunächst 1956 bei der Harvard University Press. Annonciert wurde es als Gemeinschaftsarbeit von Friedrich und Brzesinski, bei der beide Autoren alle Kapitel gemeinsam verfasst hätten (15, S. VIIf.). Wie Lietzmann herausgearbeitet hat, ist dies eine Stilisierung, die der Realität nicht gerecht wird (152, S. 125ff.). Erstens hatte Friedrich in dem offiziell gemeinsam mit seinem Mitarbeiter Brzesinski verfassten Werk von vornherein dominiert, da er sich auf über längere Zeit gewachsene Vorarbeiten stützten konnte, zweitens sind in einigen Punkten von Anfang an deutlich unterschiedliche Auffassungen zwischen den beiden Verfassern nachweisbar, drittens distanzierte sich Brzesinski in einem noch vor Erscheinen des Buches publizierten Aufsatz (10) teilweise von den angeblich gemeinsam entwickelten Thesen und viertens ließ Friedrich die deutsche Übersetzung von „Totalitarian Dictatorship and Autocracy" schließlich allein unter seinem Namen erscheinen (16).

In der englischen Originalfassung und der in der Kapitelfolge umgestellten, teilweise auch inhaltlich modifizierten deutschen Übersetzung werden die Umrisse der vor allem von Friedrich geprägten empirisch-deskriptiven Studie in vier Kapiteln über die Ideologie, die Partei, über Propaganda und Terror sowie über die Planwirtschaft entwickelt. Das letzte Hauptkapitel liegt quer zu diesem kompositorischen Prinzip, da in diesem Abschnitt über „Inseln der Absonderung" („islands of separateness") nicht Dimensionen der totalitären Herrschaftspraxis sondern als Pendant hierzu vier Lebenszusammenhänge angesprochen werden, in denen sich trotz allem totalitären Anpassungsdruck ein bestimmtes Maß an Widerstandskraft entfaltete: die Familie, die Kirchen, die Universitäten und das Militär. Friedrich stützt sein Konzept im Kern auf sechs „entscheidende Wesenszüge", die nach seiner Überzeugung „allen totalitären Diktaturen gemeinsam sind und ihre Gestalt ausmachen". Diese sind: „eine Ideologie, eine Partei, eine terroristische Geheimpolizei, ein Nachrichtenmonopol, ein Waffenmonopol und eine zentralgelenkte Wirtschaft. Aus ihnen setzt sich das Modell zusammen." (16, S. 19)

Die offizielle „Lehre" einer Diktatur erstreckt sich demnach auf alle relevanten Bereiche des gesellschaftlichen Lebens und proklamiert einen historischen Endzustand, ein „Paradies auf Erden". Jedes Individuum muss dieser *Ideologie* zumindest eine gewisse Loyalität entgegenbringen. Eine zentrale Stellung nimmt in Friedrichs Herrschaftsmodell die totalitäre *Massenpartei* ein, die hierarchisch und oligarchisch strukturiert ist und in der Regel durch einen Diktator geführt wird. Sie ist der staatlichen Bürokratie entweder übergeordnet oder mit ihr eng verflochten. Mindestens ein Teil der Parteimitglieder sind der propagierten Ideologie „leidenschaftlich und kompromisslos" ergeben und bilden damit die eigentliche soziale Trägergruppe der Diktatur. Die *Geheimpolizei* – übrigens ein Faktor, den Friedrich erst aufgrund der Kritik an seinem zunächst nur die anderen fünf Merkmale umfassenden Modell integriert hat (152, S. 130ff.) – erfüllt eine doppelte Aufgabe. Zum einen bekämpft sie im Namen der diktatorischen Staatspartei die Gegner und Kritiker des Regimes sowie weitere Gruppen, die von ihr unter Nutzung der modernen Psychologie als potenzielle Feinde ausgemacht worden sind. Zum anderen überwacht sie im Interesse des Diktators auch gleichzeitig den Parteiapparat. Mit dem *Nachrichtenmonopol* über die Presse, den Rundfunk, den Film usw. befindet sich ein überaus modernes Machtmittel in der Hand der totalitären Staatspartei bzw. ihres Führers, das eine „noch nie dagewesene Vergewaltigung des Menschen" darstellt und die Individuen zur Masse formt. Schließlich wird nach Friedrich die Beherrschung der Wirtschaft durch die bürokratische Gleichschaltung aller Interessenvertretungen, also durch zentrale Lenkungsmechanismen einer *Planwirtschaft* gesichert.

Der partielle Dissens zwischen den beiden Verfassern der Originalstudie markiert zugleich eine gegen das Friedrichsche Totalitarismusmodell immer wieder vorgebrachte Kritik. Während Brzesinski eine dynamische Variante des Totalitarismusansatzes anstrebte und möglichen Veränderungen in den als totalitär eingestuften Regimen Rechnung tragen wollte, beharrte Friedrich auf einem statischen Modell, nach dem Regime danach zu bewerten seien, ob sie den axiomatisch fixierten modellhaften Festsetzungen seiner „beschreibenden Theorie einer neuen Staatsform" (16, S. 7) entsprachen und damit „in ihren wesentlichen Zügen gleich" (16, S. 17) bzw. „basically alike" (15, S. 7) seien. Entwicklungen und substantielle Reformen oder gar Tendenzen zur Auflösung totalitärer Strukturen waren in diesem starren Schema nicht vorgesehen und konnten auch mit dem vorgesehenen methodischen Instrumentarium nicht erfasst werden. Da Friedrich überzeugt war, dass totalitär regierte Gesellschaften von inneren heraus nicht reformierbar, wohl aber dauerhaft existenzfähig seien, hat man ihm eine „negative Heroisierung" des Totalitarismus vorgeworfen (152, S. 127). Halbherzige Versuche, durch Ergänzungen und Modifikationen das Konzept zu erweitern und damit realitätsgerechter zu gestalten, konnten die meisten Kritiker nicht überzeugen (zusammenfassend hierzu: 166, S. 138ff.; 208).

Für Wolfgang Wippermann besteht ein Grundwiderspruch des Friedrichschen Konzeptes darin, dass die Wesensgleichheit von faschistischen und kommunistischen Diktaturen apodiktisch behauptet wird, während gleichzeitig unterschiedliche Zielrichtungen dieser Regime eingeräumt werden müssen. Für die These, dass totalitäre Diktaturen „historisch einzigartig" und damit ein Phänomen sui generis seien, werde zudem der angekündigte empirische Beweis aus dem „Tatsachenmaterial" (16, S. 15) nicht angetreten. Im Ergebnis arbeiteten Friedrich/Brzesinski keinen „Realtypus" im Weberschen Sinne heraus, sondern beschränkten sich auf die hypothetische Konturierung eines „Idealtypus" (192, S. 33ff.; mit gleicher Wertung auch: 166, S. 212). Bereits „kleinere Korrekturen durch die empirische Kommunismus- und Nationalsozialismusforschung" haben daher nach Wippermanns Überzeugung ausgereicht, um das gesamte Theoriemodell „ins Wanken zu bringen". Während Lothar Fritze mit seiner Kritik an den methodologischen und erkenntnistheoretischen Voraussetzungen der Friedrichschen Begriffsbildung ansetzt und diesem attestiert, er habe durch begriffliche Unschärfen unfreiwillig „zur Chaotisierung der heutigen Totalitarismusdiskussion" beigetragen (122, S. 641), kritisiert Klaus von Beyme den Urheber des Sechs-Merkmale-Modells gar als „einen eher induktiv gestimmten Empiristen, der seine Begriffe ohne erkenntnistheoretische Hochrüstung gewann" (107, S. 24). Der Begriff des Totalitären ist für von Beyme ausschließlich zur Bezeichnung eines vergangenen Herrschaftstyps sinnvoll. Aus ähnlichen Gründen lehnt Hans J. Lietzmann Achim Siegels Versuch zur Rettung der Friedrichschen Konzeption durch eine Neuinterpretation ab, denn er vertritt die Auffassung, „wer die klassische Totalitarismustheorie Carl Joachim Friedrichs verstehen will, muß Carl Schmitt lesen". Lietzmann rezipiert Friedrichs Überlegungen vor allem als Variante und Weiterentwicklung der von Schmitt verfolgten Theorie der Diktatur („totalitäre Diktatur" als Opposition zur „konstitutionellen Diktatur") und plädiert dafür, diese nach seiner Auffassung auf einen Realtypus zielenden Überlegungen zum Totalitarismus-Syndrom „in ihrer Zeit, ihrem Denken und ihren Perspektiven zu belassen" (152, S. 155). Damit wäre der Totalitarismus als „antiquarische Herrschaftsform" (vgl. 107, S. 33 ff.) bestimmt, das von Friedrich konzipierte allgemein gültige Totalitarismusschema aber durch die poststalinistische Entwicklung zu einem autoritären System eindeutig widerlegt. Siegel argumentiert dagegen, dass der „propositionale Gehalt" jeder Theorie „zunächst einmal aus sich selbst heraus zu verstehen und auf seine Validität zu überprüfen" sei (181, S. 276, Anm. 8). Zwar sieht auch er die Kernthese der „Wesensgleichheit" kommunistischer und faschistischer Diktaturen bei Friedrich als „erkenntnistheoretisch unzureichend begründet" an. Reinterpretiere man dessen Ansatz freilich als „funktionalistische und auf verschiedenen Abstraktionsebenen argumentierende Theorie totalitärer Systeme", so sei dieses Totalitarismusmodell keineswegs falsifiziert. Die in den sechziger Jahren vorgenommenen Modifikationen (Friedrich ersetzte das „klassische" Merkmal der „terroristischen Polizeikontrolle" durch die Formel der „voll entwickelten Geheimpolizei" und versuchte hierdurch die Reduzierung des Terrors in sein Denkmodell zu integrieren; kritisch hierzu: 152, S. 141 ff.) erscheinen dann als „methodologisch stringente Korrektur", die einen adäquaten Zugriff sowohl auf die Strukturen als auch auf die Dynamik von totalitären Diktaturen erlaube (181, S. 283).

Die im Hinblick auf Friedrichs Ansatz kontrovers diskutierte Frage, ob tatsächlich die pluralistische Demokratie oder eher eine „konstitutionelle Diktatur" (wie etwa die amerikanische Militärregierung im besetzten Nachkriegsdeutschland, die Friedrich unmittelbar vor Augen hatte; für diese Lesart: 152, S. 302 f.) das Gegenbild zur totalitären Diktatur darstellen, erfährt im Werk des französischen Soziologen *Raymond Aron* (1905–1983) eine zugespitzte Akzentuierung. Wichtige Hinweise vermitteln dabei der biographische Hintergrund und der Kontext, in dem seine grundlegende Abhandlung „Demokratie und Totalitarismus" entstand (zu Vita und Werk: 126, S. 200ff.; 179; 186). Während seiner wissenschaftlichen Tätigkeit als Lektor an der Universität Köln und in Berlin hatte der aus einer assimilierten jüdischen Intellektuellenfamilie stammende Aron Anfang der dreißiger Jahre sehr unmittelbare Eindrücke von der sukzessiven Durchsetzung der Diktatur sammeln können. Im Frühjahr 1933 besuchte er Kundgebungen von Hitler und Goebbels in Berlin und erlebte die Bücherverbrennung am Kurfürstendamm. Nach Frankreich zurückgekehrt definierte er sich zunächst als „engagierter Beobachter" der politischen Verhältnisse, wurde bei Kriegsausbruch als Offizier eingezogen und setzte sich nach der militärischen Niederlage ins Exil nach England ab. Dort schloss sich der frühere Sozialist und Pazifist Aron der von General de Gaulle geführten Widerstandsbewegung an und war seit 1940 als Chefredakteur der Zeitschrift „La France Libre" tätig. Nach der Befreiung Frankreichs arbeitete er als Publizist und war kurzzeitig Mitarbeiter des gaullistischen Ministers (und Schriftstellers) André Malraux, obwohl sein Verhältnis zu de Gaulle wie zum Gaullismus stets ambivalent blieb. 1955 wurde Aron als Professor der Soziologie an die Sorbonne, 1970 an das Collège de France berufen. Als Reaktion auf die als destruktiv eingeschätzte Studentenbewegung vom Mai 1968 forderte er eine konsequente Selbstdisziplinierung der liberalen Gesellschaft, da sonst nur die Wahl zwischen Anarchie und Polizeistaat bleibe. Damit wurde

Aron in der französischen Linken endgültig zur persona non grata. Sein Spätwerk ist von einem zunehmenden Skeptizismus gekennzeichnet, der Arons Erscheinungsbild als „großer liberaler Konservativer" (179, S. 320; vgl. auch 126) wesentlich mitgeprägt hat.

Im Studienjahr 1957/58 hatte Aron an der Sorbonne 19 Vorlesungen gehalten, die später unter dem Titel „Demokratie und Totalitarismus" veröffentlicht wurden (2). Der erste Teil des Buches stellt eine Einführung in die Politische Soziologie dar, der zweite untersucht die „konstitutionell-pluralistischen Regimes", der dritte das sowjetische „Einparteien-Regime". In der 18. und der 19. Vorlesung, die den vierten und letzten Abschnitt des Buches umfassen, arbeitet Aron zunächst vier aus seiner Sicht zentrale Antithesen (Konkurrenz versus Monopol, Konstitution versus Revolution, Gruppenpluralismus versus bürokratischer Absolutismus sowie „Parteien-Staat" versus „Partei-Staat") heraus, um abschließend Überlegungen aus seiner Einleitung wieder aufzugreifen und auf die aktuelle Situation Frankreichs beim Übergang von der Vierten zur Fünften Republik einzugehen. Totalitäre Tendenzen sind für Aron nicht nur in offen diktatorischen Regimen präsent, die totalitäre Versuchung stellt auch für jede Demokratie – und für die „korrupte" herrschende Klasse in Frankreich sogar in besonderem Maße (2, S. 145 ff.) – eine beständige Herausforderung dar. Hier liegt der Schüssel zum tieferen Verständnis der Studie, denn die beiden miteinander konfrontierten Entwürfe der pluralistischen Demokratie und der totalitär konnotierten Diktatur sind nicht zuletzt auch Referenzfolien für die Auseinandersetzung mit der 1957/58 virulenten politischen Krise in Frankreich.

Insgesamt sperren sich Arons Thesen gegen eine eindimensionale Reduktion auf ein trennscharfes Schwarz-Weiß-Bild mit den Bestandteilen „Demokratie" und „Totalitarismus", denn er versteht die liberale Demokratie keineswegs als glücklichen Idealzustand, sondern angesichts der prinzipiellen „Unvollkommenheit" aller Regime (2, S. 243 ff.) nur als die am wenigsten schlechte Lösung. Daher ist Aron weit davon entfernt, die „Formulierung einer universalen Totalitarismustheorie mit dem Charakter eines politischen Kampfbegriffs" (127, S. 265) anzustreben. Vielmehr misst er dem Begriff des Totalitären lediglich deskriptiven und keinen prinzipiellen theoretischen Wert bei (187, S. 206). Sehr deutlich wird dies in der terminologischen Zurückhaltung, die Aron – jedenfalls in den fünfziger Jahren – demonstriert. Für ihn tritt das „Phänomen des Totalitarismus" mit unterschiedlicher Intensität in unterschiedlichen Gesellschaften auf. In „Totalitarismus und Demokratie" listet er fünf besonders wichtige Wesensmerkmale auf: erstens die Einheitspartei, zweitens eine „absolute" Ideologie als „offizielle Staatswahrheit", drittens das staatliche Monopol nicht nur auf die Gewaltanwendung sondern auch auf alle Kommunikationsmittel, viertens eine weitreichende Kontrolle der Wirtschaft und schließlich eine umfassende Politisierung bzw. „ideologische Verbrämung aller ideologischen Fehler und in letzter Konsequenz ein sowohl polizeilicher wie ideologischer Terror." (2, S. 205 f.) Später wird sich Aron vor allem auf zwei Elemente konzentrieren: einerseits die „Verschmelzung von Staat und Gesellschaft", andererseits die „Durchsetzung einer offiziellen, für alle Untertanen verpflichtenden Ideologie" (vgl. 187, S. 207).

In gleichsam „vollendetster" Form seien die ursprünglichen fünf Wesensmerkmale des Totalitarismus im NS-Staat während der Kriegsjahre 1941 bis 1944 sowie in der stalinistischen Sowjetunion während der Zeitabschnitte 1934–1938 und 1949–1952 realisiert worden, als sich die „ideologische Raserei" periodisch besonders intensiv mit polizeilichem Terror verbunden habe (2, S. 204 und 210). Gleichzeitig scheut der „frühe" Aron der dreißiger (vgl. 91) bis fünfziger Jahre freilich eine statische und grundsätzliche

Kategorisierung der Sowjetunion als „totalitäres Regime". Und so formuliert er mit Blick auf den am sowjetischen Beispiel diskutierten Herrschaftstyp des „Einparteien-Regimes" ebenso ausweichend wie salomonisch: „Ich werde mich hüten, diesen (neben der pluralistischen Demokratie, DSA) anderen Herrschaftstyp mit einem Namen zu versehen. Es ist nicht sicher, dass alle Einparteien-Systeme dieselbe Bezeichnung verdienen, es gibt unter ihnen ungeheure Unterschiede. Jedenfalls möchte ich die Analyse, die ich mir von der Intention her objektiv wünsche, nicht mit moralischen oder politischen Untertönen belasten." (2, S. 56)

Dieser pragmatische und sensible Umgang mit dem Konzept des Totalitarismus geht zurück auf geschichtsphilosophische und anthropologische Reflexionen, die Aron bereits Ende der dreißiger Jahre angestellt hatte. In kritischer Auseinandersetzung mit den universalistischen Geschichtsphilosophien von Marx, Toynbee und Spengler hatte er sein Weltbild entworfen: Der Mensch ist ein autonomes historisches Wesen, das immer die Auswahl zwischen mehreren Verhaltensoptionen hat. Die historische Entwicklung ist daher nicht determiniert, sondern „in die Zukunft hinein offen" (127, S. 266; vgl. auch 126). Dies gilt auch für die Sowjetunion, für die Aron eine Liberalisierung aufgrund der Anpassung an industriegesellschaftliche Zwänge und Standards als ein *denkbares* Szenario akzeptiert: „Ich bin zum Teil mit der Argumentation der Optimisten einverstanden, und zwar da, wo das Totalitäre zur Debatte steht. Ich bin in der Tat der Auffassung, dass sich die Lebensweise auf beiden Seiten des Eisernen Vorhanges angleichen wird; tendenziell findet diese Angleichung heute schon statt" (2, S. 238). Allerdings steht diesem 1958 für möglich gehaltenen konvergenztheoretischen Entwicklungspfad die Befürchtung gegenüber, dass eine nachhaltige industrielle Entwicklung möglicherweise auch ohne Demokratisierung vonstatten gehen könnte. Diese skeptische Variante gewinnt paradoxerweise im pessimistischen Spätwerk Arons die Oberhand, als er noch in den achtziger Jahren – wie nahezu alle politischen Beobachter den herannahenden Zusammenbruch des Kommunismus nicht antizipierend – darauf bestand, die Sowjetunion als sattelfesten „etablierten Totalitarismus" zu beschreiben (vgl. 187, S. 328f.). Damit schließt sich der Kreis, denn bereits in der unmittelbaren Nachkriegszeit hatte Aron die Verführbarkeit intellektueller Kreise durch den Kommunismus gebrandmarkt, den er polemisch auch als „Opium für Intellektuelle" bezeichnete (vgl. 187, S. 205). In gewisser Weise war Aron also seiner Zeit voraus, wie die in Frankreich erst gegen Ende des Jahrhunderts intensiver geführte Debatte über das Ende der kommunistischen „Illusion" (124) belegt.

Greift man die von Karl Graf Ballestrem (103) vorgeschlagene *grobe Periodisierung der Forschungsgeschichte* zum Totalitarismus auf, so lassen sich alle drei vorgestellten zentralen Referenzwerke der dritten Entwicklungsphase zuordnen, dem in den fünfziger und frühen sechziger Jahren erreichten Höhepunkt der Totalitarismusforschung. Vorausgegangen waren dieser „Hochkonjunktur" des Totalitarismus-Paradigmas die bereits angedeuteten Etappen der Entstehung von Begriff und Konzept in den zwanziger Jahren sowie die Entfaltung und Implementierung dieser neuen Forschungsperspektive in den amerikanischen Wissenschaftsbetrieb. Dieser Brückenschlag zwischen den aus Europa stammenden Traditionen (vgl. Kap. III, 1, a) und der sich als Demokratiewissenschaft definierenden amerikanischen Politikwissenschaft, die in den Jahrzehnten nach dem Zweiten Weltkrieg unumstritten die internationalen Standards setzen sollte, ist etwa auf die Jahre 1930 bis 1945 zu datieren. Exemplarisch kann hierfür ein Vortrag von Carlton J. Hayes stehen, mit dem dieser 1939 auf dem richtungweisenden „Symposium on the Totalitarian State" der American Philosophical Academy die grundsätzlich neue Qualität des Totalitarismus in der Geschichte der westlichen Kultur unterstrich. Literarischen Ausdruck fand diese Periode der sukzessiven Verbreitung des Totalitarismuskonzeptes vor allem durch die Romane von George Orwell, Arthur Koestler und Ignazio Silone (prägnant hierzu: 113, S. 345 ff.). Für die Zeitspanne von 1942 bis 1945 ist eine Art Moratorium in der weiteren Ausbreitung des Totalitarismusansatzes zu konstatieren, da nach dem nationalsozialistischen Überfall auf die Sowjetunion und dem durch die Katastrophe von Pearl Harbour veranlassten Kriegseintritt der Vereinigten Staaten ein auch gegen den neuen Bündnispartner Sowjetunion gerichtetes Deutungsmodell vorübergehend nicht opportun erschien (147, S. 15; 139, S. 53). Bereits an diesem Befund zeigt sich, dass der überaus starke Einfluss der wechselnden weltpolitischen Konstellationen auf die „Konjunktur" des Totalitarismuskonzept es zwingend erforderlich macht, zwischen dem wissenschaftlichen Kern des Forschungsansatzes und seiner politischen Indienstnahme zu unterscheiden. Nach 1945 entwickelte sich die Denkfigur des Totalitarismus nämlich zur kongenialen Interpretationsfolie der Blockkonfrontation zwischen westlicher Demokratie und kommunistischer Diktatur und damit zu einem zentralen Instrument des Kalten Krieges (129) – was freilich die auch aus methodologischen Gründen umstrittene wissenschaftliche Relevanz dieses Konzeptes nicht prinzipiell tangieren kann. In Verlängerung des von Ballestrem vorgeschlagenen Verlaufsmodells der Totalitarismusforschung können als weitere Etappen die seit Mitte der sechziger Jahre auf breiter Front erfolgte Zurückdrängung und nachhaltige Problematisierung sowie schließlich die aus dem Zusammenbruch der kommunistischen Regime in Osteuropa geborene neuerliche Renaissance der Totalitarismustheorie seit 1989/1991 bestimmt werden. An anderer Stelle (112, S. 18) ist eine grobe Unterscheidung nach der Zugehörigkeit der einzelnen Forschungsansätze zu „Generationen" gemacht worden. Hiernach könnten dann vor allem Hannah Arendt und Friedrich/Brzesinski als „classic theorists" bezeichnet werden, während nachfolgende Autoren (etwa Leonard Schapiro) als „second generation theorists" anzusprechen wären. Als Fortschreibung einer solchen Aufgliederung macht es Sinn, für die Zeit nach dem Zusammenbruch des Kommunismus eine dritte Generation anzunehmen, die dann beispielsweise durch Korchak (146) oder Marquardt (163) repräsentiert würde.

Differenziert man die facettenreiche Totalitarismusforschung nach *Richtungen* und deren handlungsleitenden Forschungsinteressen, so sind die drei vorgestellten Referenzwerke unterschiedlichen Ansätzen zuzuordnen. Eckhard Jesses plausibler Vorschlag (140) läuft auf eine grobe Abgrenzung von fünf Gruppen hinaus, die er selbst freilich als „noch immer nicht trennscharf genug" bezeichnet hat (139, S. 58). Zu unterscheiden sind demnach: Erstens ein *herrschaftsstruktureller* Ansatz, der vor allem von Carl J. Friedrich repräsentiert wird. Zweitens ein Konzept des Totalitarismus, das auf einer *geschichtsphilosophischen* Deutung basiert, für die vor allem Hannah Arendt steht. Drittens ein *sozialreligiöses* Konzept, mit dem Jesse als wichtigste Exponenten Eric Voegelin und Raymond Aron sowie den englischen Publizisten Frederick A. Voigt identifiziert. Viertens das von Ernst Nolte vertretene *genetisch-interaktionistische* Konzept und schließlich das vor allem von Karl Dietrich Bracher vertretene *politikgeschichtlich-normative* Konzept. Die beiden letzten Richtungen werden in diesem Abriss aus unterschiedlichen Gründen nicht ausführlich behandelt: Brachers theorielastiger Ansatz spielt für den *empirischen* Vergleich von Diktaturen nur eine untergeordnete Rolle. Nolte hat seine konservative und kulturkritische Totalitarismuskonzeption, die einen „kausalen Nexus" zwischen bolschewistischem und nationalsozialistischem Terror unterstellt, in der Art eines Reiz-Reaktions-Schemas („Rassenmord" als Antwort auf den

„Klassenmord“) so weit überspitzt und ideologisiert, dass seine Überlegungen vielfach als Relativierung des NS-Regimes und seiner Verbrechen verstanden worden sind (166, 232 ff.).

Bewusst wird in diesem Überblick eine von Jesses Systematisierung abweichende Einordnung des so genannten „sozialreligiösen“ Ansatzes vorgenommen. Aufgrund seiner starken religionssoziologischen und psychologischen (und damit im engen Sinne weniger historisch-politologischen) Fundierung wird dieses Deutungsmodell der „politischen Religionen“ als ein zwar mit dem Totalitarismus-Paradigma sehr nahe verwandter, aber doch eigenständiger Ansatz behandelt und insofern im nächsten Unterkapitel gesondert diskutiert. Allerdings ist Raymond Aron, der beide Variationen benutzt und auch miteinander verbunden hat, zumindest nicht ausschließlich mit dem Paradigma der „politischen Religion“ zu identifizieren. Insbesondere sein Hauptwerk „Demokratie und Totalitarismus“ stützt sich auf einen flexibel angewendeten und zu einer soziologischen Analyse hin geöffneten Totalitarismusbegriff und wurde daher bereits in diesem Kapitel behandelt (vgl. die ähnliche Zuordnung bei: 166, S. 142 ff.).

Die *Debatte* über *die* Totalitarismusforschung, bzw. genauer: die Rezeption der *unterschiedlichen* Totalitarismus-Konzepte ist seit den sechziger Jahren stets sehr kontrovers gewesen und vermutlich wird sie es auch in Zukunft bleiben, denn „Totalitarismus“ ist zugleich ein wissenschaftlicher Fachbegriff *und* ein politischer Kampfbegriff (vgl. 147, S. 13). Diese spannungsreiche Doppelstruktur stellt die grundlegende Rahmenbedingung für die in der Bundesrepublik als einem „Frontstaat“ des Ost-West-Konfliktes zeitweise vehement zugespitzte Kontroverse um das prominenteste, aber eben auch heftig umstrittene Interpretations- und Analysemodell für die weltanschaulichen Diktaturen des 20. Jahrhunderts dar. Auf internationaler Ebene verlief die wissenschaftliche Debatte etwas weniger aufgeregt, namentlich in den USA, wo „die Kritik am Totalitarismuskonzept eher mit dem Gestus professioneller Gelassenheit vorgetragen wurde“ (182, S. 14). Allerdings fehlten auch hier keineswegs polemische Überspitzungen und tagespolitisch motivierte Instrumentalisierungen. Als Beispiel mag dienen, dass der von Franklin D. Roosevelt verfolgten Politik des „New Deal“ vorgeworfen wurde, sie sei der Versuch, in Amerika eine „totalitäre Herrschaft“ zu errichten, die keinen Bereich des privaten und wirtschaftlichen Lebens ausnehme und das Wohl des Individuums dem der Regierung unterordne („The New Deal vs. Democracy“, in: American Liberty League Bulletin, July 15, 1936). Wie schief die Maßstäbe einer emotional aufgeladenen öffentlichen Debatte werden können, wird deutlich, wenn man sich klar macht, dass etwa zu diesem Zeitpunkt im NS-Staat die Ausschaltung der organisierten politischen Opposition durch brutalen Terror abgeschlossen war und die Diskriminierung der Juden stetig an Intensität zunahm bzw. in der Sowjetunion Schauprozesse geführt und vermeintliche politische Gegner massenhaft liquidiert wurden.

Zu den vehementen Kritikern des Totalitarismusansatzes zählt der amerikanische Politologe Herbert Spiro, der 1968 in seinem bilanzierenden Artikel für die zweite Auflage der „International Encyclopedia of the Social Sciences“ mutmaßte, dass man in einer zukünftigen dritten Auflage dieses Nachschlagewerkes wohl auf den Begriff „Totalitarismus“ werde verzichten können, da alle Varianten dieses Konzeptes letztlich nur unbefriedigende Erklärungen lieferten und es ihnen an analytischer Trennschärfe mangele. Die in den letzten Jahrzehnten im angelsächsischen Sprachraum geführte Debatte um den Totalitarismus, deren Verlauf an dieser Stelle nicht ausführlich nachgezeichnet werden kann (zusammenfassend hierzu: 129, 113), weist sowohl wichtige Beiträge auf, die für eine differenzierte Anwendung dieses Konzeptes plädieren (z. B. von Paul T. Mason,

Leonard Schapiro, Steven Paul Soper und teilweise auch Michael Curtis), als auch kritische Revisionen, die den Verzicht auf dieses umstrittene Paradigma nahe legen (vor allem durch William Sheridan Allen, Benjamin Barber und Robert C. Tucker). Beispielhaft spiegeln sich die kontroversen Grundpositionen in den Positionen des britischen Sowjetunionexperten Ronald Amann und des amerikanischen Politologen Giovanni Sartori (vgl. hierzu 169). Während Amann noch einmal alle Kritikpunkte (die im Folgenden anhand der bundesdeutschen Debatte diskutiert werden) an dem aus seiner Sicht „sterilen" und „inkompetenten" Totalitarismusansatz zusammenträgt, wirft Sartori angesichts der Befunde, die sich bei der nun auf empirischer Basis durchführbaren „Autopsie" des sowjetkommunistischen „Leichnams" abzeichnen, die (selbst)kritische Frage auf, ob die Kategorie des Totalitarismus vom internationalen politikwissenschaftlichen Mainstream nicht doch voreilig über Bord geworfen wurde.

Zwei Besonderheiten fallen im Hinblick auf die in *Frankreich* geführte Kontroverse um den Totalitarismus besonders ins Auge: Zum einen ist im Vergleich mit der angelsächsischen und deutschen Entwicklung eine breite und intensive gesellschaftliche Auseinandersetzung mit dem Phänomen des Totalitarismus erst vergleichsweise spät erfolgt. Angestoßen unter anderem durch Alexander Solschenizyns „Archipel Gulag", wurde seit den siebziger Jahren die Sowjetunion zunehmend kritischer betrachtet. Die unter französischen Intellektuellen zunächst verbreiteten kommunistischen Sympathien mündeten im Zuge dieser Entwicklung in den achtziger Jahren in einen breiten antitotalitären Konsens (vgl. 192, S. 71 ff.; 109, S. 263 ff.; 116). Zum anderen sticht die starke geschichtsphilosophische Fundierung der Debatte (z. B. bei Guy Hermet, Claude Polin und Jean-François Revel) sowie ihre starke Bezogenheit auf die französische Geschichte (vgl. 110, S. 254 f.) hervor, während umfassende komparative Studien zu den politischen Systemen (wie die von Léon Poliakov und Jean-Pierre Cabestan bzw. die von Serge Berstein) seltener entwickelt worden sind.

In der in der *Bundesrepublik* geführten wissenschaftlichen Debatte (als aktuelle Forschungsbilanz: 21; 192) wurde bereits Anfang der sechziger Jahre darauf hingewiesen, dass „der Begriff der totalitären Herrschaft [...] nicht rein logisch bestimmbar" sei (114, S. 11). Totalitäre Herrschaft war für Hans Buchheim in erster Linie „der Anspruch auf die uneingeschränkte Verfügbarkeit der Welt und somit auch des sozialen Lebens, umgesetzt in politische Aktion", während die Organisationsstrukturen und die Machtmittel des Totalitarismus Merkmale zweiten Ranges seien (114, S. 24). Die damit thematisierte Diskrepanz zwischen dem umfassenden totalitären Herrschafts*anspruch* und einer weitaus differenzierteren gesellschaftlichen *Realität* in den weltanschaulichen Diktaturen des 20. Jahrhunderts markiert bis heute – mit Blick auf die DDR aktualisiert unter dem Stichwort der „Grenzen der Diktatur" (106) – einen zentralen Einwand gegen den Totalitarismusansatz. In engem Zusammenhang hiermit steht die Frage nach den auch in totalitären Diktaturen bestehenden Möglichkeiten der Veränderung. Wenn die „Risse im Monolith" (Karl W. Deutsch) so gravierend werden können, dass ein Zerfallsprozess der totalitären Herrschaft einsetzt – das Beispiel der Sowjetunion nach Stalin lieferte in den Augen vieler Zeitgenossen hierfür das praktische Anschauungsmaterial –, so musste dies die Gültigkeit des im Wesentlichen als statische Funktionsanalyse ausformulierten Totalitarismusmodells grundlegend infrage stellen. Richard Löwenthal reagierte darauf, indem er sich um eine dynamische Version des Totalitarismusansatzes bemühte, bei dem der Typus der „totalitären Revolution" zu dem der „demokratischen Revolution" kontrastiert und die kontinuierliche Fortführung der „permanenten Revolution von oben" (154) als Kern des Totalitarismus-Phänomens bestimmt wurde.

Für Bruno Seidel und Siegfried Jenkner, die Herausgeber der ersten deutschen Zwischenbilanz zur Totalitarismus-Debatte, waren bereits 1968 Begriff und Konzept „in vielerlei Hinsicht [...] äußerst problematisch." Im Vordergrund standen bei ihnen vor allem Bedenken dagegen, „betont elitäre bzw. pseudo-elitäre" Regime wie den Faschismus und den Nationalsozialismus „mit den in ihrer Grundtendenz dennoch egalitären bolschewistischen Herrschaftsformen verschiedener Prägung unbesehen auf eine Stufe zu stellen" (178, S. 24). Martin Greiffenhagen und Reinhard Kühnl (149; 150, S. 122 ff.) spitzten die verbreitete Kritik an einer typologischen *Gleichsetzung* von ideologisch vollkommen unterschiedlich ausgerichteten Regimen (exemplarisch: 130) erheblich zu, indem sie die politische *Instrumentalisierung* der Totalitarismusforschung in den Blickpunkt rückten. Der Totalitarismusbegriff habe, so Greiffenhagen 1972, den Charakter eines „politischen Kampfbegriffes" gewonnen und es sei die Frage, „ob er diesen polemischen Akzent je verlieren kann" (131, S. 24). In den neunziger Jahren erlebte dieses Argument eine zeittypische Neuauflage durch die Unterstellung, jeder vom Konzept der totalitären Herrschaft ausgehende Vergleich der beiden deutschen Diktaturen führe unweigerlich zur Dämonisierung der DDR und zur Verharmlosung, ja sogar „Trivialisierung" des Dritten Reiches (so 193, S. 10 ff.). Für Wolfgang Kraushaar lässt sich das Problem der ideologischen Instrumentalisierungen der Totalitarismustheorie auf vier Ebenen festmachen: Erstens diente sie ganz unmittelbar als Kampfinstrument gegen den Kommunismus, zweitens wurde sie im Zeichen klarer Oppositionsbegriffe („totalitäre Staaten" versus „freiheitliche Demokratie") zur politischen „Immunisierung" des westlichen Wertesystems eingesetzt, drittens konnte mit dem Rekurs auf den Totalitarismus auch eine „Neutralisierung und Relativierung der NS-Vergangenheit" betrieben werden und schließlich entwickelte sich die Totalitarismustheorie zu einer „Quasi-Weltanschauung", die sich in ihrem Kern als „Negativkorrelat abendländischer Wertvorstellungen" konstituiert habe (147, S. 13).

Besonders nachhaltig und grundsätzlich wurde das Totalitarismuskonzept *aus der empirischen Forschungspraxis heraus* infrage gestellt, und zwar sowohl aus der Kommunismus- wie auch aus unterschiedlichen „Schulen" der Faschismus- und NS-Forschung. Ein zentraler Einwand lautete, dass Konzept wie Begriff des „Totalitarismus" hinsichtlich ihres Differenzierungsvermögens zu eingeschränkt seien. In der Tat hatte der Versuch der in den fünfziger und sechziger Jahren auf dem Gebiet der Kommunismusforschung führenden, vor allem von Otto Stammer inspirierten Berliner Politikforschung (vgl. hierzu auch Kap. III, 1, d), das Konzept des Totalitarismus zu modifizieren und zu operationalisieren, um es für die Analyse der SED-Herrschaft fruchtbar zu machen (185; vgl. auch 166, S. 244 f.), durch sein Scheitern in der empirischen Erprobung letztlich zur Aufgabe dieses Ansatzes als zentralem Interpretationsmodell der Kommunismusforschung geführt (115, S. 254 ff.). Dieser nach dem Prinzip von „trial and error" stattfindende Lernprozess ist besonders deutlich bei Peter Christian Ludz zu beobachten, der zunächst eine „Neuformulierung der Theorie des Totalitarismus" gefordert hatte, da sich auch „bolschewistische Gesellschaftssysteme [...] aus sich heraus" als „wandlungsfähig" erwiesen hätten (158, S. 495 und S. 512), um dann wenig später seinen „Entwurf einer soziologischen Theorie totalitär verfasster Gesellschaften" (159) vorzulegen, der im Ergebnis auf eine Absage an die dominierende Totalitarismus-Konzeption nach Friedrich/Brzesinski – und mit Blick auf die DDR schließlich auf die Entwicklung neuer Begriffe wie „konsultativer Autoritarismus" – hinauslief (vgl. auch 115, S. 258 ff.).

Dass die ohnehin vor allem auf die Theorie fixierte marxistische Faschismusanalyse (exemplarisch: 150) das Totalitarismus-Konzept ablehnte, liegt auf der Hand und muss nicht näher erläutert werden. Für die vergleichende Faschismusforschung ergibt sich ein differenziertes Bild (vgl. auch 166, S. 219ff.). Während Ernst Nolte seine breit rezipierte vergleichende Studie über die ideologischen Grundlagen des italienischen, französischen und deutschen Faschismus (170) keinesfalls als Absage, sondern vielmehr als „differenzierende" Anwendung des Totalitarismusansatzes verstanden wissen wollte (190, S. 30), stellte Wolfgang Schieder die aus seiner Sicht grundsätzliche Überlegenheit der komparatistischen Faschismusforschung gegenüber dem Totalitarismus-Konzept heraus. Diese ergebe sich erstens daraus, dass „genetisch-historische Kriterien" (also etwa Entstehungsbedingungen) adäquater mit einer politikwissenschaftlichen Systematik kombiniert werden könnten, und zweitens aus der Tatsache, dass man sich nicht auf eine reine Herrschaftstypologie beschränken müsse, sondern diese vielmehr durch eine „sozialgeschichtliche Faktorenanalyse" (z.B. im Hinblick auf die erklärungsbedürftige Massenmobilisierung) erweitern könne (190, S. 46).

Vor allem Hans Mommsen formulierte bei dem 1978 vom Institut für Zeitgeschichte abgehaltenen Symposium, das die Leitbegriffe „Faschismus" und „Totalitarismus" miteinander konfrontierte, eine ausgesprochene Gegenposition zu Karl Dietrich Bracher (190, S. 10ff.) als dem seinerzeit führenden deutschen Exponenten der Totalitarismustheorie. Letztere verdammte Mommsen im Hinblick auf die zentrale Frage der Entwicklung der faschistischen Bewegungen vor ihrer Machtübernahme als „Mythos ante portas der *wirklichen* geschichtlichen Erklärung der Prozesse, die zur Entstehung faschistischer Systeme führen." (190, S. 19, Hervorhebung i.O.) Mommsens grundsätzliche Einwände gegen das Totalitarismus-Konzept sind damals wie heute: Es sei ein weitgehend statisches Modell, das von der falschen Annahme einer prinzipiell monolithischen, in sich konsistenten Herrschaftsstruktur ausgehe, und damit zum einen die polykratische Struktur des NS-Regimes nicht erkenne und zum anderen Entwicklungsprozesse nicht erfassen könne, sondern vielmehr „tendenziell von den gesellschaftlichen und wirtschaftlichen Vorbedingungen abstrahiert, die die Durchsetzung totalitärer Strukturen ermöglichen." (190, S. 21) Mit dem Totalitarismusansatz und seiner problematischen Fixierung auf die Person Hitlers und die NS-Ideologie, sei eine „Verengung des Blickfeldes" verbunden, die zentrale gesellschaftliche, ökonomische und sozialpsychologische Grundlagen der NS-Herrschaft ausblende (190, S. 27; vgl. auch 168).

In den sechziger und siebziger Jahren, die insgesamt als Phase der stetig wachsenden Kritik am Totalitarismusansatz bzw. eines auf breiter Front erfolgenden Paradigmenwechsels hin zur Faschismusforschung zu kennzeichnen sind, meldeten sich allerdings auch Fürsprecher des Totalitarismus-Konzeptes zu Wort: Walter Schlangen konzedierte zwar erhebliche Probleme im Hinblick auf eine „strukturtheoretisch ausgeweitete Totalitarismus-Konzeption" und plädierte deshalb für die Weiterentwicklung einer „konflikttheoretischen Präzisierung" (vgl. 138), die stärker die Entstehung und Entwicklung faschistischer wie kommunistischer Herrschaft in den Blick nehmen sollte. Gleichzeitig zeigte er sich aber auch überzeugt, dass auf dieses „angemessene Instrumentarium" als „Grundkategorie der vergleichenden Analyse politischer Herrschaftssysteme" – und nicht zuletzt auch als wissenschaftspolitisches Gegengewicht zur marxistisch orientierten Faschismusforschung – keinesfalls verzichtet werden könne (175, S. 7 und 142ff.; mit gleicher Wertung auch 145 und später 123). Eine ähnliche Position nahm auch Siegfried Mampel als Vorsitzender der Gesellschaft für Deutschlandforschung ein, als er 1988 feststellte, „dass es zur Zeit noch keine überzeugende Theorie des Totalitarismus gibt", gleichzeitig aber für die weitere Nutzung des Konzeptes auf der Basis einer pragmatischen Operationalisierung plädierte, die etwa auf einer Unterscheidung von essentiellen „Konstanten" und veränderungsfähigen „Variablen" beruhen könne (162).

Der wohl emphatischste Verteidiger des Totalitarismusansatzes in der alten Bundesrepublik war Karl Dietrich Bracher, der mit seinen Wortmeldungen immer wieder (exemplarisch: 7; 111) darauf zielte, die analytische Kompetenz des von ihm vertretenen Interpretationsansatzes deutlich herauszuarbeiten und hierdurch den wissenschaftlichen Gehalt des Konzeptes gegen seine offensichtliche politische Instrumentalisierung zu retten. Seine fortschrittsskeptische Position kann keinesfalls als politisch motivierter antikommunistischer Reflex denunziert werden, denn Bracher zielte ja gerade darauf, die in *unterschiedlichen* Facetten auftretende Gefahr der totalitären Versuchung deutlich zu machen: „Gewiss scheinen die klassischen Systeme des Totalitarismus als Vergangenheit und Geschichte mag sich nicht wiederholen. Aber grundlegende Voraussetzungen und Komponenten des Totalitarismus und seiner Ideen bleiben gegenwärtig und aktuell in unserem Zeitalter der krisenanfälligen Massendemokratien und Massenbewegungen und der tiefgreifenden sozialen Veränderungen. Das bedeutet ein Potential, das von künftigen Führern mobilisiert werden kann, wenn immer soziale Krisen, emotionales Bedürfnis nach Sicherheit und Ordnung, idealistisches Verlangen nach einem weltanschaulich geschlossenen, alle Fragen lösenden politischen Glauben, schließlich Hunger nach Macht und weltpolitische Spannungen überstark werden." (7, S. 59)

Eine offene Debatte über die wissenschaftliche Relevanz oder die politische Funktion des Totalitarismusansatzes konnte es in der DDR-Geschichtswissenschaft, die sich in der Zeitgeschichte in ganz besonderem Maße an ideologischen Vorgaben auszurichten hatte, naturgemäß nicht geben (vgl. 166, S. 349ff.; 142). Als führender Interpret der offiziellen SED-Linie ist mehrfach Gerhard Lozek, Professor an der Akademie für Gesellschaftswissenschaften beim ZK der SED, hervorgetreten, für den die These von der Wesensgleichheit von Faschismus und (realem) Sozialismus „den eigentlichen Kern" der „Totalitarismus-Doktrin" darstellte. Insofern war diese als bewusste „Geschichtsklitterung" bzw. als eine der „größten historischen Verzerrungen" der aus seiner Sicht reaktionären „bürgerlichen" Geschichtsschreibung zu entlarven und generell als „wissenschaftlich unbrauchbar" zu verdammen (155, S. 39 und 47). Nach Lozeks Auffassung zielte die Anwendung des Totalitarismusansatzes insgesamt darauf, die Geschichte im antikommunistischen Sinne zu „missbrauchen" und zu „entstellen", die historische Kontinuität zwischen „der Herrschaft des deutschen Imperialismus und Militarismus unter dem Hitlerregime und in der westdeutschen Bundesrepublik" zu „leugnen" und die „Revanchepolitik" des Westens zu tarnen (156, S. 540).

Der Zusammenbruch des sowjetischen Imperiums hat dazu geführt, dass mittlerweile in den postkommunistischen Staaten Begriff und Konzept des Totalitarismus, die bis dahin nur in den Kreisen von intellektuellen Dissidenten benutzt worden waren, einen zentralen Platz in der öffentlichen Debatte einnehmen (174). Hervorstechend ist die hohe Akzeptanz des Totalitarismusansatzes in den osteuropäischen Staaten (etwa bei Kamaludin Gadshijew, Boris Orlov und Miklós Tomka), obwohl sie doch gerade auf einem Paradox beruht: „Diejenigen, die es am besten wissen müssten, betonen den totalitären Charakter der Diktaturen, unter denen sie zu leben und zu leiden hatten – und beweisen doch durch ihr Dasein und Sosein, dass die Macht nicht unbegrenzt war." (104, S. 252) Aber auch in Osteuropa wird kontrovers über den Totalitarismusansatz diskutiert. Zu verweisen ist hier etwa auf Ljudmila Andreevna Mercalowa (164), Aleksandr I. Boroznjak und Aleksandr O. Tschubarjan (vgl. zu diesen beiden 148) sowie auf Leszek Nowak (171).

Die von dort aus ganz wesentlich stimulierte Renaissance des Konzeptes hat auch in der neuen Bundesrepublik zu einem Wiederaufleben der kontroversen Debatte um den Totalitarismus geführt, die freilich kaum neue Aspekte zu Tage gefördert hat, sondern sich im Wesentlichen in einer Neuformierung alter Fronten und teilweise in der überpointierten Akzentuierung von theoretischen Positionen erschöpft hat. Im Spiegel der Ergebnisse der in den letzten Jahren in größerer Zahl durchgeführten empirischen Forschungsprojekte zum Diktaturenvergleich dürften sich die bisweilen erbittert ausgefochtenen terminologischen und geschichtspolitischen Grabenkämpfe eher als konträre Perspektiven erweisen denn als trennscharfe Oppositionen. In der aktuellen Diskussion sind als vehemente *Befürworter* des Totalitarismusansatzes – oder präziser: seiner Anwendung auch auf die Geschichte der DDR – vor allem Wolfgang-Uwe Friedrich (mit seinem Vorschlag die SED-Herrschaft als „bürokratischen Totalitarismus" zu beschreiben, vgl. 120) und Klaus Schroeder (mit seiner Begriffsbildung des „spättotalitären Versorgungs- und Überwachungsstaates", vgl. 177) sowie Horst Möller (167), Imanuel Geiss (125), Hans Maier (160; 161) und schließlich Eckhard Jesse mit diversen Aufsätzen zu diesem Thema hervorgetreten.

Zahlreiche Wissenschaftlerinnen und Wissenschaftler sehen zwar erhebliche Probleme in der empirischen Anwendung des Totalitarismusansatzes, die auf die Notwendigkeit von gravierenden Modifikationen verweisen, wollen aber insgesamt auf das Konzept des Totalitarismus als sinnvolle „komparative Epochenkategorie" (118; vgl. auch 123, 135 sowie 165) bzw. als „notwendige Denkfigur des 20. Jahrhunderts" (184; vgl. auch 134; 143; 147) oder mindestens als sinnvolles „Hilfsmittel bei der Interpretation moderner Diktaturen" (191, S. 347f.; vgl. auch 144) nicht verzichten. So etwa auch Bernd Faulenbach, für den einerseits die Totalitarismustheorie keine ausreichende Grundlage für die Analyse der SED-Herrschaft darstellt, der aber andererseits für die Nutzung eines flexibel zu handhabenden Totalitarismusansatzes „als heuristischen Rahmen" für vergleichende Analysen von diktatorischen Herrschaftssystemen plädiert (117, S. 129).

Die dezidierten *Gegner* des umstrittenen Konzepts haben unter anderem in Klaus von Beyme, Gert-Joachim Glaeßner, Karl-Christian Lammers, Michael Schöngarth, Arnold Sywottek und Wolfgang Wippermann repräsentative Wortführer gefunden, deren Kritik an unterschiedlichen Punkten ansetzt: Für Glaeßner als Exponenten der sozialwissenschaftlich orientierten „alten" DDR-Forschung überragen nach wie vor die Defizite eindeutig die Leistungen des Konzepts (128, S. 130ff.). Sywottek beklagt den unproduktiven „Schematismus" des Totalitarismusansatzes (188) und in ähnlicher Weise belegt für den dänischen Historiker Lammers der facettenreiche Herrschaftsalltag der DDR, dass der Rekurs auf das „eindimensionale" Totalitarismusmodell nicht ausreichend sein kann (151). Aus der Position des Faschismusforschers bewertet Wippermann den Totalitarismusansatz eher als „Ideologie" denn als „Theorie" (192, S. 111 ff.; vgl. auch 193, S. 10ff.). Der Politologe von Beyme wirft in die Diskussion, dass postmoderne Demokratien sich mittlerweile ihrer Grundwerte sicher genug seien, „um keine selbstmörderischen Totalitarismusdebatten mehr zu brauchen" (107, S. 36).

Aus marxistischer Sicht lehnt schließlich Schöngarth den Totalitarismusansatz als „konzeptionell inakzeptabel" ab und meint, seinen Gehalt auf eine simple ideologische Funktion reduzieren zu können. Danach sei der „Inhalt der Totalitarismustheorie" zu qualifizieren als „Abwehr sozialer Ansprüche in einer parlamentarischen Demokratie mit dem Versuch der Domestizierung *der* Linken für eine autoritäre Form bürgerlicher Herrschaft" (176, S. 135f.; Hervorhebung i.O.). Der Zeithistoriker Siegfried Prokop hat als Vorsitzender der selbst ernannten „Alternativen Enquete-Kommission" gar bestritten, dass die DDR überhaupt eine „Diktatur" gewesen sei und sie zu einer autoritären „Despotie" herabzustufen gesucht. Schöngarths Streitschrift wie Prokops Entschuldungsversuch gewinnen den Charakter von beispielhaften Illustrationen für den von Wolfgang-Uwe Friedrich erhobenen Vorwurf, dass viele Historiker aus dem Umfeld der PDS im Hinblick auf den Totalitarismusansatz von Denkblokaden gehemmt seien (119). Bemerkenswert ist in diesem Zusammenhang, dass sogar Gerhard Lozek als früher quasi „parteiamtlicher" Chefkritiker der von der SED-Führung heftig bekämpften „Totalitarismus-Doktrin" inzwischen dem Totalitarismus-Modell durchaus positive Züge abgewinnen kann, da es nämlich auch dazu geeignet sei, totalitäre Tendenzen in westlichen Industriegesellschaften zu untersuchen. Aus Lozeks heutiger Sicht ist der Diktaturenvergleich zwischen NS-Regime und SED-Herrschaft prinzipiell legitim, aber das Totalitarismus-Konzept aufgrund der ihm innewohnenden „Nichtbeachtung der gegebenen Unterschiede" zwischen beiden Diktaturen als Interpretationsmodell ungeeignet (157).

In der Debatte über die Totalitarismusforschung sind einige wichtige begriffliche und konzeptionelle *Modifikationen* vorgeschlagen worden. So ist von mehreren Autoren der terminologisch sehr umstrittene Versuch unternommen worden, die drei zentralen bzw. „klassischen" Fallbeispiele totalitärer Diktatur (italienischer Faschismus, Sowjetunion, NS-Staat) als „Großtotalitarismen" zu bezeichnen (125; 141). Eine weitere gängige Ableitung ist die des „Posttotalitarismus": Moderne Diktaturen, die einen zuvor umfassend erhobenen totalitären Herrschaftsanspruch nicht mehr aufrecht erhalten – das vorrangig diskutierte Beispiel ist die Sowjetunion nach Stalin – sind aus regimetypologischer Perspektive unter dem Oberbegriff des „Autoritarismus" auch als „posttotalitäre autoritäre Regime " bestimmt und beschrieben worden (in klassischer Form: 81, S. 227 ff.; mit anderer Akzentuierung: 172; für die britische Debatte: 113). Insbesondere unter dem Gesichtspunkt der Auseinandersetzung mit einer überwundenen „totalitären" Vergangenheit macht der Begriff des „Posttotalitarismus" Sinn. Dies kann dagegen kaum für den „Spättotalitarismus" in Anspruch genommen werden, zumal dann, wenn damit unpräzise, aber doch relativierend angedeutet werden soll, dass es sich eigentlich nicht mehr um ein totalitäres, sondern inzwischen eher um ein autoritäres Regime handelt. Derlei Begriffsakrobatik stiftet eher Verwirrung und erscheint wenig hilfreich, denn eine allgemein eingeführte und akzeptierte Phaseneinteilung, etwa in Früh-, Hoch- und Spättotalitarismus, existiert nicht. Ob die Kategorie des „Kriegstotalitarismus", die einigen empirischen Forschungsprojekten des Dresdner Hannah-Arendt-Institut zugrunde gelegt worden ist, durch empirische Befunde überzeugend gefüllt und damit auch theoretisch untermauert werden kann, wird anhand der (derzeit noch nicht) publizierten Forschungsergebnisse zu messen sein. Generell waren es in den letzten Jahren in Deutschland vor allem Versuche, die DDR regimetypologisch präziser zu bestimmen (vgl. hierzu auch Kap. III, 2, e), die zu immer neuen Ableitungen aus den klassischen Totalitarismuskonzeptionen geführt haben. So hat Klaus-Dietmar Henke vorgeschlagen, die SED-Herrschaft als „avancierten Totalitarismus" zu bezeichnen (132). Ein weiterer Differenzierungsversuch, der darauf zielt, eine umfassendere Anwendung des Totalitarismuskonzeptes auf die DDR möglich zu machen, sich aber ebenfalls nicht durchgesetzt hat, stammt von Wolfgang-Uwe Friedrich. Er möchte zwischen „terroristisch-totalitären Systemen" (= NS-Regime und Stalinismus) und „bürokratisch-totalitären Systemen" (wie der DDR) unterscheiden (119, S. 112). Nach systematischen Gesichtspunkten hat schließlich Sigrid Meuschel vorgeschlagen, konzeptionell zwischen „Totalitarismus als Vernichtung" und „Totalitarismus als (totale) Kontrolle" zu unterscheiden (165).

Umfassende Versuche einer konsequenten *empirischen Anwendung* im integralen Diktaturen*vergleich* (vgl. Kap. III, 2) sind nur relativ selten unternommen worden. Charakteristisch ist vielmehr, dass das Totalitarismusmodell auffallend häufig als konzeptioneller Ausgangspunkt für Untersuchungen zu *einzelnen* Regimen bzw. zu Teilsaspekten von einzelnen als „totalitär" qualifizierten Diktaturen (in der Bundesrepublik in jüngerer Zeit vor allem für Studien zur DDR, vgl. 121; 153; 177) gewählt wird. Als Nagelprobe auf die analytische Kompetenz des Ansatzes können diese Fälle kaum herangezogen werden, denn in der Regel wird der Charakter der totalitären Herrschaft bereits normativ vorausgesetzt und eben nicht aus der Empirie gewonnen oder kritisch an ihr überprüft.

Zusammenfassend sind als Stichpunkte festzuhalten: Konzept und Begriff des Totalitarismus haben eine historisch gewachsene Doppelstruktur. „Totalitarismus" ist *wissenschaftlicher Terminus* zur differenzierenden und qualifizierenden Analyse von modernen Diktaturen und zugleich auch ein *politischer Kampfbegriff*, der im Zuge des Kalten Krieges „als funktionaler Bestandteil einer politischen Freund-Feind-Konstellation" (183, S. 11) eine herausgehobene Bedeutung gewann. Der rationale wissenschaftliche Diskurs ist durch den geschichtspolitischen Kampf um Begriffe überlagert und sowohl von Gegnern als auch von Verteidigern des umstrittenen Konzeptes in Mitleidenschaft gezogen worden. Sehr treffend hat Alfons Söllner beschrieben, wie über Jahrzehnte die wissenschaftliche Auseinandersetzung über die prinzipielle Gültigkeit, die Anwendbarkeit und die analytische Reichweite des Totalitarismus-Konzeptes gleichsam in einer Art „intellektuellem Spiegelkabinett" ausgefochten wurde: „Wer die Totalitarismustheorie als Denkgrundlage akzeptierte, wurde (in der Regel von links) eines antikommunistischen Vorurteils verdächtigt; umgekehrt wurde (in der Regel von rechts) selbst totalitärer Neigungen beschuldigt, wer die Totalitarismustheorie ablehnte." (183, S. 11) Das 1989/1991 mit dem Zusammenbruch des Kommunismus eingetretene Ende des „Zeitalters der Extreme" eröffnet verbesserte Chancen, die politische Instrumentalisierung des Konzeptes kritisch zu historisieren (exemplarisch: 129) und seine wissenschaftliche Erklärungskompetenz nüchterner und unabhängiger von den über Jahrzehnte eingeübten geschichtspolitischen Grabenkämpfen zu überprüfen. Die mangels vergleichender empirischer Grundlagenforschungen in der erweiterten Bundesrepublik der neunziger Jahre häufig auf sehr abstrakter theoretischer Ebene und weitgehend in eingefahrenen Bahnen geführte Debatte hat allerdings gezeigt, dass ein „vermintes Begriffsgelände" (147) nicht ohne Probleme produktiv neu zu erschließen ist. Die wichtigsten Argumente *für* die Nutzung des Totalitarismuskonzeptes sind nach wie vor: Die totalitären Regime des 20. Jahrhunderts haben eine völlig andere Qualität als die Diktaturen vergangener Jahrhunderte und daher ist es notwendig ist, sie begrifflich von diesen abzusetzen. Zum einen stellt das Totalitarismus-Konzept dabei die Rolle des Individuums in den Unterdrückungssystemen in den Mittelpunkt, thematisiert also bewusst die Opferperspektive und sensibilisiert für Unrecht und Gewalt. Zum anderen konzentriert es sich mit der Frage nach den Herrschaftstechniken und den Herrschaftsinstrumenten genau auf jene Aspekte totalitärer Herrschaft, die die weltanschaulichen Diktaturen im „Zeitalter der Extreme" von ihren Vorgängern in früheren Jahrhunderten unterscheiden. Die wichtigsten *Einwände* lassen sich wie folgt zusammenfassen: Diese Konzentration auf formale Gemeinsamkeiten und Ähnlichkeiten in der Herrschaftsstruktur ist verbunden mit einer problematischen Vernachlässigung der unterschiedlichen Ziele und Inhalte von faschistischen und kommunistischen Diktaturen. Die Subsumierung beider Regimetypen unter den klassifizierenden Oberbegriff des Totalitarismus tendiert zu einer Verharmlosung der NS-Diktatur und begünstigt Versuche einer Relativierung der einzigartigen NS-Verbrechen. Schließlich erweist sich die analytische Reichweite des Konzeptes in der Empirie als sehr begrenzt. Insbesondere kann es zur Erklärung des Systemwandels nichts beitragen (vgl. auch die Bilanz in 139, S. 57).

c) Das Paradigma der „politischen Religion"

Als wissenschaftlicher Begründer und wichtigster „Klassiker" der eng mit dem Interpretationsansatz des „Totalitarismus" verwandten, aber gleichzeitig auch eigene Akzente setzenden Konzeptes der „politischen Religionen" wird gemeinhin Eric Voegelin (210 sowie in 160, S. 242 ff.) angesehen. Auf der Basis von akribischen Recherchen ist diese Sichtweise inzwischen von Peter Schöttler infrage gestellt worden, der ermittelt hat, dass die österreichische Mentalitätshistorikerin Lucie Varga zeitgleich Überlegungen zum quasi-religiösen Charakter des Nationalsozialismus angestellt und dieses Interpretationsmodell sogar vor Voegelin zur Basis ihrer Analysen zum Nationalsozialismus gemacht hat (215; 216). Auch von Theologen, die sich in der geistigen Auseinandersetzung gegen Hitler engagierten, wurde der ersatzreligiöse Charakter der NS-Bewegung erkannt und problematisiert: bereits 1931 durch den Osnabrücker Bekenntnispfarrer Richard Karwehl, der den Nationalsozialismus als eine vom Rassegedanken ausgehende politische Bewegung mit religiösem Anspruch und „messianischem" Charakter identifizierte, etwas später auch durch den bis 1939 an der Berliner Universität lehrenden katholischen Theologen Romano Guardini.

Mit einer Untersuchung über das klischeehafte Bild des Mittelalters war *Lucie Varga* 1931 an der Wiener Universität promoviert worden. Ende 1933 emigrierte sie angesichts des Vormarsches der NS-Diktatur zusammen mit ihrem zweiten Ehemann Franz Borkenau nach Paris. Dort fand sie bald wissenschaftlichen Kontakt zu Lucien Febvre, Lehrstuhlinhaber am renommierten „Collège de France" und zusammen mit Marc Bloch Herausgeber der überaus einflussreichen Zeitschrift „Annales d´histoire économique et sociale". Bereits nach wenigen Monaten avancierte Varga zu Febvres privater Assistentin und wurde bald zu seiner Beraterin in allen Deutschland betreffenden Fragen. Nach ihrem frühen Tod geriet Lucie Varga zu Unrecht in Vergessenheit, obwohl sie in den dreißiger Jahren gleichsam eine Brückenfunktion zwischen der deutschen Geschichtswissenschaft und der mentalitätshistorisch ausgerichteten „Annales"-Schule wahrgenommen hatte (zu Vita und Wirken: 215, S. 17 ff.).

Die lebensgeschichtliche Zäsur der Emigration ging für Varga einher mit der Suche nach neuen Deutungsmustern: „Ganz in der Nähe ist eine Welt zu Ende gegangen. Eine neue Welt entsteht mit bisher unbekannten Konturen. Verfügen wir nicht über alle Mittel, sie zu verstehen? […] Aber dennoch fällt es außerordentlich schwer, die Gegenwart richtig zu interpretieren. Wie viele Erklärungen des nationalsozialistischern Deutschlands erklären überhaupt nichts! Viel zu häufig sind wir nämlich Gefangene alter Metaphern oder theoretischer Vorurteile. Die alten Schlüssel passen nicht auf die neuen Schlösser." (84, S. 115) Als alte, für eine umfassende Erklärung der NS-Diktatur nicht mehr brauchbare „Schlüssel" sieht Varga sowohl die unterschiedlichen Varianten der marxistischen Klassenanalyse als auch die Versuche an, den Nationalsozialismus massenpsychologisch oder ideengeschichtlich zu erklären. In bewusster Absetzung hierzu gründet sie ihren Erklärungsansatz auf eine mentalitätshistorisch ausgerichtete Betrachtung von Biographien und Lebensumständen in verschiedenen für den Aufstieg der Hitlerbewegung relevanten sozialen Gruppen und Milieus: den verunsicherten und zum Teil auch in materielle Not geratenen Angestellten, den sozial entwurzelten heimkehrenden Soldaten, den Jugendlichen einer „überflüssigen" Generation usw. Für Varga ist nicht die ökonomische Misere an sich, sondern vielmehr der hieraus resultierende Verlust an „sozialer Ehre" der eigentliche Grund für die wachsende politische Radikalisierung in der deutschen Gesellschaft. Nach ihrer Überzeugung sind es „die Angst, seinen Rang zu verlieren, das Gefühl, keine gute Figur mehr zu machen, nicht mehr zu zählen und keinen Platz mehr zu haben, der Ärger und Groll darüber, überflüssig und überzählig zu sein, zunehmend verdrängt und verstoßen zu werden" (84, S. 120), die Hitler massenhaft Anhänger zutreiben. Aus der historischen Analyse von Religionen übernimmt Varga die These, dass Angst und Verzweiflung „die wichtigste Voraussetzung jeder Bekehrung und jeder neuen Religion" darstellten, da ein Leben in den gewohnten Bahnen und mit den tradierten Wertmaßstäben seinen Sinn verloren habe. Bei diesem Prozess der Neuorientierung setze sich keineswegs das intellektuell überzeugendste Konzept bzw. die „beste Lehre" durch, sondern derjenige Deutungsansatz, der „am stärksten mit sozialer Dynamik aufgeladen und am ehesten geeignet ist, eine sich auflösende Gesellschaft zu ‚organisieren'" (84, S. 122). Dies sei in Deutschland die Bewegung Hitlers gewesen, der es gelungen sei „Erlebnisgruppen" (Partei, SA, SS, HJ) zu schaffen, in denen sich zunächst vor allem sozial Deklassierte und Verzweifelte gesammelt hätten, die aber gleichzeitig auch den Boden für die in der weiteren Entwicklung hinzustoßenden „Konvertiten" bereitet hätten. Aus zunächst nur einzelnen „sozialen Atomen" seien schließlich die Trägergruppen der braunen „Revolution" gewachsen. Nach drei Jahren etablierter NS-Herrschaft stünden alle oppositionellen Gruppen – Varga hebt zunächst auf religiöse Gruppenzusammenhänge ab und nennt glaubenstreue Katholiken, die Bekennende Kirche sowie religiöse Sekten – gleichermaßen vor demselben zentralen und überaus schwierigen Problem: nämlich, „der totalitären politischen Religion des Nationalsozialismus eine göttliche totalitäre Religion entgegenzusetzen" (84, S. 133). Dies könne nur geschehen, indem der universalen Gültigkeit christlicher Werte wieder uneingeschränkte Geltung verschafft werde (vgl. 220, S. 142). Andere oppositionelle Kreise (genannt werden ehemalige Liberale, aber auch enttäuschte frühere Förderer des NS-Regimes) seien völlig isoliert und daher perspektivlos.

Die schmale, aber viel beachtete Abhandlung „Die politischen Religionen" von *Eric Voegelin,* einem Schüler von Hans Kelsen, war zunächst im April 1938 in Wien erschienen. Da ein Teil der Erstauflage beschlagnahmt und eingestampft worden war und Voegelin (zu Vita und Werk: 205) im Herbst desselben Jahres aus Wien fliehen musste, erschien die Schrift nochmals 1939 in Stockholm. In seinem einführenden Problemaufriss argumentiert Voegelin, dass der Begriff des Religiösen so erweitert werden müsse, dass nicht nur die konfessionellen „Erlösungsreligionen", sondern auch die im Bereich der staatlichen Entwicklung zu beobachtenden „politischen Religionen" darunter gefasst werden können (85, S. 12). Er konstruiert dann in einem weit ausholenden, bis ins alte Ägypten zurückgreifenden chronologischen Durchgang durch die Geistesgeschichte einen Entwicklungsprozess, nach dem die mittelalterlichen Häresien die Vorläufer der im 20. Jahrhundert in anderer Dimension hervortretenden gnostischen Bewegungen im politischen Raum darstellen. In der Neuzeit sei diese Entwicklungslinie dann durch die Aufklärung vollendet worden. Schließlich seien aus dieser Sektenbewegung die „politischen Religionen" des Kommunismus und des Nationalsozialismus hervorgegangen. Allerdings bestünden zwischen dem italienischen Faschismus und dem Nationalsozialismus (der das häufig nur indirekt angesprochene empirische Hauptbeispiel ist, das Voegelin zur Entfaltung seiner Thesen dient) gewisse Unterschiede in der Symbolik:

So sei der „Führer" im deutschen Beispiel der „Sprecher des Volksgeistes und Repräsentant des Volkes kraft seiner rassenmäßigen Einheit mit dem Volk", während in der italienischen Tradition der „Volksgeist mehr spirituell verstanden" werde (85, S. 57). Die Etablierung des „Dritten Reiches" deutet Voegelin als „Erlösungstat des Führers" und gleichzeitig als Sieg des „Bundes der Strengen", also der „gläubigen" Parteigänger. Mit der Machtübernahme sei freilich eine scharfe Zäsur erreicht worden: „In der Zeit der Spannung und des Harrens", also der so genannten „Kampfzeit" der NS-Bewegung, „sind die Gralsdiener die Träger und Vorkämpfer des kommenden Reiches; nach der politisch-organisatorischen Etablierung spaltet sich die Inbrunst der Strengen vom Alltag der kampfentspannten Geschäfte und Geschäftigkeit." (85, S. 60) Voegelins Kernthese lautet, dass die politischen Massenbewegungen des 20. Jahrhunderts durch eine „gemischt religiös-politische Natur" gekennzeichnet seien. Aus der kritischen Revision der Religion durch die Aufklärung resultiere am Ende die Konstituierung von „innerweltlichen Religionen". Damit stellt die Geistesgeschichte der Neuzeit für Voegelin die Geschichte eines Verfalls dar, die am Ende sogar die geistige Basis negiere, aus der sie entstanden sei.

Auch mit dem Terminus „säkulare Religion", den *Raymond Aron* geprägt hat (199; 91, S. 207; vgl. hierzu auch 127; 137, S. 145 ff.), ist beschrieben und analysiert worden, wie religiöse Gefühle aus dem Kontext der großen Religionen erfolgreich auf Ideologien und Regime übertragen worden sind, die auf einer Ausschließlichkeit beanspruchenden „Weltanschauung" und einem umfassenden, einem „totalitären" Zugriff auf die Menschen beruhen. In diesen Fällen werde, so François Bédarida, nicht nur die Grenze zwischen religiöser und weltlicher bzw. politischer Sphäre verwischt oder gar aufgehoben, das erklärte Ziel solcher ersatzreligiöser Bestrebungen sei, „die jüdisch-christliche Tradition auszurotten und durch eine neue Religion zu ersetzen, wobei es keine Rolle spielt, ob diese nun nationalistischer, faschistischer oder kommunistischer Prägung ist" (199, S. 154). Aron versteht die „Doktrinen, die in den Herzen unserer Zeitgenossen den Platz des abhanden gekommenen Glaubens einnehmen und die das Heil der Menschheit in Gestalt einer neu zu schaffenden sozialen Ordnung im Diesseits und in einer fernen Zukunft sehen" (nach 199, S. 154 f.) als „säkulare Religionen". Auf der Basis dieser Definition schlägt Bédarida vor, das NS-Regime auf drei sich ergänzenden Strukturebenen als „säkulare Religion" zu fassen: erstens als Heilsreligion (mit der Beschwörung des tausendjährigen Reiches und dem charismatischen Führerkult), zweitens als naturalistische Religion (mit seiner Fundierung in nordischen bzw. germanischen Mythen), drittens als Ersatzreligion im eigentlichen Sinne; also als eine „politische" Religion, die auf der Zerstörung des Judentums und der christlichen Traditionen aufbaut (199, S. 155).

In einer systematisch-typologisch angelegten Studie entfaltet *Jean-Pierre Sironneau* zu Beginn der achtziger Jahre die These, dass der moderne Mensch in weitaus geringerem Maße säkular geprägt oder areligiös sei, als dies oft behauptet werde. Jede Zeit schaffe sich ihre spezifischen „heiligen Mächte", was die unverwüstliche „religiöse Natur" der Menschheit belege. „Politische Religionen" seien ein „revolutionäres Phänomen millenaristischen Typs", das entstehe, sobald das Sakrale aus den traditionellen Religionen auf die Politik übertragen werde. „Politische" und traditionelle Religionen seien zwar verwandt, aber keineswegs identisch, denn der angestrebte Transfer des Sakralen funktioniere weder vollständig noch sei er von Dauer (217; vgl. auch 201, S. 171). Als „politische" oder, hier synonym benutzt, „säkulare Religionen" lassen sich nach Sironneaus Überzeugung sowohl der Nationalsozialismus als auch der Kommunismus in diese Interpretation integrieren. Zwar seien die mit dem Messianismus verfolgten Ziele der beiden Regime in typologischer Hinsicht fundamental zu unterscheiden: der Kommunismus strebe „Universalität" und „Fortschrittlichkeit" an, während der Nationalsozialismus auf reines Machtstreben und einen aggressiven Rassismus hin angelegt sei. Im Hinblick auf die Entstehungsbedingungen ergäbe sich freilich eine weitgehende Übereinstimmung. In beiden Fällen seien es vier Faktoren, die zur Ausprägung einer messianistischen Ersatzreligion geführt hätten: Erstens bilde eine aus dem Gleichgewicht geratene Gesellschaft eine grundlegende Voraussetzung, wobei zweitens nicht die Destabilisierung an sich, sondern vor allem ihre psychische Verarbeitung wirksam werde. Drittens sei eine messianistisch geprägte Gruppe oder Sekte notwendig, die sich gezielt mit den entstandenen Frustrationen auseinandersetze, und viertens müsse diese über einen „Messias" oder Propheten verfügen, auf den die kollektiven Heilserwartungen projiziert werden könnten. Aus funktionaler Perspektive sei festzustellen, dass „säkulare Religionen" die Hauptfunktionen einer Religion weitgehend erfüllten, so dass man sie auch als „funktionale Äquivalente" von Religion bestimmen könne. Allerdings sei die Frage, ob „politische Religionen" auch die eigentliche Essenz des Religiösen enthielten, nämlich den Glauben an einen Gott sowie an Erlösung und Wiedergeburt, negativ zu beantworten, denn sie versprächen ihren Anhängern lediglich im kollektiven Gedächtnis der Rasse, der Nation oder einer sozialen Klasse ein symbolisches Weiterleben nach dem Tode (217, kompakt im Summary, S. 588 ff.).

In modifizierter Form, teilweise auch auf der Basis abgewandelter begrifflicher Bestimmungen ist das von Varga, Voegelin, Aron und Sironneau mit unterschiedlicher Akzentuierung untersuchte Phänomen von Juan Linz als „religiöser Gebrauch der Politik" bzw. als „Ersatz-Religion" (208), von Waldemar Gurian als „totalitäre Religionen", von Bernard Lavergne und Frederick A. Voigt als „Heilsreligion" (vgl. hierzu 137, S. 99 ff.), von Joseph Rovan als „Diesseitsreligion" und von George L. Mosse als auf Mythen und Symbole bezogene „säkulare Religion" behandelt worden. Der israelische Historiker Jacob L. Talmon hat mit seiner von frühsozialistischen und jakobinischen Varianten der „totalitären Demokratie" (als überzeugende Gegenposition zur These, dass der Totalitarismus aus der Französischen Revolution „geboren" sei: 197) bis zu den großen weltanschaulichen Diktaturen des 20. Jahrhunderts reichenden Analyse des „politischen Messianismus" (219) weitere Forschungen angestoßen, die nach den Wurzeln politischer Heilslehren bzw. ihren Konsequenzen für die religiöse Entwicklung im „Zeitalter des Totalitarismus" (211) fragen. Michael Ley bevorzugt dagegen den Terminus „apokalyptische Bewegungen in der Moderne" und vertritt die These, dass sowohl der Faschismus und der Nationalsozialismus als auch der Kommunismus gleichermaßen wesentliche Errungenschaften der Moderne „mit apokalyptischen Eifer" bekämpft und „gesellschaftliche Probleme zu einem apokalyptischen Endkampf zwischen den Söhnen des Lichts und der Finsternis" stilisiert hätten (206, S. 13). Auf eine eingehendere Betrachtung dieser Positionen muss an dieser Stelle verzichtet werden; vielmehr sollen im Folgenden einige empirische Anwendungsversuche des in seinen Hauptvarianten vor allem von Voegelin und Aron geprägten Deutungsansatzes vorgestellt und die in der kontroversen Debatte um die konkurrierenden Konzepte des Diktaturenvergleiches vorgetragenen Einwände diskutiert werden.

Empirische Studien, die sich auf eine der skizzierten Varianten des Deutungsmodells der „politischen Religionen" stützen und aus dieser Perspektive *eine* der großen „weltanschaulichen" Ersatzreligionen des 20. Jahrhunderts untersuchen, gibt es eine Reihe: Erstmals seit der Französischen Revolution habe sich, so Emilio Gentile, mit dem italienischen Faschismus eine moderne politische Bewegung „als Religion präsentiert". Die von Gentile herausgestellte „wahnhafte Entschlossenheit", mit der die Faschisten die Massenriten des Liktorenkults zelebriert hätten, bilde somit unter dem Aspekt der „Sakralisierung der Politik" einen zentralen Baustein zum Verständnis der italienischen Diktatur (203, S. 247). Aus (religions)soziologischer Sicht sind die Rolle des Charismas für Stalin als politischen „Führer" der Sowjetunion (218) sowie die Ideologie des Marxismus-Leninismus als „politische Religion" (214) untersucht worden. In vergleichsweise großer Zahl liegen empirische Anwendungen auf den Nationalsozialismus vor: So sind „sakrale Dimensionen" beispielsweise in den Schriften von führenden Repräsentanten der frühen NSDAP und den Publikationen apologetischer Schriftsteller (exemplarisch: 198), für den nationalsozialistischen Totenkult sowie die Architektur und die Wahrnehmung der Stadt untersucht worden. Schließlich stützt auch Michael Burleigh seine jüngst vorgelegte Gesamtdarstellung zur „Zeit des Nationalsozialismus" (200) in erheblichen Maße auf das Deutungsmuster der „politischen Religion". Dagegen ist ein systematischer Rückgriff auf das Konzept der „politischen Religionen" in *empirisch vergleichenden* Studien zu mehreren Diktaturen des 20. Jahrhunderts bisher nicht erfolgt, sieht man einmal von einzelnen Beiträgen zur Rolle der Schriftsteller und der Literatur in unterschiedlichen Diktaturen ab (vgl. Kap. III, 4, b) ab.

Die *Kritik* an diesem Deutungsmodell wird vor allem auf drei Argumentationsebenen vorgetragen: erstens einer normativ bestimmten, die sich auf terminologische Bedenken konzentriert, zweitens einer sowohl forschungspraktisch als auch theoretisch relevanten, die auf die sehr eng begrenzten Erkenntnismöglichkeiten des Konzeptes abhebt, und schließlich einer aus der Empirie abgeleiteten inhaltlichen Infragestellung der Grundannahmen und Kernthesen dieses Interpretationsansatzes.

Der erste grundsätzliche Einwand bezieht sich auf die Verwendung des Begriffes „Religion" im Rahmen dieses Deutungsmodells. Moniert wird, dass dieser in der abendländischen Kultur eindeutig positiv besetzt sei, nun aber durch die künstliche Verbindung mit dem Nationalsozialismus (und anderen „politischen Religionen") entwertet bzw. in Zweideutigkeiten und Ambivalenzen hineingezogen werde. Damit erhalte er eine negative Konnotation und es bestehe zudem sogar die Gefahr, dass der Nationalsozialismus durch dieses Deutungsmodell beschönigt und sein einzigartiger Charakter relativiert werden könnten (206, S. 7, sowie 212, S. 306 ff.). Zu den prominentesten Kritikern gehört Hannah Arendt, die es kategorisch abgelehnt hat, den Bolschewismus als eine Form von „Religion" zu bezeichnen. Sie argumentiert, dass sich der religiöse Mensch in der modernen Welt ja gerade in einem Spannungsverhältnis zwischen Zweifel und Glauben befinde, was für die selbstgewisse Ideologie des Kommunismus keinesfalls zutreffe. Zudem sieht sie bei der Verwendung des Begriffes der „säkularen Religion" die Gefahr der Blasphemie als gegeben an (195, S. 307 ff. und S. 317). Mit anderer Akzentsetzung hat Jan Assmann Voegelins Begriffsbildung und Konzept scharf kritisiert (vgl. hierzu 205, S. 85), weil er darin eine ungerechtfertigte „Denunziation" der Aufklärung und ihrer Werte erkennt. Wer wie Voegelin Hitler und Stalin zu „Vollstreckern" des aufklärerischen Denkens ernenne, der verunglimpfe die Aufklärung als wichtige Errungenschaft der Moderne und verharmlose gleichzeitig die politischen Verbrechen der Diktaturen. Schließlich hat Philippe Burrin darauf hingewiesen, dass der Begriff der „politischen Religion" deshalb keine ähnlich große wissenschaftliche Resonanz wie der des „Totalitarismus" gefunden habe, weil die widersprüchliche Verbindung von Religiösen und Politischem nicht eingängig zu vermitteln sei. Kritisch sei weiterhin zu fragen, was denn eine Ableitung aus dem religiösen Bereich „dem vollkommen laizistischen Wissenschaftler" für das Verständnis von modernen Erscheinungen überhaupt an Erkenntnissen vermitteln könne, „insbesondere wo diese paradoxerweise den etablierten Religionen mehr oder minder feindlich gegenüberstanden?" (201, S. 168; deutlich zurückhaltender in der Kritik dagegen: 202).

Dies führt uns zur zweiten, zur theoretischen und forschungspraktischen Ebene der Kritik. Burrins skeptische Einschätzung wird durch einen Blick auf die empirisch vergleichende Diktaturforschung, für die das Konzept der „politischen Religionen" kaum Bedeutung gewonnen hat, nachdrücklich untermauert. Sicherlich hängt dies mit der Konzentration des Erkenntnisinteresses auf einen bestimmten Sektor, nämlich auf die Erklärung von Symbolen und Charisma, von Mythen und liturgischen Formen zusammen. Weite Untersuchungsbereiche, wie beispielsweise die Frage nach sozialen Faktoren, nach materiellen Interessen, nach der Organisation von Herrschaft und der hierfür eingesetzten Machtmittel, bleiben weitgehend außer Acht. Im Hinblick auf die theoretischen Implikationen ist zudem argumentiert worden, dass das Konzept der „politischen Religion" die Aufmerksamkeit der Betrachter zwar tatsächlich auf eine zentrale Dimension diktatorischer Herrschaft lenke, aber diese Dimension des Mythisch-Symbolischen grundsätzlich in jedem politischen System des 20. Jahrhunderts vorhanden, also nicht diktaturspezifisch sei. „Macht" sei in der säkularisierten Welt der Moderne nicht allein als abstrakte Verwaltungsapparatur oder als eine Reihe von bestimmten Entscheidungen zu fassen, sondern immer auch als „eine imaginäre Welt, bestehend aus Mythen, Symbolen, Hoffnungen und Ängsten, die zumindest bei einem Teil der Bevölkerung vorhanden sind" (201, S. 175). Insofern sei die Dimension des Mythisch-Symbolischen für *jedes* politische System relevant und somit der Begriff der „politischen Religion" bei der Analyse von Diktaturen mindestens „überflüssig", wenn nicht sogar „verschleiernd": „Überflüssig dann, wenn er nur als einfache Formel benutzt wird, um den hohen Gehalt an mythisch-symbolischen Inhalten in bestimmten politischen Bewegungen und Regimen zu bezeichnen, wo doch andere erprobte Begriffe vorhanden sind: Charisma, politische Kulte und Symbole, Glaube und politische Überzeugungen, politische und soziale Vorstellungswelt. Verschleiernd, wenn man seinen Begriffsgehalt ernst nimmt: Ohne den religiösen Inhalt verschleiern die von ihm verwendeten Begriffe nämlich die Tatsache, dass man es mit Phänomenen zu tun hat, die einzig den politischen Bereich (als autonome Sphäre für Gründung und Verwaltung des Reiches) berühren." (201, S. 175) Im Ergebnis kommt Burrin daher zu dem Schluss, dass Konzept und Begriff des „Totalitarismus" die mit dem Deutungsmodell der „politischen Religion" besonders hervorgehobenen Aspekte von diktatorischer Herrschaft durchaus sinnvoll integrieren können, das erste Paradigma damit dem zweiten deutlich überlegen und Letzteres sogar verzichtbar sei.

Auf einer dritten, vor allem von konkreten empirischen Befunden zum NS-Regime her entwickelten Argumentationslinie hat Hans Mommsen seine substantiellen inhaltlichen Einwände gegen die grundlegenden Thesen und Annahmen des Interpretationsmodells der „politischen Religion" entwickelt. Er argumentiert, Hitler selbst habe immer wieder eine intensivere religiöse Überhöhung der nationalsozialistischen Weltanschauung, wie sie beispielsweise Otto Dickel, Artur Dinter und vor allem Alfred Rosenberg vorgeschwebt habe, blockiert (213, S. 175f.). Für Mommsen spiegelt das Konzept der „politischen Religion" mit seiner starken Betonung der ideologischen Indoktrination die Verhältnisse im Dritten Reich nur ganz unzulänglich wider: So hätten etwa die im Zeichen der „nationalen Erhebung" erfolgreichen Massenmobilisierungen aus der Anfangsphase der NS-Herrschaft seit 1935 nur noch bedingt fortgesetzt werden können. Durch die perfekte Organisation der Parteitagsinszenierungen dürfe man sich nicht darüber hinwegtäuschen lassen, dass spontane Mobilisierungen kaum noch erreicht worden seien. Insgesamt sei das zunächst vorhandene „Klima emotionalisierter, gläubiger Massen" immer stärker durch eine Massenloyalität abgelöst worden, die auf einer „dosierten Mischung von Terror und Indoktrination" beruht habe. Mommsens entscheidender Einwand gegen den Deutungsansatz der „politischen Religion" ist schließlich, dass hierdurch dem NS-Regime „eine ideologische Stringenz und Kohärenz" unterstellt werde, die es nie besessen habe. Sein ablehnendes Fazit lautet: „Das Eintreten für die ‚nationalsozialistische Idee' – eine von Hitler, Goebbels und Bormann mit Vorliebe herausgestellte Leerformel – diente zwar dazu, eine Konvergenz der Gesinnungen zu erzeugen und dadurch eine unbegrenzte Mobilisierung unter Ausklammerung der realen Interessenlagen zu erreichen, aber es war doch schwerlich geeignet, in den Rang einer ‚politischen Religion' aufzusteigen." (213, S. 181)

Zusammenfassend ergibt sich somit im Hinblick auf den Forschungsansatz und das Deutungsmodell, die großen „weltanschaulichen" Diktaturen des 20. Jahrhunderts als „politische Religionen" zu interpretieren und zu analysieren, ein ambivalentes Bild: Wie vier fast zeitgleich in den Jahren 1994 bis 1996 in München, Wien und Tutzing veranstaltete Symposien und die hieraus entstandenen Sammelbände (160; 209; 206; 161) dokumentieren, hat dieses bereits in den dreißiger Jahren entstandene, später vorübergehend in Vergessenheit geratene Paradigma in der aktuellen theoretischen Debatte um den Vergleich von Diktaturen erneut verstärkte Aufmerksamkeit gefunden. Gleichzeitig ist aber festzustellen, dass es in empirischen Studien zum Diktaturenvergleich nur äußerst selten als konzeptionelle Grundlage herangezogen wird. Allerdings existieren einige wissenschaftliche Studien (und eine erhebliche Zahl literarischer Zeugnisse), die entweder den Nationalsozialismus oder den Stalinismus aus dieser Perspektive betrachten. Festzuhalten ist, dass bereits die Begriffsbildung umstritten ist. Während Befürworter argumentiert haben, der Terminus und das Konzept der „politischen Religion" sei auf der Basis eines „reduzierten Religionsbegriffs" durchaus praktikabel anzuwenden und trotz aller Unzulänglichkeiten beim derzeitigen Stand der Forschung „vorläufig unentbehrlich" (212, S. 319), wird von den Kritikern moniert, dass der zusammengesetzte Begriff der „säkularen" oder der „politischen Religion" einen positiven Wert (die traditionelle Religion) in unzulässiger und sogar gefährlicher Weise mit absolut negativen Phänomenen verknüpfe. Der in sich paradoxe Begriff sei überflüssig, wenn nicht sogar verschleiernd. Der eindeutig ideengeschichtliche Schwerpunkt stellt sowohl eine spezifische Stärke als auch ein gravierendes Defizit des Konzeptes dar: Einerseits gelingt es, psychische Dispositionen und Mechanismen prägnant hervorzuheben, andererseits bleibt der Interpretationsansatz sowohl in methodischer Hinsicht als auch von seinen in der empirischen Forschung tatsächlich umsetzbaren Untersuchungsschwerpunkten her sehr eng begrenzt, kann also viele zentrale Fragen des Diktaturenvergleiches in keiner Weise erfassen und bearbeiten. Schließlich kann mit den von Hans Mommsen vorgetragenen Argumenten zu Recht angezweifelt werden, ob der anhand von Führerkult, Rassenwahn und Masseninszenierungen partiell zweifellos nachzuweisende ersatzreligiöse Charakter des Nationalsozialismus wirklich die *zentrale* Determinante der NS-Diktatur dargestellt hat. So wird das Deutungsmodell der „politischen Religionen" von seinen zahlreichen Kritikern aus unterschiedlichen Gründen als nicht geeignete bzw. nicht ausreichend umfassende konzeptionelle Handlungsleitlinie für den Vergleich von Diktaturen angesehen.

d) „Moderne Diktatur" als offener Bezugsrahmen für den empirischen Vergleich von Diktaturen

Die vierziger Jahre des 20. Jahrhunderts sind im vorletzten Abschnitt als der Zeitraum bestimmt worden, in dem sich Begriff und Konzept des Totalitarismus auf breiter Front durchsetzen konnten, die fünfziger Jahre und frühen sechziger Jahre als eine Zeitspanne, in der dieses Paradigma unumstritten dominierte. Neben der Totalitarismusforschung, die aus heutiger Sicht von ihren Vertretern als Zuspitzung und Präzisierung, von ihren Kritikern als eine Engführung der Forschungsperspektive interpretiert wird, existierte aber auch eine breiter angelegte, methodisch und konzeptionell weitaus offenere vergleichende Diktaturforschung kontinuierlich weiter. Sie hat vor allem auf internationaler Ebene wichtige Grundlinien der vergleichenden Erforschung politischer Systeme bestimmt (beispielhaft: 81), insbesondere seit den siebziger Jahren, als das Totalitarismuskonzept zunehmend kritisiert und als unzulänglich verworfen wurde.

Ein zentrales, in Deutschland freilich kaum zur Kenntnis genommenes und auch nie ins Deutsche übersetztes Referenzwerk der modernen Diktaturforschung ist Sigmund Neumanns „Permanent Revolution". Auffallend ist, dass diese bahnbrechende Studie des Öfteren auf den Charakter eines nahezu beliebigen unter den zahlreichen Beiträgen zur älteren Totalitarismusforschung reduziert und damit missdeutet worden ist (so etwa 224, S. 14). Nach der Promotion bei Hans Freyer in Leipzig hatte *Sigmund Neumann* (1904–1962) seine berufliche Karriere an der Deutschen Hochschule für Politik in Berlin begonnen und 1932 sein noch heute gültiges Standardwerk über die politischen Parteien der Weimarer Republik (231) vorgelegt. Darin entwickelt er eine grundlegende kategoriale Differenzierung zwischen demokratischen Parteien und „absolutistischen Integrationsparteien", die sich eine Massenbasis zu verschaffen wissen, denen aber ein Mangel an innerparteilicher Demokratie inhärent ist und die somit „cäsaristische Züge" tragen (232, S. 104ff.). Für die Weimarer Zeit identifiziert Neumann KPD und NSDAP als Fallbeispiele dieses letzteren Typus. Als überzeugter Republikaner mit sozialdemokratischen Neigungen emigrierte Sigmund Neumann 1933 zunächst nach London, um ein Jahr später in die USA zu gehen, wo er sehr schnell Zugang zu wissenschaftlichen Arbeitszusammenhängen (u. a. mit Gastprofessuren in Harvard, Yale, Stanford und an der Columbia University) und eine berufliche Basis an der Wesleyan University fand. In den fünfziger Jahren zählte er in den USA zu den führenden Vertretern der vergleichenden Parteienforschung (vgl. 233) und engagierte sich im Rahmen von Gastprofessuren in Berlin und München für den Wiederaufbau einer demokratischen Politikwissenschaft im Nachkriegsdeutschland (zu Vita und Werk: 235).

„Permanent Revolution" wird eingeleitet durch ein Kapitel, in dem Sigmund Neumanns konzeptioneller Leitbegriff der „modernen Diktatur" vor allem in Relation zum traditionellen Konzept der „konstitutionellen Diktatur" neu bestimmt und kontextualisiert wird. Moderne Diktatoren sind nach Sigmund Neumann keineswegs die unmittelbaren Nachfolger der aus der älteren Geschichte bekannten Despoten bzw. Autokraten. Vielmehr habe die Bedeutung des Diktaturbegriffs seit dem Ersten Weltkrieg eine grundlegende Veränderung erfahren, denn nunmehr seien die populistisch ausgeprägten Diktaturen auf Dauer angelegt und verstünden sich gleichsam als „Revolutionen in Permanenz" (31, S. 2f.). Neumann gewinnt seine Thesen aus eigenen analytischen Überlegungen sowie einer kritischen Bilanzierung der seinerzeit vorliegenden empirischen Spezialstudien zu drei ausgewählten Fallbeispielen: der Sowjetunion, dem faschistischen Italien und dem NS-Regime. Da Neumann sein empirisches Material nicht *benutzen* will, um ein a priori festgeschriebenes hypothetisches Theoriegebäude nur noch zu verifizieren, steht im Mittelpunkt seines empirisch fundierten Vergleichs die ergebnisoffene *Suche* nach allgemeinen „patterns of dictatorship". Sigmund Neumann gelangt auf der Basis einer beeindruckenden Menge an verarbeiteter Literatur zu der Erkenntnis, dass jenseits der zu konzedierenden nationalen Spezifika, historischen Kontexte, ideologischen Wurzeln, sozialen Rahmenbedingungen und personengebundenen Faktoren insgesamt *fünf Strukturmerkmale* allen drei untersuchten „modernen Diktaturen" eigen seien: erstens das Versprechen der Stabilität, zweitens das Prinzip der ständigen Aktion statt eines fixierten politischen Programms, drittens eine quasi-demokratische massenwirksame Verankerung, viertens eine kriegerische Psychologie sowie fünftens das Führerprinzip (31, S. 36ff.). Sicherlich wird man aus heutiger Warte – mit dem Wissen aus fünf Jahrzehnten weiterer intensiver Forschung – über die Validität einzelner dieser fünf Merkmale und ihre Bedeutung für die Etablierung und Aufrechterhaltung von Diktaturen trefflich streiten können. Dies gilt etwa für die hier behauptete Gültigkeit eines „Führerprinzips" in der Sowjetunion.

Innovativ und richtungweisend ist vor allem die hohe analytische Kompetenz des Gesamtkonzeptes, die auf einer unvoreingenommenen Neugier für die tatsächlich erhobenen empirischen Befunde beruht. Wie Söllner sehr treffend festgestellt hat: „Neumann setzt Gleichheit nicht voraus, sondern er arbeitet im Vergleich; er ist mehr an der Genese als an der fertigen Gestalt, d. h. der ‚Identität' der Phänomene interessiert und auf diese Weise in der Lage, an den Diktaturen des 20. Jahrhunderts neben den Ähnlichkeiten ebenso viele Differenzen sichtbar zu machen." (235, S. 54) Der komplexe und integrative Forschungsansatz von „Permanent Revolution" erweist sich dabei in seiner abschließenden (und eben nicht bereits vorab fixierten) Bewertung keineswegs als normativ indifferent. Man muss den modernen Diktatoren kompromisslos die Stirn bieten, so lautet Sigmund Neumanns Botschaft, weil sie das für die Menschheit grundlegende Prinzip der persönlichen Verantwortung zu zerstören suchen (31, S. 310). Gleichzeitig demonstriert er mit seiner Studie, dass in einen integrationsfähig gestalteten Bezugsrahmen der „modernen Diktatur" sowohl die deskriptive Kompetenz des Totalitarismusansatzes („totalitarian rule", vgl. z. B. 31, S. 2, 126ff., 230ff.) wie auch das interpretative Potential des Paradigmas der „politischen Religion" (vgl. z. B. 31, S. 41 und S. 186) adäquat und Gewinn bringend eingebracht werden können.

In den drei Hauptteilen des Werkes werden zunächst das für die Diktatur benötigte „politische Personal" (die diktatorischen Führer, ihre Funktionäre oder „political lieutnants" und schließlich der Massenanhang bzw. der für den Totalitarismus anfällige „Mob"), im zweiten Schritt die institutionellen Formen (Staatspartei, gesellschaftliche Organisationen und Massenkontrolle durch Propaganda) und schließlich generalisierend die Rolle der totalitären Diktaturen im Zeitalter der permanenten Revolution und des internationalen Bürgerkrieges untersucht. Dabei stellt der Krieg für Neumann den universalen Bezugspunkt der Diktaturen dar: „The dictatorial regimes are governments at war, originating in war, aiming at war, thriving on war." (31, S. 230). Insgesamt gewinnt „Permanent Revolution" für Söllner die Qualität eines „exemplarischen Werkes" der vergleichenden Diktaturforschung, da der „praktische Komparatist" Sigmund Neumann es versteht, „aus der theoretischen Not eine empirische Tugend zu machen" und eine innovative Forschungspraxis zu entwickeln, die dieser selbst als „historisch-vergleichende Sozialwissenschaft" bezeichnet hat (235, S. 59). Eben dies prädestiniert diesen vor über fünfzig Jahren verfassten „Klassiker" der Diktaturforschung noch heute als inspirierendes Referenzwerk für den empirisch fundierten Vergleich von Diktaturen.

In den fünfziger und sechziger Jahren waren es vor allem Franz Neumann, Maurice Duverger, Juan Linz und Otto Stammer, die diese Traditionslinie in unterschiedlicher Weise aufnahmen. Der Jurist Franz Neumann, vor der Machtübernahme der Nationalsozialisten Dozent an der Deutschen Hochschule für Politik, zudem der SPD und der Gewerkschaftsbewegung nahe stehend, floh 1933 nach seiner kurzzeitigen Verhaftung zunächst nach London und ging 1936 als Mitarbeiter an das aus Frankfurt nach New York verlegte Institut für Sozialforschung, wo er mit seiner Studie „Behemoth" (230) die erste fundierte Gesamtdeutung der NS-Diktatur vorlegte. Franz Neumanns „Notizen zur Theorie der Diktatur" (49), die aufgrund seines Unfalltodes im Jahre 1954 fragmentarisch blieben, entwickeln den Typus der „totalitären Diktatur" aus der Kontrastierung mit der „konstitutionellen" und der „caesaristischen" Diktatur (vgl. das Einleitungskapitel dieses Bandes). Konzeptionell sind sie mit Sigmund Neumanns Vergleichsstudie in hohem Maße kompatibel und können gewissermaßen als systematisch weiter ausholende und ergänzende historische Fundierung zu dieser gelesen werden (vgl. auch 235, S. 71 f.).

Mit seinem umfangreichen Handbuchartikel zur Typologie nicht-demokratischer Regime schuf der aus Spanien stammende (und daher die Entwicklung des Franco-Regimes mit besonderem Interesse analysierende) amerikanische Politologe Juan Linz einen immer wieder zitierten Bezugsrahmen für den Vergleich politischer Systeme, der die weitere politikwissenschaftliche Forschung auf diesem Gebiet nachhaltig beeinflusst hat. Ausgehend von Carl J. Friedrichs kanonisierter Definition, aber diese erweiternd und modifizierend, stützt Linz seine Bestimmung eines „totalitären" Systems nur noch auf drei Faktoren: erstens ein „monistisches", aber eben nicht monolithisches Zentrum der Macht, zweitens eine exklusive Ideologie, deren Nichtbeachtung empfindlich sanktioniert wird, und drittens eine durch das Instrument der Einheitspartei und ihrer gesellschaftlichen Vorfeldorganisationen kanalisierte und eingeforderte Massenmobilisierung (81, S. 25). Grundsätzlich unterteilt Linz die zahlreichen nicht-demokratischen Systeme in „totalitäre" und „autoritäre" Regime, wobei unter den letzten Oberbegriff verschiedene Variationen fallen, von Militärdiktaturen über Entwicklungsdiktaturen bis zu posttotalitären Regimen (81, S. 142 ff.). Eine weitere Richtung der Diktaturforschung repräsentiert der einflussreiche französische Soziologe Maurice Duverger, der sich stärker mit den Entstehungsbedingungen als mit den Erscheinungsformen von Diktaturen auseinandergesetzt hat. Für ihn steht die erfolgreiche Etablierung von Diktaturen in einem grundsätzlichen Zusammenhang mit dem Auftreten von strukturellen Krisen: „Die Umstände (Krieg, Wirtschaftskrisen) lösen sie nur aus, sie wirken, im medizinischen Sinne, als ‚Reiz'. Die Strukturkrisen, die zu Diktaturen führen, werden durch die ungleiche Entwicklung verschiedener Gesellschaftsschichten hervorgerufen." (12, S. 14)

An der Freien Universität in Berlin wurde Otto Stammer zum Inspirator einer soziologisch fundierten Diktaturforschung (vgl. hierzu 115; 166, S. 145 ff.), die sich in Gestalt exemplarischer Analysen, u. a. von Martin Drath, Peter Christian Ludz, Karl Dietrich Bracher, Joachim Schultz und Ernst Richert, immer stärker von der ursprünglich intendierten Anwendung und methodischen Weiterentwicklung der Totalitarismusforschung zur kritischen Revision und Falsifizierung dieses Konzeptes entwickelte. Noch 1955 hatte Stammer in einem Aufriss zum Spannungsverhältnis von Demokratie und Diktatur den Totalitarismus als „moderne Form der Diktatur in der Massengesellschaft" definiert (236, S. 185). Wenige Jahre später bezweifelte er bereits, ob angesichts der „eklatanten Unterschiede" zwischen den als „totalitär" bezeichneten Systemen – etwa im Hinblick auf ihre historischen Entstehungsbedingungen, auf die ganz unterschiedlichen Ideologien oder die verfolgten gesellschaftlichen Entwicklungsmodelle – überhaupt ein operationalisierbarer Begriff des Totalitären entwickelt werden könne (185, S. 418). In seinem Überblicksbeitrag für die „International Encyclopedia of the Social Sciences" (54) fasste Stammer, unter Rückgriff auf die oben skizzierten Überlegungen von Sigmund und Franz Neumann, Mitte der sechziger Jahre den inzwischen erreichten Kenntnisstand der von ihm begründeten Berliner Schule der Politischen Soziologie zusammen, indem er fünf Idealtypen diktatorischer Herrschaft unterschied: die despotische Autokratie, die elitengebundene Autokratie oder Oligarchie, die orientalische Despotie, die totalitäre Diktatur und die konstitutionelle Diktatur (vgl. Kap. I, 2). Seine Skepsis, ob es überhaupt gerechtfertigt und sinnvoll ist, diktatorische Regime, die völlig unterschiedliche gesellschaftliche Ziele verfolgen, unter einen Oberbegriff zu fassen, tritt dabei immer deutlicher hervor. Die gesellschaftliche „Vieldimensionalität" der modernen Diktaturen lässt sich für Stammer durch den eng begrenzten Merkmalskatalog der Totalitarismustheorie nicht angemessen abbilden. Die weitere Forschung werde, so seine zutreffende Prognose, zu einer stärkeren Ausdifferenzierung der Untersuchungsgegenstände und damit zu einer „historisch-empirischen Behandlung *einzelner* totalitärer Herrschaftsgebilde" (54, Hervorhebung i.O.) führen. Im Ergebnis haben die Arbeiten aus Stammers Berliner Institut eine „Soziologisierung" der Totalitarismustheorie (vgl. 166, S. 146) bewirkt und damit die Öffnung der auf die Betrachtung der Herrschaftsinstrumente fixierten Analyse für einen breiter angelegten sozialwissenschaftlichen und historischem Systemvergleich erheblich vorangetrieben.

Seit dem Zusammenbruch der DDR wird in der deutschen Öffentlichkeit verstärkt eine kontroverse Debatte über Nutzen und Nachteil der vergleichenden Diktaturforschung und ihrer gängigen Konzepte geführt. Dabei ist auf die eben skizzierten Traditionslinien bisweilen unmittelbar, häufiger aber implizit abgehoben worden. Besonders prägnant war die Konfrontation der unterschiedlichen Standpunkte in der 75. Sitzung der Enquete-Kommission „Aufarbeitung von Geschichte und Folgen der SED-Diktatur in Deutschland", als sich Jürgen Kocka *für* und Horst Möller *gegen* den konzeptionellen Rekurs auf den Diktaturbegriff aussprachen. Für Kocka steht außer Frage, das sich die NS- und die SED-Herrschaft im Hinblick auf zahlreiche „Merkmale der modernen Diktatur" gleichen, und zwar besonders dann, „wenn man sie aus der Perspektive der Prinzipien des liberal-demokratischen Verfassungs- und Rechtsstaats betrachtet". Er vertritt aber auch die Auffassung, „dass eine vergleichende Analyse mithilfe der Kategorie der modernen Diktatur [...] auskommt" (225, S. 20f.), denn gleichzeitig seien auch gravierende Unterschiede – etwa im Hinblick auf das „moralische und das physische Vernichtungspotential" (225, S. 24) – zwischen den beiden deutschen Diktaturen festzustellen, so dass eine gleichrangige Identifizierung als „Totalitarismen" nicht überzeugend sei, wohl aber ein differenzierender Vergleich, der Unterschiede ebenso wie Ähnlichkeiten thematisiere. Zudem verweist Kocka darauf, dass es ganz unterschiedliche Indikatoren gibt, nach denen die untersuchten Diktaturen als „totalitär" qualifiziert werden könnten. Lege man das Schwergewicht auf das Vernichtungs- und Gewaltpotential, auf die „permanente Dynamik", auf die Intensität von Willkür und Terror, so könne kein Zweifel bestehen, dass das NS-Regime bei weitem „totalitärer" war als die SED-Herrschaft. Umgekehrt würde die Beurteilung dagegen ausfallen, sobald das Maß der „Durchherrschung" aller gesellschaftlichen Lebensbereiche zum Gradmesser gemacht werde (225, S. 25; 226; mit gleicher Einschätzung auch: 239, S. 42). Horst Möller sieht dagegen den von Kocka vorgeschlagenen konzeptionellen Leitbegriff der „modernen Diktatur" als nicht ausreichend an, da dieser „zu unspezifisch" sei. Als „Diktatur" (oder „Despotie", „Tyrannis" usw.) habe man Gewaltregime über viele Epochen hinweg bezeichnet. Eben weil sich aber diese Termini zur Charakterisierung der Diktaturen des 20. Jahrhunderts als nicht geeignet erwiesen hätten, sei überhaupt erst das Konzept des Totalitarismus entstanden, das trennschärfer sei. Insgesamt könne auf interpretierende Begriffe ohnehin nicht verzichtet werden und im Ergebnis sei festzustellen, dass ein modifizierter Totalitarismus-Begriff „nach wie vor die größte aufschließende Kraft (besitze), um nicht nur die nationalsozialistische Diktatur, nicht nur die faschistischen Diktaturen, sondern auch sämtliche kommunistischen Diktaturen einschließlich der SED-Diktatur zu fassen, verstehbar und begreifbar zu machen." (167, S. 10)

Mit ähnlicher Akzentuierung vertritt Hans Maier als Leiter eines stark ideengeschichtlich ausgerichteten Forschungsprojektes zum Diktaturenvergleich die Auffassung, dass der Begriff der „Diktatur" für die „Willkürherrschaft Lenins, Stalins, Hitlers, selbst Mussolinis [...] jedenfalls ein allzu beschönigender und verharmlosender Terminus" sei. „Bolschewismus, Faschismus, Nationalsozialismus unter der Überschrift ‚Diktaturen des 20. Jahrhunderts' vorzustellen – das liefe auf den Versuch hinaus, etwas als staatlich, in Maßen berechenbar zu begreifen, was in Wahrheit ein überdimensionaler Landfriedensbruch, ein Exzess an Gewalt und Irrationalität war." (in: 160, S. 248) Entlang dieser hier beispielhaft aufgezeigten Argumentationslinien formierten sich in den neunziger Jahren im Wesentlichen die unterschiedlichen Lager im Streit um die Begriffe „Totalitarismus" und „moderne Diktaturen". Dabei wurde dieser „semantische Krieg" um theoretische Deutungshoheit nicht nur in wissenschaftlichen Veröffentlichungen, sondern auch in der politischen Publizistik ausgetragen.

Obwohl kritisch angemerkt worden ist, dass der Leitbegriff der „(modernen) Diktatur" nur „ein blasser Ersatz" sei (144, S. 213), ist zu konstatieren, dass er unter Historikern vielfach Verwendung gefunden hat (vgl. 228; 234; 80, S. 42 ff.; 237, S. 58 ff.; 238; 221). Hans-Ulrich Thamer hat gleichzeitig darauf hingewiesen, dass sich die Kategorien dieses „wertneutraleren und ‚schlankeren'" Konzepts „bei aller semantischen Abgrenzung" am Ende doch „in einer deutlichen Nähe zu dem klassischen Merkmalskatalog der Totalitarismustheorie" befänden (239, S. 29). Ein Vorteil bestehe darin, dass die verschiedenen Erscheinungsformen von Diktaturen im 20. Jahrhundert zur Kenntnis genommen würden und dass das Modell der „modernen Diktatur" eben nicht darauf festgelegt sei „deduktiv von einem starren Strukturtypus totalitärer Herrschaft" auszugehen und damit per se alle weiteren Strukturmerkmale eines diktatorischen Regimes zu vernachlässigen.

In der Soziologie dominiert der stärker auf die Gesellschaft als auf den Machtapparat bezogene Begriff der Diktatur ganz eindeutig: So stützt Sigrid Meuschel ihre herrschaftssoziologische Analyse der DDR, die sie als „entdifferenzierte" und damit absterbende Gesellschaft beschreibt, auf die „analytische Folie" der Diktatur (z. B. in: 229) und M. Rainer Lepsius plädiert nachhaltig *für* einen diktaturvergleichenden Ansatz, aber gleichzeitig auch *gegen* eine normative Aufladung des Vergleichs und damit im Ergebnis, hier deutlich in der Tradition Otto Stammers stehend, *für* eine Soziologisierung der beiden deutschen Diktaturen (89).

Mittlerweile sind – vor allem im Hinblick auf die historische Analyse der DDR – eine ganze Reihe von begrifflichen Variationen vorgeschlagen worden, um den Terminus und das Konzept der „modernen Diktatur" inhaltlich stärker zu füllen und prägnanter zu konturieren. So hat Konrad Jarausch versucht, den Begriff der „Fürsorgediktatur" (223) zu prägen. Weitere Vorschläge lauten: „sozialistische Parteidiktatur" (151, S. 4) oder „moderne Diktatur kommunistischen Typs" (227, S. 545), „bürokratische Diktatur", „Erziehungsdiktatur" und „Überwachungsdiktatur". Als allgemein überzeugende Lösung hat sich freilich keine dieser Varianten des Begriffes und Konzeptes der „modernen Diktatur" durchsetzen können (vgl. 151, S. 11 ff.; 222, S. 18 ff.).

Zusammenfassend ist festzuhalten, dass der mit dem Leitbegriff der „modernen Diktaturen" operierende Forschungsansatz derzeit im Grunde nur einen methodisch flexiblen, allerdings für empirische Befunde wirklich *offenen Bezugsrahmen* darstellt und keinesfalls bereits eine ausgefeilte Theorie. Es ist vollkommen unbestritten, dass der Bedarf einer weiteren methodologischen Explikation bzw. Präzisierung besteht (227, S. 545). Gerade der eher vorläufige Charakter dieser Forschungsstrategie eröffnet aber im Gegensatz zu den konkurrierenden, in ihren Erkenntnisinteressen und -möglichkeiten erheblich eingeschränkten und daher als unzulänglich kritisierten theoretischen Deutungsmodellen auch Chancen für eine *innovative Weiterentwicklung* der vergleichenden Diktaturforschung. Die von Kritikern behauptete normative Indifferenz dieser Forschungsrichtung lässt sich weder in den zentralen älteren Referenzwerken noch in den aktuellen Arbeitsansätzen als inhärentes Merkmal nachweisen. Vielmehr setzt auch die Erforschung moderner Diktaturen per se stets ein Spannungsverhältnis von Demokratie und Diktatur und damit implizit auch das positive, aber nicht unbedingt unkritisch zu betrachtende Gegenbild der pluralistischen Demokratie voraus. Nur wird eben die gewählte Forschungsstrategie nicht a priori auf eine strikt normative Ausrichtung festgelegt, sondern ist interessiert an den tatsächlich empirisch erhobenen Befunden, und zwar auch dort, wo diese möglicherweise Irritationen hervorrufen. Insgesamt dürfte eine derart strukturierte Analyse der SED-Herrschaft als eine Variante der „modernen Diktatur" beispielsweise eher in der Lage sein, den Zusammenbruch der DDR zu erklären als ein normativ aufgeladener Totalitarismusansatz. Zudem reicht die Selbstgewissheit des weitaus stärker auf die Empirie als auf die Theorie bezogenen „Diktatur"-Ansatzes nicht so weit, dass er postulieren würde, *alle* relevanten Aspekte der zu untersuchenden autoritären und totalitären Regime befriedigend allein durch die diktaturenvergleichende Methode und mithilfe eines exklusiven Paradigmas erfassen zu können.

Die kontroverse Debatte um die beiden wichtigsten für den Diktaturenvergleich genutzten Konzepte („Totalitarismus" versus „moderne Diktaturen") lässt sich folgendermaßen auf den Punkt bringen: Wer beim Vergleich von Diktaturen vorrangig „aufklärende" oder „urteilende" Intentionen verfolgt bzw. einen normativ ausgerichteten generalisierenden Vergleich anstrebt (vgl. hierzu und zum Folgenden Kap. II, 1 und II, 3), der wird vermutlich eher dem Totalitarismus-Konzept zuneigen. Es bietet sich vor allem an, um den grundsätzlichen Herrschaftsanspruch von Diktaturen nachzuzeichnen und die von ihnen eingesetzten Machtmittel und Institutionen zu beschreiben. Wer dagegen auf einen vor allem analytischen Vergleich bzw. auf die Typologisierung verschiedener Fallbeispiele und damit auf die kontrastierende Vergleichsperspektive zielt, der wird eher das offenere Forschungskonzept der modernen Diktaturen vorziehen. Letzteres empfiehlt sich für alle Untersuchungen zur tatsächlichen Wirkung von diktatorischer Herrschaft in der Gesellschaft, also beispielsweise für Studien zu Anpassung und Opposition unter der Diktatur. Vor allem eine pragmatisch nach Intentionen und Untersuchungsbereichen variierende *Ergänzung unterschiedlicher Forschungsstrategien* wird zur Lösung der methodischen Probleme des integralen Vergleichs beitragen können, der selbstverständlich beide Seiten der Medaille angemessen berücksichtigen muss: sowohl die *Intentionen* der diktatorischen Machthaber als auch die Wirkung ihrer Herrschaftspraxis in der Bevölkerung bzw. die gesellschaftliche *Realität* unter der Diktatur. Als sinnvolle Synthese ist hier die von Sigmund Neumann gewählte Konstruktion (31) beispielgebend: Der Leitbegriff der „modernen Diktatur" steckt den Rahmen eines für die erhobenen empirischen Befunde offenen Interpretationsmodells ab. Gleichzeitig wird die deskriptive Kompetenz und die normative Kategorisierungsfähigkeit des Begriffs der totalitären Herrschaft genutzt, um Differenzierungen vorzunehmen und Herrschaftsinstrumente prägnant zu beschreiben. Sigmund Neumanns „Permanent Revolution" belegt, dass die in diesem Kapitel vorgestellten unterschiedlichen Konzepte in der Forschungspraxis durchaus miteinander zu verbinden sind, und charakterisiert damit die zeitweise vehement geführte Begriffsdiskussion als einen auf dem Feld der Wissenschaftspolitik ausgetragenen „Kampf um Begriffe", der sich in der empirischen Forschungspraxis im Wesentlichen als Scheinproblem erweist.

2. Der integrale Vergleich von Diktaturen

„Apples and pears are not identical. Nazism cannot be equated with pretorianism nor bolshevism with fascism, but they can be compared" (172, Vorwort, S. IX) , mit dieser nüchternen Feststellung leitete der amerikanische Politikwissenschaftler Amos Perlmutter Anfang der achtziger Jahre seine Studie zum modernen Autoritarismus ein. Die von ihm benutzte Formel verdeutlicht, dass in der stärker interdisziplinär geführten internationalen wissenschaftlichen Debatte (vgl. etwa Krzysztof Pomians Plädoyer „distinguer mais comparer", 240; auch: 241) früher und allgemeiner akzeptiert war und wohl auch nach wie vor ist, was in Deutschland als einem historischen Brennpunkt des Kalten Krieges und der sich hieraus mit besonderer Vehemenz ableitenden „ideologischen Grabenkriege" beinahe den Charakter eines „Bekenntnisses" gewinnt: Vergleiche zwischen unterschiedlichen politischen Systemen sind möglich und sie sind sinnvoll, sofern ihre analytische Kompetenz nicht überreizt, sondern die stets begrenzte „Reichweite" *jeder* vergleichenden Abstraktion in angemessener Weise reflektiert wird.

Der hier auf den Prüfstand gestellte Untersuchungsansatz wird aber überfordert, wenn man von ihm ein *umfassendes* Gesamtbild der untersuchten Gesellschaften erwartet. Erst in der Kombination mit anderen (z. B. sozial- und kulturwissenschaftlichen) Analysen wird die Annäherung an eine angemessene Gesamtinterpretation möglich. Der integrale Vergleich von Diktaturen ist somit als notwendiger und ertragreicher Zweig der historischen Forschung zu bestimmen, der freilich der Ergänzung durch andere konzeptionelle Ansätze bedarf. Dasselbe gilt allerdings auch umgekehrt, denn ebenso kommen auf die Mikroebene zielende sozial- und alltagsgeschichtliche Untersuchungen zum Verhältnis von Herrschaft und Alltag in einer Diktatur nicht ohne die systematische Rückbindung an systemtypologische Gesamtinterpretationen aus. Im Ergebnis bedeutet dies, dass eine möglichst umfassende und angemessene Analyse diktatorisch verfasster Gesellschaften nur durch die arbeitsteilige Ergänzung mehrerer unterschiedlicher analytischer Konzepte und methodischer Zugriffe zu leisten ist. Der integrale Vergleich von Diktaturen (und ebenso auch von Demokratien) ist *ein zentraler Bestandteil* eines solchen ambitionierten Gesamtprogramms einer umfassenden Gesellschaftsgeschichte im internationalen Maßstab.

a) Die Diktaturen des 20. Jahrhunderts im systematischen Vergleich

Gibt es überzeugende Deutungsansätze und kategoriale Begriffe, um das *Gemeinsame* der im 20. Jahrhundert auftretenden Diktaturen zu benennen? Wie können zugleich die notwendigen *Differenzierungen* in einem systematischen Modell zusammengefasst werden, um die gravierenden Unterschiede zwischen den untersuchten Diktaturen in angemessener Weise zu berücksichtigen? Dies sind die beiden grundlegenden Probleme, denen sich jede integrale Vergleichsstudie stellen muss.

Unter den frühen Versuchen, mit dem sowjetischen Kommunismus, dem italienischen Faschismus und dem Nationalsozialismus die drei großen, unterschiedlich ausgerichteten „weltanschaulichen" Diktaturen der ersten Jahrhunderthälfte in vergleichender Perspektive zu analysieren, sticht Sigmund Neumanns „Permanent Revolution" nicht nur konzeptionell (vgl. hierzu Kap. III, 1, d), sondern auch in der empirischen Analyse hervor. Neumann bietet eine beeindruckende Synthese des damaligen Forschungsstandes (vgl. hierzu auch seine umfangreiche Bibliographie, 31, S. 313–375) zu den drei untersuchten Regimen und entfaltet auf dieser Basis seine leitmotivische These, dass diese „modernen Diktaturen" des 20. Jahrhunderts aufgrund ihres totalitären Anspruches zuallererst darauf zielen müssen, ihre Herrschaft als „permanente Revolution" zu institutionalisieren und zu perpetuieren (31, S. VIII ff.). Ohne an dieser Stelle auf die Details der vor über einem halben Jahrhundert angestellten Untersuchung eingehen zu können, soll zumindest auf die von Neumann geleistete Verbindung von Strukturanalyse und Entstehungsgeschichte hingewiesen werden, die auf eine wichtige Gemeinsamkeit der drei untersuchten Regime verweist. Danach sind sowohl der italienische und deutsche Faschismus als auch der sowjetische Kommunismus Ergebnisse und Ausdrucksformen der Katastrophe des Ersten Weltkriegs: „they emerged from the war, and their entire political order is shaped accordingly" (31, S. 230). Totaler Krieg und totalitäre Diktatur, oder: „The Total State in a World at War" – dieser von Neumann hervorgehobene Kontext wird bis heute in praktisch allen global argumentierenden historischen Deutungen zum 20. Jahrhundert (vgl. Kap. I,1) aufgenommen.

In der von C. W. Cassinelli Mitte der siebziger Jahren vorgelegten vergleichenden Studie zum Nationalsozialismus, zur stalinistischen Sowjetunion und zur Volksrepublik China unter Mao (243) wird der Schwerpunkt der Analyse von der vor allem aus der Genese der totalitären Diktaturen resultierenden *Dynamik* der „permanenten Revolution" stärker zu den über einen längeren Zeitraum tatsächlich stattfindenden politischen und sozialen *Strukturveränderungen* verschoben. Die Gemeinsamkeit und Gleichartigkeit der drei im Hinblick auf Ideologie, politische Entwicklung und Herrschaftspraxis untersuchten Regime besteht für Cassinelli darin, dass sowohl unter Hitler als auch unter Stalin sowie unter Mao der Versuch einer „totalen Revolution" unternommen worden sei: „there have occured political regimes that, each in its own way and at its own time and place, have attempted to transcend the past and the present and to create a new kind of society and a new type of human being" (243, S. 3). Im Schlusskapitel seiner Makroanalyse räumt Cassinelli zwar in einem Nebensatz ein, dass die drei von ihm untersuchten Fallbeispiele weit davon entfernt seien, in den Zielen ihrer konkreten Politik und den Strukturen ihrer Herrschaft eine Identität aufzuweisen (243, S. 225). Den dominanten Grundzug seines Fazits bildet aber eine (begrifflich zum Teil an C.J. Friedrich angelehnte) Auflistung grundsätzlicher Gemeinsamkeiten („a basic likeness"), wobei vor allem die kompromisslose Ablehnung der sozialen Organisationsprinzipien der „bürgerlichen Zivilisation" hervorgehoben wird. Statt dessen ziele die „totale Revolution" auf eine von einem „Führer" dirigierte, sozial entdifferenzierte und jedem Individualismus feindliche Massengesellschaft (243, S. 225 ff.). Im Ergebnis repräsentieren in diesem Deutungsansatz Hitlerdeutschland, die stalinistische Sowjetunion und China unter Mao nur jeweils spezifisch modifizierte Versionen des totalitären Herrschaftstypus'.

Damit steht das von Cassinelli entworfene, vor allem auf *Generalisierung* zielende Modell in einem starken Spannungsverhältnis zu der von Juan Linz etwa zeitgleich entwickelten und vor allem auf *Differenzierung* zielenden Systematik totalitärer und autoritärer Regime (81), deren grundlegender Beitrag zur Theoriebildung bereits an anderer Stelle hervorgehoben worden ist (vgl. Kap. III, 1, d). Unter Einbeziehung neuerer Forschungsergebnisse und eigener empirischer Analysen hat inzwischen der Politologe Paul Brooker eine diktaturvergleichende Studie vorgelegt, die in vieler Hinsicht an das Grundkonzept von Juan Linz anknüpft, dabei aber das Element des ideologisch geprägten Einparteienstaates als das signifikante Charakteristikum der „modernisierten" Diktaturen des 20. Jahrhunderts in den Mittelpunkt rückt (242, S. 1 ff.). In parallel angelegten Fallstudien konfrontiert Brooker zunächst Diktaturen, die auf der Herrschaft einer Staatspartei beruhen, mit Diktaturen auf der Basis einer militarisierten Einheitspartei (Francismus, Peronismus usw.). Im dritten Teil seiner systematischen Analyse präsentiert er Fälle, in denen eine Transformation vom einem in den anderen Typus stattgefunden hat. In den sehr knappen Schlussfolgerungen, mit denen Brooker seine zeitlich (1920–1989) wie räumlich weit ausgreifenden Fallstudien zusammenfasst, wird ganz allgemein die große Vielfältigkeit der betrachteten Regime betont und die bemerkenswerte „Innovationskraft" und „politische Kreativität" der ideologisierten Einparteienstaaten hervorgehoben (242, S. 254 f.). Ein differenzierendes Modell bietet er nur für den Bereich der offiziell propagierten Ideologien an, wobei *partikulare* Bezugnahmen (etwa in der Glorifizierung der italienischen Nation bzw. im Nationalsozialismus der „arischen Rasse") der *universell* angelegten sozialistischen bzw. kommunistischen Orientierung auf die Klasse der Arbeiter und/oder Bauern gegenübergestellt werden. Eine vergleichbare Differenzierungsmöglichkeit sieht Brooker für den Aspekt der politischen Struktur offensichtlich nicht. Dies legt jedenfalls die rein additive Aufzählung der von ihm erhobenen sehr unterschiedlichen Befunde nahe. Letztlich auch aufgrund dieser Heterogenität hält Brooker es für nicht unwahrscheinlich, dass sich modifizierte Spielarten der Diktatur im neuen Gewand etablieren könnten. Insofern, so seine sehr allgemein gehaltene „Botschaft", bleibt das Phänomen der Diktatur auch im 21. Jahrhundert eine stetige Herausforderung für die Demokratie.

Stärker als diese in ihren Schlussfolgerungen von der Empirie weitgehend losgelöste Studie wird Stephen J. Lees Untersuchung zu den europäischen Diktaturen in der Zwischenkriegszeit und den Jahren des Zweiten Weltkriegs dem Bedürfnis nach einem wirklich *empirisch* fundierten Diktaturenvergleich, der in eine regimetypologische Systematik mündet, gerecht. Der Rahmen seiner komparativen Entwicklungsgeschichte der politischen Herrschaft, die durchgängig auch wirtschaftliche Aspekte und Fragen der Außenpolitik berücksichtigt, ist räumlich wie zeitlich erheblich enger gezogen. Allerdings bezieht Lee neben den für sein Untersuchungsinteresse zentralen und daher ausführlicher behandelten Fallbeispielen (Sowjetunion, faschistisches Italien und NS-Regime) alle anderen europäischen Diktaturen dieser Epoche zumindest kursorisch mit ein. Einleitend skizziert er einen Interpretationsrahmen, der das Auftreten von Diktaturen im Europa der Zwischenkriegszeit als signifikantes Epochenphänomen charakterisiert und dabei vor allem auf drei ursächliche Bedingungsfaktoren abhebt: erstens die für das politische Weltsystem zersetzende Wirkung des Ersten Weltkriegs und das Scheitern der intendierten Friedensordnung, zweitens die nachhaltige Krise der Demokratie und der in diesem Zusammenhang stehende Aufstieg von Diktaturen als einer politischen Alternative sowie drittens die Wirtschaftskrise als Katalysator (25, S. 1ff). Sowohl in seinen theoretischen Reflexionen als auch in seiner empirischen Analyse greift Lee wechselweise auf die beiden in seinen Augen *möglichen* und sich auch sinnvoll *ergänzenden* Systematisierungen zurück: Zum einen können Demokratien und Diktaturen in einem *bipolaren* Interpretationsschema einander ganz prinzipiell gegenübergestellt werden; zum anderen sind pluralistische Demokratien, „left-wing dictatorships" und „right-wing dictatorships" auch *als drei konkurrierende Systemtypen* zu beschreiben. Bei der Anwendung der ersten Variante ist allerdings eine zusätzliche Differenzierung dringend geboten: die in „autoritäre" und „totalitäre" Diktaturen. Erstere setzen nach Lee das Diktaturprinzip in konservativer Weise um und zielen vorrangig auf den Erhalt überlieferter Werte und häufig auch auf die Zementierung bestehender sozialer Strukturen. Im Gegensatz zu dieser eher defensiven Ausrichtung besteht das politische Programm von „totalitären Diktaturen" in der Durchführung von radikalen Veränderungen. Um diesen Prozess in Gang zu setzen, werden die mobilisierten Massen als monopolistische revolutionäre Bewegung organisiert.

In einem pragmatisch kombinierenden Rückgriff auf die klassischen Modelle der Totalitarismustheorie (vgl. Kap. III, 1, b) stellt Lee vier zentrale Faktoren heraus, die für ihn eine „totalitäre" Diktatur idealtypisch auszeichnen und die zur Gesamtcharakterisierung der untersuchten Diktaturen heranzuziehen sind: 1. eine auf Distinktion zielende Ideologie, die den Charakter einer Ersatzreligion gewinnt; 2. die Kontrolle des politischen Systems durch eine Staatspartei; 3. eine durch Zwang wie durch Indoktrination erreichte nahezu vollständige Unterordnung der Individualität unter das Diktat der Diktatur und 4. den Versuch einer umfassenden Kontrolle des Wirtschaftslebens (25, S. 298f.). Auf der Basis seiner empirischen Analyse kommt Lee dabei zu folgender Einschätzung: In vielfacher Hinsicht stelle die Sowjetunion unter Stalin das am stärksten durch totalitäre Strukturen geprägte diktatorische Regime dar, da es ausnahmslos alle vier genannten Kategorien erfüllt. „Marxism-Leninism was an all-embracing ideology which was used extensively as a social engineering force. The political structure was dominated by the CPSU, in turn subordinated to a leader who took the personality cult to an unprecedented extreme. Stalinist purges accounted for the elimination of millions, while indoctrination was accomplished through the medium of Socialist Realism. The economy, of course, was strictly regulated by a series of five year plans." (25, S. 300f.). Kontrovers diskutiert worden ist freilich, ob diese totalitären Strukturen sich im Wesentlichen auf die Zeitspanne der unumschränkten Herrschaft Josef Stalins (von den späten zwanziger Jahren bis zu seinem Tod 1953) konzentrierten oder aber in der frühen Jahren der Sowjetunion bereits grundsätzlich angelegt waren, nur in Lenins Regierungszeit noch nicht mit gleicher Deutlichkeit offen zu Tage traten (vgl. Kap. III, 2, d). Komplizierter ist für Lee die Einordnung des NS-Staates, für den in vieler Hinsicht (z. B. Rassenideologie, Anwendung von Zwangsmaßnahmen und umfassende Bemühungen um Indoktrination) der totalitäre Charakter ebenfalls überaus evident ist. Zugleich sprechen einige Befunde allerdings auch dafür, das NS-Regime als einen „unvollständigen Totalitarismus" („imperfect totalitarianism") zu interpretieren: Im Gegensatz zur grundsätzlicher ansetzenden bolschewistischen Revolution wurden viele Institutionen im nationalsozialistischen Deutschland zwar überformt, „gleichgeschaltet" und modifiziert, aber nicht vollständig beseitigt. Zudem gab sich Hitler mit einem weitaus geringeren Grad an zentraler Planung und Kontrolle der Wirtschaft zufrieden (25, S. 301). Noch ambivalenter fällt die Bewertung für das faschistische Italien aus: Zwar seien Mussolinis Ziele unzweifelhaft (und übrigens in der Formel des „stato totalitario" ja auch erklärtermaßen) „totalitär" gewesen, aber ihre Umsetzung konnte nicht einmal annähernd durchgängig erreicht werden und blieb in hohem Maße inkonsistent (vgl.

auch Kap. III, 2, b). Immerhin seien aber – und zwar ausgeprägter als im Nationalsozialismus – systematische Vorstellungen zum Funktionieren der Wirtschaft im faschistischen Staat entwickelt worden. Aber selbst die Umsetzung dieser stark propagierten Idee des „korporativen Staates" blieb in der Praxis defizitär. Somit gelte für den italienischen Faschismus: „In virtually every sector – political, social, economic – radical theory was undermined by a remarkable persistent status quo." (25, S. 301) Aus dem Kreis der weiteren Diktaturen ordnet Lee nur zwei für eine jeweils kurze Periode (nämlich die Zeitspanne, in der sie von Machthabern regiert wurden, die ganz unmittelbar von der deutschen Besatzungsmacht abhängig waren) dem Kreis der totalitären Diktaturen zu: das Ustascha-Regime in Kroatien sowie die ungarische „Pfeilkreuzler"-Diktatur unter Szálasi.

Insgesamt ist festzuhalten, dass Lees Vergleichsstudie auf dem Gebiet des möglichst umfassend angelegten und *empirisch* fundierten Gesamtvergleiches „moderner Diktaturen" des 20. Jahrhunderts derzeit den in sich kohärentesten Beitrag darstellt. Dies wird besonders deutlich, wenn man den Ertrag seiner Studie mit *arbeitsteilig* vorgehenden Annäherungen an die integrale Vergleichsperspektive konfrontiert. Ein schwieriges methodologisches und empirisches Problem, das häufig auftritt, sobald der enge Vergleichsrahmen von zwei oder drei unmittelbar parallel untersuchten Fallbeispielen verlassen und zu Gunsten eines größeren Kontextes geöffnet wird, spiegelt sich exemplarisch in einem Sammelwerk zu „Demokratie und Diktatur in Europa", das zahlreiche Beiträge bündelt, die in mehreren wissenschaftlichen Kolloquien der Europäischen Akademie Otzenhausen gehalten worden sind (246). Der Preis für den facettenreichen Erkenntnisgewinn aus den in sich geschlossenen Einzelfallstudien ist der Verzicht auf wirklich *gemeinsame* Kategorien und Indikatoren.

Dieser Tendenz zu einer amorphen Vielfältigkeit potenzieller Vergleichsperspektiven kann mindestens teilweise entgegen gewirkt werden, indem eine systematische Orientierungsachse für den integralen Vergleich bestimmt wird, wie etwa in dem Tagungsband, der die Ergebnisse eines Göttinger Symposiums zu Ehren des Politikwissenschaftlers Walter Euchner zusammenstellt (234). Als roter Faden fungieren hier die miteinander verbundenen Fragen nach dem Scheitern diktatorischer Legitimationsmuster und nach der Zukunftsfähigkeit der Demokratie. Euchner hat ein analytisches Raster vorgeschlagen, mit dem sowohl die totalitären als auch die autoritären Spielarten rechter wie linker Diktaturen eingeordnet werden können. Hierbei wird die Analyse in drei „Ebenen" gegliedert: Ideologie, politische Strukturen und Akzeptanz in der Bevölkerung. Konstatiert wird, dass sich auf der *Ideologieebene* die vor allem „antiindividualistischen Rechtfertigungsmuster" linker wie rechter Diktaturen gleichermaßen als „zukunftsunfähig" erwiesen haben, denn diktatorische Gesinnungskontrolle blockiere das schöpferische Potential der Menschen. Zensur und Konformitätsdruck lähmten nicht nur den kritischen Geist der Bürger, sondern beschädigten auch die Reproduktionsbedingungen des Gesamtsystems (234, S. 25 f.) – ein zu Brookers These von der Innovationskraft diktatorischer Regime (242) diametral entgegengesetzter Befund. Euchners Position wird hier vom Mainstream der NS-Forschung gestützt, denn die kontroverse Debatte über eine möglicherweise intendierte „modernisierende" Wirkung der NS-Diktatur hat zu einer mehrheitlich skeptischen bis ablehnenden Einschätzung geführt (für den NS-Staat: 87, S. 351 ff.), die in dem von Hans Mommsen geprägten Begriff der „vorgetäuschten Modernisierung" (245) eine prägnante Formel gefunden hat. Auch für die Sowjetunion ist die Frage der „Modernisierung" nachhaltig problematisiert worden (vgl. mehrere Beiträge in: 244).

Auf der *Strukturebene* haben linke wie rechte Diktaturen für Euchner über kurz oder lang ihre Fähigkeit eingebüßt, Selbstgefährdungen zu erkennen und ihnen durch geeignete Maßnahmen zu begegnen. Im Falle des Nationalsozialismus sei dies im Zeichen des „totalen Krieges" und des Völkermordes bereits nach wenigen Jahren in eine „selbstläufige" und sich schnell radikalisierende selbstzerstörerische Dynamik gemündet, während die Entwicklung in der Sowjetunion auf die „Sklerose" einer zunehmend korrupter werdenden Führungsschicht und die Erstarrung der Gesamtgesellschaft hinausgelaufen sei (234, S. 26f.). Symptomatisch sei in diesem Kontext, dass selbst die modifizierte sozialistische Diktatur Titos, die sich von zentralen Mechanismen des Stalinismus getrennt und eine Art „Selbstverwaltungssozialismus" entwickelt habe, am Ende gescheitert ist. Für Saage belegt dieses Scheitern eine prinzipielle „strukturelle Reformunfähigkeit" des kommunistischen Diktaturtyps (234, S. 27). Auch auf der *Akzeptanzebene* sind schließlich für linke wie rechte Diktaturen ähnlich gravierende Legitimationsdefizite festzustellen. Die von Mao inszenierte Kulturrevolution habe nicht nur unzählige Opfer gefordert und sei in Relation zu ihren ehrgeizigen Zielen ein politischer Fehlschlag gewesen, sie habe China auch an den Rand des wirtschaftlichen Ruins getrieben. Sobald kommunistische Machthaber (wie seinerzeit Chruschtschow oder später Deng) aber im Gegenzug die Stimulierung des Eigennutzes akzeptierten, um den wirtschaftlichen Modernisierungsprozess voranzutreiben, setzten sie sich einem hohen Erwartungsdruck in der Bevölkerung aus. Eine durchaus ähnliche ökonomische „Modernisierungsfalle" lässt sich nach Euchner auch am Beispiel von rechten autoritären Diktaturen studieren, wobei die sich zuspitzende Krise in Portugal in eine revolutionäre Umwälzung mündete, während Francos kontrollierte Modernisierungspolitik wider Willen zu einer „Gleitschiene" (Puhle) wurde, die unaufhaltsam einen längerfristigen Prozess der Transformation in demokratische Verhältnisse einleitete (234, S. 27f.).

Das für alle drei Untersuchungsebenen (Ideologie, Struktur, Akzeptanz) zu belegende Scheitern unterschiedlich ausgerichteter und geprägter Diktaturen bedeute freilich keineswegs eine endgültige Sicherung demokratischer Verhältnisse und damit ein „Ende der Geschichte", wie die plakative Formel Fukuyamas nahe gelegt hatte (vgl. auch Kap. I, 1). Zwar kann konstatiert werden, dass die pluralistisch verfasste liberale Demokratie den vielfältigen Herausforderungen durch linke wie rechte Diktaturen im 20. Jahrhundert standgehalten hat. Angesichts mannigfacher Probleme, die von der sinkenden Identifikation der Bürger mit demokratischen Institutionen über eine zunehmende soziokulturelle Fragmentierung der modernen Industriegesellschaften bis zu in hohem Maße risikobehafteten technologischen Entwicklungen reichen, wird die Zukunftsfähigkeit der Demokratie allerdings davon abhängen, „ob sie die Probleme zu lösen vermag, für die sie selbst verantwortlich ist" (234, S. 31). Insofern stellt das vergleichende, durch Komparation die spezifischen Probleme deutlicher herauspräparierende Studium von Diktaturen *und* Demokratien für das 21. Jahrhundert eine bleibende Aufgabe dar.

Knapp *zusammengefasst* lautet die Antwort auf die Ausgangsfragen, dass es gute Gründe gibt, das 20. Jahrhundert als ein „Zeitalter der Extreme" (Hobsbawm) oder das „Jahrhundert der Ideologien und des Totalitarismus" (Bracher) zu bestimmen. Hierfür spricht allein schon die zeitliche Koinzidenz des Auftretens zahlreicher linker wie rechter, moderater wie extrem radikalisierter diktatorischer Regime in der Zwischenkriegszeit (Lee). Eine wichtige *Gemeinsamkeit* der in der ersten Jahrhunderthälfte etablierten „modernen Diktaturen" besteht in ihrer genetischen Verwurzelung in einer weltpolitischen Konstellation, die durch die materielle und moralische Katastrophe des Ersten Weltkriegs und den Niedergang des politischen Liberalismus gekennzeichnet war. Die Diktatur wurde zum Epochenphänomen, *weil* das Vertrauen in die Demokratie weithin zerstört war. Zugleich gewinnt das historische Phänomen der Diktatur im 20. Jahrhundert in seinen extremen Fallbeispielen (der stalinistischen Sowjetunion und dem NS-Regime; die Einordnung der anderen kommunistischen Diktaturen sowie des faschistischen Italien ist umstritten) völlig neue Konturen und eine bis dahin ungeahnte Entwicklungsdynamik, die sich je nach Interpretationsmuster mit Begriffen wie „permanente Revolution" (Sigmund Neumann), „totale Revolution" (C.W. Cassinelli) oder „totalitäre Herrschaft" fassen lässt. Mindestens zwei grundlegende *Differenzierungen* sind beim Gesamtvergleich der modernen Diktaturen vorzunehmen: Nach der *Ideologie* und dem politischen *Programm* stehen sich prinzipiell drei große politische Optionen gegenüber: auf der einen Seite rechte, partikularistisch auf „Rasse" oder „Nation" bezogene Diktaturen, auf der anderen Seite linke, sich universalistisch präsentierende Regime. Das *gemeinsame* Feindbild, von dem sich diese beiden zugleich antagonistisch zueinander stehenden Richtungen diktatorischer Herrschaft in identitätsstiftender Weise scharf abgrenzen, ist in dieser auf die politischen Ziele bezogenen Dreigliederung das Modell der pluralistisch verfassten liberalen Demokratie. Von den konkreten politischen Inhalten abstrahierend sind die Diktaturen des 20. Jahrhunderts zudem *regimetypologisch* (also nach Intensität, Umfang und Wirkungsgrad der eingesetzten Herrschaftsmittel) in die Idealtypen der „autoritären" und der „totalitären" Herrschaft (sowie viele Zwischenformen und Varianten; vgl. hierzu vor allem 81) zu *differenzieren.*

b) Faschistische Herrschaft: Mussolinis Italien und das „Dritte Reich"

Die vergleichende Faschismusforschung hat sich in hohem Maße auf die Untersuchung ihrer beiden wichtigsten Fallbeispiele konzentriert: Bevorzugte Vergleichsobjekte sind der italienische Faschismus und der Nationalsozialismus. Die Schlüsselfrage dieses Forschungszweiges ist, ob die Gemeinsamkeiten dieser beiden Diktaturen (und ggf. auch weiterer faschistischer Bewegungen und Regime) hinreichend sind, um eine Subsumierung unter dem typologischen *Gattungsbegriff* des „Faschismus" konzeptionell zu rechtfertigen (als seinerzeit einflussreicher, auch andere Kulturen umgreifender Faschismusansatz: 82). Oder sind der italienische Faschismus und der NS-Staat angesichts der zu konstatierenden Unterschiede ganz und gar einzigartige Diktaturen, die sich jeder generalisierenden Abstraktion entziehen? Bietet vielleicht eine differenzierte Anwendung des Totalitarismusansatzes eine adäquatere konzeptionelle Alternative?

Forschungsgeschichtlich kommt Ernst Noltes Vergleich des italienischen Faschismus, der Action française und des Nationalsozialismus (170) der Charakter einer überaus einflussreichen Pionierstudie der komparativen Faschismusforschung in Deutschland zu. Ausgehend von drei streng parallel angelegten empirischen Fallstudien, in denen die ideengeschichtlichen Wurzeln und die Entwicklungsgeschichte der jeweiligen Bewegungen, die propagierte Ideologie sowie ihre Umsetzung in die politische Praxis untersucht werden, bestimmt Nolte die faschistischen Bewegungen geschichtsphilosophisch als „Widerstand gegen die praktische Transzendenz und Kampf gegen die theoretische Transzendenz in einem" (170, S. 544). Der Faschismus stellt aus dieser Perspektive ein „transpolitisches Phänomen" dar – er ist ein Aufstand gegen die liberale Moderne bzw. der „Verrat des bürgerlichen Elements an seiner Revolution" (170, S. 516 ff. und 544 f.). Die Zwischenkriegszeit trägt für Nolte geradezu das Signum einer „*Epoche* des Faschismus"; entsprechend steht es für ihn außer Frage, dass ein – vor allem ideengeschichtlich und geschichtsphilosophisch definierter – Gattungsbegriff des Faschismus notwendig und sinnvoll ist.

Zu einem weiteren zentralen Referenzwerk der komparativ angelegten Faschismusforschung in Deutschland avancierte ein von Wolfgang Schieder herausgegebener Sammelband, der den Charakter des italienischen und deutschen Faschismus als „soziale Bewegung" (262) programmatisch in den Blickpunkt rückte. Im Rahmen des Braunschweiger Historikertages 1974 hatten ausgewiesene Sachkenner für die italienische und die deutsche Seite in jeweils eigenständigen Beiträgen den strukturellen Wandel der beiden faschistischen Bewegungen bzw. Parteien, ihre soziale Basis, das von ihnen mobilisierte Wählerpotential sowie das Verhältnis zu den traditionellen gesellschaftlichen Eliten untersucht. In der Konsequenz lief der im Untertitel angekündigte Vergleich allerdings über weite Strecken auf eine parallel angelegte Analyse hinaus, die vor allem den an *Differenzierung* Interessierten erhebliche eigenständige Transferleistungen abverlangte. Insofern reflektierte dieser breit rezipierte Aufsatzband in typischer Weise den Stand der Faschismusforschung, in der Einzelfallstudien dominierten und komparative Untersuchungen äußerst selten waren, und, wie Schieder kritisch anmerkte, in der Regel „zudem höchst uneinheitlich ausgeführt und meist nur additiv zusammengefügt sind". Leider sei es üblich, dass sich die jeweils auf ein Fallbeispiel spezialisierten Wissenschaftler träfen, um Probleme des Faschismus zu erörtern, „wobei die Ergebnisse nationalgeschichtlicher Einzelforschung miteinander konfrontiert werden, ohne dass zuvor jeweils Fragestellungen und Gegenstandsbereiche synchronisiert worden wären. Eine vergleichende, schon im Forschungsansatz und nicht erst in der nachträglichen Kombination mehr als ein Land übergreifende Faschismusforschung ergibt sich daraus nicht." (262, S. 11) Dies ist eine Problemanzeige, die nicht nur den Forschungsstand der siebziger Jahre sehr gut charakterisiert, sondern vielfach auch heute noch aktuell ist, und damit prinzipielle Defizite etlicher Studien anspricht, die als komparative Untersuchungen annonciert sind, in der Praxis aber eher eine Addition von Einzelfallbetrachtungen darstellen.

Zumindest für den *generalisierenden* Vergleich präparierte der genannte Sammelband allerdings neue Perspektiven heraus. Schieder hob in seinem bilanzierenden Einführungsbeitrag fünf *gemeinsame* Merkmale des Nationalsozialismus und des italienischen Faschismus hervor: erstens gelang es beiden Bewegungen bereits vor ihrer politischen Machtergreifung, eine Massenbasis zu rekrutieren, zweitens war diese weder schichtenhomogen noch stabil, drittens blieben die Führungskader weitgehend konstant, viertens habe sich die These, es handele sich in beiden Fällen um klassische „Mittelstandsbewegungen", als zu undifferenziert erwiesen, und fünftens verzeichneten schließlich sowohl der *Partito Nazionale Fascista* (PNF) als auch die NSDAP „in ihren Anfängen einen erheblichen politischen Mobilisierungseffekt" (262, S. 18), d.h. sie konnten einen großen Teil ihrer Anhänger aus politisch bis dahin weitgehend passiven und wahlabstinenten Gruppen der Gesellschaft rekrutieren.

Anfang der achtziger Jahre publizierte Wolfgang Wippermann erstmals einen auf die Politikgeschichte konzentrierten Gesamtüberblick über die faschistischen Regime und die vielen kleineren faschistischen Bewegungen in Europa (36) – von der norwegischen Nasjonal Samling über die britische Mosley-Bewegung bis zur „Eisernen Garde" in Rumänien und den ungarischen „Pfeilkreuzlern". Die Frage, ob trotz der im Einzelnen herausgearbeiteten nationalen Unterschiede das Festhalten an einem *generalisierenden* allgemeinen Faschismusbegriff möglich ist, wurde dabei eindeutig bejaht. In jüngerer Zeit sind nun zwei Überblicksdarstellungen erschienen, die sich dieser prinzipiellen Wertung anschließen, allerdings mit unterschiedlicher Akzentuierung. „Italia docet" – so lautet das Leitmotiv im Problemaufriss des Münchener Zeithistorikers Hans Woller

(38). Der im Vergleich zum Nationalsozialismus langwierige Prozess der Machtübernahme durch den „Duce“ Mussolini wird als *Modellfall*, als Vorbild für zahlreiche kleinere faschistische Bewegungen interpretiert, der im Rahmen des deutschen „Sonderfalles“ dann in modifizierter Weise und mit erheblich beschleunigtem Tempo nachvollzogen wurde. Auch Woller berücksichtigt die etwa zeitgleiche Ausbildung zahlreicher faschistischer Bewegungen in Europa, beharrt aber gegen das bekannte Diktum Ernst Noltes darauf, dass es im Grunde keine genuine „*Epoche* des Faschismus“ gegeben habe, sondern vielmehr eine Zeit der zugespitzten „faschistischen *Herausforderung*“. Mit Blick auf Norwegen, Frankreich und Belgien weist Woller auf die Gleichzeitigkeit von begrenztem Aufschwung und wachsender Isolierung dieser nationalen faschistischen Bewegungen hin. Die im Kriege geschlossenen Allianzen zwischen NS-Deutschland und Italien sowie den kleineren faschistischen Bewegungen deutet er als ungeliebte Zweckbündnisse, die sehr stark auf die Heterogenität der faschistischen Strömungen in Europa verweisen. Im Ergebnis stehe fest, dass die Zeit des Faschismus seit 1945 definitiv vorbei sei: „Der Schoß ist fruchtbar *nicht*, hätte Bertolt Brecht also sagen müssen, um die historische Wirklichkeit zu treffen.“ (38, S. 241)

Hier liegt ein fundamentaler Unterschied zwischen Wollers optimistischer Bewertung und der sehr kritischen Sicht des polnischen Historikers Jerzy W. Borejsza, für den das 19. Jahrhundert eine Epoche „der Demokratie, des Fortschritts und der Hoffnung auf die Entfaltung der Menschlichkeit“ darstellt und das 20. Jahrhundert als das „Jahrhundert des Totalitarismus und der technologischen Revolution“ zu markieren ist. Für die Zukunft sei angesichts der sich exponentiell erweiternden technischen Möglichkeiten die Frage aufzuwerfen, ob nun ein „Jahrhundert der Vernichtung“ drohe (249, S. 302). Im Gegensatz zu Woller ist für Borejsza der Faschismus als *potenzielle* Bedrohung keineswegs endgültig zu den Akten gelegt und überwunden. Sein Überblick greift zudem konzeptionell wesentlich weiter aus: Italienischer Faschismus und Nationalsozialismus werden nicht nur in den größeren Zusammenhang des Aufstiegs faschistischer Bewegungen und Systeme in Europa gestellt, sondern zusätzlich noch in das überspannende Modell des Totalitarismus eingebettet. Mit starken Argumenten wird die aus anderen Forschungen adaptierte Charakterisierung von Mussolinis Italien als eines *„unvollendeten Totalitarismus“* propagiert (249, S. 71 ff.). Besondere Berücksichtigung erfährt überdies die außenpolitische Gemengelage von Konkurrenz und Kooperation zwischen dem faschistischen Italien und dem NS-Regime, die für Borejsza ganz folgerichtig zum Scheitern der zeitweise angestrebten „faschistischen Internationale“ führt.

Andere Entwicklungslinien sind für die italienische Zeitgeschichtsforschung zu konstatieren: In der dortigen Rezeption des Faschismus sind in den letzten Jahrzehnten der in der Nachkriegszeit zunächst dominierende politische Gründungskonsens des „Antifaschismus“ sowie der in hohem Maße identitätsstiftende Mythos der „Resistenza“ zunehmend infrage gestellt worden (vgl. 257; 258; 261). Gegenüber komparativen Untersuchungsperspektiven (und speziell jedem Vergleich mit dem NS-Staat) besteht, von seltenen Ausnahmen wie Bruno Mantelli oder Enzo Collotti abgesehen, in der historischen Zunft eine sehr große Zurückhaltung, wenn nicht sogar eine grundsätzliche Ablehnung. Mit besonderer Verve hat der einflussreiche Faschismusforscher und Mussolini-Biograph Renzo de Felice zudem immer wieder gegen eine vermeintliche „vulgata resistenziale“ polemisiert und in seinen eigenen Arbeiten eine gegenläufige Interpretation entfaltet, der von scharfen Kritikern nicht nur gravierende methodische Mängel, sondern überdies auch ein auf „Banalisierung“ bzw. „Normalisierung der faschistischen Vergangenheit“ zielendes geschichtspolitisches Interesse vorgeworfen werden (256,

S. 104). Weitgehend akzeptiert ist dagegen inzwischen De Felices These, dass sich das Mussolini-Regime nicht allein auf Zwang und Terror, sondern vor allem auch auf eine breite Unterstützung in der Bevölkerung stützen konnte (vgl. 258, S. 314). Erbittert gestritten wird aber weiterhin über seine im Vergleich zur früheren Forschung sehr positive Bewertung des „Duce" und die damit verbundene negative Bewertung der Resistenza. Zu Recht ist zudem kritisiert worden, dass De Felice die ideologischen Affinitäten zwischen den beiden Partnern des „Achsenbündnisses" Berlin-Rom weitgehend ausblendet (unterschiedliche Zugänge zu der in Deutschland nur punktuell rezipierten italienischen Fachdiskussion in: 254; 256; 257). Es liegt auf der Hand, dass aus Sicht einer auf „Normalisierung" des italienischen Faschismus zielenden Interpretation ein *generalisierender* Vergleich mit dem weitaus terroristischer agierenden Nationalsozialismus vehement abgelehnt wird. International vergleichende Forschung, die sich auf einen gemeinsamen Gattungsbegriff des „Faschismus" bezieht, ist aus diesem Blickwinkel obsolet.

In der englischsprachigen Fachöffentlichkeit hat diese in Italien stark vertretene Interpretationsrichtung überwiegend eine kritische Einschätzung (exemplarisch: 253; 260; 250) und insgesamt nur wenig Unterstützung erfahren. Allerdings war in den späten siebziger Jahren vor allem aus dem Kontext der Modernisierungstheorie heraus versucht worden, den italienischen Faschismus historisch-genetisch als eine Art „Entwicklungsdiktatur" zu qualifizieren (vgl. 252, S. 28), die sich einem regimetypologisch und ideengeschichtlich bestimmten Faschismus-Begriff entzog. Jüngst hat zudem der britische Historiker MacGregor Knox eine vergleichende Untersuchung zum faschistischen Italien und zum NS-Staat vorgelegt, die auf den aus seiner Sicht nicht tragfähigen Gattungsbegriff des „Faschismus" verzichtet. Zu zentralen Bezugspunkten seiner Interpretation macht Knox statt dessen zum einen den nur oberflächlich parallelen Aufstieg beider Bewegungen, die jeweils aus einer Koalition zwischen einer neu entstehenden militanten nationalistischen Massenbewegung und den landestypischen alten Eliten hervorging. Zum anderen bilden vor allem die Expansionsziele, die Kampfkraft und der Durchhaltewillen beider Regime wichtige Referenzgrößen. Tatsächlich hat das nationalsozialistische Deutschland sein Imperium „bis zur letzten Patrone" verteidigt, während der italienische Faschismus „beinahe kleinlaut" in sich zusammenbrach (255, S. 227). Aus dieser Perspektive und im Kontext der jeweiligen nationalen Entwicklung (für den NS-Staat konkret im Konnex mit der militärischen Tradition Preußens) seien so gravierende Unterschiede zu verzeichnen, dass ein gemeinsamer Gattungsbegriff keinen Sinn mehr mache.

Eine ähnliche, vor allem auf das historisch-genetische Profil des Nationalsozialismus als „deutsche Diktatur" abhebende Interpretation hat Karl Dietrich Bracher seit langen Jahren und jüngst noch einmal in seinem einleitenden Beitrag zu einem aktuellen Sammelwerk (251) vertreten, das er als Ergebnis einer Studienwoche des Italienisch-deutschen Historischen Institutes in Trient gemeinsam mit seinem italienischen Kollegen Leo Valiani publiziert hat. Bracher bezweifelt ausdrücklich, dass sich der Nationalsozialismus mit anderen antikommunistisch ausgerichteten und autoritär bzw. totalitär verfassten Bewegungen und Regimen unter dem Faschismusbegriff subsumieren lasse. In deutlichen Kontrast hierzu betont dagegen Valiani als eine zentrale Gemeinsamkeit, dass PNF wie NSDAP „mithilfe eines großen Teils der konservativen Kräfte [...] an die Macht kamen", weist aber gleichzeitig darauf hin, dass „diese Kräfte nicht die Gründung einer Einheitspartei vorgesehen oder angestrebt" hätten, also „einer Partei totalitärer Ideologie, die das Versprechen einer radikalen, politischen, sozialen, ethischen und psychologischen Revolution beinhalten sollte" (vgl. 251, S. 9).

Das erklärte Ziel eines vom britischen Zeithistoriker Richard Bessel zusammengestellten Tagungsbandes (248) ist die *Reformulierung* eines elaborierten Faschismusbegriffes. Dabei stützt Bessel sich empirisch auf die parallel angelegte Untersuchung von fünf „Schlüsselthemen" für beide Regime: Aufstieg der faschistischen Bewegungen im Kontext der Krise der bürgerlichen Gesellschaft, das Verhalten der Arbeiterschaft, die Rolle der Frauen, die Bedeutung von Außenpolitik und Krieg sowie schließlich das Verhältnis von Faschismus und „Modernisierung". In seiner programmatisch angelegten Einführung geht Bessel von den Überlegungen seines verstorbenen akademischen Lehrers Tim Mason (zu dessen Gedenken 1993 dieses Symposium in Oxford durchgeführt wurde) aus, mit denen dieser Ende der achtziger Jahre die aus seiner Sicht problematische Entwicklung einer den Vergleich und die Generalisierung zunehmend vernachlässigenden Faschismusforschung kritisch kommentiert hatte. Ohne eine weit ausgreifende vergleichende Perspektive erschöpfe sich – so Mason – die immer wieder geforderte „Historisierung" des Nationalsozialismus in ein Rezept für „Provinzialismus": „[...] fascism was a continental phenomenon, and [...] Nazism was a peculiar part of something much larger." (vgl. 248, S. 11) Pol Pot, die Rattenfolter, das Schicksal der Armenier – all diese Phänomene seien letztlich unwesentlich für eine seriöse Diskussion des Nationalsozialismus. Dies gelte aber eben *nicht* für das Italien Mussolinis, brachte Mason sein emphatisches Plädoyer für eine komparativ angelegte Faschismusforschung (als aktuellster Versuch einer umfassenden Gesamtdarstellung: 259) und damit auch für die Notwendigkeit eines generalisierenden Gattungsbegriffes auf den Punkt.

Auch der amerikanische Europahistoriker Alexander De Grand kommt in seiner sehr knapp gefassten, überblicksartigen Analyse beider Diktaturen zu dem Ergebnis, dass der Kern beider Phänomene mit einem generalisierenden Gattungsbegriff zu fassen ist: „Both regimes were part of a generic fascist style of ruling." (253, S. 82) Die italienische Faschisten und die Nationalsozialisten seien als soziale Bewegungen mit hoher politischer Mobilisierungskraft aus denselben kulturellen und sozialen Milieus eines nach der Katastrophe des Ersten Weltkriegs in weiten Teilen destabilisierten Europa hervorgegangen. Beide Bewegungen hätten sich erfolgreich sowohl als *Antwort* auf die Krise des Liberalismus als auch als *Gegenmodell* zum Bolschewismus zu präsentieren gewusst. Zwar konstatiert De Grand auch deutliche Unterschiede zwischen dem faschistischen Italien und Nazideutschland, aber der von ihm als Leitmotiv in den Mittelpunkt gerückte „faschistische Herrschaftsstil" sei doch im Prinzip derselbe gewesen. In herrschaftstechnischer Hinsicht beträfen die Unterschiede eher die konkrete Ausführung als die Intentionen und die „totalitäre Vision" einer „neuen Gesellschaft". Gleichzeitig konstatiert De Grand freilich, dass der weitaus stärkere politische Einfluss der konservativen Eliten in Italien und der spezifische Rassismus des NS-Regimes ganz wesentliche Unterschiede markieren.

Eine konträre Sichtweise zu De Grands These vom gemeinsamen und gleichartigen „faschistischen Herrschaftsstil" vertritt der Soziologe Maurizio Bach, der in seiner Analyse herausstellt, dass es dem NS-Regime gelungen sei, eine der am höchsten entwickelten staatlichen Bürokratien, nämlich „die nach dem preußischen Bürokratiemodell entwickelte Verwaltung des Deutschen Reiches", gleichsam zu „charismatisieren" (247, S. 184). In deutlichem Kontrast hierzu habe sich in der faschistischen Regierungszeit in Italien der überkommene zentralistisch-bürokratische Staatsverband dagegen eher verfestigt. Bachs Fazit lautet mithin: „Will man den Hauptunterschied zwischen beiden Herrschaftsstrukturen typologisch fassen, so ist das Dritte Reich als eine charismatisch qualifizierte Diktatur mit charismatisierten Verwaltungsstäben zu bezeichnen.

Das Regierungssystem des italienischen Faschismus unterscheidet sich davon durch die Entwicklung einer charismatischen Diktatur mit bürokratischen Verwaltungsstäben.“ (247, S. 184f.)

Zusammenfassend ist festzuhalten, dass die vergleichende Faschismusforschung auf internationaler Ebene (vor allem im englischen Sprachraum) einen wichtigen Zweig des Diktaturenvergleichs repräsentiert, während sie in den beiden historisch am stärksten betroffenen Ländern in einem spannungsreichen Konkurrenzverhältnis zu alternativen Deutungsmustern steht, die entweder den Vergleich aus politisch-moralischen Gründen ablehnen (so vor allem in Italien) oder ihn aber für unangemessen halten, da der Nationalsozialismus als ein Phänomen sui generis zu behandeln sei (vgl. hierzu 87, S. 71 ff.). Weitgehende Einigkeit besteht darüber, dass der ostentativ erhobene Anspruch des „Duce“ und der italienischen Faschisten, einen „stato totalitario“ aufzubauen, nicht in die Praxis umgesetzt werden konnte (vgl. 25, S. 301; 249, S. 71 ff.). Trotz zahlreicher Ähnlichkeiten in der kulturellen Selbstrepräsentation der beiden faschistischen Regime ist festzustellen, dass sich die Herrschaftsmechanismen doch signifikant unterschieden: Hitler setzte in seiner Herrschaftspraxis noch grundlegender auf charismatische Elemente als Mussolini (247). Und schließlich kann der italienische Faschismus mit dem NS-Regime, das einen mit modernsten Mitteln geplanten und durchgeführten Völkermord und einen exzessiven „Vernichtungskrieg“ zu verantworten hat, im Hinblick auf die zerstörerische Energie nicht auf eine Stufe gestellt werden. Gleichwohl gibt es sehr gute Gründe dafür, die ideologischen Wurzeln, den Entstehungs- und Entwicklungsprozess der beiden „Bewegungen“, ihre soziale Basis und ihre Verankerung in der Bevölkerung, die Formen der ersatzreligiösen Inszenierung der Diktatur u. a. m. in vergleichender Perspektive zu untersuchen und dabei sowohl wichtige Gemeinsamkeiten als auch bedeutende Unterschiede prägnant herauszuarbeiten. Da die eben aufgezählten Faktoren zusammengenommen einen signifikanten gemeinsamen „Minimalnenner“ des Faschismus (vgl. 252) umreißen, ist ein *generalisierender* Faschismusbegriff sowohl aus theoretischer Sicht wie auch aus forschungspraktischen Gründen sinnvoll – jedenfalls, solange er gleichzeitig für die notwendigen *Differenzierungen*, die insbesondere für die Periode der konsolidierten Diktatur vorzunehmen sind, offen bleibt und nicht zum plakativen Schlagwort degeneriert. Insgesamt ist die vergleichende Faschismusforschung somit als ein unverzichtbarer Teil der vergleichenden Diktaturforschung zu bestimmen.

c) Der europäische Kommunismus als politische Bewegung und Herrschaftssystem

Eine ähnlich grundsätzliche Kontroverse über den Sinn oder Unsinn einer gemeinsamen Bezeichnung, wie sie eben für die faschistischen Regime skizziert worden ist, besteht im Hinblick auf die kommunistische Diktaturen in Europa nicht. Begriffliche Differenzierungen sind im Hinblick auf Linksdiktaturen in Asien, Afrika und Lateinamerika sinnvoll (vgl. 81), sie gehören aber nicht in den Rahmen dieser Untersuchung. Ohne jeden Zweifel spielten die jeweiligen kommunistischen Parteien die zentrale Rolle im Herrschaftssystem der osteuropäischen Staaten. Auch wenn diese sich selbst z. B. als „Volksdemokratien“ oder als sozialistische Länder bezeichneten, sind sie eindeutig als kommunistische Parteidiktaturen zu qualifizieren (242). Kontroverse Einschätzungen bestehen allerdings über den Charakter der diktatorischen Herrschaft: Waren die kommunistischen Diktaturen durchgängig und schon von ihrem ganzen Wesen her *„totalitär“*? Oder transformierten sie sich nach der Periode des Stalinismus zunehmend in nur noch *„autoritäre“* Regime? Im Kern können beide Positionen auf grundsätzlich unterschiedliche Interpretationsansätze zurückgeführt werden, die bereits in der amerikanischen Politikwissenschaft der frühen Nachkriegszeit entwickelt worden waren: Für die erste Position kann beispielhaft das von Carl Joachim Friedrich propagierte, stark normativ geprägte Totalitarismus-Modell stehen (vgl. Kap. III, 1, b), für die zweite Option Robert Tuckers ebenfalls stark umstrittene Deutung der Sowjetunion als ein „Massenbewegungsregime", das durchaus entwicklungsfähig sei (272).

Die kontroverse Debatte zwischen den Vertretern dieser entgegengesetzten Grundrichtungen der Interpretation verweist unter anderem auf die besondere Ausgangslage und stetige Herausforderung dieses Forschungszweiges: Während sich die vergleichende Faschismusforschung im historischen Rückblick schwerpunktmäßig mit abgeschlossenen Phänomenen auseinander setzen konnte, musste die komparative Kommunismusforschung angesichts der Fortdauer der von ihr untersuchten Regime laufend neue Erklärungsmodelle entwickeln, deren Stichhaltigkeit an der aktuellen politischen Entwicklung zu überprüfen war. Vor diesem Hintergrund entwickelte sich insbesondere die Frage nach der Reformfähigkeit kommunistischer Diktaturen, nach einem möglichen Übergang von einer „totalitären" zu einer nur noch „autoritären" Herrschaft zu einem Schlüsselproblem dieser Forschungsrichtung. In der amerikanischen Kommunismusforschung hat in diesem Kontext stets die Frage nach Zusammensetzung, Verhalten und Orientierungen von *Eliten* in den kommunistischen Diktaturen eine besondere Rolle gespielt (exemplarisch: 264; als aktueller Überblick: 274). Insofern fokussierte die Anfang der achtziger Jahre von Valerie Bunce in vergleichender Perspektive für die westlichen Industriestaaten und die Ostblockländer aufgeworfene Frage „Do new Leaders make a difference?" ein Essential der vergleichenden Kommunismusforschung. Empirisch untersucht wurden in den USA nicht nur die sowjetischen Machteliten, sondern auch die lokalen Entscheidungsträger.

In der alten Bundesrepublik richtete sich das Forschungsinteresse der in puncto Komparatistik sehr zurückhaltenden Kommunismusforschung (als Ansatz vergleichender Forschung: 266) vorrangig auf die DDR, und hier wiederum auf zentrale Herrschaftsmechanismen wie die Kaderpolitik sowie auf die Parteifunktionäre. Dieses umfangreiche eigene Themenfeld (das hier nicht näher behandelt werden kann, da es den Rahmen dieses Aufrisses sprengen würde) ist in jüngerer Zeit erneut in den Blickpunkt der DDR-Forschung gerückt worden, indem vorgeschlagen worden ist, die Macht- und Funktionseliten der DDR in Modifikation der in der Elitenforschung üblichen Terminologie präziser als politische „Führungsgruppen" zu beschreiben (263). Angesichts einer in den letzten Jahren vor allem auf die Rolle von Terror und Gewalt in den kommunistischen Herrschaftssystemen fixierten Debatte (vgl. hierzu Kap. III, 5) hat Hermann Weber, der Nestor der westdeutschen Kommunismusforschung, auf einer im November 2000 von der Bundeszentrale für politische Bildung veranstalteten Tagung über „Utopie und Wirklichkeit" des Kommunismus die Notwendigkeit einer Erweiterung der Forschungsperspektive überzeugend dargelegt: Es gehe darum, zum einen den Kommunismus als eine soziale Bewegung wahrzunehmen, die aus der Arbeiterbewegung entstand, eine radikale „Antwort" auf den Kapitalismus und insbesondere den Ersten Weltkrieg darstellte und deren Ziel es war, eine „bessere Welt" zu schaffen. Zum anderen sei der Kommunismus ein Herrschaftssystem, das die einmal eroberte Macht mit allen Mitteln festzuhalten trachtete. Gewalt und Terror seien dem Kommunismus zwar immanent, gleichwohl sei er angesichts einer wirkungsmächtigen Ideologie aber nicht hierauf zu reduzieren (vgl. auch 273, S. 40). Die Aufgabe der komparativen Kommunismusforschung, ihren Untersuchungsgegenstand sowohl als politische *Bewegung* als auch als diktatorisches *Herrschaftssystem* zu analysieren, steht als grundlegendes Forschungsproblem im Mittelpunkt des folgenden Aufrisses. Ausgehend von dieser Analyseperspektive wird schließlich auch die Frage nach einem möglichen Wandel von der „totalitären" zur „autoritären" Herrschaft zu beantworten sein.

Ein starkes Echo, nicht zuletzt auch durch die sich an diese Publikation anschließende exemplarische Auseinandersetzung mit den problematischen Schlussfolgerungen Ernst Noltes, hat in den neunziger Jahren, und zwar sowohl in Frankreich wie in Deutschland, François Furets voluminöser „Essay" „Das Ende der Illusion" (124) ausgelöst. Für den Verfasser geht es nicht in erster Linie um einen kritischen Gesamtüberblick zur Geschichte der kommunistischen Bewegung, der er in der frühen Nachkriegszeit als KPF-Mitglied selbst angehört hatte und von der er sich nach dem Ungarnaufstand 1956 distanzierte, sondern vor allem um die *Wirkung der kommunistischen Idee* auf die Menschen des 20. Jahrhunderts. Wie er in einem Kommentar zur Rezeption seines Werkes noch einmal herausgestrichen hat, war diese „gleichzeitig so tiefgreifend und so weitverbreitet, dass sie eine Art Universalglauben stiftete, dessen räumliche Einflusssphäre die des Christentums überschritt. Tochter des europäischen 19. Jahrhunderts, war die kommunistische Idee im 20. Jahrhundert in der ganzen Welt vertreten. Wenn sie auch nicht alle Geister beherrschte, zeigte sie doch eine außerordentliche Allgegenwart. Nicht, dass sie keine Gegner auf den Plan gerufen hätte, aber sie war einfach umfassender als jede Religion. In sanfter oder kämpferischer Form, beruhigend oder Opfermut erheischend, erschien sie als eine Zukunft, die von der politischen Ordnung aller modernen Staatswesen nicht zu trennen war." (265, S. 77 f.)

Furet schlägt in seiner chronologisch angeordneten Darstellung einen weiten Bogen von der „universellen Faszination" der Oktoberrevolution und vom Ersten Weltkrieg (der ähnlich wie bei Eric Hobsbawm als Ausgangspunkt eines „Zeitalters der Extreme" bestimmt wird) über die Parole vom „Aufbau des Sozialismus in einem Land" und den sich immer stärker ausprägenden Stalinismus, den er polemisch als „höchstes Stadium des Kommunimus" apostrophiert, bis zum Kalten Krieg und schließlich zum Zusammenbruch des Moskauer Machtimperiums (vgl. als Standardwerk zur Geschichte der Sowjetunion: 267). Das Geheimnis der kommunistischen Idee, so Furet bilanzierend, sei „jenes einer Hoffnung, die eine Tragödie verbarg" (265, S. 78).

In den Brennpunkt der kritischen Analyse rückt dabei immer wieder die Verführbarkeit der Intellektuellen (vgl. hierzu auch: 270). Unterhalb des Haupttextes, so Hans-Ulrich Wehler (in seiner Rezension des Werkes in der Zeit vom 19. 4. 1996), der einen auf die Ideengeschichte verengten Bericht über den Aufstieg und Niedergang der kommunistischen Illusion darstelle, existiere ein Subtext, in dem es „alles andere als emotionslos" um die „geheime Obsession" von Furet gehe, nämlich um „die fatale Ausstrahlung des bolschewistischen Kommunismus, selbst des Stalinismus, auf Generationen von französischen Intellektuellen; um die radikale Abrechnung mit den kommunistischen Mandarinen von Paris; um die leidenschaftliche Kritik an ihrer marxistisch-leninistisch-stalinistisch drapierten Sehnsucht, ungeachtet aller erkennbaren barbarischen Menschenfeindlichkeit des sowjetischen Regimes sich auf der Seite des historischen Fortschritts zu wissen". Diese Lesart hat die breite Debatte über Furets Werk in Frankreich wie in Deutschland in hohem Maße bestimmt.

Eine von komparativen Überlegungen ausgehende und die wichtigsten Länder berücksichtigende Überblicksdarstellung zur Geschichte des Kommunismus in Europa hat der Warschauer Historiker Jerzy Holzer vorgelegt. Er hebt auf die beiden bereits genannten zentralen Dimensionen ab und untersucht den Kommunismus als politische

Bewegung und als sich veränderndes Herrschaftssystem (eine ähnliche Sicht auch bei: 279). Neben den Grundzügen der Entwicklung in der Sowjetunion wird die Situation in den abhängigen Ostblockstaaten immer dort einbezogen, wo exemplarische Veränderungen zu beobachten sind. Insgesamt entsteht damit eine knapp gefasste Synthese zur Entwicklung des Kommunismus als Idee und als übernationales Herrschaftssystem, die den aktuellen Forschungsstand reflektiert und als orientierender Leitfaden für vertiefende Untersuchungen dienen kann.

Nach Holzer hat die *kommunistische Bewegung* drei Entwicklungsphasen durchlaufen: In einer *ersten*, sehr dynamischen Etappe habe sie „gleichsam einen moralischen und ideologischen Protest gegen die Verbrechen und das Unrecht des Zeitgeschehens" dargestellt und zugleich „den uralten Menschheitstraum von einer auf den Prinzipien der Gerechtigkeit und der Vernunft basierenden Ordnung" verkörpert (268, S. 229). In diesem Sinne sei der Kommunismus *auch* als Antwort auf die Katastrophe des Ersten Weltkriegs, auf die Krisen der Zwischenkriegszeit und den Völkermord des „Dritten Reiches" zu verstehen. Mitte der fünfziger Jahre habe die kommunistische Bewegung dann an Schwung eingebüßt, was sich u. a. dadurch erkläre, dass ihre moralische und ideologische Legitimation zunehmend, und zwar auch von innen heraus, infrage gestellt worden sei. Für diese *zweite* Phase konstatiert Holzer, dass die überhaupt nur teilweise aufgedeckten Verbrechen des Stalinismus bereits eine zersetzende Wirkung ausgeübt hätten. Der *dritte* Abschnitt, eine Phase der „Stagnation" und des zunehmenden „Zerfalls", umfasse die sechziger bis achtziger Jahre. Er sei in den einzelnen kommunistisch regierten Staaten zwar mit unterschiedlicher Intensität, aber „überall in die gleiche Richtung" verlaufen. Durch die kontinuierliche Konkurrenz mit der westeuropäischen Demokratie und dem System der Marktwirtschaft sei die moralische und ideologische Legitimation des Kommunismus immer stärker infrage gestellt worden, denn politischer Pluralismus und ökonomische Entfaltungsmöglichkeiten sorgten im Westen nicht nur für Wirtschaftswachstum und Wohlstand, sondern verwirklichten gleichzeitig auch das Prinzip des Wohlfahrtsstaats mit (seinerzeit) stetig wachsenden sozialen Absicherungen. Die gewaltsame Niederschlagung des Ungarnaufstandes 1956 und des Prager Frühlings 1968 sowie die Interventionen in Polen 1970 und 1981 bezeugen für Holzer die nachlassende Integrationskraft der Ideologie und damit den kontinuierlichen Niedergang des Kommunismus als Bewegung.

Im chronologischen Durchgang ist die Entwicklung des kommunistischen Herrschafts*systems* in vier voneinander zu unterscheidende Phasen aufzugliedern: *Anfangs* sei es auf die Sowjetunion beschränkt gewesen und sukzessive zu der Gestalt herangereift, die es in der zweiten Hälfte der dreißiger Jahre erreicht habe. In der *zweiten* Phase, die mit der Zäsur des Jahres 1945 beginnt, wurde dieser Prozess „im Schnelldurchlauf" in den so genannten volksdemokratischen Ländern, also den in den Einflussbereich der Sowjetunion gelangten Sattelitenstaaten „nachgeholt" (268, S. 230). Signifikante Merkmale dieser ersten beiden Zeitabschnitte seien die „präventive Absicherung der Ordnung durch ständigen Massenterror" und eine „pausenlose Rotation der Kader, die im gleichen Ausmaß wie die ganze Bevölkerung jedem Terror unterworfen waren", gewesen. Ab Mitte der fünfziger Jahre sei eine *dritte* Phase anzusetzen, in der der repressive Charakter des kommunistischen Herrschaftssystems deutlich reduziert wurde. Diese Veränderungen seien einerseits Folge einer weitgehenden politischen Stabilisierung des sowjetischen Imperiums gewesen, andererseits aber auch Ausdruck einer konsequenteren Wahrnehmung der eigenen Interessen durch die Funktionärskader. Eine nicht beabsichtigte und offensichtlich auch nicht erwartete Konsequenz dieser Entwicklung sei eine wachsende Bürokratie und damit im Ergebnis „ein Verlust an Dynamik" gewesen. Schrittweise habe in der *vierten* Phase der Auflösungsprozess eingesetzt. Die von keiner Rotation mehr bedrohten Machteliten der kommunistischen Staaten seien zunehmend demoralisiert worden, hätten ihre individuellen materiellen Erwartungen immer weiter gesteigert und mehr und mehr persönliche Interessen verfolgt. Bürokratische Immobilität, Korruption und das Streben nach höherem Konsum seien für die Auflösungsphase des kommunistischen Herrschaftssystems kennzeichnend. Vom europäischen Kommunismus, so das Fazit, sei am Ende „das geblieben, woraus er als Bewegung entstanden ist, der Traum von einer gerechten und vernünftigen Welt" (268, S. 231).

Die kontrovers diskutierte Frage nach der grundsätzlichen *Möglichkeit* und einer in der Realität tatsächlich *nachzuweisenden Transformation* kommunistischer Regime von der *totalitären* zur nur noch *autoritären* Herrschaft lässt sich auf der Grundlage der von Holzer entfalteten und für weite Teile der heutigen Kommunismusforschung (vgl. 113) repräsentativen Interpretation positiv beantworten. Allerdings wird dabei in der Regel nicht von einem zielgerichteten Liberalisierungsprozess, sondern vielmehr von einer in dieser Form nicht intendierten Transformation wider Willen ausgegangen, die in hohem Maße auf die nicht mehr zu kontrollierenden inneren Auflösungserscheinungen (sinkende Mobilisierungskraft der Ideologie bei gleichzeitig wachsender Konsumorientierung) zurückzuführen und zudem in ihrer konkreten Entwicklung von wirtschaftlichen Problemen und außenpolitischen Gegebenheiten (Überstrapazierung der vorhandenen Ressourcen durch das Wettrüsten) abhängig war. „Glasnost" und „Perestroika" sind aus dieser Perspektive weniger als Nachweise für die prinzipielle Reformfähigkeit des kommunistischen Diktaturtyps zu verstehen, denn als Beleg für seine nicht mehr (oder noch nie?) vorhandene Problemlösungskompetenz. Es wurden und werden aber auch dezidierte Gegenpositionen zu dieser Interpretation vertreten, wobei die Übergänge zwischen der vergleichenden Kommunismus- und der Totalitarismusforschung fließend sind (vgl. auch Kap. III, 1, b; III, 2, d und III, 2, e). So besteht beispielsweise für Immanuel Geiss kein Zweifel, dass die Sowjetunion bis zu ihrem Zusammenbruch als „Linkstotalitarismus" zu qualifizieren ist (125). Für Bernhard Marquardt (269, S. 132) stellte die DDR 1988, „bei aller Wandlungsfähigkeit", ein prinzipiell „totalitäres" Herrschaftssystem dar. Der Begriff des „Autoritarismus" sei hierfür unzureichend (vgl. auch 177).

Einen konzeptionell innovativen Erklärungsansatz für die „posttotalitäre" Entwicklung der letzten Jahrzehnte in Polen und der DDR hat Helmut Rothermel vorgeschlagen (271). Er fusst auf dem von Leszek Nowak entwickelten Modell zur Entwicklungsdynamik sozialistischer Diktaturen (171). Dieses unterscheidet erstens eine „terroristische" Phase der gewaltsamen Zerstörung der vorrevolutionären Gesellschaftsstrukturen, zweitens „Reformphasen", in denen der Terror abgebaut und von der Parteiführung eine gewisse politische und/oder ökonomische Liberalisierung eingeleitet wird, und schließlich drittens „revolutionäre Phasen", in denen es zu Protesten gegen die Parteidiktatur kommt. Bewusst grenzt sich Rothermel mit seinem theoretischen Ansatz zum einen von Carl Joachim Friedrichs Totalitarismusmodell ab, das als zu statisch und in sich widersprüchlich abgelehnt wird, zum anderen aber auch von dem in der westdeutschen DDR-Forschung vorübergehend dominierenden „systemimmanenten" Erklärungsansatz, der die inzwischen eindeutig falsifizierte These vertreten hatte, dass die ökonomische Entwicklung und der technische Fortschritt sukzessive eine „Demokratisierung" der DDR erzwingen würden (vgl. zu beiden Ansätzen Kap. III, 1, b). Auf dieser Basis bestimmt Rothermel die DDR und die Volksrepublik Polen gleichermaßen als „sowjetische Satellitenregimes", da in beiden Fällen die Herrschaft der kommunistischen Parteien in den frühen Nachkriegsjahren durch äußeren Zwang („importierte Revolution") aufgerichtet worden sei. Die „Reformphase" der politischen Ent-Deklassierung der Bürgerschaft und einer (allerdings nur vorübergehenden) Entbürokratisierung der Wirtschaftslenkung sei zunächst in der Sowjetunion, dann aber auch in ihren Satellitenstaaten durch die vorsichtige „Entstalinisierung" der fünfziger Jahre eingeleitet worden. Die ersten gegen die Parteidiktatur gerichteten „revolutionären" Mobilisierungen scheiterten 1953 in der DDR und 1956 in Polen. Es folgten erneute Deklassierungen der Bürgerschaft durch einen Ausbau des staatlichen Regelungsbereiches, die sich aber über längere Dauer als „nicht beliebig perpetuierbar" erwiesen. Die Ende der achtziger Jahre schließlich „siegreiche Revolution" in der DDR basiere auf dem Zusammentreffen von fünf Faktoren: Die politischen Veränderungen in der Sowjetunion bedeuteten für die SED den Ausfall wichtiger Zwangsmittel. Der wirtschaftliche Niedergang habe zugleich ein Ende der konsumfreundlichen Wirtschaftspolitik erzwungen, das Scheitern der Wirtschaftspolitik zu einem Anwachsen der Ausreisebewegung geführt. Die Massenflucht über die andere Ostblockländer sowie die revolutionären Auseinandersetzungen in diesen Staaten hätten schließlich den Massenwiderstand in der DDR verstärkt (271, S. 190ff.).

Zusammenfassend ist festzuhalten, dass die vergleichende Kommunismusforschung vom doppelten Charakter ihres Untersuchungsgegenstandes auszugehen hat: Der Kommunismus war zugleich *soziale Bewegung* und *Herrschaftssystem*. Umstritten bleibt, ob die Ostbockstaaten bis zu ihrem durch innere Krisen, ökonomischen Problemdruck und eine stetig sinkende Problemlösungskompetenz verursachten Zusammenbruch als *totalitäre* Regime charakterisiert werden können. Die wichtige Kontroverse, inwiefern der Stalinismus (oder vielleicht die kommunistischen Diktaturen überhaupt) unter Anwendung des Totalitarismus-Paradigmas mit dem Nationalsozialismus verglichen werden können, steht im Mittelpunkt des folgenden Abschnittes.

d) Nationalsozialismus und Stalinismus – die totalitären Extremformen der „modernen Diktatur"

Die beiden ideologisch exponiertesten, in ihrem Herrschaftsanspruch umfassendsten und in ihren Folgen katastrophalsten europäischen Diktaturen des 20. Jahrhunderts, der sowjetische Stalinismus und das NS-Regime, haben bereits in den theoretischen und forschungsgeschichtlichen Überlegungen zum Totalitarismusansatz (vgl. Kap. III, 1, b) sowie in den umfassender angelegten Ansätzen zum Gesamtvergleich von Diktaturen (Kap. III, 2, a) eine herausragende Rolle gespielt. Insofern sind die dort entfalteten Überlegungen an dieser Stelle nicht zu wiederholen, sondern durch die nunmehr ausschließliche Konzentration auf die beiden Extremformen in knapper Form zu präzisieren. In der Theoriedebatte in hohem Maße umstrittene (und entsprechend auch auf die empirische Praxis ausstrahlende) Schlüsselfragen sind dabei, ob es konzeptionell und methodologisch Sinn macht, die Sowjetunion und NS-Deutschland überhaupt in *komparativer Perspektive* zu untersuchen und dabei diese beiden Regime durch einen gemeinsamen typologischen Begriff (in der Regel vor allem den des *Totalitarismus*) von anderen autoritären Staatsformen abzuheben. Oder sind, so die Gegenposition, die zu Tage tretenden Unterschiede so gravierend, dass von diesem (und möglicherweise auch von jedem anderen) sowohl linke wie rechte „totalitäre" Regime subsumierenden Gattungsbegriff Abstand zu nehmen ist. Abhängig von dieser Schlüsselfrage ist das Problem zu erörtern, ob das Totalitarismusparadigma nicht nur auf die *„stalinistische* Phase" der

Sowjetunion, sondern möglicherweise auch auf die *kommunistischen* Regime im Allgemeinen angewendet werden kann.

Eine in jeder Hinsicht überzeugende Beantwortung dieser Fragen auf der Basis einer wirklich empirisch vergleichenden historischen Diktaturforschung stößt auf gravierende forschungspraktische Probleme. Grundsätzlich besteht eine „flagrante Disproportion" (so pointiert Nicolas Werth in 148, S. 147) auf dem Gebiet der zugänglichen Quellen und der auf dieser Basis erarbeiteten empirischen Analysen: hier eine überaus elaborierte empirische Analyse des NS-Staates, dort eine auf weiten Gebieten noch in den Anfängen steckende Grundlagenforschung zum Stalinismus (als instruktiver Überblick über die gängigen Forschungsansätze: 278; wichtige neue Ansätze in: 283; 277). Da relevante Archivbestände über Jahrzehnte nicht zugänglich waren (und zum Teil noch heute nicht sind), müssen sich viele Überlegungen zur Sowjetunion noch immer auf zwangsläufig eher abstrakte Annäherungen stützen. Insofern erscheint eine skeptische Einschätzung angemessen: „The uneven historiographical basis makes systematic comparison extremely difficult, if not at present impossible" (279, S. 9). Zudem gibt es aus dieser Situation heraus auch kaum Wissenschaftlicher, die zu beiden Systemen eingehende empirische Studien selbst durchgeführt haben. Daher basieren die meisten Versuche einer *empirischen* Annäherung an den Gesamtvergleich zumindest für eines der beiden Regime in der Regel auf einer Synthese der vorhandenen Sekundärliteratur und nicht auf eigenen Quellenstudien.

Insgesamt ergibt sich ein breit ausdifferenziertes Spektrum unterschiedlicher Positionen, das von der uneingeschränkten Bejahung über die Befürwortung einer eingegrenzten Anwendung bis zu einer weitgehenden Kritik oder sogar Ablehnung des Gesamtvergleiches von Nationalsozialismus und Stalinismus reicht. Insbesondere für Politik- und Sozialwissenschaftler, die sich der vergleichenden Analyse politischer Systeme bzw. diktatursoziologischen Vergleichen widmen, aber auch für zahlreiche Zeithistoriker steht die prinzipielle Notwendigkeit des unter einem gemeinsamen Gattungsbegriff durchgeführten integralen Vergleiches außer Frage. Von vielen Vertretern dieser Richtung wird das *Totalitarismusparadigma als uneingeschränkt geeignetes Erklärungsmodell* angesehen, und zwar nicht nur im Hinblick auf den Vergleich des NS-Staates mit der stalinistischen Periode der Sowjetunion, sondern mit nur leichten Modifikationen auch bis zum Zusammenbruch des Sowjetimperiums (1989/1991) und konkret auch im Hinblick auf die DDR und andere von Moskau abhängige Ostblockländer (exemplarisch: 18; 34; 153; 121).

Eine zweite Gruppe von Diktaturforschern ist vom grundsätzlichen Erkenntniswert des empirisch fundierten Gesamtvergleiches überzeugt, legt sich dabei aber nicht auf den Totalitarismusansatz fest. Für den amerikanischen Soziologen Michael Mann steht trotz aller im Einzelnen zu konstatierenden Unterschiede fest, dass die Einparteiendiktaturen in Hitlers Deutschland und Stalins Sowjetunion als in einigen zentralen Dimensionen (den Kernpunkt umreißt er als: „persistent rejection of institutional compromise") ähnliche Regime zu betrachten sind. Bei der Wahl eines generalisierenden Gattungsbegriffes sieht er allerdings verschiedene Optionen („It is only a question of finding the right family name." Vgl. 281, S. 135) – der von Mann bevorzugte Terminus lautet „continuous revolution". Eine in ähnlicher Weise für eine weitere diskursive Auseinandersetzung über Kategorien offene Grundhaltung spiegelt der von Henry Rousso herausgegebene Sammelband (241, u. a. mit korrespondierenden Beiträgen von Nicoals Werth und Philippe Burrin zu mehreren zentralen empirischen Untersuchungsfeldern), wobei die grundsätzliche Legitimität des Vergleiches von Nationalsozialismus und Stalinismus (bezogen nicht nur auf die Sowjetunion, sondern auch auf die anderen exkommunistischen Staaten Osteuropas, aber jeweils auf die Periode des Stalinismus) außer Frage steht (241, S. 11 ff.).

Gleichfalls überzeugt von der Notwendigkeit einer integralen Vergleichsperspektive, aber auch kompromisslos in der Ablehnung des aus ihrer Sicht eindeutig widerlegten Totalitarismusbegriffes sind Paul Dukes und John W. Hiden (276). Sie stützen ihren integralen Vergleichsansatz vor allem auf eine Langzeitanalyse der politischen und ökonomischen Entwicklung in Deutschland und Russland seit dem 17. Jahrhundert und damit auf unterschiedliche Modernisierungspfade (vgl. hierzu auch die klassische, weiter ausgreifende Studie von Barrington Moore, 82) sowie auf die grundlegende Differenz zwischen dem desaströsen Beispiel des gescheiterten NS-"Führerstaates" und einer (aus der Sicht der siebziger Jahre) zumindest teilweise erfolgreichen sowjetischen Parteidiktatur. Als wichtigstes Ergebnis ihrer Studie halten die Autoren fest, dass der NS-Staat und die Sowjetunion *nicht gleichgesetzt* werden dürfen (276, S. 69). In eine ähnliche Richtung zielt Matthias Vetters Vorschlag, die NS-Diktatur und den Stalinismus (nicht aber die kommunistischen Regime im Allgemeinen) mit dem Begriff der „terroristischen Diktaturen" zu charakterisieren. Sein zentrales Argument lautet, dass neben weiteren Ähnlichkeiten (wie Führer und „Monopolpartei" oder die gleichermaßen demokratiefeindlichen „Weltkonzepte") die „von beiden Regimen verübten historisch beispiellosen Massenverbrechen" insgesamt „die deutlichste Parallele" bildeten und damit eine typologisch zu bestimmende „Klammer, die Stalinismus und Nationalsozialismus einschließt – und andere [Regime] wie den italienischen Faschismus ausschließt" (284, S. 7). Bewusst hebt Vetter seinen Leitbegriff der „terroristischen Diktatur" von der umstrittenen Formel des „Totalitarismus" ab, um sich vom „ideologischen Ballast" der Letzteren zu entlasten. Zudem sei der Terminus des „Totalitarismus" begriffsgeschichtlich eng mit dem italienischen Faschismus verbunden und daher zur Charakterisierung der beiden weitaus extremeren „terroristischen Diktaturen" ungeeignet.

Andere Akzente setzt der Tübinger Osteuropahistoriker Dietrich Beyrau, für den der NS-Staat und die stalinistische Sowjetunion „abschreckende Beispiele für totalitäre Systeme" darstellen, „welche den Typus klassischer Diktaturen weit hinter sich gelassen haben" (275, S. 9). Allerdings beschreiben für ihn die aus dem klassischen Friedrichschen Merkmalskatalog (vgl. Kap. III, 1, b) bekannten formalen Kriterien totalitärer Herrschaft das Wesentliche der beiden Extremformen nicht. Entscheidend sei vielmehr die Fanatisierung der für den politischen Machtkampf wichtigen Gruppen der Bevölkerung gewesen sowie die Fähigkeit der politischen Führung alle strategisch wichtigen Herrschaftsinstrumente (Wirtschaft, Verwaltung, Medien, Polizeiapparate und Armee) für sich zu gewinnen. Hieraus resultierte eine „Mechanik von Gewalt und Enthusiasmus, von Zwang und Mitmachen", die ihre Energie aus der erfolgreichen Suggestion der Bekämpfung von imaginierten Feinden (hier z. B. „die Juden", dort z. B. „die Kulaken") bezog. Totalitäre Herrschaft sei in diesem Sinne als totale moralische Enthemmung bei gleichzeitig völliger Entrechtung ihrer Aggressionsobjekte zu verstehen. Im Ergebnis bildeten die Diskriminierung beachtlicher Bevölkerungsgruppen und der Massenmord das gemeinsame Signum von Nationalsozialismus und Stalinismus. Sie rechtfertigten damit auch eine gemeinsame typologische Behandlung, die allerdings zum einen auf die terroristische Phase des Stalinismus einzugrenzen sei und zum anderen nicht alle Dimensionen beider Regime erfassen könne. In der Idee und Herrschaftspraxis der *„gesäuberten Gesellschaft"* erschöpften sich für Beyrau „die Parallelen und Analogien zwischen beiden totalitären Systemen" (275, S. 11).

Mit dem stetig wachsenden Differenzierungsbedürfnis der empirischen Forschung begründet der Eichstätter Osteuropahistoriker Leonid Luks seine erhebliche Skepsis gegenüber einer integralen Vergleichsperspektive zwischen dem Nationalsozialismus und dem von ihm als „Bolschewismus" charakterisierten Sowjetkommunismus. Sein stark auf den Prozess der innergesellschaftlichen Machteroberung sowie auf die Außenpolitik abhebender Gesamtvergleich kommt zu dem Ergebnis, dass die unterschiedlichen ideologischen Ausrichtungen beider Regime eben nicht „als politisch kaum ins Gewicht fallende Abstraktionen abgetan werden" dürften, sondern „existentiell wichtige Auswirkungen" hätten (280, S. 382). Für Luks ist die These von der „Wesensverwandtschaft" der faschistischen und kommunistischen Regime durch die Empirie weitgehend widerlegt. Die seit einiger Zeit zu beobachtende Renaissance der Totalitarismustheorie versteht er als Folge einer „konservativen Tendenzwende" und nicht als valides Ergebnis der Forschung. Aus dieser Perspektive verfügt der Diktaturenvergleich vor allem in differenzierender, nicht aber in generalisierender Perspektive über eine wichtige Deutungskompetenz.

Entschieden lehnt die russische Historikerin Ljudmila Andreevna Mercalowa jede Parallelisierung von Stalinismus und „Hitlerismus" ab. Als Ergebnis ihrer überblicksartigen Annäherung an die integrale Vergleichsperspektive kommt sie zu dem Schluss, dass die diktaturvergleichende Analyse des Stalinismus und des „Hitlerismus" bereits „bei flüchtiger Betrachtung nur einige gemeinsame Züge aufweist, aber keineswegs eine völlige Übereinstimmung dieser Systeme". Insgesamt seien die feststellbaren Unterschiede so gravierend, dass vom „'Totalitarismus' nur als einem ideologischen Begriff die Rede sein kann, nicht aber als einer realen Erscheinung" (164, S. 211). Diplomatischer hat Hans Mommsen seine ebenfalls sehr skeptische Haltung (vgl. auch seinen Aufsatz in 279, S. 75–87) gegenüber dem Erkenntniswert einer komparativen Diktaturforschung formuliert, die konzeptionell ganz bewusst unterschiedliche Ausprägungen von modernen Diktaturen in einen gemeinsamen Kontext stellen will: „Der heuristische Vergleich zwischen gegnerischen politischen Systemen enthält die Gefahr, über Gemeinsamkeiten prinzipielle Unterschiede zu verkennen." (282, S. 471)

Eine zugleich prinzipiell kritische, in der Forschungspraxis aber auch erprobungsbereite Position, die die internationale Debatte über den Vergleich von Nationalsozialismus und Stalinismus ungemein befruchtet hat, nimmt der britische Historiker Ian Kershaw ein. In den einführenden Überlegungen zu einer 1991 gemeinsam mit dem amerikanischen Sowjetunionexperten Moshe Lewin in Philadelphia veranstalteten wissenschaftlichen Konferenz wird zunächst die unabdingbare Notwendigkeit der vergleichenden Diktaturforschung konstatiert. Dabei könne es allerdings, so Kershaw und Lewin, keine Patentlösungen und auch keine in jedem Falle brauchbaren methodischen Königswege geben, denn: „Comparison is fraught with difficulties. But not to compare leaves us blind to the past – and to the pasts´s implications for the present and future. For knowing just one society may often amount to a poor understanding of even that single society." (279, S. 2). Kershaws Kritik an der auf die Totalitarismustheorie rekurrierenden vergleichenden Diktaturforschung konzentriert sich auf die nach seiner Überzeugung unzulässige Ausweitung des „Stalinismus"-Begriffes „auf das sowjetische System nach dem Tod Stalins [...] oder gar als Synonym für die marxistisch-leninistische Herrschaft schlechthin" (144, S. 214). Empirische Untersuchungen hätten unzweifelhaft erwiesen, dass sich Partei und Staat in der Sowjetunion nach der Zäsur von 1953 vergleichsweise rasch wiederherstellen und „verfestigen" konnten. Demgegenüber sei der NS-Staat von Anfang bis Ende ein „Krisenregime" gewesen, dem es zu keiner Zeit gelungen sei, feste Regierungsstrukturen zu etablieren und der von vornherein durch selbstzerstörerische Tendenzen charakterisiert gewesen sei. Hier knüpft Kershaw an Hans Mommsens Deutungsmuster von der „kumulativen Radikalisierung" und der „zunehmenden Selbstzerstörung" als grundlegende strukturelle Determinanten des NS-Staates an (vgl. 279, S. 75–87). Im Ergebnis kommt er zu dem Schluss, dass die Nützlichkeit des Totalitarismusbegriffs für die Klassifizierung von Stalinismus und Nationalsozialismus als einem gemeinsamen Herrschaftstyp „stark begrenzt" (144, S. 215) bleibe. Sie möge Sinn machen, um den gemeinsamen totalitären Herrschaftsanspruch zu beschreiben oder die Ersetzung konkreter „Politik" durch ideologische Fernziele zu charakterisieren. In jedem Falle müsse der Analyse aber ein *dynamischer* und nicht ein *statischer* Totalitarismusbegriff zugrunde gelegt werden, der auch reflektieren könne, dass eine moderne Diktatur sich zunächst zu einem *totalitären* Regime entwickeln kann, möglicherweise aber später aufhört, ein solches zu sein. Dabei könnten die eingesetzten Herrschaftsinstrumente sogar weitgehend identisch sein, von entscheidender Bedeutung sei vielmehr „das Ausmaß des Angriffs auf die vorhandenen gesellschaftlichen und politischen Strukturen, das weitgehend durch die ideologische Dynamik des Regimes in seiner revolutionären Phase bestimmt" werde (144, S. 216). Eine wichtige Funktion gewinne die komparative Betrachtung des Stalinismus und des Nationalsozialismus vor allem deshalb, weil sie die welthistorische *Singularität* des Nationalsozialismus (auf dem Gebiet des Terrors ebenso wie in der Dimension der charismatischen Herrschaftspraxis, vgl. Kap. III, 3 und III, 5) empirisch herausarbeite und prägnant hervorhebe. Für Kershaw bedeutet dies: Der Vergleich der beiden Extremformen der modernen Diktatur beleuchtet „eher die Unterschiede zwischen den Systemen als deren Ähnlichkeiten" (144, S. 216).

Zusammenfassend ist festzuhalten, dass der prinzipielle Sinn ebenso wie die erklärende „Reichweite" des unter Heranziehung eines gemeinsamen Gattungsbegriffes durchgeführten Vergleiches von Stalinismus und Nationalsozialismus kontrovers beurteilt werden. Während Vertreter der einen Grundsatzposition darauf abheben, dass die komparative Betrachtung beider Regime schon aus Gründen der normativen Selbstvergewisserung der Demokratie gegenüber der Diktatur zwingend geboten ist, sind die Verfechter der konträren Richtung davon überzeugt, dass sowohl aus dem empirischen wie aus dem theoretischen Vergleich von Stalinismus und Nationalsozialismus nur sehr begrenzte Erkenntnisse gezogen werden können und man sich daher besser der sorgfältigen Analyse der einzelnen Phänomene widmen sollte. Die Mehrheit der Diktaturforscher bewegt sich zwischen diesen beiden Polen und zielt vor allem darauf, zu *präzisieren,* in welchen Bereichen sich ein Vergleich lohnt. Aber auch hier gibt es mehr Dissens als Konsens: Die *Eingrenzung* der Vergleichsperspektive auf die *stalinistische Sowjetunion* (oder etwas weiter: auf die stalinistische Periode der kommunistischen Diktaturen) stellt eine solche auf empirische Operationalisierbarkeit und theoretische Stimmigkeit zielende Präzisierung dar. Aber auch diese Eingrenzung war stets umstritten und sie wird es bleiben, denn die Einschätzung, ob eine generelle Einbeziehung aller kommunistischen Regime in ein diktaturvergleichendes oder gar totalitarismustheoretisches Modell sinnvoll ist (vgl. Kap. III, 2, c), hängt nicht nur von der theoretischen Konzeption und vom empirischen Untersuchungsansatz, sondern ganz offensichtlich auch vom politischen Standort des Betrachters ab.

e) NS-Regime und SED-Herrschaft: ein wichtiger Sonderfall des Diktaturenvergleichs

Den drei bislang diskutierten Hauptzweigen des empirischen Diktaturenvergleichs (Faschismus-, Kommunismus- und Totalitarismusforschung) ist gemeinsam, dass sie vorwiegend *zeitgleich* (synchron) angelegt sind und Fallbeispiele aus *unterschiedlichen* Nationen untersuchen. Hier liegt ein wesentlicher Unterschied zu der letzten hier zu präsentierenden Vergleichsperspektive, denn der Vergleich von NS-Regime und SED-Herrschaft ist *zeitversetzt* (diachron) angelegt und gleichzeitig bezieht er sich auf *denselben nationalen Kontext*. Dies bedeutet, dass die wirkungsmächtige *Beziehungsgeschichte* zwischen den beiden deutschen Diktaturen in besonderem Maße berücksichtigt werden muss. Damit wirft der Vergleich von NS- und SED-Herrschaft als *Sonderfall* des Diktaturenvergleichs spezielle methodologische Probleme auf, eröffnet gleichzeitig aber auch die seltene Chance, die Abfolge von zwei unterschiedlich ausgerichteten diktatorischen Regimen innerhalb desselben nationalen Kontextes zu untersuchen (vgl. 239; 64). Aufgrund des verständlichen Interesses jeder nachdiktatorischen Gesellschaft an deutender Selbstverständigung der eigenen Vorgeschichte bzw. an historisch-politischer „Aufarbeitung" der Vergangenheit stellt der Vergleich der beiden deutschen Diktaturen eine besondere Herausforderung für die zeitgeschichtliche Forschung dar.

Zunächst gilt es vor allem, einen für die Forschungspraxis anwendbaren Bezugsrahmen zu skizzieren (vgl. die grundsätzliche Erörterung hierzu in Kap. III, 1). Hans-Ulrich Thamer hat argumentiert, dass im Grunde kein sehr großer Unterschied bestehe zwischen einem modifizierten Totalitarismuskonzept, das erheblich flexibler und ergebnisoffener angelegt sein müsse als das immer wieder zitierte „klassische" Modell von Carl Joachim Friedrich, und dem von Jürgen Kocka vorgeschlagenen Ansatz der „modernen Diktaturen". Der Vorteil des Letzteren bestehe vor allem darin, dass er die „Tücken" (zum Beispiel das systematische Ausblenden der Entstehungsbedingungen, die Vernachlässigung des Prozesscharakters in der Entwicklung der Regime usw.) des Friedrichschen Konzeptes gezielt vermeide, da er eben nicht „deduktiv von einem starren Strukturtypus von totalitärer Herrschaft" ausgehe und in der Konsequenz auch nicht darauf fixiert sei, alle Strukturmerkmale der jeweils untersuchten diktatorischen Gesellschaft aus diesem Theorem abzuleiten bzw. die erhobenen empirischen Befunde auf diese Interpretationsfolie zu projizieren (239, S. 30). Allerdings sei dies prinzipiell auch mit dynamisierten und differenzierten Analysen erreichbar, die von einem zur Empirie hin geöffneten Totalitarismuskonzept ausgingen. Gerade sozial- und alltagsgeschichtlich orientierte regional- und lokalgeschichtliche Studien hätten dies – wider Willen – am Beispiel der NS-Forschung sehr anschaulich belegt. Entscheidend sei letztlich, dass „für jeden Vergleich ein entsprechender Gattungsbegriff politischer Herrschaft allein schon als heuristischer Zugriff notwendig ist und dass ein theoretisches Erklärungsmodell flexibel genug sein muß, um der Vielfalt der historischen Erscheinungsformen gerecht zu werden." Dies seien notwendige Voraussetzungen, um zu verhindern, dass der Vergleich zur bloßen Gleichsetzung führe „oder gar zu einer politisch-moralischen Entlastung oder Apologie mißbraucht wird" (239, S. 30). Mit Blick auf den kontrovers diskutierten Vergleich von NS- und SED-Herrschaft plädiert Thamer daher für eine „historisch-genetische Differenzierung" des integralen Vergleichsansatzes sowie die „Einbeziehung gesellschaftsgeschichtlicher Aspekte in die historisch-politische Analyse der Entstehung und Begründung von modernen Diktaturen" (239, S. 30). Dieser Anforderungskatalog für einen methodisch reflektierten Vergleich der beiden deutschen Diktaturen ist in den derzeit laufenden empirischen Forschungsprojekten zum Vergleich von NS- und SED-Herrschaft weithin akzeptiert und reflektiert worden (Hinweise zu einigen aktuellen Forschungsprojekten in: 287). Er knüpft zudem in sinnvoller Weise an die allgemeinen Voraussetzungen für eine zeitgemäße komparative Diktaturforschung an, die eingangs (Kap. III, 2, a) skizziert worden sind.

In vieler Hinsicht spiegelt der Vergleich von NS- und SED-Herrschaft die bereits für die komparative Betrachtung von NS-Staat und Sowjetunion diskutierten methodologischen Probleme in einem weitaus enger begrenzten Rahmen wider. Dies gilt in besonderer Weise für die bisherige Forschungsgeschichte: Der freie Zugang zu den Archiven der DDR ist erst seit gut zehn Jahren gegeben. Da der integrale Vergleich einer möglichst breiten Unterfütterung und ständigen Präzisierung durch empirische Sektorstudien bedarf (vgl. den methodologischen Überblick in Kap. II, 1), steht die vergleichende Analyse von NS- und SED-Herrschaft erst am Beginn eines längeren Prozesses der Grundlagenforschung mit der einhergehenden Verifizierung oder Falsifizierung von zu prüfenden Arbeitshypothesen. Zwar ist die empirische Erforschung der DDR-Geschichte in den neunziger Jahren mit großer Intensität betrieben worden: Dies illustrieren anschaulich die beiden neuesten Auflagen des derzeit besten Forschungsüberblicks zur DDR-Geschichte, Hermann Webers Grundriss „Die DDR 1945–1990“ (290). Verwies der Verfasser in der 1993 erschienenen zweiten Auflage dieses Standardwerkes auf 1 400 besonders relevante Titel aus über fünf Jahrzehnten SBZ- und DDR-Forschung, so wuchs die Zahl der wichtigen Arbeiten durch die zahlreichen Neuerscheinungen bis 1999 auf nunmehr über 2100 an. Aber dennoch bestehen noch immer gravierende Forschungslücken (etwa in den Bereichen Sozialgeschichte der SED, Rolle und Bedeutung der Massenorganisationen, aber auch: Außenpolitik der DDR, Militarisierung der DDR-Gesellschaft, Ideologie als Integrationsfaktor usw.; vgl. 290, S. 212), so dass sich zwangsläufig auch für die vergleichende Diktaturforschung erhebliche Probleme ergeben. Ein erster Annäherungsversuch an eine Bilanz der „doppelten deutschen Diktaturerfahrung“ wurde bereits 1994 vorgelegt (286). Ludger Kühnhardt bezeichnet den von ihm zusammengestellten Sammelband mit studentischen Arbeiten aus einem Hauptseminar treffend als „Diskussionsbeitrag“. Zu diesem sehr frühen Zeitpunkt konnte diese Publikation noch nicht empirisch fundiert sein, ihr gebührt aber das Verdienst, die theoretische und methodologische Debatte über den Vergleich der beiden deutschen Diktaturen befördert zu haben.

Für Wolfgang Schuller befindet sich der Vergleich zwischen der NS- und der SED-Herrschaft prinzipiell in einer Schieflage, denn das „angemessene Vergleichsobjekt“ zur „eigenständigen“ NS-Diktatur wäre die Sowjetunion und nicht die „weitaus kleiner dimensionierte“ und zudem von den Herrschaftsinteressen eben dieser Sowjetunion abhängige DDR. „Nun besteht aber natürlich dieses deutsche regionale Interesse, das zudem legitim ist, da nun einmal beide Diktaturen auf deutschem Boden bestanden hatten“ (288, S. 849) – und so hat sich Schuller im Rahmen eines Gutachtens über die Vergangenheitsbewältigungen nach 1945 und nach 1989 doch dafür entschieden, ein Modell für den Gesamtvergleich von NS-Staat und DDR in sieben Vergleichsebenen zu skizzieren.

Den ersten Bezugspunkt bildet die spezifische historische Situation, in der sich die jeweilige Diktatur installierte: hier die „braune“ Machteroberung aus eigenen Kräften, dort die Einsetzung der SED-Herrschaft durch die Vormacht des Ostblocks. Zudem umfasste der NS-Staat ganz Deutschland, die SED-Herrschaft aber nur einen Teil der Nation. Erhebliche Unterschiede gibt es schließlich auch im Hinblick auf den Zeitraum der diktatorischen Machtausübung: hier zwölf Jahre, dort über vier Jahrzehnte. Ein zweiter Referenzpunkt ist das Verhältnis zur vorgefundenen Staats- und Gesellschaftsordnung: Trotz ihres ostentativen „revolutionären" Anstrichs hätten die Nationalsozialisten wesentliche Teile der „bisherigen bürgerlichen Gesellschaft" (Schuller nennt vor allem die Wirtschaft und die Armee sowie auch die Justiz, was streitbar sein dürfte) „unangetastet" gelassen, während die SED eine radikale Transformation der Gesellschaft intendierte und dabei aus ihrer Sicht auch Erfolge (etwa in Gestalt der Beseitigung gesellschaftlicher Binnendifferenzierungen) erzielt habe. Starke Unterschiede kennzeichnen auch die dritte Vergleichsebene: Die auf das Führerprinzip ausgerichtete, im Herrschaftssystem des NS-Staates nur eine untergeordnete Rolle einnehmende NSDAP besaß nach Schuller „keine durchgebildete Ideologie", sondern verfolgte vielmehr eklektizistisch einzelne autoritäre, nationalistische und rassistische Ideen. In deutlichem Kontrast hierzu habe die von der SED vertretene Ideologie „ein nach dem Muster von wissenschaftlichen Lehrgebäuden durchgebildetes System" dargestellt, das die „geistige Basis der Partei" repräsentierte. „Ideologische Fragen" hätten in der DDR einen „außergewöhnlich hohen politischen Stellenwert" gewonnen (288, S. 851). Auch die „Durchherrschtheit" der Gesellschaft sei – als vierter Referenzpunkt – sehr unterschiedlich gewesen: Zum Beispiel auf dem Gebiet des Kulturlebens hätten die Nationalsozialisten „weite Partien unangetastet" gelassen. Was missliebig war, wurde als „jüdisch" oder „marxistisch" deklariert und verboten. Der Konformitätsdruck sei in der DDR weitaus größer gewesen. Dagegen sei die Repression (fünfter Punkt) im NS-Staat in einem „Doppelsystem" aus politischer Verfolgung durch ordentliche Strafgerichte und den „Maßnahmenstaat" der SS organisiert gewesen. Abgesehen von den Speziallagern in der Besatzungszeit habe die SED-Herrschaft ein solches „Doppelsystem" nicht gekannt. Beiden Diktaturen gemeinsam sei auf der sechsten Vergleichebene das Nachrichten- und Meinungsmonopol der Regimeführungen bzw. das Fehlen einer unabhängigen Öffentlichkeit. Gravierende Unterschiede ergäben sich schließlich siebtens auch im Hinblick auf das Ende beider Diktaturen: im einen Fall der Sturz aufgrund der Kriegsniederlage, im anderen der Kollaps aufgrund des „allmählichen Wegbrechens der (sowjetischen) Hauptdiktatur" (288, S. 855). Neben einigen überraschenden und von den einschlägigen empirischen Studien nicht immer gedeckten Wertungen greift Schullers Ansatz allerdings auch insgesamt erheblich zu kurz.

Dies belegt vor allem ein Abgleich mit der von Hans-Ulrich Thamer eingeforderten und von Günther Heydemann und Christopher Beckmann in einer Problemskizze umgesetzten „historisch-genetischen Differenzierung", bei der mindestens zehn (vgl. 65, S. 20ff.) nach einer inzwischen noch weiter aufgeschlüsselten Ausdifferenzierung sogar dreizehn (64, S. 413) Dimensionen zu berücksichtigen sind. Dieser Kriterienkatalog umfasst: 1. die zeitliche Dauer beider Diktaturen; 2. die Gründungsbedingungen und die Etablierungsphase; 3. die Ideologien und das weltanschauliche Fundament; 4. die Grundstrukturen der beiden Herrschaftssysteme; 5. die innen- und außenpolitischen Handlungsspielräume; 6. die Rekrutierung von Herrschaftseliten und Funktionären; 7. die Instrumentalisierung von Verfassung, Recht und Justiz; 8. das Wirtschaftssystem und die Behandlung von Eigentum; 9. die gesellschaftliche Akzeptanz durch die Bevölkerung und deren potenzielle Mobilisierung; 10. ihre Kontrolle und Domestizierung durch Überwachung, Repression und Terror; 11. die Verfügung über Massenmedien und die Beherrschung des Meinungsmonopols; 12. die Konkurrenzsituation der DDR zur Bundesrepublik und die nationale Frage; 13. Art und Bedingungen des jeweiligen Zusammenbruchs und Untergangs.

In einer ersten vorläufigen und zunächst annäherungsweisen Bilanz ergeben sich dabei folgende *Gemeinsamkeiten*, die allerdings partiell auch mit Einschränkungen zu versehen sind: In beiden Fällen existierte eine „Weltanschauung" oder Ideologie, die bewusst als „Ersatzreligion" aufgeladen werden sollte (Punkt 3). Allerdings waren die Ideologie des NS-Staates und des SED-Regimes nicht nur unterschiedlich, sondern sogar antagonistisch. Zudem entfaltete die „politische Religion" des Nationalsozialismus eine erheblich größere Breitenwirkung. In beiden Regimen wurden Verfassung, Recht und Justiz instrumentalisiert (Punkt 7). Wo Anpassung oder Zustimmung in der Bevölkerung nicht auf freiwilliger Basis erreicht werden konnte, wurden differenzierte Methoden der politischen Überwachung, der gesellschaftlichen Repression und gegebenenfalls auch des offenen Terrors (Punkt 10) angewendet – allerdings in ganz unterschiedlichem Maße. Die Machthaber in beiden Diktaturen zielten gleichermaßen auf eine möglichst umfassende Durchsetzung ihres Meinungsmonopols (Punkt 11). Beide Systeme bemühten sich schließlich auch um die Rekrutierung genehmer Herrschaftseliten (Punkt 6), die SED aufgrund ihrer längerfristigen Perspektive mit erheblichen Erfolgen.

Als markante *Unterschiede* sind dagegen festzuhalten: Die sehr unterschiedliche Bestandsdauer und Entwicklungsdynamik der beiden Diktaturen (Punkt 1), die sich im Falle des NS-Staates sehr markant in eine Vorkriegs- und eine Kriegsphase unterscheidet. Besonders deutlich treten die Unterschiede auch im Ende der beiden Diktaturen hervor: dort „totales" Versinken in einen Exzess von Krieg und Völkermord, hier eine schleichende Erosion der Herrschaft, die schließlich in einen weitgehend friedlichen Zusammenbruch mündete (Punkt 13). Unterschiedlich waren auch die Ausgangssituationen (Punkt 2): der NS-Staat war eine autochtone deutsche Diktatur, das SED-Regime mindestens partiell auch eine „abgeleitete" und fremdbeeinflusste Diktatur, die sich zudem noch kontinuierlich mit einem durch die Bundesrepublik repräsentierten Gegenmodell (Punkt 12) auseinandersetzen musste. Entsprechend waren die innen- und außenpolitischen Handlungsspielräume (Punkt 5) für die DDR stets eng begrenzt, für das sich immer stärker radikalisierende NS-Regime dagegen tendenziell entgrenzt. Während dem NS-Regime über lange Jahre und bis hinein in ehemals oppositionelle Schichten und Milieus eine beeindruckende (und für rückschauende Betrachter überaus beklemmende) Massenmobilisierung gelang, lag hier ein wunder Punkt der SED-Machthaber (Punkt 9). Dies musste besonders ins Gewicht fallen, da das SED-Regime auf eine Transformation der wirtschaftlichen und sozialen Grundstrukturen der Gesellschaft zielte (Punkt 8), während die NS-Führung die bestehende Gesellschaftsordnung nur so weit modifizierte, wie dies zur Erreichung ihrer politischen Ziele notwendig war. Festzuhalten ist weiterhin, dass auch die Grundstrukturen der beiden Herrschaftssysteme (Punkt 4) deutlich unterschiedlich waren: Der sich zentralistisch gebende „Führerstaat" wurde zunehmend von einem polykratischen Herrschaftsgefüge geprägt, wobei freilich Adolf Hitler als „monokratische Spitze" die entscheidende Machtposition einnahm. Demgegenüber war der Staatsaufbau der DDR durchgängig streng zentralistisch, wobei sich die politische Macht zunehmend in den führenden Parteigremien konzentrierte.

Insgesamt ergibt sich, dass beide Regime gleichermaßen die *Intention* hatten, die Gesellschaft *totalitär* zu durchdringen und möglichst umfassend zu „durchherrschen". Nachhaltige Wirkungen erzielte das NS-Regime in der Realität vor allem aufgrund seiner gewaltigen kriminellen Potenz, mit der in der relativ kurzen Zeitspanne von nur zwölf Jahren politische Gegner weitgehend „ausgemerzt" wurden, die aber vor allem im Völkermord an den Juden und im Vernichtungskrieg gegen die Sowjetunion kulminierte, die SED-Herrschaft erreichte diese dagegen vor allem durch längerfristig angelegte gesellschaftliche Transformationsprozesse. Die Bedeutung der skizzierten fundamentalen Unterschiede verweist darauf, dass zwar sektorale Vergleiche zwischen den beiden deutschen Diktaturen für zahlreiche Problemfelder Gewinn bringend sein werden, dagegen aber die ganzheitliche Vergleichsperspektive aus wissenschaftlicher Sicht letztlich defizitär bleiben muss.

Um diesen methodologischen Problemen zu begegnen, hat Ludolf Herbst vorgeschlagen, eine sehr abstrakte Vergleichsebene zu definieren. Seiner Meinung nach bieten gerade „formalisierte Systemtheorien" (wie etwa die Totalitarismustheorie) „hierfür gute Voraussetzungen." (135, S. 19) Eine andere Konsequenz könnte angesichts der bereits recht guten Forschungslage zur NS-Zeit sein, sich der DDR-Geschichte zunächst vor allem über differenzierte sozial- und alltagshistorische Analysen zu nähern. Den Schlusspunkt eines solchen Herantastens an eine kritische Herrschaftsgeschichte der DDR wird freilich (wie für jedes beliebige andere Fallbeispiel auch) wiederum eine qualifizierende Kategorisierung im Kontext der komparativen Diktaturforschung bilden müssen. Die Notwendigkeit einer konzeptionellen Einordnung erübrigt sich nämlich nur für diejenigen, die jede komparative Betrachtung der SED-Herrschaft grundsätzlich ablehnen und damit – als späte Nachfahren eines extremen Historismus (vgl. 191) – die Geschichte der DDR ausschließlich aus deren eigenen Bedingungen heraus konstruieren und sie jeder typologischen Deutung entziehen wollen. Wo eine derartige Tabuisierung greift, endet jede kritische zeithistorische Forschung.

3. Diktatoren und Herrschaftsapparate

„Stalin war das *Produkt* eines Systems, Hitler die *Verkörperung* eines solchen" (144, S. 219) – von dieser pointierten These Ian Kershaws ausgehend wird im Folgenden die Kontroverse über die Stellung und Bedeutung des „Führers" Adolf Hitler und des „großen Lehrers, Freundes und Vaters" Josef Stalin (sowie am Rande auch die des „Duce" Benito Mussolini) betrachtet. Wie unterschieden sich die Herrschaftsstile dieser drei besonders markanten europäischen Diktatoren des 20. Jahrhunderts voneinander? Welche Rolle spielten in diesem Zusammenhang die Staatsparteien sowie die als Bindeglied zur Gesellschaft genutzten Massenorganisationen? Den zentralen Referenzpunkt dieses Kapitels bildet die auf Max Weber zurückgehende Debatte über „charismatische" und „bürokratische" Herrschaftsformen.

a) Hitler, Stalin und Mussolini – zur Bedeutung von charismatischen und bürokratischen Elementen von Herrschaft

Traditionelle Despoten und Autokraten stützten ihre Herrschaft in der Regel auf theokratische Traditionen oder auf ihre Anerkennung durch die Armee. Sofern diese älteren Formen der Diktatur nicht „das persönliche Wagnis genialer Männer oder das Abenteuer von Machthungrigen und Glücksrittern" darstellten, „vertraten sie die wohlerworbenen Rechte von Klassen und Kasten, die lange geherrscht hatten und mancherorts verfielen" (94, S. 49). Wofür stehen aber die nach dem Zweiten Weltkrieg ins Rampenlicht tretenden *„modernen"* Diktatoren und woher stammen sie eigentlich? Diesen Fragen ist der aus Deutschland geflohene Politikwissenschaftler Hans Kohn bereits Mitte der dreißiger Jahre nachgegangen. Der Abstammung traditioneller Alleinherrscher aus dem Kreis der Arrivierten stellt Kohn in scharfem Kontrast Mussolinis Verwurzelung im dörflich-proletarischen und Hitlers Herkunft aus dem kleinbürgerlichen Milieu gegenüber. Sein Befund (der sich von Napoleon bis Stalin durch weitere Beispiele untermauern lässt) lautet, dass moderne Diktaturen von Männern geführt werden, die eben *nicht* der tonangebenden politischen Klasse angehören und die zudem „stolz auf diese Tatsache sind" (94, S. 50). Die von Hitler wie von Mussolini gegründeten „Bewegungen" richteten sich daher zunächst „gegen die herrschende Klasse", seien später aber zugunsten der Erlangung von persönlicher Macht ihrer kapitalismuskritischen Komponente beraubt worden. Über diesen zunächst sehr grob skizzierenden Problemaufriss Hans Kohns griff in den vierziger Jahren Sigmund Neumann hinaus, als er unter Verweis auf zahlreiche empirische Beispiele den modernen Diktator idealtypisch definierte als einen *demagogischen Populisten*, der gleichzeitig der absolute Herr des von ihm geschaffenen politischen *Apparats* ist. Er habe ein Leben einfacher Leute gelebt und spreche daher ihre Sprache. Er sei nicht nur ein repräsentativer Exponent der Volksmassen, sondern gleichzeitig meist auch ein in geographischer Hinsicht von außen stammender Fremdkörper (wie z. B. der französische Kaiser Napoleon aus Korsika). Eben weil er sich in vieler Hinsicht von „seinem Volk" unterscheide, entwickele er spezifische neue Ausdrucksformen des Nationalismus und werde damit zum Sprachrohr marginalisierter oder durch sozialen Abstieg bedrohter Bevölkerungsschichten: „The modern dicatator is [...] a marginal man, nationally, socially, psychologically." (31, S. 72) Und zugleich ist er ein Resultat des Krieges: „Politik" ist für ihn eine permanente Auseinandersetzung, ein ständiger Kampf ums Überleben. Seine politischen Konzepte stützen sich auf die Erfahrungen des gewaltsamen Kampfes, in dem er als moderner *Condottiere* (Söldnerführer) seine politische „Berufung" erfahren hat.

Als Köpfe der in ihrer Wirkung katastrophalsten totalitären Regime des 20. Jahrhunderts und damit als „star performers on the stage of history" (Sigmund Neumann) haben Hitler und Stalin immer wieder zu ungewöhnlichen Betrachtungsweisen angeregt. So hat der amerikanische Literaturwissenschaftler Roland Mushat Frye die beiden hervorstechenden Persönlichkeiten des modernen Totalitarismus als vollendete Schauspieler und professionelle Schöpfer von überzeugenden Illusionen (294, S. 85) gedeutet und sie auf die Gestalt von Shakespeares Macbeth projiziert. Der österreichische Mediziner Anton Neumayr hat Hitler und Stalin (sowie als dritten Fall einer „Erlöserfigur" Napoleon) im Stile einer durch „biographische Anamnese" fundierten Ferndiagnose auf ihre psychischen Deformationen untersucht. Letztlich bleibt für Neumayr die Frage offen, ob bei Hitler wie bei Stalin ein „angeborener ethischer Defekt" im Sinne der „Moral-Insanity-Hypothese" vorgelegen hat oder aber verbrecherisches Handeln vor allem dadurch ermöglicht wurde, dass es durch keine höhere Instanz mehr behindert und kontrolliert wurde (302, S. 378).

Der zeithistorische Blick auf die beiden prägenden Gestalten der „Hitler-Stalin-Ära" ist ganz wesentlich durch das biographische Standardwerk des britischen Historikers Allan Bullock beeinflusst worden. In seiner voluminösen Doppelbiographie über die „parallelen Leben" (292) von Adolf Hitler und Josef Stalin hat Bullock eine erstaunliche Menge an *Gemeinsamkeiten* bzw. *Parallelitäten* herausgearbeitet: Beide wurden von ihren Müttern verhätschelt, distanzierten sich von ihren dominanten Vätern und hatten ein gestörtes Verhältnis zu Frauen. Beide mussten „ganz unten anfangen": Stalin entstammte dem Landproletariat, Hitler wuchs zwar zunächst in kleinbürgerlichen Verhältnissen auf, sank aber in seiner Wiener Zeit auf das Existenzniveau „des von ihm so verachteten Bodensatzes der Gesellschaft" (292, S. 37) herab. Den Makel des „Ausländers" kompensierte der im österreichischen Braunau geborene Hitler, indem er die xenophobe Überfremdungsangst besonders herauskehrte und zu einem festen Bestandteil seiner politischen Botschaft machte, der Georgier Stalin durch seine gewaltsame Russifizierungspolitik. Beide zeichneten sich durch eine ungeheuerliche Willenskraft sowie die „Unverrückbarkeit ihrer Ziele" aus und sie glaubten fest daran, „men of destiny" zu sein: Hitler sah sich als von der „Vorsehung" erwähltes „Werkzeug der Geschichte"; Stalin bezog sein Sendungsbewusstsein „ursprünglich aus der Identifikation mit einer Lehre, dem Marxismus-Leninismus, der seiner Meinung nach die Gesetzmäßigkeiten der Geschichte entdeckt hatte, und mit einer Partei, die sich als das Instrument zur Verwirklichung dieser Gesetze begriff" (292, S. 472). Beide Diktatoren verfügten über herrschaftstechnisches Geschick, indem sie in praktischen Fragen oft mit großer Flexibilität vorgingen und ein meisterhaftes Geschick in der machiavellistischen Kunst an den Tag legten, politische Gegner wie auch Konkurrenten im eigenen Lager gegeneinander auszuspielen. Zugleich sind sie freilich gleichermaßen als „eigensinnige Dogmatiker" zu charakterisieren, „die Gegenargumente oder Kritik nicht vertrugen" (292, S. 473). Mehr noch: Beide waren größenwahnsinnig und litten an paranoiden Zügen, wobei sich Stalins Verfolgungswahn stärker auf konkrete Personen, Hitlers Paranoia eher abstrakt auf Personengruppen wie „die Juden" oder „die Marxisten" richtete. Beide waren gegen jedes Schuldgefühl immunisiert und gingen daher vollkommen skrupellos vor, sowohl bei der Liquidierung früherer Kampfgenossen als auch bei der Versklavung und Vernichtung der ideologisch bestimmten Opfergruppen („Nichtarier" hier, „Kulaken" dort). Schließlich verloren die beiden Despoten, die aufgrund ihrer prägenden Wirkung von Bullock auch als Namensgeber für die „Hitler-Stalin-Ära" herangezogen werden, am Ende ihrer Herrschaft völlig den Bezug zur Realität: Hitler hatte sich im Führerbunker der zerbombten Reichshauptstadt eingeigelt, Stalin verließ kaum noch sein Arbeitszimmer im Kreml.

Mindestens drei gravierende *Unterschiede* stehen freilich dieser beeindruckenden Liste von Gemeinsamkeiten gegenüber. Der erste liegt auf der Ebene der Persönlichkeit, „des Temperaments", und er bestimmte damit in hohem Maße die Außenwirkung: Der „Rechner" Stalin neigte zur Zurückhaltung, verbarg seine Gefühle und operierte vorzugsweise im Hintergrund. Daher machte er stets einen beherrschten und sicheren Eindruck. Der launenhafte und leicht erregbare „Spieler" Hitler fiel dagegen gern auf, setzte seine Gefühle „wie Waffen" ein und erreichte erst im Scheinwerferlicht seine Bestform. „Hitlers Auftreten hatte etwas Künstliches und angestrengt Pathetisches; nichts an ihm wirkte spontan; seine Gesten waren theatralisch, seine Bewegungen ruckartig und linkisch." (292, S. 473) Im Vorfeld wichtiger Entscheidungen war Hitler oft unschlüssig und zögerlich, in unerwarteten Krisen reagierte er überaus nervös. Dennoch ist Hitler für Bullock keinesfalls ein „schwacher Diktator" (wie Hans Mommsen postuliert hatte; vgl. hierzu den Überblick über diese wichtige Kontroverse der NS-Forschung in: 87, S. 114 ff.). Vielmehr waren bei Hitler Größenwahn und Sendungsbewusstsein mit „außerordentlichen charismatischen Gaben" verbunden, über die Stalin nach Bullocks Urteil in keiner Weise verfügte. Bewusst setzte Hitler seine bemerkenswerte Rednergabe als „vermittelndes Medium" zwischen Führer und Geführten ein. Er hatte „ein Gespür dafür, was in den Tiefen des Bewußtseins seiner Zuhörer schlummerte" und verstand es instinktiv, sich zum Sprachrohr „der geheimsten Wünsche, der peinlichsten Instinkte, der Leiden und inneren Unruhe eines Volkes zu machen" (so Hitlers früherer Mitkämpfer und schließlich erbitterter Gegner Otto Strasser, zitiert nach 292, S. 475). Diese Fähigkeit wurde zur Basis des „Hitler-Mythos" und sie überdeckte auch die bei

Hitler vorhandenen rhetorischen Defizite. Seine Reden waren zu lang, er wiederholte sich oft, pflegte einen wortreichen und umständlichen Stil und brach seine Ausführungen häufig abrupt ab – allein, „diese Mängel fielen kaum ins Gewicht angesichts der Kraft und Unmittelbarkeit seiner Leidenschaften, der Intensität seines Hasses und seiner Wut und dem drohenden Klang seiner Stimme" (292, S. 474ff.). Im Gegensatz hierzu war Stalin nach übereinstimmendem Urteil aller Betrachter kein großer Redner. Er musste freilich auch keine großen rhetorischen Fähigkeiten besitzen, denn sein Forum waren ja nicht die Massenkundgebungen einer im scharfen Wettbewerb mit den traditionellen Parteien stehenden populistischen Bewegung, sondern „die geschlossene Welt" der Führungsgremien einer Avantgardepartei, die sich bereits an der Macht befand. Im innerparteilichen Konkurrenzkampf konnte sich Charisma, wie das Beispiel Trotzkis belegt, sogar als kontraproduktiv erweisen, weil es unter den kommunistischen Funktionären Misstrauen provozierte.

Der zweite wichtige Unterschied betrifft die Ausgangs- und Rahmenbedingungen: Stalin befand sich zunächst in einer günstigeren Ausgangsposition, da die sowjetischen Kommunisten die Macht bereits erobert hatten, als er nach der Alleinherrschaft griff. Er musste sich niemals einer allgemeinen Wahl oder einem akklamatorischen Votum der Bevölkerung stellen. Insofern blieb für Stalin „das Volk" – eine zentrale Referenzgröße in den Hitlerschen Reden – auch weitgehend eine „Abstraktion" (292, S. 470). Nach der Machtübernahme verfügte freilich Hitler über einen Vorteil, denn seine Herrschaft gründete sich nun nicht allein auf seine Rolle als „Führer" der NS-Bewegung, sondern sie war durch seine Position als Reichskanzler auch institutionell legitimiert. Dagegen bekleidete Stalin bis Mai 1941 keinen Staatsposten, und er eignete sich erst nach dem Überfall der deutschen Wehrmacht auf die Sowjetunion binnen weniger Monate die Ämter des Regierungschefs, des Volkskommissars für Verteidigung und des militärischen Oberbefehlshabers an, um seine Herrschaft nun im Zeichen des Krieges zu zentralisieren (vgl. hierzu auch 305, S. 138). Im Zusammenhang hiermit sieht Bullock einen dritten wichtigen Unterschied im Charakter des jeweiligen Regimes und im Selbstverständnis der beiden Diktatoren: Der Nationalsozialismus war eine *offene* Diktatur, der Stalinismus dagegen eine *verdeckte*. Hitler verabscheute systematisches Arbeiten und stützte sich vor allem auf seine Selbstsicherheit und sein Charisma. Als emsiger Bürokrat und Alleinherrscher über den Parteiapparat setzte Stalin dagegen vor allem auf unumschränkte Kontrollmacht – Hitler war der Prototyp des „Führers", Stalin der des „Generalsekretärs". Für Bullock spiegelt sich das ganz unterschiedliche Selbstverständnis der beiden Alleinherrscher auch in ihrem Gebrauch der Ideologie wider: „In Deutschland galt, dass die Ideologie der NSDAP immer das war, was der Führer sagte; im Sowjetstaat war die Ideologie jeweils das, wovon der Generalsekretär behauptete, Marx und Lenin hätten es gesagt." (292, S. 562)

Waren Hitler und Stalin „unvermeidlich"? Warum wurden sie die „Herren Europas" und landeten nicht in einer Nervenheilanstalt? Bullocks Erklärung lautet, dass beide zum einen in der Phase ihrer Machteroberung auf günstige historische Bedingungen trafen, fremde Hilfe erhielten und ihren Aufstieg teilweise auch glücklichen Zufällen verdankten. Zum anderen haben sie allen Ernstes und unbeirrbar an ihre historische Mission geglaubt und diejenigen, die sich ihren Plänen entgegenstellten, zielstrebig aus dem Wege geräumt. Herrschaftstechnisch sieht Bullock als einen zentralen Punkt, dass sowohl Stalin als auch Hitler begriffen hatten, dass sie ihre wahren Ziele verbergen und sich in Geduld üben mussten, bis ihre Gegenspieler ihnen Chancen zur Umsetzung ihres eigentlichen „Programms" eröffneten.

Betonen die bisher vorgestellten Erklärungsansätze vor allem die *Gemeinsamkeiten* zwischen den beiden die erste Hälfte des 20. Jahrhunderts prägenden Diktatoren, so ist in der herrschaftssoziologisch fundierten Forschung intensiv über die Bedeutung der Faktoren Charisma und Bürokratie und damit vor allem über etwaige *Unterschiede* debattiert worden. Bereits Sigmund Neumann hatte über einen möglichen Gegensatz zwischen Charisma und Bürokratie spekuliert, indem er dem trotz (oder eben gerade wegen) seines Charismas scheiternden Individualisten Trotzki den durchsetzungsfähigen Stalin als „creature of the committees" gegenüberstellte (31, S. 56).

Für Ian Kershaw tritt im Vergleich von Nationalsozialismus und Stalinismus die *Singularität* der auf Charisma beruhenden Herrschaft Adolf Hitlers besonders deutlich hervor. Diese charismatische „Legitimation" wird mit Max Weber als diametraler Gegensatz zu einer legal-rationalen bürokratischen Herrschaft verstanden. Für Kershaw (144, S. 219ff.) nehmen Hitler und Stalin in ihren jeweiligen Regimen völlig andere Funktionen wahr: Während Hitler als Inkarnation für den Nationalsozialismus (in der Bewegungsphase wie in der Regimezeit) absolut unerlässlich war, wurde für die Fortexistenz des sowjetischen Systems schließlich sogar der Tod Stalins und seine Entfernung aus dem kommunistischen Traditionsbestand zu einer Frage des Überlebens. Der Führermythos wird von Kershaw als „Angelpunkt und ideologische Drehscheibe" des NS-Regimes, „als Bindeglied zwischen der Motivation der Massengefolgschaft und der ideologischen Triebkraft der weltanschaulichen Elite" (144, S. 219) bestimmt. Dem Hitler-Kult kam eine zentrale, herrschaftskonstituierende Funktion zu, denn er diente nicht nur der Integration zentrifugaler Kräfte und einer kontinuierlichen Massenmobilisierung, sondern auch der Legitimation der diktatorischen Maßnahmen des Regimes. In deutlichem Kontrast hierzu sei der Stalin-Kult nur „als künstliches, wenn auch sicherlich wichtiges Anhängsel dem schon bestehenden leninistischen System hinzugefügt" (ebenda) worden. Stalin hat nach Kershaw den um ihn veranstalteten Personenkult künstlich aufgebaut, denn er war „im Grunde kein charismatischer Führer". Das marxistisch-leninistische Herrschaftssystem funktionierte auch vor der Zeit dieses „hölzernen Bürokraten" (so eine andere Charakterisierung durch den amerikanischen Stalin-Biographen Robert Tucker) und es erlosch nicht mit seinem Tode, sondern konnte sich vielmehr durch die Entstalinisierung transformieren. Entscheidend ist für Kershaw, dass – in deutlichem Kontrast hierzu – das NS-Regime ohne Hitler nicht vorstellbar ist, denn der Nationalsozialismus konstituierte ein „klassisches charismatisches Herrschaftssystem" (144, S. 219).

Der Potsdamer Soziologe Erhard Stölting teilt Kershaws Hitler-Interpretation weitgehend, kommt aber für Stalins Herrschaft zu einer anderen Einschätzung. Charisma sei nicht einfach ein Naturtalent bestimmter Menschen, sondern immer auch eine *Projektion* ihrer Anhänger, die auf unterschiedliche Weise vor sich gehen könne. Zutreffend sei, dass Hitler über „natürliches" Charisma verfügt habe, Stalin dagegen nicht. Unter geschickter Nutzung seiner Möglichkeiten sei es Stalin aber in den krisenreichen späten zwanziger und frühen dreißiger Jahren gelungen, ein „kultisches Charisma" gezielt aufzubauen. Der stetig gesteigerte Personenkult sei nicht zuletzt durch den Terror mental immer stärker in der sowjetischen Gesellschaft der Stalinzeit verankert worden, denn diese habe es „erträglicher" gefunden, tatsächlich an Verschwörungen zu glauben als der politischen Führung Verbrechen zu unterstellen. Im Ergebnis sei Stalin als „vožd" (Führer) vom „ersten Diener der Partei" schließlich zu ihrer „Verkörperung" geworden. Das untersuchte Fallbeispiel sei typisch für die „soziale Konstruktion des charismatischen Führers" (218, S. 46), die eine zweite Option neben der des „natürlichen" Charisma darstelle.

In eine ähnliche Richtung weist die Argumentation des Osteuropahistorikers Benno Ennker, für den vor allem „die besondere persönliche Rolle Stalins [...] als Kern des Systems" ein offenes Forschungsproblem darstellt. Unumstritten ist, dass Stalin sich vor allem aufgrund seiner bürokratischen Verfügungsgewalt über den Parteiapparat gegen seine Konkurrenten durchsetzen und diese in diversen „Säuberungen" liquidieren konnte. Kann aber Stalins Herrschaftskalkül auf das eines skrupellosen und durchsetzungsfähigen Bürokraten reduziert werden? Ennker vertritt die Auffassung, dass Stalin seine Machtposition einer *Kombination* von bürokratischer Organisation und politischem Charisma verdankt, denn „vor seiner Gefolgschaft bewährte sich sein Charisma, indem er sich in freier politischer Willkür auf die von ihm geleiteten Fraktionen [...] stützte" (293, S. 93). Eine in hohem Maße als „charismatisch" zu qualifizierende Politik habe Stalin beispielsweise auf dem Gebiet der Agrarwirtschaft (Getreiderequirierungen und Zwangskollektivierung) betrieben. Zudem habe der für die stalinistische Sowjetunion charakteristische „Komplex aus charismatisch und oligarchisch-bürokratischen Elementen" im zunehmend zelebrierten Stalinkult „mit seinen zeremoniellen, hochorganisierten und patriarchalischen Ingredienzen die angemessene Ausdrucksform gefunden". Zwar sei diesem Stalinkult – ein deutlicher Unterschied zum nationalsozialistischen Führerkult und zu dem im „Dritten Reich" immer wieder beschworenen Hitler-Mythos – „die ungehindert spontane Wirkung des reinen Charismas" abgegangen, die statt dessen „eher in kunstvoller Dramatisierung nachgestellt wurde" (293, S. 96). Den politischen Effekt habe dies freilich kaum tangiert.

Solange in weiten Bereichen empirische Grundlagenforschungen in den relevanten russischen Quellenbeständen noch ausstehen (bzw. noch nicht einmal möglich sind) und daher gravierende Forschungsdesiderate zum sowjetischen Herrschaftsapparat bestehen, wird sich auch die These Robert Tuckers, dass gerade die Transformation des ursprünglichen bolschewistischen „Bewegungsregimes" in ein „Führerregime" ein signifikantes Kennzeichen des Stalinismus sei, weder definitiv verifizieren noch falsifizieren lassen (vgl. hierzu 293, S. 86 und 97ff.). Insgesamt muss daher zurzeit auch die Einschätzung kontrovers bleiben, ob sich der Nationalsozialismus und der Stalinismus eher als paradigmatische Opposition von „charismatischer Führerdiktatur" und „bürokratischer Parteidiktatur" gegenüberstehen (eine Position, die etwa von Ian Kershaw oder Hans Mommsen vertreten wird) oder ob die beiden extremsten diktatorischen Regime der ersten Jahrhunderthälfte treffender als nur partiell variierende Ausprägungen von prinzipiell in gewisser Weise charismatisch legitimierten „totalitären Führerdiktaturen" (Stölting und Ennker) gedeutet werden können.

Im Vergleich zu dieser grundsätzlichen Kontroverse wirkt die eher unterschiedliche Akzente und Untersuchungsperspektiven herausstellende Debatte über den Herrschaftsstil Mussolinis und Hitlers beinahe zweitrangig. Wie bereits erwähnt (vgl. Kap. III, 2, b), kann einerseits zu Recht auf einen gemeinsamen „fascist style of rule" (253) verwiesen werden, der sich vor allem in einer vielfach ähnlichen propagandistischen Aufbereitung und kulturellen Selbstrepräsentation der faschistischen Regime (298; 299; 306) wie auch in der medialen Inszenierung ihrer Exponenten (301) spiegelt. Für Emilio Gentile, einen der führenden italienischen Vertreter einer ausgeprägt kulturalistischen Betrachtungsweise, lässt sich dagegen Mussolinis Faschismus vor allem als „totalitärer Cäsarismus" fassen, als „eine charismatische Diktatur cäsarenhafter Natur" (295, S. 216), die sich vom Nationalsozialismus durch die signifikante Positionierung des „Duce" im Kontext der spezifischen Mythologie und der Organisationen des italienischen Faschismus eindeutig abhebt (als Gegenposition, die eher die Gemeinsamkeiten von PNF und NSDAP betont: 303). Ein diktatursoziologischer Vergleich der Herrschaftspraxis der beiden an die Macht gelangten faschistischen Regime führt zu einer deutlichen qualitativen Differenzierung, die Hitler als einen sich ganz durchgängig auf charismatische Legitimation und charismatische Herrschaftsformen stützenden „Führer" ausweist, während der ebenfalls auf charismatischer Basis an die Macht gelangte Mussolini sich in erheblich stärkerem Maße auch auf bürokratische Herrschaftsvollzüge stützte. Damit ergibt sich der bemerkenswerte Befund, dass Hitler die hoch entwickelte deutsche Bürokratie nach Kräften durch charismatische Entscheidungsprozesse konterkarierte, während der ursprünglich ebenfalls charismatisch legitimierte Mussolini sich darum bemühte, die in Italien erst in Ansätzen ausgeformte Bürokratie im Sinne des „korporativen Staates" auszubauen und zu vervollkommnen (vgl. 247).

b) Die Staatsparteien in vergleichender Perspektive

Es liegt auf der Hand , dass die kontroversen Deutungen Hitlers (als souveräner charismatischer Führer mit unverrückbaren Zielen oder als entscheidungsunwilliger „schwacher Diktator") und Stalins (als kühler Rechner, der zielstrebig seinem machiavellistischen Herrschaftskalkül folgt und dabei angesichts der anstehenden Probleme immer hemmungsloser alle Mittel der Gewaltherrschaft anwendet, oder aber als ein von vornherein „rachsüchtiger, sadistischer und paranoider Tyrann", vgl. 304, S. 47) auch mit unterschiedlichen Interpretationen des nationalsozialistischen und des stalinistischen Herrschaftssystems verbunden sind. In beiden Fällen stehen sich hauptsächlich auf die *Person* des Diktators und vorrangig auf die *Strukturen* des Systems bezogene Erklärungsmuster gegenüber, die mit den Etiketten „stalin-zentriert" versus „revisionistisch" (319) bzw. „Intentionalisten" versus „Strukturalisten" (vgl. 87) belegt worden sind. Im Hinblick auf die hier zu untersuchenden Einheitsparteien in diktatorischen Regimen lassen sich die kontroversen Grundpositionen wie folgt beschreiben: Einerseits sind die *Gemeinsamkeiten* betont worden, indem darauf verwiesen worden ist, dass NSDAP und PNF wie auch KPdSU gleichermaßen *als Instrumente totalitärer Machtausübung* zu qualifizieren und sich in ihren Erscheinungsformen in vieler Hinsicht ähnlich sind. Andererseits ist hervorgehoben worden, dass der faschistische Parteityp sich im Hinblick auf Genese, Funktion im Herrschaftssystem und Transformationsfähigkeit erheblich von der kommunistischen Variante der Einheitspartei unterscheidet. Die Kontroverse um diese beiden Interpretationsmuster bildet den roten Faden der folgenden Überlegungen. Auf die im Rahmen der Elitenforschung geführte Diskussion über die soziale Basis von diktatorischen Einheitsparteien, die auch als „revolutionäre Eliten" (als älteres Standardwerk von exemplarischer Bedeutung: 310) oder als „Führungsgruppen" in der Diktatur (263) interpretiert worden sind, kann an dieser Stelle nur verwiesen werden, denn das Aufnehmen dieser diktatursoziologischen Perspektive würde den Rahmen eines knappen Aufrisses sprengen.

Im Mittelpunkt einer bereits in den siebziger Jahren publizierten vergleichenden Studie zur NSDAP und KPdSU steht das Verhältnis von Bevölkerung und Einheitspartei, die von Aryeh L. Unger als das wichtigste Instrument totalitärer Massenmobilisierung und Kontrolle bestimmt worden ist (318, S. 265; vgl. auch 305, S. 141 f.). Mit ihren lokalen Gliederungen und den vielfältigen Massenorganisationen (für die Jugend, die Frauen, kulturelle Angelegenheiten usw.) gewinne die totalitäre Partei im Ergebnis eine Position, die es ihr ermögliche, wirklich jedes Mitglied der Gesellschaft zu kontrollieren und zu beeinflussen: „It is through the party that ordinary men and women in Nazi Germany and Soviet Russia have felt the weight of totalitarian power in their daily lives." (318, S. 266) KPdSU und NSDAP hätten zudem auch ganz ähnliche Herrschaftstechniken und -mittel eingesetzt. Im Ergebnis repräsentieren für Unger die Staatsparteien des NS-Staates und der Sowjetunion gleichermaßen den Typus der *„totalitären Partei"*. Vor allem seine pessimistische Wirkungsanalyse, die eine weitgehende Übereinstimmung zwischen den erklärten Absichten der totalitären Machthaber und der gesellschaftlichen Realität in der Diktatur unterstellt (vgl. hierzu Kap. III, 4), ist allerdings nicht unwidersprochen geblieben.

Aufgrund der guten Zugänglichkeit der einschlägigen NS-Überlieferungen sind viele der relevanten Debatten über die Rolle und Bedeutung von Staatsparteien, die paradigmatische Bedeutung gewonnen haben, zunächst im Kontext der NS-Forschung geführt worden. So haben Wolfgang Schieder (315) und Hans Mommsen (312) die NSDAP in ihrer „Bewegungsphase" (bis 1933) wie in ihrer „Systemphase" (als Staatspartei des Dritten Reiches) als Prototyp einer *„faschistischen Partei"* gedeutet und damit dem gerade skizzierten Deutungsmuster als totalitäre Staatspartei eine Alternative entgegengestellt. Nach dieser Lesart hat die NSDAP nach Hitlers Machtübernahme „allen effektiven Einfluss auf die zentralen politischen Entscheidungen" verloren und den von ihr erhofften Einfluss auf die öffentliche Verwaltung nicht erlangen können (313, S. 74). Sie habe sich in ein „amorphes Gebilde" verwandelt, sei gar eine „aufgeschwemmte Massenpartei" geworden, die ein „Sammelbecken der Korruption" dargestellt und ihre politische Schlagkraft eingebüßt habe (312, S. 32 f.). Allein durch das Instrument der „politischen Beurteilungen" (die bei politischen Überprüfungen, dem Antreten einer neuen Arbeitsstelle etc. abgegeben wurden) habe sich die NSDAP einen gewissen „personalpolitischen Einfluss" erhalten können. Einzuräumen sei zudem die soziale Kontrolle, die durch die „Blockwarte" der Partei in den Wohnvierteln ausgeübt wurde (vgl. hierzu 316). Erst in den Kriegsjahren habe sich die NSDAP neue Aufgabenfelder und Einflussmöglichkeiten erschließen können, was Mommsen als erneute Freisetzung des nur „notdürftig gebändigten faschistischen Potentials" der Hitlerbewegung interpretiert (312, S. 34). Insgesamt bleibt damit für Mommsen die NSDAP als Staatspartei des Dritten Reiches von signifikanten Defiziten gekennzeichnet: Im Vergleich mit dem italienischen Faschismus zeige sich, dass sich der „Faschistische Großrat" 1943 von Mussolini emanzipieren konnte, während dies für die NS-Diktatur undenkbar blieb. Und auch im sowjetischen Stalinismus blieb immer die „Potentialität einer Rückkehr zur kollektiven Führung" erhalten (312, S. 29). Demgegenüber sei es Hitler gelungen, stets den „instrumentell-propagandistischen Charakter" der NSDAP zu betonen und sie damit zum „technischen Hilfsmittel" (312, S. 32) seiner Diktatur zu degradieren und als handelnde politische Größe zu paralysieren.

Zu ähnlichen Ergebnissen kommt Gentile aber auch für den PNF, dem er attestiert, ihm sei jede Autonomie entzogen worden, er habe allerdings die federführende Organisation des faschistischen Staates auf dem Gebiet der politischen „Erziehung" und der Wohlfahrt dargestellt. Für einen italienischen Faschisten sei zwar die Idee einer Oberhoheit der Partei über den Staat völlig absurd gewesen, zugleich wurde aber nicht infrage gestellt, dass die Einheitspartei ein zentrales Grundelement („cornerstone") des totalitären Systems darstelle, das mit dem korporativ organisierten „neuen Staat" verwirklicht werden sollte (308, S. 270 ff.).

Mittlerweile ist in der NS-Forschung eine weitere Kontroverse, in der sich konträre Deutungen als vor allem personenzentrierte Hitlerdiktatur oder als polykratischer NS-Staat mit mehreren Machtblöcken gegenüberstanden, weitgehend aufgelöst worden.

Mehrheitlich hat sich als Konsens durchgesetzt, dass das NS-Herrschaftssystem mit dem Begriff des „Führerstaates" recht zutreffend beschrieben werden kann, denn bei allen Interpretationsunterschieden ist eine erhebliche Bedeutung der Führerfigur Adolf Hitler nur von sehr wenigen Forschern ernsthaft bestritten worden. Auf der anderen Seite ist kaum von der Hand zu weisen, dass der NS-Staat nicht *ein* sondern *mehrere* institutionelle Machtzentren hatte. Insofern ist die ursprünglich auf Franz Neumann (230) zurückgehende und später dann vor allem von Martin Broszat, Peter Hüttenberger und Hans Mommsen entfaltete Polykratie-These (einführend: 317, S. 351 ff. sowie 87, S. 95 ff. und 116 ff.) kaum von der Hand zu weisen. Sie geht in ihrem Grundmodell davon aus, dass während der NS-Zeit mehrere bedeutsame Einflusszentren existierten, die sich gegenseitig beeinflussten und gemeinsam eine Art „Machtkartell" konstituierten: zum einen die traditionellen Machtgruppen aus der Großwirtschaft und der Reichswehr, zum anderen ein NS-Block, der nach der Ausschaltung der SA vor allem durch die Parteiorganisation der NSDAP und die ihr zugeordneten Massenorganisationen repräsentiert wurde und aus dem sich schließlich der von Heinrich Himmler kontrollierte und immer mehr an Einfluss gewinnende SS-Komplex (inklusive der Geheimen Staatspolizei und der Verfügung über die Konzentrationslager) als eigenständiger Faktor ausgliederte. Wie überzeugend herausgearbeitet worden ist, kann das chaotisch wirkende Nebeneinander von staatlicher Verwaltung, Parteistellen, Sonderbevollmächtigten usw. als „Polykratie der Ressorts und Entfaltung von sekundären Bürokratien" (313, S. 85) gedeutet werden. Hans Mommsen hat in dieser „autoritären Anarchie" – und nicht etwa in besonders hervorstechenden Fähigkeiten Hitlers – die Grundlage für die von ihm konstatierte „kumulative Radikalisierung" und zunehmende Selbstzerstörung des NS-Regimes (313, S. 84) in den Kriegsjahren erblickt. Ulrich von Hehl hat jüngst die skizzierte strukturalistische Sichtweise aufgenommen und sie durch einen stärkeren Rückbezug auf den „Faktor Hitler" quasi gegen den ursprünglichen Strich dieser Interpretationslinie gebürstet: „Als Parteiführer, Regierungschef, Staatsoberhaupt und Oberbefehlshaber der Wehrmacht war Hitler das Gravitationszentrum einer eigentümlich amorphen Herrschaftsstruktur, die kaum als ‚System' begriffen werden kann" (309, S. 10).

Eine Synthese bieten vor allem die neueren Arbeiten von Ian Kershaw, der als Leitmotiv für seine zweibändige Hitler-Biographie eine Formel gewählt hat, die den polykratischen Charakter des NS-Staates in überzeugender Weise mit dem Phänomen Adolf Hitler *verbindet*: Kershaw markiert als einen grundlegenden Mechanismus, der im Zeichen des stetig wachsenden Führerkultes bereits in der Bewegungsphase entwickelt wurde, seine volle und überaus destruktive Wirkung dann aber vor allem in der Regimephase entfaltete, das Prinzip des konkreten Anforderungen oft vorauseilenden und sich in dienstbarer Antizipation des unterstellten „Führerwillens" oft gegenseitig überbietenden „Dem-Führer-Entgegen-Arbeitens" („working towards the Führer"; vgl. vor allem 296, S. 27 und 663 ff. sowie 144). Das zu beobachtende polykratische Nebeneinander und manchmal sogar Gegeneinander mehrerer Herrschaftsagenturen des NS-Staates kann damit als begrenzte Teilautonomie unterschiedlicher Machtzentren *und zugleich* als geschickte Herrschaftstechnik eines machiavellistisch begabten, sich im Sinne Max Webers auf eine charismatische Legitimation stützenden „Führers" gedeutet werden.

Wenn hier relativ ausführlich die Forschungskontroverse über das NS-Herrschaftssystem nachgezeichnet wurde, so deshalb, weil diese intensive Debatte grundlegende Referenzpunkte für die aus *empirischer* Sicht eher schwach entwickelte komparative Forschung zu den Staatsparteien der modernen Diktaturen liefert. Zudem ist auch für die

Forschungen über die Kommunistische Partei der Sowjetunion eine ähnliche Frontenbildung festzustellen. Wie Nicolas Werth es formuliert, schuf im Grunde jeder Stalin-Biograph (von Roy Medvedev und Robert Conquest über Adam Ulam und Robert Tucker bis zu Dimitri Wolkogonow, um die wichtigsten hier zumindest zu nennen) „seinen" eigenen Stalin (319, S. 45 ff.) und in Verbindung hiermit wurde jeweils ein anderes Bild der Staatspartei KPdSU gezeichnet. Das „stalin-zentristische" Deutungsmuster geht davon aus, dass die stalinistische Herrschaft inklusive ihrer Terrorwellen einem großen, vorab feststehenden Plan eines krankhaft paranoiden Diktators folgte. Die revisionistische Gegenposition nimmt dagegen an, dass kein vorherbestimmter „Plan" existierte, sondern dass sich die Radikalisierung der Herrschaftspraxis eher aus den ungewollten Dysfunktionalitäten des Systems, etwa aus Konflikten und Problemen zwischen Zentrum und Peripherie, ergeben hat. So sprechen Analysen zu den sozial- und alltagsgeschichtlichen Dimensionen von Herrschaft (exemplarisch: 277; 283) dafür, dass beispielsweise lokale Funktionäre die zentralen Anweisungen nach ihren Vorstellungen interpretierten und dabei nicht immer mit den Intentionen der Parteiführung übereinstimmten (zum Paradigmenwechsel in der Stalinismusforschung vgl. 278).

Aufgrund des vergleichsweise günstigen Zugriffs auf die relevanten Quellen bietet sich für weitere empirische Forschungen zu den Staatsparteien und den ihnen zugeordneten Massenorganisationen ein Vergleich der NS- und der SED-Herrschaft als sinnvolle Ergänzung der bereits vorliegenden komparativen Studien an. An diesem Punkt setzte ein vom Verfasser koordiniertes Forschungsprojekt zu den lokalen Parteiorganisationen von NSDAP und SED in ausgewählten Großstädten an, das an der Berliner Forschungsstelle Widerstandsgeschichte durchgeführt worden ist. Da bislang erst einzelne Teiluntersuchungen (314; 316) veröffentlicht worden sind, seien einige Befunde knapp zusammengefasst. Die komparative Untersuchung ergibt *Parallelitäten* in folgenden Bereichen: Die diktatorischen Machthaber formulierten für die lokalen Gliederungen ihrer Staatsparteien und die an der gesellschaftlichen Basis eingesetzten Funktionäre gleichermaßen umfassende Aufgabenstellungen, die in toto auf einen „totalitären" Herrschaftsanspruch hinauslaufen. Beide Regime mobilisierten hierfür ein riesiges Potential an kleinen Funktionsträgern: Allein in Stuttgart waren 1938 rund 15 000 NSDAP-Funktionäre eingesetzt, im Magdeburg der fünfziger Jahre belief sich die Zahl der SED-Funktionäre ebenfalls auf mehrere Tausend. In beiden deutschen Diktaturen bemühte man sich nachhaltig, diese Fußtruppen der Diktatur auf die jeweilige „politische Religion" des Regimes einzuschwören.

Insgesamt ergibt der Vergleich von NSDAP und SED allerdings mehr *Unterschiede* als Gemeinsamkeiten: Diametral entgegengesetzt war die soziale Basis der Parteifunktionäre. Exemplarisch untersuchte Stichproben zu Stuttgart und Frankfurt am Main belegen für die NSDAP-Funktionäre ganz überwiegend eine Herkunft aus „mittelständischen" bzw. „kleinbürgerlichen" Verhältnissen. Die SED hingegen stützte sich, jedenfalls in den im Rahmen dieses Projektes untersuchten Stichproben aus Magdeburg und Leipzig in den fünfziger und sechziger Jahren, ganz eindeutig auf Kader aus proletarischen Herkunftsmilieus. Weiterhin wurde in der SED ein riesiger Aufwand betrieben, um durch systematische Auswahl, beständige Kontrolle und „Säuberung" ihrer Funktionäre eine gezielte Rekrutierung des gewünschten Nachwuchses zu erreichen. Demgegenüber erfolgte im NS-Staat die Rekrutierung des Führernachwuchses eher unsystematisch. Zudem wurden durch die parteiinterne Gerichtsbarkeit Konflikte nur dann geregelt, wenn dies unbedingt notwendig erschien, um Gesichtsverluste zu vermeiden. Sie stellte kein systematisch zur politischen Kontrolle und Disziplinierung der Funktionäre eingesetztes internes Herrschaftsinstrument dar, wie dies für die Parteikontrollkommissionen der SED auf allen Ebenen der Fall war. Der umfassende Herrschaftsanspruch der SED wurde so weitgehend umgesetzt, wie es die Verhältnisse zuließen, d. h. von den lokalen Funktionären wurde nicht nur theoretisch gefordert, sondern auch tatsächlich erwartet, dass sie sich bei allen relevanten Fragen und Entscheidungen einschalteten, und zwar auch dann, wenn durch die übergeordnete Leitungsebene keine konkreten Anweisungen hierzu gegeben worden waren. Die wahrzunehmenden Aufgabenbereiche waren somit entgrenzt. Die den lokalen NSDAP-Funktionären durch die übergeordneten Leitungsebenen aufgetragenen Anweisungen waren demgegenüber vergleichsweise konkret und begrenzt. In der alltäglichen Praxis hatten sie vorrangig vier Funktionen wahrzunehmen: Sie waren die Propagandisten der NS-Ideologie, sie wirkten als flächendeckendes Instrument der politischen Überwachung und ebenso als zuarbeitende Assistenten der rassistischen Verfolgung und schließlich hatten sie in der Kriegszeit die „Heimatfront" zu organisieren (316, S. 589 ff.). Nach dem „Führerprinzip" wurde vor allem Gehorsam und penible Ausführung der Befehle erwartet.

Insgesamt versuchte die SED auch auf lokaler Ebene die immer wieder beschworene „führende Rolle der Partei" in *allen* Politikbereichen wahrzunehmen und durchzusetzen. Auf lokaler und regionaler Ebene (ebenso wie im nationalen Maßstab) war die Dominanz der Leitungskader gegenüber kommunalen bzw. staatlichen Verwaltungen, der Justiz, der Polizei und natürlich auch allen Massen- und Vorfeldorganisationen grundsätzlich unbestritten. In der NSDAP wurde dagegen der theoretisch ebenfalls umfassend formulierte Herrschaftsanspruch nur teilweise eingelöst. Das Verhältnis von Staat und Partei ist zutreffend als eine Art „Dualismus" (vgl. hierzu noch immer als Standardwerk: 307) beschrieben worden. Mit der Politischen Polizei und der Justiz kooperierte die NSDAP, sie war diesen aber nicht prinzipiell übergeordnet. Dies gilt in der Praxis teilweise sogar im Verhältnis zu wichtigen NS-Organisationen und Verbänden (wie etwa der Deutschen Arbeitsfront und vor allem der SS). Auch bei der Analyse der binnenstrukturellen Entwicklung der untersuchten Parteiapparate (314), die mit Max Weber als eine spezifische Art von „Verwaltungsstäben" gefasst werden können, dominieren die Differenzen, so dass NSDAP und SED im Ergebnis als *deutlich verschiedene Varianten* von Parteien in modernen Diktaturen zu kennzeichnen sind. Insbesondere hatten konkrete Politikinhalte und unterschiedliche ideologische Ziele der beiden Staatsparteien – auf der einen Seite vor allem die Kriegs- und Rassenpolitik der NSDAP, auf der anderen Seite die „Errichtung einer sozialistischen Gesellschaft über eine pseudodemokratische realsozialistische Parteidiktatur" (314, S. 683) – unmittelbare Auswirkungen auf den Aufbau und die Struktur der jeweiligen unteren Parteiapparate. Als weiteres Ergebnis des Forschungsprojektes ist schließlich festzuhalten, dass es inhaltliche Aspekte gibt, die sich *überhaupt nicht* vergleichen lassen: Für die Beteiligung der NSDAP-Funktionäre an der rassistischen Verfolgung und Vernichtung sowie für ihren „Kriegseinsatz" an der „Heimatfront" existiert schlichtweg kein Pendant bei der SED – die komparative Sektoranalyse muss hier unvollständig bleiben.

Was bedeuten diese Befunde für die Rolle der Staatspartei in den modernen Diktaturen? Einerseits können auf einer höheren Abstraktionsebene wichtige *Gemeinsamkeiten* zwischen faschistischen und kommunistischen Einheitsparteien festgestellt werden: Grundsätzlich *zielen* moderne Parteidiktaturen darauf, „das Herrschaftsmonopol der staatstragenden Partei nicht nur durch das Verbot aller anderen Parteien, sondern auch durch die Gleichschaltung aller gesellschaftlichen Organisationen und die Ausrichtung aller Informationsmittel unter Kontrolle dieser Partei zu sichern" (311, S. 11). Mit Juan

Linz können zwei grundlegende *Funktionen* totalitärer Parteien hervorgehoben werden: Erstens haben sie die Aufgabe, die Massen zu mobilisieren und im Sinne des Systems zu politisieren; zweitens müssen sie die Rekrutierung, Prüfung und Auswahl sowie die politische Erziehung der neuen politischen Elite gewährleisten (81, S. 51 ff.). Zudem kombinieren die totalitären Staatsparteien, wie Michael Mann aus soziologischer Perspektive betont hat, vier grundlegende administrative *Methoden*: die Internalisierung des Teile-und-Herrsche, das Prinzip des „dem-Führer-entgegen-Arbeitens", die Berufung auf „Kameradschaft" (zur grundlegenden Bedeutung der Kameraderie im NS-Staat vgl. 291, S. 247 ff.) bzw. stets linientreue „Solidarität" unter Genossen und die nach dem Zellenprinzip organisierten lokalen Parteigliederungen, um die Aktivisten der „kontinuierlichen Revolution" adäquat zu organisieren (281, S. 148 f.). Andererseits bestehen aber sowohl in der Ideologie und Politik (vgl. Kap. III, 1 und III, 2) als teilweise auch in den Organisationsstrukturen gravierende *Unterschiede* zwischen kommunistischen und faschistischen Staatsparteien. So existieren zum Beispiel für das Führerprinzip der Faschisten (hierzu grundlegend: 312, S. 24 ff.) und die Institutionalisierung paramilitärischer Organisationen (wie der SA und der italienischen Squadren) keine Entsprechungen in den kommunistischen Diktaturen (81, S. 60 ff.).

c) Die Bedeutung der Massenorganisationen für das Herrschaftssystem

Ebenfalls noch in den Anfängen steckt die empirisch vergleichende sektorale Analyse zu den Massenorganisationen der Diktaturen, und einmal mehr dürften es aufgrund der vergleichsweise günstigen Zugriffsmöglichkeit auf die Quellen und des nahe liegenden Vergleiches zwischen ähnlichen Institutionen in unterschiedlichen Diktaturen desselben nationalen Kontextes vor allem komparative Studien zum NS-Staat und zur DDR sein, die in den nächsten Jahren neue Erkenntnisse vermitteln werden. Im Folgenden richtet sich das Interesse zunächst auf die Deutsche Arbeitsfront (DAF) und den Freien Deutschen Gewerkschaftsbund (FDGB) sowie auf die Staatsjugendorganisationen in beiden Regimen. Da aus einem an der Außenstelle Berlin des Institutes für Zeitgeschichte laufenden umfassenderen Forschungsprojekt zum Vergleich von Hitlerjugend und Freier Deutscher Jugend (FDJ) bislang noch keine publizierten Ergebnisse vorliegen, wird anhand eines enger konzipierten sektoralen Vergleiches beispielhaft die mädchenspezifische Jugendarbeit in beiden Diktaturen betrachtet.

Zunächst aber zu den "Pseudo-Gewerkschaften" DAF und FDGB: Sebastian Simsch hat in einem Aufsatz erste Zwischenergebnisse aus seinem noch laufenden Forschungsprojekt zur DAF und zum FDGB in Sachsen vorgelegt. Darin trifft er die – wie er selbst einräumt – „vage Aussage", dass die Arbeiter gegenüber den Angeboten der DAF insgesamt „aufgeschlossener" gewesen seien als dies im Hinblick auf den FDGB der Fall gewesen sei. Als weiterhin noch zu überprüfende Arbeitshypothese wird formuliert: „Die DAF und die Industriearbeiterschaft kommunizierten besser miteinander als der FDGB und die Industriearbeiterschaft." (322, S. 785) In einem demnächst publizierten Problemaufriss hat Rüdiger Hachtmann, der ebenfalls den Vergleich DAF/FDGB im Rahmen einer empirischen Sektoranalyse bearbeitet, darauf hingewiesen, dass die von Simsch vorgenommene Stilisierung der DAF zum „vergleichsweise basisnahen Erfolgsmodell" und die Reduzierung des FDGB auf einen wenig erfolgreichen, bürokratischen Koloss durch die herangezogenen, sehr unterschiedlichen Quellen (für die DAF vor allem programmatische Publikationen und Selbstdarstellungen, für den FDBG dagegen interne Materialien, die eben auch Konflikte spiegeln) keineswegs gedeckt ist.

In seinem methodisch reflektierten Rahmenkonzept bestimmt Hachtmann für den Vergleich der beiden von ihm als „Pseudo-Gewerkschaften“ apostrophierten Organisationen zunächst vier zentrale Ebenen: 1. Organisationsstrukturen und Organisationsgeschichte; 2. das Profil des Funktionärsapparates (soziale Herkunft, Selbstverständnis, Verhaltensmuster etc.); 3. die Frage, wie erfolgreich die Arbeitnehmerschaft auf betrieblicher Ebene in das jeweilige politische System integriert werden konnte, und schließlich 4. die Position der beiden untersuchten Organisationen innerhalb des jeweiligen Herrschaftssystems. Ein gravierendes Problem für den Vergleich stellen die für die Geschichte der DAF und des FDGB gleichermaßen zu beobachtenden Entwicklungsprozesse dar. Vor allem für die DAF ergeben sich je nach dem Untersuchungszeitpunkt ganz unterschiedliche Befunde: 1933 kann sie als organisatorische „Verlängerung“ der gleichgeschalteten Gewerkschaften bestimmt werden und befindet sich zudem in einem Machtkampf mit der rivalisierenden NSBO; 1938/39 ist der organisatorische Ausbau der DAF zu einem vorläufigen Abschluss gekommen und inzwischen haben ihre Betriebsobmänner gegenüber den in den Betrieben tätigen „Vertrauensräten“ erheblich an Einfluss gewonnen; 1941/42 hatten sich schließlich Aufgabenfelder und innere Strukturen erneut „fundamental gewandelt“: nun führte die DAF auch „Auskämm- und Stillegungsaktionen“ im Dienste der Kriegswirtschaft durch und organisierte die „Fremdarbeiterbetreuung“. Sehr zu Recht wirft Hachtmann daher die Frage auf: „Mit *welcher* DAF soll eigentlich verglichen werden?“ Eine adäquate Lösungsstrategie kann wohl nur darin bestehen, immer dort, wo es notwendig ist, zeitliche Differenzierungen vorzunehmen, also nicht eine statische, sondern *mehrere* sich ergänzende Vergleichsachsen zu untersuchen. Ein zweites Grundproblem aller Vergleiche von NS- und SED-Diktatur wird bei der Sektoranalyse von DAF und FDGB sehr anschaulich: Aufgrund der zeitlichen Abfolge erfolgten die Entwicklungen in der DDR immer vor dem Hintergrund der zuvor bereits gemachten Diktaturerfahrungen im NS-Staat. In diesem Falle bedeutet dies, dass viele jüngere Arbeitnehmer in ihrem Arbeitsleben funktionstüchtige und erfolgreiche Gewerkschaften überhaupt noch nicht kennen gelernt hatten.

Die vergleichende Sektoranalyse von DAF und FDGB ergibt eine ganze Reihe von (teilweise allerdings nur oberflächlichen) Ähnlichkeiten bzw. *Gemeinsamkeiten*, die hier nur stichwortartig zusammengestellt werden können: Größe und Finanzstärke, Zwangsmitgliedschaft, Aufhebung des Tarifvertragsprinzips, ideologische Orientierung an den Zielen des jeweiligen Regimes, Mobilisierung zum intensiveren Arbeitseinsatz (unter der Parole der „Arbeitsmoral“), die Wahrnehmung von konkreten Kontroll- und Überwachungsfunktionen, die Einbindung in die staatliche Sozialpolitik, die erfolgreiche Organisation von massentouristischen Angeboten sowie das Propagieren eines „Wettbewerbs-Prinzips“ jenseits der offenen Konkurrenz. Vor allem aber ist auf einige gravierende *Unterschiede* hinzuweisen: Der FDGB war im Rahmen des Herrschaftssystems der DDR vergleichsweise nachrangig positioniert. Trotz der auch hier partiell zu beobachtenden Entwicklungsprozesse waren sowohl seine spezifischen Aufgabenfelder als auch die einmal entwickelten Strukturen eher auf Kontinuität angelegt. Ganz anders die DAF, die in ihren markanten Entwicklungsstufen jeweils ein neues Profil gewann und dabei auch ganz unterschiedliche Funktionen wahrnahm, was ihre Position im NS-Herrschaftssystem veränderte. Insgesamt, so das Fazit dieser empirischen Sektoranalyse, sind daher dem Vergleich der beiden „Pseudo-Gewerkschaften“ eher enge Grenzen gesetzt.

Vor allem unter beziehungsgeschichtlichen Aspekten aussagekräftig ist ein ergänzender Seitenblick auf das 1925 ins Leben gerufene Opera Nazionale Dopolavoro, die Freizeitorganisation des faschistischen Italiens, und die NS-Gemeinschaft „Kraft durch

Freude" (KdF), die der DAF angeschlossen war. Tatsächlich steht die ideelle Vorbildfunktion von Dopolavoro als eines Modells faschistischer Sozialpolitik außer Frage. Umso bemerkenswerter ist, dass die KdF gesteigerten Wert darauf legte, eben nicht als Nachahmung des italienischen Modells angesehen zu werden (320, S. 67 ff.).

Der sektorale Vergleich der von Staatsjugendorganisationen betriebenen mädchenspezifischen Jugendarbeit in der NS-Zeit und der DDR muss a priori eine ganz spezifische Ungleichgewichtigkeit berücksichtigen: der „Bund Deutscher Mädel" (BDM) stellte zwar eine Unterabteilung der Hitlerjugend dar, verfügte aber unter diesem Dach über eine weitgehende organisatorische Eigenständigkeit. In der DDR existierte eine solche geschlechtsspezifische Profilierung nicht – die FDJ umfasste in ihren Gliederungen sowohl Mädchen als auch Jungen. Eine wichtige *Gemeinsamkeit* ist, dass Jugendliche in beiden deutschen Diktaturen in der Praxis eine besonders relevante Zielgruppe einer in die Zukunft denkenden diktatorischen Herrschaftssicherung waren und nach den gegebenen totalitären Intentionen auch zwingend sein mussten. Die Monopolstellungen der neben Schule und Elternhaus als dritte Sozialisationsinstanz privilegierten und besonders geförderten Staatsjugendorganisationen sollten die Grundlage bilden, um die Heranwachsenden in die gewünschte Bahn zu lenken (321, S. 93 ff.). Vergleichbare Masseninszenierungen und die offizielle Ideologie des Regimes wie seine kulturelle Repräsentation umsetzende Riten, Symbole und Lieder lassen sich sowohl für die NS- als auch für die DDR-Seite nachweisen. In beiden Fällen spielte der Jugendtourismus als ein die ideologische Integration beförderndes „Angebot" eine wichtige Rolle. Während allerdings in der NS-Zeit eine (nicht immer durchgesetzte) Jugenddienstpflicht bestand, begnügte man sich in der DDR damit, auf informellen Bahnen Druck auszuüben. Vor allem *Unterschiede* fördert die vergleichende Betrachtung von Ideologie und Praxis der jeweiligen Mädchenerziehung zu Tage. Markant treten sie in der geschlechtsspezifischen Ausrichtung des BDM und im prinzipiell koedukativen Ansatz der FDJ hervor. Sie reproduzieren sich aber auch in einem ganz unterschiedlichen Frauenbild, das im NS-Staat in hohem Maße auf die Mutterrolle abhob, während in der DDR die weibliche Erwerbstätigkeit in den Mittelpunkt gerückt wurde. Insofern ergibt sich freilich auf einer höheren Abstraktionsebene wieder eine deutliche Gemeinsamkeit: In beiden Fällen war das Ziel der staatlich organisierten Mädchenarbeit, sie im jeweils spezifischen Interesse des Staates „einsatzbereit" zu machen (321, S. 101). In ihrem sehr vorsichtigen Urteil zu der Frage, ob diese Ziele durch die staatlich organisierte Jugendarbeit auch wirklich erreicht wurden, deutet Friederike Niederdalhoff an, dass das „Erwachsenwerden in vorgefertigten Lebensentwürfen" eine zentrale Erfahrung sein könnte, die Mädchen und junge Frauen sowohl im NS-Staat als auch in der DDR machten.

Insgesamt unterstreichen die hier anhand von zwei exemplarischen Beispielen unterschiedlicher Massenorganisationen für die NS- und die SED-Herrschaft durchgeführten komparativen Sektoranalysen, dass derartige Mikrostudien sinnvoll und ertragreich sind, sofern die relevanten Vergleichsdimensionen adäquat operationalisiert und die Grenzen der Vergleichsmöglichkeiten markiert werden.

4. Totalitärer Herrschaftsanspruch und Grenzen der Diktatur

„Die Vorstellung der totalen Planung der Gesellschaft ist [...] insofern utopisch, als sie nicht nur ein totale Formbarkeit des Menschen, sondern eine totale Voraussicht der Führung annimmt. Beides ist nicht erreichbar. Das totalitäre Modell bleibt auch in der äußersten Ausdehnung, auch in den Zeiten des äußersten Schreckens insofern bloßes Modell, als gewisse Grenzen für die Verwirklichung des Staatszweckes bestehen bleiben. Vor allen Dingen aber gibt es Grenzen in der Voraussicht. Die geplante Umwälzung hat immer auch ungeplante, auch unvorhergesehene Konsequenzen. Und darin liegt die Grenze für das Perpetuum mobile in der Geschichte, das es ebenso wenig zu geben scheint, wie in der Natur. Das, glaube ich, ist die letzte Grenze des Totalitarismus." (331, S. 208) Das fundamentale Spannungsverhältnis zwischen dem umfassenden und mit allen Mitteln verfolgten, eben dem „totalitären" Herrschaftsanspruch diktatorischer Machthaber und der in der Realität stets nur begrenzten Durchdringung, Kontrolle und Steuerung der Gesellschaft ist bereits in den sechziger Jahren erkannt und beschrieben worden. Richard Löwenthal, von dem das Eingangszitat stammt, und Hans Buchheim (114, S. 127ff.) können hier für viele andere stehen. Mit der Betrachtung sektoraler Studien zu den Grenzen der Diktatur wird an dieser Stelle an die theoretische Debatte (vgl. Kap. III, 1, b) über den Idealtypus der totalitären Herrschaft, der trotz aller diktatorischen Machtmittel niemals vollständig zum Realtypus werden kann, angeknüpft.

Als wichtiger Schritt zu einer empirischen Annäherung an das Problem von Herrschaftsanspruch und Herrschaftswirklichkeit ist der von Richard Bessel und Ralph Jessen herausgegebene Sammelband (106) hervorzuheben, der die „Grenzen der Diktatur" zum programmatischen Bezugspunkt gemacht und sie für wichtige Bereiche der DDR-Geschichte (Bauern und Bodenreform, Arbeiter und Gesellschaftspolitik, die Professionen der Ärzte, Hochschullehrer und Ingenieure sowie die auf die Zersetzung dieser Residuen bürgerlicher Milieus gerichtete Transformationspolitik der SED) exemplarisch untersucht hat. Im genannten Falle zielt der empirisch fundierte Nachweis konkreter „Grenzen der Diktatur" letztlich darauf, den Totalitarismusansatz zu problematisieren. Aber auch Vertreter einer modifizierten und methodologisch zur Empirie hin geöffneten Totalitarismustheorie konstatieren das angesprochene Spannungsverhältnis zwischen Intention und Realität. So hat beispielsweise Ludolf Herbst für eine Erweiterung des klassischen Totalitarismusansatzes zu einer „funktionalen Prozesstheorie" plädiert und gleichzeitig davor gewarnt, auf die „Phraseologie" totalitärer Regime hereinzufallen und zu unterstellen, dass diese ihren umfassenden und entgrenzten Kontrollanspruch in komplexen Gesellschaften tatsächlich durchsetzen könnten. Dies sei in der Praxis „ein Ding der Unmöglichkeit", denn Lenkung, Planung und Kontrolle könnten „nur unter ganz einfachen Bedingungen total oder nahezu total sein". Die Diktaturen des 20. Jahrhunderts seien aber gerade durch sehr komplexe Rahmenbedingungen (z. B. wirtschaftliche Zwänge und miteinander verschränkte Bürokratisierungsprozesse) gekennzeichnet, die zumindest auf Dauer nur begrenzte Einwirkungsmöglichkeiten zuließen (135, S. 25). Für Heinz Hürten, einen anderen Befürworter des Totalitarismuskonzeptes, steht fest, dass totalitäre Regime über kurz oder lang auf unüberwindliche Grenzen stoßen. Sie seien auf Dauer „nicht in der Lage, die Widersprüche ihrer Ideologien mit der gesellschaftlichen und ökonomischen Realität zu kaschieren und eine totale Kontrolle über die Gesellschaft aufrechtzuerhalten" (329, S. 130). Eine Schlüsselrolle spielt dabei für Hürten das nicht zu gewährleistende „Monopol auf Öffentlichkeit". Als Beleg führt er mit Blick auf die NS-Zeit den Kampf um die Beibehaltung der Wandkreuze in den Schulen an. Diese Form von „Resistenz" (zu diesem umstrittenen Konzept vgl. Kap. III, 6) sei ein typisches Beispiel dafür, dass eine totalitäre Regimeführung es nicht akzeptieren könne, dass eine größere Gruppe der Bevölkerung, die sich nicht einfach durch Verfolgung eliminieren oder durch Ausgrenzung neutralisieren lässt, in offenem Widerspruch zu ihr lebt. Eben deshalb habe übrigens auch die Parole „Wir sind das Volk" dem DDR-Regime den „Todesstoß" versetzt. Schließlich sei mit den Thesen einer Potsdamer Forschungsgruppe um Thomas Lindenberger auf einen vierten wichtigen Referenzpunkt verwiesen: Folgt man ihrer Interpretation, so waren im Falle der DDR die Grenzen der Diktatur so vielfältig und so wirkungsmächtig, dass man im Ergebnis von einer „Diktatur der Grenzen" sprechen könne (330). Aus dieser Position ist die Vorstellung einer „totalitär" durchherrschten DDR-Gesellschaft nicht mehr als ein a priori normativ bestimmtes abstraktes Zerrbild, das einer empirischen Überprüfung nicht standhält.

In der in Deutschland geführten Debatte über totalitäre Herrschaftsansprüche und die konkrete gesellschaftliche Realität spielt derzeit der Vergleich von NS- und SED-Herrschaft eine besonders wichtige Rolle. Diese Schwerpunktsetzung wird im Folgenden aufgegriffen, denn sie reflektiert die Quellensituation und den Entwicklungsstand auf diesem Gebiet der komparativen Diktaturforschung. Insbesondere bestehen für die beiden deutschen Diktaturen sehr vielfältige Zugriffsmöglichkeiten auf relevante Quellenbestände, die diesen Sonderfall (vgl. Kap. II, 2, e) als aussichtsreiches Untersuchungsfeld für sozial- und kulturwissenschaftlich fundierte komparative Analysen qualifizieren. Da allerdings ein auf zunächst zwei Fallbeispiele konzentrierter Vergleich nur begrenzt aussagefähig sein kann, ist eine Erweiterung dieser Schwerpunktsetzung notwendig. Soweit dies angesichts einer sehr geringen Zahl von entsprechenden Sektorstudien möglich ist, werden daher auch andere Vergleichsperspektiven einbezogen. Dass es – trotz der politischen „Säuberungen" und Gewaltexzesse (vgl. Kap. III, 5) – auch in der Sowjetunion „Grenzen der Diktatur" gab, ist in den neueren sozialgeschichtlichen Untersuchungen zum Stalinismus (vgl. etwa 277 und 283) herausgearbeitet geworden. Stellvertretend sei hier auf Sheila Fitzpatricks Analyse des „alltäglichen Stalinismus" (325) verwiesen, in der mit der Formel „Ordinary Life in Extraordinary Times" auf die Beharrungskraft alltäglicher Verhaltensmuster abgehoben wird. Insgesamt werden gerade Untersuchungen zur Sozialgeschichte der Herrschaft in der Sowjetunion auf eine erheblich breitere empirische Basis gestellt werden müssen, bevor ein austarierter Vergleich mit dem derzeit ungleich besser erforschten NS-Staat ins Auge gefasst werden kann.

Mittlerweile liegen aus der komparativen Forschung zum NS-Staat und zur DDR eine ganze Reihe von quellengesättigten empirisch vergleichenden Spezialstudien bzw. Aufsätzen als Vorstufen zu größeren Untersuchungen für etliche Themenfelder vor: zum Beispiel für die in einem richtungsweisenden Sammelband unter dem Oberbegriff der „Sozialstaatlichkeit" behandelte Sozial-, Gesundheits-, Fürsorge- und Wohnungspolitik sowie das Arbeitsrecht (328), für die Entfaltungsmöglichkeiten bürgerlicher Honoratiorenvereine (326), für die Bestrebungen regionalkultureller Verbände und den Naturschutz (333; 334), für die Entwicklung und Rezeption des Radios und des Radiohörens (332) und für die Handlungsspielräume der Betriebsleitungen eines industriellen Großbetriebes (335). Gleichzeitig ist festzustellen, dass wichtige Aspekte der DDR-Geschichte unter komparativen Gesichtspunkten bislang vor allem in Relation zur Bundesrepublik untersucht worden sind. Dies gilt zum Beispiel für die ökonomischen Strukturen und Fragen des Wirtschaftslebens (323), für die Situation von Frauen (327) sowie Kindern und Jugendlichen (324). Der Tatsache, dass viele der oben genannten sektoralen Vergleichsstudien zum NS-Staat und zur DDR auf ihrem Gebiet den Charakter von innovativen, zum Teil auch methodologisch explorativen Pionierstudien haben, dürfte es geschuldet sein, dass sich breitere Forschungsdiskussionen in vielen Fällen (noch) nicht entwickelt haben. Im Folgenden wird die Forschungskontroverse über den totalitären Herrschaftsanspruch und die gesellschaftlichen Grenzen der Diktatur anhand von drei ausgewählten Themenfeldern beispielhaft diskutiert: des Verhaltens der Arbeiterschaft und der Situation von Frauen sowie der Rolle von Sprache und Literatur in der Diktatur.

a) „Hinnehmen" und „Mitmachen" in der Diktatur – zur „sozialen Praxis" von Herrschaft am Beispiel der Arbeiterschaft

Mit Alf Lüdtke kann man Herrschaft (demokratische wie diktatorische) ganz grundsätzlich nicht nur als ein abstraktes Machtverhältnis sondern als eine Form „sozialer Praxis" verstehen. Als theoretischen Ausgangspunkt wählt Lüdtke Max Webers Diktum, dass ein „bestimmtes Minimum an Gehorchenwollen [...] zu jedem echten Herrschaftsverhältnis" gehöre (vgl. 338, S. 11). Er erweitert Webers Frage nach den Motiven dieser Fügsamkeit, indem er darauf verweist, dass sich Herrschaft als „soziale Praxis" in einem vielschichtigen „Kräftefeld" konstituiere. Das „Mitmachen der Vielen" läge dabei in einer komplexen Gemengelage mit einem „Eingezwängt-Sein" und mit Fremdbestimmung. Nicht immer seien dabei die Akteure eindeutig in „Herren" hier und Beherrschte dort zu unterscheiden, denn „Knechte" und „Mägde" könnten gleichzeitig eben auch „Mittäter" sein. Was bedeutet dies konkret im Hinblick auf das Verhalten der Arbeiterschaft unter dem NS-Regime?

In der NS-Forschung ist herausgearbeitet worden, dass ein erheblicher Teil der Arbeiterschaft durch das dezidierte Werben der Nationalsozialisten angesprochen und zumindest teilweise auch durch ideologische Integrationsangebote für den NS-Staat eingenommen worden ist (vgl. 342, S. 121 ff.). Der sich aus den proletarischen Aneignungsformen der betrieblichen Lebenswelt ergebende „Eigen-Sinn" der Arbeiter, für den etwa die „deutsche Qualitätsarbeit" als Markenzeichen und Ausdruck des Stolzes auf die hergestellten Produkte oder auch die von den Nationalsozialisten symbolisch aufgeladene Formel von der „Ehre der Arbeit" wichtige Bezugspunkte bildeten, ließ sich in der Praxis recht gut mit einem bisweilen distanzierten, teilweise aber auch zustimmenden „Hinnehmen" der NS-Herrschaft verbinden. Die beschworene „rote Glut", der massenhafte Aufstand der Arbeiter gegen den Faschismus, blieb aus (341). Aktiver Widerstand gegen das NS-Regime (als Überblick hierzu: 342, S. 783 ff.) blieb auch in der Arbeiterschaft nur die Option einer kleinen Minderheit. Zusammenfassend konstatiert Lüdtke als Ergebnis seiner Rekonstruktion der „sozialen Praxis" unter dem Faschismus: „Gleichzeitigkeiten von Herrschaft, Widerständigkeit und stummer Distanz. Für die Individuen hieß das: Zustimmen, Hinnehmen und Mitmachen – aber auch ‚Abtauchen', Sich-Distanzieren, mitunter auch Sich-Widersetzen waren weder fortdauernde, noch notwendige Gegensätze. Das Hinnehmen trug ‚von innen' viele Gesichter. Im Angesicht der Folgen und Opfer schrumpft freilich die Vielfalt: Aus zögerlichem Hinnehmen resultierte ebenso wie aus ‚freudigem' Zustimmen Mittäterschaft. Darauf aber stützte sich das Herrschafts- und Ausbeutungssystem des deutschen Faschismus bis zur letzten Minute." (339, S. 240)

Wie sieht im Vergleich hierzu Lüdtkes Bilanz für die DDR aus? Auch in einer „durchherrschten Gesellschaft" wie der DDR (Lüdtke greift hier die von Jürgen Kocka geprägte Formel auf, vgl. 226) definierten sich die in der Realität zu beobachtenden Varianten des Verhaltens – vom „Hinnehmen" und „Mitmachen" bis zu Formen der Distanzierung und zur Verweigerung – nicht allein als Reaktionen auf die Politik der Machthaber oder das abstrakte „politische System". Insbesondere für die älteren Generationen sei zum Beispiel in Rechnung zu stellen, dass sie bereits die NS-Herrschaft miterlebt und auch „mitgetragen", „ihr nicht selten ‚gute Seiten' abgewonnen" (340, S. 188f.) hatten. Zwar habe die „Arena der organisierten Politik" kaum eigenständige Handlungsspielräume geboten, konkret: die „Werktätigen" hatten in „ihrer" Partei SED kaum Mitwirkungsmöglichkeiten. Ganz anders sei aber die Situation an den industriellen Arbeitsplätzen, dem eigentlichen sozialen Zentrum der „arbeiterlichen" (zu dieser Charakterisierung: 336) DDR-Gesellschaft, gewesen. „In den Werkstätten und an den Maschinen erwies sich Arbeit als beides zugleich: zum einen als Rechtfertigungsmittel gegen Zumutungen ‚von oben' wie ‚von außen'; zum zweiten als Praxis, in der ‚Eigensinn' entfaltet und Befriedigung zu finden war." (338, S. 204f.) Entscheidend für das Verhalten der Arbeiter in der DDR (als breiter Überblick: 337) sei vor allem dieser letzte Aspekt gewesen: Befriedigung habe sich in den Reihen der Industriearbeiterschaft eingestellt, weil man *trotz* der „offenkundig unzureichenden Arbeitsbedingungen" und ungeachtet der nicht selten widersinnigen Planungen und Anordnungen bestimmte Produktionsleistungen erreichte. Tendenziell habe sich dabei der in der Mentalität der Arbeiterschaft traditionell verankerte Stolz auf die produzierte „Wertarbeit" verschoben „zu jener Genugtuung, die das Finden der richtigen Aushilfe verschafft. Diese Genugtuung war vielfach dem Grau-in-Grau und den zahllosen Fehlschlägen alltäglichen Sich-Abmühens abgetrotzt. Ob daraus Loyalität oder die Gleichgültigkeit bloßen Hinnehmens folgte – es war ein missmutiges Akzeptieren von ‚Verhältnissen'" (340, S. 206).

Bislang hat Lüdtke in seinen Publikationen den direkten Vergleich des Arbeiterverhaltens unter dem „deutschen Faschismus" und der SED-Herrschaft vermieden. Setzt man seine Analysen dennoch in Beziehung zueinander, so ergibt sich erstens als hervorstechende Konstante das Element des „Eigen-Sinns", der nach Lüdtke über die Systemgrenzen hinweg Bestand hatte und das Verhalten der Arbeiterschaft nachhaltig prägte, mindestens punktuell auch begrenzte Handlungsspielräume eröffnete und einen partiellen und temporären Rückzug in „Nischen" des Systems ermöglichte. Zweitens ist ein deutlicher Unterschied in den Konsequenzen dieser Mixtur aus „Hinnehmen" und „Mitmachen" einerseits und partieller Verweigerung und Distanzierung andererseits zu konstatieren. Im verbrecherischen System des „deutschen Faschismus" führte das „Mitmachen der Vielen" nach Lüdtke unweigerlich zur mittelbaren *„Mittäterschaft"*, in der DDR dagegen zum eher neutral bewerteten *„missmutigen Akzeptieren"* unerquicklicher Verhältnisse.

b) Literatur, intellektuelles Leben und Sprache unter der Diktatur

„Kunst und Literatur haben allzeit jemandem gedient. Nicht der Dienst an sich ist schon verwerflich, sondern die Verführbarkeit der ahnungslos oder lasziv Beflissenen durch eine verwerfliche Macht." Mit dieser pointierten These leitet Edwin Kratschmer die Dokumentation einer Jenaer Tagung über „Literatur und Diktatur" (349) ein. Ist die Freiheit des Wortes tatsächlich ein ganz besonders sensibler „Indikator für den inneren Zustand eines Staates" (so Joachim Walther in 349, S. 105–115, hier S. 105f.), eine Art „Lackmus-Test auf diktatorische Grundstoffe einer Gesellschaft"? Das mit dieser Frage aufgeworfene Grundproblem ist in den letzten Jahren verstärkt als wichtiger Komplex der Diktaturforschung aufgenommen und in unterschiedlicher Weise durchdekliniert worden. Am nahe liegendsten erscheint zunächst der prüfende Blick auf das Selbstverständnis und das Wirken von bestimmten Dissidenten, aber ebenso auch von apologetischen

Schriftstellern unter verschiedenen Diktaturen (353; 346), der durch systematische Abstraktion zur Betrachtung der Rolle „der" Literatur unter der Diktatur geöffnet werden kann (349). Erweitert man diesen Analyserahmen noch einmal, so ist zum einen nach den prinzipiellen Bedingungen jedes „intellektuellen Lebens" unter diktatorischen Verhältnissen (351) zu fragen, zum anderen nach den realen Arbeitsbedingungen bestimmter intellektueller Professionen (345). Schließlich muss auch die Sprache als das zentrale Instrument der Kommunikation (354) in die Betrachtung einbezogen werden. Die verbindenden Fragestellungen dieser sich ergänzenden Zugriffe lauten: Wie äußerst sich der totalitäre Herrschaftsanspruch in dem jeweiligen Untersuchungsbereich? Sind auch in dieser Hinsicht „Grenzen der Diktatur" festzustellen?

Unter der Diktatur, so lautet das Fazit, das Günther Rüther aus den unterschiedliche Autoren und Probleme behandelnden Beiträgen zieht, die er in einem Sammelband über „Schreiben im Nationalsozialismus und DDR-Sozialismus" versammelt hat, *„nimmt die Literatur Schaden"* (353, S. 9). Sie verliere ihre Autonomie und ihre Souveränität und gerate in Abhängigkeit. Diktatorischer „Gesinnungsdruck" beschneide ihre sprachlichen, formalen und inhaltlichen Möglichkeiten und lähme damit ihr experimentelles und innovatives Potential. Gemeinsam sei allen untersuchten Autoren die Gefährdung ihrer Literatur durch die Macht – hier des NS-Regimes, dort der SED-Funktionäre. Allerdings habe auch der diktatorische Staat begrenzte Freiräume zulassen müssen, die den Lesern als „Refugium jenseits der Ideologie" dienen konnten. Einige Autoren wussten solche Spielräume geschickt zu nutzen. Daher sei, so das Ergebnis von Rüthers Vergleichsansatz, weder im NS-Staat noch in der DDR eine „vollständige Instrumentalisierung" gelungen (353, S. 9f.).

Von Thomas Mann über Alexander Solschenizyn bis Uwe Johnson (um hier nur drei besonders wichtige Symbolfiguren literarischer Opposition gegen unterschiedliche Diktaturen zu nennen) hat es immer wieder Schriftsteller gegeben, die sich den Herrschenden konsequent verweigert haben. Auf der anderen Seite gibt es aber auch Beispiele dafür, dass anerkannte Autoren totalitäres Denken gefördert, ihm einen literarischen Ausdruck verliehen haben. Beispielhaft können die Essays von Gottfried Benn und Ernst Jünger aus der ersten Hälfte der dreißiger Jahre hierfür stehen (346, S. 216ff.). Für die NS-Zeit ist überdies nachgewiesen worden, dass die Schriftsteller den staatlichen und parteiamtlichen „Schrifttumsstellen" (insbesondere der Reichsschrifttumskammer) keineswegs in einem völligen Ohnmachtsverhältnis gegenübergestanden haben, wie dies einige Protagonisten der nach 1945 als Legitimationsgrundlage in Anspruch genommenen „inneren Emigration" reklamiert haben. Jan-Pieter Barbian hat anhand von empirischen Beispielen belegt, dass Autoren, sofern sie nicht durch unmittelbare politische Äußerungen im NS-Staat missliebig geworden waren, bei guter Kenntnis der Strukturen dieser „Schrifttumsbürokratie", aufgrund von persönlicher Protektion und durch Einsatz geschickter Rechtsanwälte „trotz divergierender Auffassungen ungehindert arbeiten" konnten (343, S. 149). Seine Gesamteinschätzung lautet, dass in Relation zu den sehr zahlreichen Fällen von „Arrangement" und „Kooperationswilligkeit" unter den im nationalsozialistischen Deutschland verbliebenen Autoren die Zahl der konsequent oppositionell eingestellten Regimegegner gering war (343, S. 157).

Unterschiedliche Akzente sind im Hinblick auf die Situation der Schriftsteller unter der SED-Diktatur gesetzt worden. Für Günther Rüther bewegt sich die von Partei und Staat anerkannte DDR-Literatur zwischen den Polen *„Vereinnahmung"* und *„Selbstbehauptung"*. Die „Klassiker" der „sozialistischen Nationalliteratur" (zu denen in dieser Studie neben Bertolt Brecht und Anna Seghers etwa Hermann Kant, Erwin Strittmatter,

Johannes R. Becher u.a.m., dagegen aber nicht dissidierende Autoren wie Stefan Heym, Wolf Biermann, Heiner Müller u.v.a. gezählt werden) seien dabei durch die Nähe zur Macht und den Genuss von Privilegien in hohem Maße gefährdet gewesen, zu „Handlangern der Diktatur" zu werden. Anhand der Beispiele Franz Fühmann, Johannes Bobrowski und Sarah Kirsch entwickelt Rüther seine Kernthese, dass es in der DDR gelingen konnte, „Literatur zu schreiben, die hohen ästhetischen Ansprüchen genügt und deshalb überdauern wird", und zwar „selbst dann, wenn eine Schriftstellerin oder ein Schriftsteller sich zur SED oder zu einer der von ihr fremdbestimmten Blockparteien bekannte" (353, S. 281). Zu einer skeptischeren Einschätzung kommt der in der DDR als Schriftsteller tätige Joachim Walther, der eine wissenschaftliche Studie zur Einflussnahme der Stasi auf die Literatur vorgelegt hat (355). Er konstatiert eine „ernüchternd hohe und weitgehend freiwillige Bereitschaft von Schriftstellern und Künstlern, mit der Partei und ihrem Überbüttel Staatssicherheit zusammenzuarbeiten" (in: 349, S. 106). In der Praxis habe die „real existierende Zensur" unter dem „Oberzensor" und „Sprachinspektor" Höpcke (er war offiziell Stellvertretender Minister für Kultur) zwar Probleme aufgeworfen, wesentlich schlimmer aber sei die Einschränkung des autonomen Denkens und damit des freien Wortes gewesen, die sich aus der *Angst* ergeben habe, die „als ideologischer Virus in die Innenwelt der Ideen eingedrungen ist und dort ihre verheerende Arbeit des Verhinderns verrichtet. Die Verhinderer haben nichts mehr zu verhindern, da es bereits im Ansatz verhindert worden ist. Die ideologischen Engelmacher brauchen nichts mehr abzutreiben, weil die Texte ungezeugt geblieben sind" (in: 349, S. 113f.).

Eine besondere Rolle für die intellektuelle Auseinandersetzung mit der von der Utopie zur stalinistischen Terrorherrschaft mutierten kommunistischen Diktatur haben die zeitgenössischen Schriften so genannter Renegaten gespielt, also ehemaliger Anhänger des Kommunismus, die sich von diesem abgewandt und ihn seither mit großer interner Sachkenntnis fundamental kritisiert haben. So hat etwa Arthur Koestler in „Sonnenfinsternis" (die Originalausgabe „Darkness at Noon" erschien 1940 in London) eine eindrucksvolle literarische Verarbeitung der politischen Säuberungen in der Sowjetunion geschaffen. André Gide und Ignazio Silone haben anschaulich über ihren Prozess der Distanzierung von einer mit totalitärem Anspruch auftretenden Partei berichtet (vgl. 348). Die im Spanischen Bürgerkrieg gemachten einschneidenden Erfahrungen haben neben Koestler auch George Orwell, Franz Borkenau, Alfred Kantorowicz und viele andere herausgefordert, sich gegen die totalitäre Orthodoxie der kommunistischen Parteidiktatur zu engagieren. Zahlreiche ähnliche Publikationen sind dokumentiert und analysiert worden (352; vgl. auch 347). Dass gerade auch die Renegatenliteratur diffizile interpretatorische Probleme aufwerfen kann, ist inzwischen am Beispiel des seinerzeit allein in den USA über eine Million mal verkauften „Out of the Night" von Jan Valtin (d.i. das Pseudonym für den ehemaligen Kominternfunktionär Richard Krebs, der Ende der dreißiger Jahre in die USA emigrierte) deutlich geworden. Die gängige, auch von Rohrwasser (352, S. 177ff.) aufgenommene Deutung des „Tagebuchs der Hölle" (so der Titel der erst 1957 erschienenen deutschen Ausgabe) und der mit ihm verbundenen Motive des Verfassers ist inzwischen durch den Nachweis (350) konterkariert worden, dass Krebs als Gestapospitzel tätig gewesen ist und sein angeblich wahrer Erlebnisbericht in entscheidenden Punkten fiktional und nach den Interessen des Autors bewusst manipuliert ist. Somit kann dieses Beispiel dafür stehen, wie nahe eine aufklärerische Auseinandersetzung mit der Diktatur und schlichte Propaganda in Romanform beieinander liegen können.

Intellektuelles Leben im Zeichen der Diktatur sei, so Andrei Pleşu, „paradoxerweise deshalb möglich, weil es potentiell unmöglich ist" (351, S. 205). Kultur werde im diktatorisch geprägten Alltag zu einer „Überlebensvariante", zu „gestohlenem Oxygen" für die Intellektuellen. Deshalb seien trotz Überwachung und Repressionen in Osteuropa Meisterwerke der Musik, der Filmkunst und der Literatur entstanden. Die zu beobachtende Fetischisierung von Büchern verweise auf einen geistigen Wettstreit, der vom „Reiz der Klandestinität" ausgelöst werde. Die eingeschränkten Möglichkeiten des intellektuellen Lebens führe zu der Fähigkeit, „von allen Rissen im System zu profitieren" und die vorhandenen „Nischen" auszunutzen. Es entstehe eine „*Überlebenskunst*", in der „berechnete Unterwerfung, selbstbeschränkte Kritik, taktisches Sich-bedeckt-Halten und die intelligente Nutzung von Möglichkeiten" (so der ehemalige rumänische Dissident Mihai Botez, zit. nach 351, S. 207), miteinander kombiniert würden. Die bis zu einem gewissen Grad tolerierten Zusammenkünfte bestimmter Kontaktkreise in Cafés, Parks und Wohnungen von Freunden seien, so Pleşu (351, S. 212), zu einem „Surrogat des institutionellen akademischen Lebens" geworden.

Zu skeptischeren Resultaten als diese philosophische Betrachtung kommt Dietrich Beyrau in seinen vergleichend angelegten sozialgeschichtlichen Analysen zu den Bildungsschichten bzw. zu intellektuellen Professionen im NS-Staat und in der stalinistischen Sowjetunion. In beiden Ländern sei, so sein Fazit, die „Tendenz zur Vermachtung von Forschung und Technik" und „noch stärker von Kunst und Kultur unübersehbar" (344, S. 54). Intellektuelle Gruppen und Vordenker hätten sowohl bei der Etablierung als auch bei der jeweils spezifischen Ausformung beider Diktaturen ganz wesentliche Beiträge geleistet. Für die deutsche Seite sei hier nicht nur auf die intellektuelle Vorgeschichte des Antisemitismus, sondern vor allem auf die Ausprägung eugenischer Konzeptionen in der Sozialpolitik zu verweisen. Das weit verbreitete „völkische Denken" habe zudem eine „intellektuelle Brücke" zwischen dem wilhelminischen Imperialismus und dem Weimarer Revisionismus auf der einen und den rassistischen Großraumplanungen der Nationalsozialisten auf der anderen Seite gebildet. Weniger gut seien die intellektuellen Beiträge zur stalinistischen Diktatur erforscht. Fest stehe aber, dass insbesondere die „Klassenkampf-Rhetorik" sowie die dem Bolschewismus inhärente Militanz und „Feindmarkierung" von Bedeutung seien (345, S. 27). Gleichermaßen in beiden Regimen – allerdings im NS-Staat moderater, dagegen in der Sowjetunion bis hin zu einer „fast schon magischen Umdeutung der Realität" – hätten neben der Kultur auch die Sozial- und Geisteswissenschaften die Funktion der *Legitimationsbeschaffung* zugewiesen bekommen (345, S. 31). Als Gesamtbild ergebe sich eine „Amoralität" professionellen Interesses, die latent immer vorhanden sei, „in Diktaturen aber besonders leicht zu züchten war" (345, S. 34).

Gibt es, so fragt der Erlanger Linguist Klaus Steinke in seinem Fazit zu einer Tagung über die „Sprache der Diktaturen und Diktatoren" (354), möglicherweise sprachliche Strukturen die *diktaturspezifisch* sind? Er kommt zu dem Ergebnis, dass unmittelbare Einflussnahmen auf die Sprachstruktur nur in sehr begrenztem Umfange möglich seien, da die Entwicklung einer Sprache von der gesamten Sprachgemeinschaft getragen werde. Sprache sei zudem „nicht direkt" von politischen Veränderungen in der Gesellschaft abhängig. Für gewöhnlich sei es aber so, dass Diktaturen an den allgemein verfügbaren Nationalsprachen partizipierten und sie auch für ihre Zwecke zu instrumentalisieren suchten, ohne sie freilich deshalb durch ein neues Sprachsystem abzulösen. Hieraus folgt, dass nicht die *Beschaffenheit* der sprachlichen Mittel, sondern die Charakteristika des *Gebrauches* eine „totalitäre Sprache" kennzeichnen (354, S. 362). Insbesondere auf dem Gebiet der linguistischen Pragmatik, das sich mit dem Verhältnis zwischen dem Zeichen-Verwender und dem Zeichen beschäftigt, seien intensive Versuche diktatorischer Einflussnahme zu verzeichnen: „Sprachregelungen" (vgl. auch Walther in 349, S. 107 ff.) werden verordnet, Tabus aufgebaut, „Worthülsen" erfunden. Mithilfe einer solchen, über das Instrument der Sprache auf die Strukturen des Denkens zielenden diktatorischen „Sprachpolitik" könnten die Sprach-Verwender partiell beeinflusst oder vielleicht sogar manipuliert werden. Zugleich aber erlägen Diktatoren einer Illusion, so Steinke (354, S. 366), „wenn sie glauben, über Sprachregelungen einen unmittelbaren Zugriff auf das Denken und auf das Bewusstsein der Untertanen zu bekommen" und damit „beides problemlos steuern zu können". Auch auf diesem Gebiet bestünden mithin deutliche „Grenzen der Diktatur".

c) Frauen und Frauenpolitik im italienischen Faschismus und im NS-Staat

Diktatorische Regimes erzielen durch ihre praktische Politik in manchen Bereichen der Gesellschaft nicht intendierte Nebeneffekte bzw. provozieren in der Realität bisweilen sogar Resultate, die ihren formulierten ideologischen Zielen widersprechen. Dieser Sachverhalt lässt sich an der speziell auf Frauen zielenden Gesellschafts- und Sozialpolitik unterschiedlicher Diktaturen sowie an signifikanten Veränderungen der sozialen Lage von Frauen exemplarisch studieren. Bereits in den dreißiger Jahren ist auf den bemerkenswerten Widerspruch aufmerksam gemacht worden, dass unter der Unfreiheit der Diktatur sich gleichzeitig die Lebensbedingungen und Entfaltungsmöglichkeiten von Frauen erheblich verbessern können. So war etwa für Mildred Adams evident, dass sich die Lage der Frauen in der Sowjetunion oder unter der kemalistischen Entwicklungsdiktatur in der Türkei „gewaltig" verbessert hatte (356, S. 289). Für das faschistische Italien ergab sich in ihren Augen ein uneinheitliches Bild. Unter Mussolini verloren die Frauen Rechte auf bestimmten Gebieten, gewannen dafür aber andere hinzu – vor allem aber hätten sie angesichts der in Italien erst in Ansätzen verwirklichten Frauenrechte nicht sehr viel zu verlieren gehabt. Ganz anders beurteilte Adams die Situation in Deutschland, wo die Frauenbewegung seit der Jahrhundertwende erhebliche Fortschritte erzielt hatte. Hier habe die ideologisch geprägte Politik des NS-Regimes gegenüber den Frauen, die sich für Adams mit der viel benutzten plakativen Formel „Kinder, Küche, Kirche" (356, S. 272) fassen lässt, zunächst zu „katastrophalen" Ergebnissen geführt: Frauen seien aus dem Berufsleben gedrängt worden, ihre Hoffnungen auf mehr Emanzipation und gesellschaftliche Partizipation seien zerstört und ihre Interessenorganisationen zerschlagen worden. Bald jedoch hätte die NS-Führung realisieren müssen, dass die Mitwirkung der Frauen bei der Erneuerung und der Aufrüstung Deutschlands notwendig sei, und so seien (in der zweiten Hälfte der dreißiger Jahre) mehr Frauen berufstätig gewesen als je zuvor. Als Fazit ergibt sich für Adams, dass in diesem Fallbeispiel Ökonomie gegen Ideologie stehe und nationale Interessen den politischen Fanatismus konterkariert hätten. Aus dieser Perspektive scheine es so, dass diktatorische Herrschaft für Frauen nicht unbedingt nachteiliger ist als für Männer (356, S. 290 f.).

Ähnlich umfassende, feministische und diktaturtheoretische Bewertungsmaßstäbe kombinierende und dabei stark verallgemeinernde Thesen zur sozialen Lage und gesellschaftspolitischen Situation von Frauen unter „der" Diktatur hat es seit diesem frühen Bestimmungsversuch von Mildred Adams nicht mehr gegeben. Vor dem Hintergrund einer Vielzahl von Publikationen zur Frauen- bzw. Geschlechterpolitik und zur sozialen Lage von Frauen im NS-Staat (als derzeit wichtigstes Sammelwerk: 361; als Forschungsüberblick: 363) sowie in geringerer Zahl auch für das faschistische Italien (358; 369) und die SED-Herrschaft (einschlägige Literaturhinweise in: 290, S. 268ff.) werden im Folgenden drei vergleichende Perspektiven in den Mittelpunkt gerückt.

Den *ersten* komparativen Zugriff bildet der sektorale Vergleich für die Sowjetunion und den NS-Staat. In einem sehr instruktiven Überblick hat Robert Maier (365) die wechselnden Modi frauenspezifischer Politik in der Sowjetunion skizziert: In der bolschewistischen Revolution zunächst die Propagierung der jugendlichen und elanvollen Arbeiterin und eine damit einhergehende geringe Wertschätzung der Hausfrauen- und Mutterrolle, unter Stalin seit Mitte der dreißiger Jahre dann eine pragmatische „pro-women-policy", mit der vor allem Bäuerinnen in den Kolchosen als Unterstützerinnen des Regimes gewonnen werden konnten. Diese Analyse stellt zugleich zwei gängige Interpretationsmuster infrage. Nach der ersten Lesart gelten Frauen angesichts der nachweisbaren sozialen und beruflichen Aufstiegsmobilität als ein „verfügbares Objekt" bolschewistischer Modernisierungspolitik, nach der zweiten kommen sie vor allem als Opfer des Terrors oder „Staffage für Selbstinszenierungen des Regimes" (365, S. 64f.) in den Blick. In ihrer Ausschließlichkeit sind beide Deutungen zu kritisieren. Ähnlich wie dies auch die jüngere NS-Frauenforschung herausgearbeitet hat (vgl. 363, S. 484ff.), waren Frauen sowohl im NS-Staat als auch in der Sowjetunion Opfer und (Mit-)Täterinnen zugleich.

In seiner vergleichenden Bilanz (S. 369, S. 81 ff.) arbeitet Maier eine große Zahl an Gemeinsamkeiten heraus: Beiden Diktaturen sei es gelungen, sich eine „weibliche Massenbasis" zu schaffen, in beiden Fällen habe dabei die Projektionsfigur des „Führers" als „Retter" aus Chaos und Untergang eine tragende Rolle gespielt, in beiden Diktaturen sei die freiwillige Mitwirkung sowie eine bewusste Beanspruchung von Frauen bei der Ästhetisierung der Macht „ähnlich hoch zu veranschlagen". Beide Regime betrieben eine aktive, von biologistischen Konzepten ausgehende Bevölkerungspolitik und dennoch blieb „die soziale Wohlfahrt für Mutter und Kind mehr eine Proklamation als eine Realität" (365, S. 82f.). Durch erfolgreiche Propaganda und symbolisch aufgeladene Integrationsangebote („Muttertag" hier, „internationaler kommunistischer Frauentag" dort) sei es beiden Diktaturen überdies gelungen, trotz vergleichsweise bescheidener materieller Unterstützung bei den Rezipientinnen ihrer frauenspezifischen Politik eine nachhaltigere Wirkung zu erzielen als dies mit substanzielleren wohlfahrtsstaatlichen Programmen in den Demokratien gelungen sei (365, S. 83f.). *Einen* wesentlichen Unterschied sieht Maier allerdings in der „Frauenpolitik" beider Diktaturen: In der Sowjetunion konnten, zumindest unterhalb der höchsten politischen Ebene, Frauen in der Verwaltung und der Justiz sowie auch in Betrieben in Entscheidungspositionen vordringen, während dies im NS-Staat unmöglich war. Insgesamt ergibt sich damit ein angesichts der diametral entgegengesetzten Ausgangslagen in beiden Ländern (Betonung der geschlechtsspezifischen „Arbeitsteilung" im Nationalsozialismus, Initiativen zur Aufhebung dieser überkommenen Strukturen im Bolschewismus) bemerkenswertes Fazit: „Selbstgeschaffene Modernisierungszwänge und die Kriegsvorbereitungen ließen die Nationalsozialisten [...] schon bald ihrem ursprünglichen Ideal untreu werden und erzwangen gravierende Änderungen bezüglich der Definition der Rolle der Frau in der Gesellschaft. Umgekehrt gerieten die Bolschewiki bei der Umsetzung ihrer utopischen Zukunftsentwürfe in den Strudel einer existentiellen ökonomischen, sozialen und moralischen Katastrophe, die sie schließlich bei der ‚Mutter' Zuflucht suchen ließ [...] Die Synthesen, die sich praktisch hier wie dort einstellten, lassen die völlige Verschiedenheit der Ausgangspunkte stark in den Hintergrund treten." (365, S. 81)

Eine relativ intensiv bearbeitete *zweite* Vergleichsperspektive bezieht sich auf das faschistische Italien und den NS-Staat. Hier ist zunächst zu klären, ob man verallgemeinernd von „der" Situation von Frauen unter „dem Faschismus" sprechen kann, wie dies in der älteren Literatur häufig getan worden war (vgl. hierzu 359, S. 5ff.; 369, S. 78). In der einzigen bislang vorliegenden Monographie zur sozialen Lage und zum politischen Verhalten der Frauen unter dem italienischen Faschismus kommt die amerikanische Historikerin Victoria de Grazia (358) zu dem Schluss, dass Mussolinis Regime eher auf eine restaurative Wiederherstellung der traditionellen Autorität der Familie und der damit verbundenen tradierten Geschlechtsrolle der Mutter und Hausfrau zielte (vgl. auch 364, S. 132), während im Kontrast hierzu die bevölkerungspolitischen Konzepte der Nationalsozialisten in einen fürchterlichen „Rassenkrieg" mündeten, der auch gegen Frauen und Kinder geführt wurde. Im Vergleich stelle sich damit der italienische Faschismus beinahe als „gutartig" dar, nicht zuletzt, weil die auch in ihm angelegten eugenischen Komponenten durch den Einfluss der katholischen Kirche gedämpft worden seien. Trotz dieser wichtigen Unterschiede sieht es de Grazia aufgrund des gemeinsamen antifeministischen Ziels beider Diktaturen, aufgrund ähnlicher rechtlicher Bestimmungen, die Frauen in beiden Ländern vor allem auf den häuslichen Bereich verwiesen hätten, sowie aufgrund des in beiden Fällen öffentlich zelebrierten Mutterkultes als sinnvoll an, von einer *gemeinsamen* faschistischen Politik gegenüber Frauen zu sprechen (358, S. XI).

Dieser Sichtweise ist mit unterschiedlichen Argumenten widersprochen worden: Maria Sophia Quine hat zum einen eingewandt, dass Konzepte und Vorstellungen, die häufig als signifikante Bestandteile einer „faschistischen" Bevölkerungspolitik interpretiert werden, keineswegs allein im NS-Staat oder im faschistischen Italien vorzufinden sind. Erst ein umfassender Vergleich mit liberalen Demokratien, aber auch mit kommunistischen Diktaturen könne wirklich erweisen, welche Maßnahmen genuin „faschistisch" seien. Tatsächlich müsse man dabei feststellen, dass sozialdarwinistische und eugenische Diskurse, Ansätze zu einer selektiven Bevölkerungspolitik und die Durchführung von Sterilisierungen z.B. auch in Amerika, Großbritannien und Skandinavien nachweisbar seien (364, S. 130ff.). Zum anderen sei der *Unterschied* bei der Realisierung der Bevölkerungs- und Frauenpolitik im NS-Staat und in Mussolinis Italien *zu gravierend,* um die Verhältnisse in beiden Diktaturen auf einen gemeinsamen Begriff zu bringen. Zwar seien rassistische und sozialbiologische Tendenzen auch im faschistischen Italien präsent gewesen, durch seine brutale Grausamkeit und hohe Effizienz nehme der NS-Staat allerdings auf diesem Gebiet eine derart „einzigartige" Position ein, dass ein generischer bzw. typologisierender Faschismusbegriff insgesamt infrage gestellt werden müsse (364, S. 132).

Auf eine Betonung der Unterschiede zwischen den beiden faschistischen Regimen laufen auch die parallel angelegten Analysen von Perry Wilson und Gabriele Czarnowski hinaus. Letztere betont vor allem die große Bedeutung der Ehe- und Sexualpolitik im Dritten Reich (357), die sie im Einklang mit der neueren Forschung als grundlegend durch die Rassenpolitik des Regimes („Volksgemeinschaft" als Bezugsgröße für Inklusion oder Exklusion) definiert sieht. Dagegen kommt Wilson zu dem Fazit, dass im faschistischen Italien die Einflüsse von Industrialisierung und Urbanisierung auf die weibliche Lebenswelt insgesamt wesentlich stärker gewesen seien als die „plumpen Werkzeuge" der faschistischen Ideologie und Politik (369, S. 93). Auch Martin Durham lehnt angesichts der Unterschiedlichkeit der von ihm untersuchten Bewegungen und Regime (Mussolinis Italien, der NS-Staat und die von Mosley geführte „British Union of

Fascists" sowie neofaschistische Gruppen nach 1945) die Vorstellung einer einheitlichen „faschistischen" Politik gegenüber Frauen ab (359, S. 165 ff.). Im Hinblick auf den italienischen Faschismus und die NS-Bewegung gelte es sowohl Gemeinsamkeiten als auch Unterschiede festzuhalten: Ersterer habe erst *nach* der Machteroberung seine antifeministische Orientierung ausgeprägt, während der Nationalsozialismus hierfür von Beginn an bekannt gewesen sei, dies aber aus (wahl)taktischen Gründen während der Weimarer Jahre heruntergespielt habe. In beiden Ländern sei eine feindliche Haltung gegenüber Frauenrechten für viele, aber keineswegs für alle Anhänger des Faschismus nachzuweisen. Während die rassistische Konnotation der Bevölkerungspolitik im NS-Regime essentiell gewesen sei, habe der italienische Faschismus auf diesem Gebiet nur Einflüsse seines mächtigen Verbündeten aufgenommen (was von anderen Autoren bestritten wird, vgl. Kap. III, 5, b). Der NS-Staat stehe auch in seiner „Frauenpolitik" vor allem für die Zuspitzung des eugenischen Rassismus. Dagegen seien in Italien die Versuche, Frauen aus dem Berufsleben zu verdrängen, wesentlich radikaler gewesen (359, S. 26). Insgesamt sei die früher in der Forschung vertretene Reduktion „des" Faschismus auf eine frauenfeindliche Männerbewegung nicht mehr haltbar, denn sie ignoriere, dass es faschistischen Bewegungen gelungen sei, in erheblicher Zahl weibliche Mitglieder, Wählerinnen und Sympathisantinnen zu gewinnen (359, S. 182). Auch wenn einzelne Thesen Durhams umstritten bleiben werden, so stimmt seine Einschätzung in der Kernfrage, ob es eine verallgemeinerbare „faschistische Politik" gegenüber Frauen gegeben hat, mit der Mehrheitsmeinung der neueren Forschung überein, die angesichts der erheblichen Unterschiede zwischen den einzelnen Regimen (und erst recht den vielfältigen faschistischen Bewegungen) eine solche Möglichkeit der Generalisierung *nicht* sieht.

Eine *dritte*, auf Deutschland eingegrenzte Vergleichsperspektive konfrontiert die Verhältnisse im NS-Staat, in der DDR und in der Bundesrepublik miteinander. In seiner Analyse der sozialen Sicherung von Frauen und Familien in den drei Systemen kommt Günther Schulz (366) zu dem Schluss, dass, neben zahlreichen Gemeinsamkeiten, die sich u.a. aus den Rahmenbedingungen industriegesellschaftlicher Entwicklung ergeben, folgende gravierende Unterschiede zu verzeichnen seien: Während klassische Sozialpolitik in westlichen Demokratien wie der Bundesrepublik aber auch in der DDR die Funktion habe, Individuen gesellschaftlich zu *integrieren*, ergebe sich hier eine ganz „scharfe Grenzlinie" zum NS-Staat, dessen Sozialpolitik individualfeindlich und rassistisch und damit im Ergebnis *ausgrenzend* war. Allerdings stünden sich der NS-Staat und die DDR (nicht aber die Bundesrepublik) unter dem Gesichtspunkt des Pronatalismus wiederum relativ nahe, auch wenn die „Instrumente" dieser Politik (hier Mutterkult, dort substanzielle Entlastung der berufstätigen Frau durch Bereitstellung von Kinderbetreuungseinrichtungen etc.) unterschiedlich waren. Das herausragende Spezifikum der DDR-Frauen- und Familienpolitik war für Schulz die (mindestens aus Sicht des Staates erfolgreiche) Orientierung auf eine lebenslange und kontinuierliche Erwerbsarbeit von Frauen (vgl. auch 367). Allerdings sei in diesem Zusammenhang weder eine Auflösung der tradierten Geschlechtsrollen noch eine ausreichende sozialstaatliche Absicherung der Frauen im Alter gelungen. Das wichtigste Spezifikum der Bundesrepublik sei dagegen auf dem Gebiet der Frauen- und Familienpolitik das Prinzip der Subsidiarität, also ein weitgehendes und traditionell orientiertes Vertrauen auf die Lastenverteilung und Selbstregelungskompetenz in Ehen und Familien (366, S. 143 ff.; vgl. auch 327). Insgesamt fügt sich damit die „Frauenpolitik" für Hans Günter Hockerts in ein Interpretationsmuster ein, nach dem die NS-Diktatur als „völkischer Wohlfahrtsstaat", die DDR als „planwirtschaftlicher Versorgungsstaat" und die Bundesrepublik als „Sozialstaat, der Demokratie und Kapitalismus in Balance brachte", charakterisiert werden könne (328).

Beziehungsgeschichtliche Verbindungen zwischen den beiden deutschen Diktaturen stellt Dorothee Wierling in den Mittelpunkt ihrer Längsschnittstudie zu den „Töchtern der Weimarer Republik" und ihren von den Referenzpunkten „Aufbau" (der DDR-Gesellschaft) und (individueller) „Aufstieg" bestimmten beruflichen Karrieren (368). In den biographischen Erinnerungen der von ihr interviewten, in der zweiten Hälfte der zwanziger Jahre geborenen Frauen trete die „lebenslange Disziplinierung" einer unter zwei aufeinander folgenden Diktaturen lebenden Generation prägnant hervor. Gleichzeitig werde aber auch deutlich, dass in der frühen DDR für Frauen aus den unteren Bevölkerungsschichten über die berufliche Qualifizierung ein „Ausstieg aus dem Klassenschicksal" möglich geworden sei (368, S. 107). „What difference does a husband make?" fragt die amerikanische Historikerin Elizabeth D. Heineman in ihrer komparativen Analyse zur Bedeutung des Familienstandes für die soziale Lage und die Partizipationschancen von Frauen im NS-Staat und im Nachkriegsdeutschland (360). Sie kommt zu dem Schluss, dass der Familienstand die „Konturen weiblichen Lebens" noch in den frühen fünfziger Jahren sowohl in der Bundesrepublik als auch in der DDR in hohem Maße bestimmt habe. Dann aber trennten sich die Wege: Im Westen seien die durch die Kriegsfolgen relativierten „klaren Grenzen" zwischen auf Kinder und Haushalt orientierten Ehefrauen einerseits und den berufstätigen und in der Regel kinderlosen „alleinstehenden" Frauen andererseits durch eine entsprechende Sozialpolitik restituiert worden. Grenzen überschreitenden Lebensentwürfen sei mit sozialen Sanktionen begegnet worden. Durch die Sozial- und Frauenpolitik der DDR seien die traditionellen Geschlechtsrollen nicht im gleichen Maße festgeschrieben, sondern eher konterkariert worden, aber dennoch hätten viele Frauen ihre Entscheidung für oder gegen Kinder von Familienstand und Beschäftigung abhängig gemacht. Am Ende ergebe sich ein Paradox: „West Germans knew that marital status should divide women, even if it did not always do so. East Germans knew that marital status did not have to divide women, even if it usually did." (360, S. 237). Bedeutsam ist diese Studie ebenfalls unter beziehungsgeschichtlichen Aspekten, arbeitet sie doch heraus, dass die Trennschärfe der traditionellen Rollenmuster schon während der NS-Zeit in erheblichem Maße aufgelöst wurde, und zwar durch die Herauslösung junger Frauen aus den gewohnten Familienbindungen in Gestalt der vielfältigen Formen von Pflichtarbeit, z. B. in der Rüstungsindustrie, aber auch im Reichsarbeitsdienst usw. (360, S. 44 ff.). Insgesamt belegen die beiden zuletzt diskutierten Studien einmal mehr, wie sorgfältig der wirklich diktaturspezifische Beitrag zu den empirisch festgestellten sozialen Verhältnissen und kulturellen Prägungen von den allgemeinen Auswirkungen industriegesellschaftlicher Entwicklungen unterschieden werden muss.

Zusammenfassend lässt sich für das Spannungsverhältnis von Herrschaftsanspruch und Herrschaftswirklichkeit festhalten, dass auch in den modernen Diktaturen des 20. Jahrhunderts der Idealtypus der totalitären Herrschaft niemals vollständig und dauerhaft zu einem Realtypus wurde, sondern sich unter bedrückenden Bedingungen diesem zwar zeitweise annähern konnte, aber am Ende doch an den immanenten Widersprüchen diktatorischer Herrschaft scheitern musste. Dies wurde hier exemplarisch für die drei unterschiedlichen Sektoren Arbeiterverhalten, Literatur und Sprache sowie Frauenpolitik und Situation von Frauen unter der Diktatur untersucht. Es gilt aber auch für viele der in der Einleitung dieses Kapitels genannten anderen Untersuchungsfelder. Praktisch durchgängig kommen sozial- und alltagsgeschichtlich fundierte empirische Sektorstudien zur Praxis von diktatorischer Herrschaft zu dem Ergebnis, dass es jeweils ganz unterschiedlich markierte „Grenzen der Diktatur" gegeben hat. Christoph Kleßmann hat diesen Befund sehr treffend auf den Punkt gebracht: „Die plakative Kennzeichnung ‚totalitäre Diktatur' ist zwar nicht falsch, bleibt aber viel zu grob und verfehlt die gesellschaftliche Wirklichkeit, sobald der Blick sich von politischen Strukturen, Funktionsmechanismen und ideologischen Ansprüchen auf die diffusen Realitäten alltäglichen Lebens und Verhaltens richtet." (362, S. 477)

5. Terror und Verfolgung

„Im 19. Jahrhundert tritt an die Stelle Gottes und seiner Allmacht über das Schicksal der Menschen die Geschichte", aber, so der französische Historiker François Furet (124, S. 47), „erst im 20. Jahrhundert manifestiert sich der politische Wahnsinn, der aus dieser Substitution entstanden ist." Im analytischen Rückblick wird das vergangene Jahrhundert, das zuerst die technisierte Massenvernichtung des „totalen Krieges", dann die „politische Säuberung" als systematisches Herrschaftsmittel und schließlich den fabrikmäßigen Völkermord und die „Lager-Welten der totalitären Regime" hervorgebracht hat, als ein „Zeitalter der Gewalt" (378) sichtbar. In der Ambivalenz der Moderne geriet „totalitäre Gewalt" zur „historischen Möglichkeit" (373).

Für den französischen Geschichtsphilosophen Alain Finkielkraut stellt der Erste Weltkrieg den ursprünglichen Kristallisationspunkt einer exzessiven anti-humanitären Entwicklung im 20. Jahrhundert dar, die im Ergebnis als „Verlust der Menschlichkeit" zu beschreiben ist. Das zivilisierte Europa habe „als Vollendung seiner geschichtlichen Mission die europäische Zivilisation verwüstet" (377, S. 111). Der NS-Staat, „der sowohl in Friedens- als auch in Kriegszeiten jeden zu einem Teil der Maschine macht und das Schicksal des Unbekannten Soldaten zur universalen Berufung erhebt" (377, S. 122) kann als Paradigma für dieses „Jahrhundert des unnötigen Leidens" stehen – es ist „wissenschaftlich" *und* „barbarisch" zugleich (vgl. auch 370). Hieran schließt sich die Überlegung an, ob zwei ideologisch völlig konträre „politische Religionen" wie der proletarische Internationalismus und der Rassenstaat der Nationalsozialisten in moralischer Hinsicht zu ähnlich katastrophalen Ergebnissen führen können. Folgt man Finkielkraut, so haben der „Krieg der Rassen" wie der „Krieg der Klassen" gleichermaßen zu einem „Verlust der Menschlichkeit" geführt, der durch den Verweis auf irgendwelche ideologischen Ziele in keiner Weise relativiert werden kann, sondern gegen den ein prinzipieller Einspruch erhoben werden muss.

Damit sind grundlegende Fragen einer komparativen Historiographie der Verfolgung in den modernen Diktaturen des 20. Jahrhunderts in radikaler Weise aufgeworfen: Ist und bleibt der Holocaust einmalig und ein Phänomen sui generis? Oder haben andere terroristische Exzesse, konkret etwa die politischen Säuberungen und der Archipel GULag in der stalinistischen Sowjetunion, eine ähnliche Dimension und Bedeutung wie der rassenideologisch motivierte und industriell betriebene Völkermord an den Juden? Steht dem braunen Holocaust gar ein in der Dimension mindestens gleichrangiger „roter Holocaust" gegenüber?

Der konzeptionelle Bezugsrahmen für eine epochenübergreifende und ganz unterschiedliche Regime behandelnde internationale Genozidforschung ist in den neunziger Jahren abgesteckt worden (374, S. 3 ff.; 379, S. XI ff.). In diesen größeren (aber über das

Untersuchungsfeld dieses Bandes erheblich hinausreichenden) Kontext kann ein Teil der im Folgenden behandelten Fragen eingeordnet werden. Insgesamt sind es mindestens sechs zentrale Elemente bzw. Zugriffswege der Forschung, die den Komplex von Terror und Verfolgung in den europäischen Diktaturen des 20. Jahrhunderts konstituieren: erstens die Rolle der Geheimpolizei sowie zweitens das Phänomen der Denunziationen in allen modernen Diktaturen (die miteinander verquickte Debatte dieser beiden Punkte wird im dritten Abschnitt dieses Kapitels im Zusammenhang betrachtet); drittens die Pervertierung der Justiz zum willigen Instrument der politischen Verfolgung; viertens die politische „Säuberung" als bevorzugte Form des auf die eigene Gesellschaft gerichteten Massenterrors; fünftens der industriell organisierte Völkermord; sechstens das „Lager" als „Maschine des Terrors", auf das die meisten der vorgenannten Elemente bezogen werden können. Die vier zuletzt genannten Punkte stehen im Mittelpunkt des folgenden Problemaufrisses, der die kontroverse Debatte um das „Schwarzbuch des Kommunismus" als Bezugspunkt hat (vgl. vor allem 391). Ergänzend wird im zweiten Abschnitt die Frage diskutiert, ob Antisemitismus und Judenverfolgung spezifische Merkmale der *deutschen* Variante des Faschismus sind, während sie im *italienischen* Faschismus keine oder nur eine untergeordnete Rolle spielten. Diese Beschränkung auf drei zentrale Aspekte des Problemfeldes Verfolgung und Terror bedeutet, dass mit der biographischen bzw. erfahrungsgeschichtlichen Annäherung an das Problem der doppelten Verfolgung in der NS-Zeit und der DDR (371; 372) ein anderer, bereits in komparativer Perspektive untersuchter Themenkomplex nicht behandelt werden kann.

Vergleiche zwischen dem Nationalsozialismus und dem Stalinismus sind stets politisch umstritten gewesen. Zudem sind sie aufgrund der sehr ungleichgewichtigen Forschungssituation in der Praxis mit erheblichen Problemen behaftet (vgl. Kap. III, 2, c und III, 3). Dies gilt für den hier zu behandelnden Komplex Terror und Verfolgung in ganz besonderem Maße, denn das Verfolgungssystem des NS-Staates ist weitaus besser erforscht als das des Stalinismus (376, S. 268). Hinzu kommt, dass ein Vergleich der Massenverbrechen des 20. Jahrhunderts, so „nötig und dringlich" (375, S. 469) er aus strukturanalytischer Sicht ist, in moralischer Hinsicht äußerst sensibel bleiben muss. Für Dan Diner ist das „Vorhaben, über Leid, Qualen und Sterben einen empirisch orientierten Vergleich anzustellen" gar „a priori moralisch anrüchig und ethisch problematisch" (375, S. 469). Von ganz entscheidender Bedeutung werden dabei die Fragen, *was* konkret verglichen werden soll und zu welchem *Zweck* (wissenschaftliche Analyse oder geschichtspolitische Legitimation) der Vergleich durchgeführt wird.

a) Massenverbrechen im 20. Jahrhundert und die Debatte um das „Schwarzbuch des Kommunismus"

Die in diesem Zusammenhang relevante und insbesondere auch für die „Grenzen der Diktatur" (vgl. Kap. III, 4) überaus wichtige Frage nach der Rolle der Justiz unter der Diktatur (als breiter vergleichender Ansatz: 380) kann hier nur gestreift werden. Eine sehr instruktive „Problemskizze unter diktaturvergleichender Perspektive" hat Jürgen Zarusky zum Vergleich von nationalsozialistischer und stalinistischer Indienstnahme der Justiz vorgelegt. Seine Überlegungen zu einer ersten Zwischenbilanz laufen darauf hinaus, den justitiellen Terror des Stalinismus als ein eher „unspezifisches" Herrschaftsinstrument zu verstehen, dass nicht auf Loyalität, „sondern auf vollständige Verfügbarkeit der Herrschaftsunterworfenen" (401, S. 186) zielte. Der inszenierte Schauprozess mit seinen erpressten Geständnissen und die von der Geheimpolizei konstruierten abenteuerlichen Beschuldigungen (exemplarisch: 397) spiegelten diese Pervertierung der Rechtsprechung. Existierte in der Sowjetunion zunächst eine solche „Justiz *ohne* Gesetze", so lasse sich die Entwicklung insgesamt als eine „Erfahrungsgeschichte" deuten, die von einem ausgeprägten Rechtsnihilismus über verschiedene Stadien des instrumentellen Verhältnisses zum Recht schließlich in der Perestroika und der postsowjetischen Periode zu einer mühsamen und schrittweisen „Rekonstruktion und Entwicklung von Rechtsstaatlichkeit führt" (401, S. 189).

Ganz anders fällt die Bilanz für den NS-Staat aus: Die Nationalsozialisten fanden bei ihrer Machtübernahme ein ausgebildetes und differenziertes Justizsystem vor, in das sie zunächst nur begrenzt eingriffen. Unter weitgehender Aufrechterhaltung der bestehenden Verfahrensregeln nutzten sie vor allem in den ersten Jahren ihrer Herrschaft die legitimierende Funktion der Justiz zum Zwecke der Verfolgung ihrer politischen Gegner. Die Einrichtung der Sondergerichte und des Volksgerichtshofes sowie vor allem deren in den Kriegsjahren immer drakonischer werdende Spruchpraxis belege zwar eine stetig intensiver werdende Instrumentalisierung der politischen Justiz, aber keine grundsätzlich veränderte Strategie. Zarusky bezieht diese Befunde auf das von Ernst Fraenkel entwickelte Modell des „Doppelstaates" (387), nach dem im „Dritten Reich" eine maßnahmenstaatliche Sphäre der unkontrollierten Machtausübung durch das NS-Regime neben einer relativ unangetasteten normenstaatlichen Sphäre bestanden habe, die formal weitgehend nach den traditionellen Prinzipien des Rechtswesens weiterexistierte. In diesem Modell ist von grundsätzlicher Bedeutung, dass prinzipiell keine Rechtssicherheit mehr existierte, da maßnahmenstaatliche Eingriffe jederzeit und nach Belieben der Regimeführung auch auf den verbliebenen normenstaatlichen Sektor ausgedehnt werden konnten. Insgesamt sei die Herrschaftsstrategie der Nationalsozialisten gegenüber der Justiz als „parasitär" zu kennzeichnen (401, S. 189), denn sie hätten es verstanden, die Rechtsprechung als wirksames Mittel der politischen Verfolgung zu nutzen, ohne sie vollständig umzugestalten.

Prinzipiell ließ sich der NS-Staat in der Realisierung seiner Vernichtungspolitik durch normenstaatliche Verfahren in keiner Weise einengen, denn die Anwendung rechtlicher Verfahren blieb auf die deutschen „Volksgenossen" begrenzt, während die nach rassistischen Kriterien ausgegrenzten und zur „Ausmerzung" bestimmten Juden, Sinti und Roma sowie „fremdvölkische" Slawen immer stärker zu Opfern polizeistaatlicher und terroristischer Maßnahmen der SS wurden: im Rahmen der „Vernichtung durch Arbeit" in den Konzentrationslagern sowie durch die euphemistisch als „Sonderbehandlung" bezeichneten Mordaktionen, u. a. durch die so genannten „Einsatzgruppen" hinter der Ostfront. Eine weitere, sehr umfangreiche Opfergruppe des NS-Maßnahmenstaates bildeten die sowjetischen Kriegsgefangenen, die in militärischen Sonderlagern aufgrund von „verbrecherischer Nachlässigkeit und Verantwortungslosigkeit" umkamen (so die prägnante Einordnung bei Wheatcroft, 400) bzw. zum Teil auch in den Konzentrationslagern gezielt ermordet wurden. Von den 5,3 Millionen gefangenen sowjetischen Soldaten überlebten nur 2,3 Millionen. Mit dem industrialisierten Völkermord an den Juden, begangen in den Vernichtungslagern Auschwitz, Belzec, Sobibor, Majdanek und Treblinka, erreichten die Massenverbrechen des NS-Regimes ihren Höhepunkt. Nach heutigem Kenntnisstand fielen dem Holocaust insgesamt (also in den Vernichtungslagern, in den Ghettos, durch den „Arbeitseinsatz" in den Konzentrationslagern, durch Erschießungsaktionen, durch die Gaswagen usw.) rund 6 Millionen Juden aus fast ganz Europa zum Opfer, davon 165.000 aus Deutschland, etwa 2,7 Millionen aus Polen und

2,2 Millionen aus der Sowjetunion (384, S. 116; 400, S. 81). Ein näheres Eingehen auf die inzwischen kaum noch zu überblickende Holocaust-Literatur und die auch auf diesem Gebiet bestehenden Forschungskontroversen würde an dieser Stelle den Rahmen sprengen (als sehr kompakter und überaus instruktiver Überblick zum aktuellen Forschungsstand: 384). Für unseren Argumentationszusammenhang bleibt festzuhalten, dass damit insgesamt, trotz einer Blutspur von rund 50000 (in der großen Mehrzahl vollstreckten) Todesurteilen (über 5000 durch den Volksgerichtshof, rund 11000 durch die Sondergerichte, aber über 30000 durch Militärgerichte), die nationalsozialistisch überformte Justiz für den Gesamtkomplex der Massenverbrechen und des Terrors eine vergleichsweise untergeordnete Rolle spielte.

Die in der Sowjetunion unter Stalin verübten Massenverbrechen weisen deutlich andere Strukturen und Zielrichtungen auf. Richtete sich der Terror des NS-Staates vor allem gegen Angehörige *fremder* Nationen sowie gegen *Minderheiten* der eigenen Bevölkerung, die als „Gemeinschaftsfremde" ausgegrenzt wurden (393), so war der stalinistische Terror vor allem gegen die *eigene* Bevölkerung – und sogar auf die das System tragende kommunistische Partei – gerichtet (als einführender Überblick: 273). Hermann Weber hat immer wieder auf das Paradox hingewiesen, dass der Kommunismus „die einzige Bewegung der jüngeren Geschichte" ist, „die mehr ihrer eigenen Führer, Funktionäre und Mitglieder selbst umgebracht hat, als das ihre Feinde taten" (398, S. 1). Die typische Form der stalinistischen Repression ist die politische „Säuberung". Sie diente in der gesamten stalinistischen Periode – und nicht nur in der Sowjetunion, sondern seit 1945 auch in den abhängigen Staaten Osteuropas – als permanent angewandtes Herrschaftsinstrument, wobei sie allerdings bestimmten Veränderungen unterworfen war.

Nicolas Werth hat in seinem Beitrag zum „Schwarzbuch des Kommunismus" mehrere „Gewaltzyklen" für die Repressionen in der Sowjetunion ausgemacht (in: 385, S. 51–295, hier S. 289ff.): Der erste (Ende 1917–Ende 1922) beginne mit der Machtergreifung der leninschen Avantgardepartei und sei im Wesentlichen vom blutigen Bürgerkrieg zwischen „Weißen" und „Roten" geprägt gewesen. Nach einer kurzen Ruhepause umfasse der zweite Zyklus die Jahre 1928 bis 1933. Er stehe vor allem im Kontext von Machtkämpfen innerhalb der Führungsspitze der Partei, wobei die stalinistische Gruppe mit der Zwangskollektivierung einen neuerlichen terroristischen Angriff auf die Bauernschaft organisierte. Zu einer Eskalation sei es in der dritten Etappe, den Jahren des „Großen Terrors" (1936 bis 1938), gekommen, auf die 85% der in der Stalinzeit gefällten Todesurteile entfielen. In den großen Schauprozessen gegen Altbolschewisten wie Sinowjew, Kamenew und Bucharin sei es Stalin endgültig gelungen, sich auch der letzten potenziellen Kritiker und Konkurrenten zu entledigen. Diese zeitliche Abfolge der Geschehnisse bestätige eindrucksvoll Hannah Arendts These (1), dass das Vorhandensein realer Opposition dem totalitären Regime lediglich als *Vorwand* für seine Repressalien diene. Tatsächlich sei in der Sowjetunion der Verfolgungsapparat seit 1934 massiv ausgebaut worden, also *nachdem* sich Stalin im Machtkampf gegen seine Konkurrenten durchgesetzt hatte und die Errichtung des totalitären Regimes „im Wesentlichen abgeschlossen war" (305, S. 144). Dies spiegelte sich auch in den ganz unterschiedlichen Konsequenzen einer „politischen Säuberung" wider: In den zwanziger Jahren war sie gleichbedeutend mit dem Ausschluss der Betroffenen aus der Politik und ihrer Isolierung „bis hin zur sozialen Deklassierung" (398, S. 9). In den dreißiger Jahren lief dagegen die politische „Säuberung" für die Betroffenen mindestens auf eine Verbannung, in der Regel aber auf den Tod hinaus. Mit der Sowjetisierung der im Verlauf des Zweiten Weltkriegs annektierten Gebiete (z. B. Polens, des Baltikums) begann schließlich eine vierte Repressionsphase, der vor allem die „nationalen Bourgeoisien" in den besetzten Ländern zum Opfer fielen. Nach dem Kriegsende wurden Säuberungen in allen Ländern durchgeführt, die unter sowjetischen Einfluss geraten waren. Zudem gewann in diesem letzten Gewaltzyklus, der erst mit dem Tode Stalins auslief, die Sanktionierung abweichenden sozialen Verhaltens eine verstärkte Bedeutung (Werth in: 385, S. 292).

Im Ergebnis gelang Stalin die Umgestaltung der KPdSU zu einer „Partei neuen Typus", die den Zuschnitt eines „strenggläubigen, hyperzentralistisch strukturierten militärischen ‚Ordens'" gewann (398, S. 1). Trotz der zeitweilig hysterischen Begleiterscheinungen hätten die Säuberungen damit tatsächlich so etwas wie einen „rationalen Kern", denn sie dienten dazu, „eine absolute Einschwörung auf Person und Politik Stalins durchzusetzen" (398, S. 30). Der Preis hierfür war hoch, denn Stalin und seine willigen Adjutanten (Jeschow als Geheimdienstchef, Wyschninski als Chefankläger) vernichteten einen großen Teil der sowjetischen Führungsschicht: Von den 32 Mitgliedern, die zwischen 1919 und 1938 dem Politbüro angehört hatten, verloren 17 durch die Säuberungen ihr Leben. Von den 139 Mitgliedern und Kandidaten des Zentralkomitees, die auf dem XVII. Parteitag der KPdSU „gewählt" worden waren, wurden nicht weniger als 98 liquidiert (von den 2000 Delegierten fielen über 1100 den Säuberungen zum Opfer). In ähnlichen Dimensionen wütete der Terror auch in der sowjetischen Armee: drei von fünf Marschällen und 13 von 15 Armeekommandeuren sowie sämtliche Befehlshaber der Marine wurden liquidiert. Vermutlich sind den Säuberungen insgesamt rund 40000 Offiziere zum Opfer gefallen (398, S. 16). Dennoch wäre es falsch anzunehmen, dass sich der Terror in erster Linie gegen prominente Funktionäre gerichtet habe. Der Massenterror war vielmehr ein strukturelles Herrschaftsprinzip. Er war in gewisser Weise „egalitär" (401, S. 184), denn er konnte praktisch jeden treffen.

Ähnlich wie Weber interpretiert auch Werth den „Großen Terror" als eine „politische Operation", mit der Stalin vor allem zwei Ziele verfolgte und auch erreichte: Das erste war, „eine diensteifrige zivile und militärische Bürokratie heranzubilden, getragen von jungen, im stalinistischen Geist der dreißiger Jahre erzogenen Führungskräften". Das zweite bestand in der „endgültigen Eliminierung" aller „in sozialer Hinsicht gefährlichen Elemente". In der Praxis wurden vor allem ehemalige Kulaken (Großbauern), ehemalige Beamte des Zaren und ehemalige Mitglieder konkurrierender Linksparteien (Sozialrevolutionäre, Menschewiki) sowie wegen krimineller Delikte verurteilte oder sozial auffällige Menschen als solche „Elemente" angesehen (in: 385, S. 224f.). Nachdem im letzten Jahrzehnt erstmals etliche der relevanten Quellenbestände ausgewertet werden konnten, scheint als nunmehr weitgehend gesichertes Ergebnis der neueren Forschung festzustehen, dass allein 1937/38 etwa 680000 Personen erschossen worden sind (übereinstimmend: 400, 399, Werth in 385, S. 213).

Unterschiedliche Angaben existieren dagegen für die Zahl der während des „Großen Terrors" Verhafteten – sie reichen nach dem aktuellen Forschungsstand von 1,6 bis 2,5 Millionen Sowjetbürgern (vgl. 398, S. 8; 275, S. 32; 400, S. 86ff.). Noch weiter gehen die Schätzungen über die Gesamtzahl der Todesopfer stalinistischer Verfolgung auseinander. Gingen die angesichts des fehlenden Quellenzugangs notwendigerweise groben älteren Schätzungen (vgl. 400, S. 70ff.) – und jüngst auch noch der Herausgeber des „Schwarzbuchs" (385, S. 16) – von bis zu 20 Millionen Todesopfern aus, so vertritt Wheatcroft aufgrund seiner neuen Quellenrecherchen die These, das stalinistische Regime sei „für etwa eine Million absichtlicher Tötungen und, infolge seiner verbrecherischen Nachlässigkeit und Verantwortungslosigkeit, wahrscheinlich für den vorzeitigen

Tod von etwa zwei Millionen weiteren Opfern unter der repressierten Bevölkerung, d.h. in den Lagern, Kolonien, Gefängnissen, der Verbannung, auf dem Transport und in den Kriegsgefangenenlagern für Deutsche, verantwortlich" (400, S. 85f.). Nach dieser umstrittenen Minimalschätzung (vgl. als Gegenposition: 394), der u. a. eine selektive Quellenauswertung vorgeworfen worden ist, wäre damit der GULag „weder so groß noch so tödlich" gewesen, wie er von der älteren Forschung dargestellt wurde, und die Dimension der sowjetischen Massenverbrechen läge weit unterhalb der des NS-Regimes (400, S. 86 und S. 108).

Nach wie vor kontrovers sind auch die *Erklärungsansätze* zum „Großen Terror" (als Überblick: 383). In den sechziger und siebziger Jahren bestimmten eindeutig personalistische Deutungen die Forschungsdebatte, die davon ausgingen, die sowjetische Gesellschaft der dreißiger Jahre sei geradezu „atomisiert" und daher „völlig den politischen und ideologischen Vorgaben" der von Stalin dominierten politischen Führung (und damit auch dem von einem brutalen Diktator veranlassten Terror) „ausgeliefert" gewesen (383, S. 332f.). Gegen diese im Kontext des Totalitarismusansatzes entwickelten Erklärungsversuche bemühten sich sozialgeschichtlich orientierte Forscher darum, den Terror stärker als ein gesellschaftliches Phänomen zu deuten. In den achtziger Jahren hat diese „revisionistische" Interpretation zunehmend an Boden gewonnen. Aus einer vor allem auf die Basis der Gesellschaft gerichteten Untersuchungsperspektive (und der Auswertung entsprechender Quellenbestände) sind als Ursache für den „Großen Terror" vor allem Kompetenzkonflikte zwischen den lokalen Parteiautoritäten und dem Moskauer Entscheidungszentrum (so Paul Getty) bzw. parteiinterne Meinungsverschiedenheiten über eine adäquate Herrschaftsstrategie angesichts einer gravierenden gesellschaftlichen Krise (so Gabor T. Rittersporn) in das Blickfeld gerückt worden. Diese amerikanischen Ansätze zu einer sozialhistorischen Erklärung aufnehmend, sie aber zugleich auch modifizierend, hat Achim Siegel mit einer strukturtheoretischen Analyse versucht, Ursprung und Dynamik des stalinistischen Terrors zu entschlüsseln. Er setzt voraus, dass gewalttätige Konfliktlösungsstrategien für die Sowjetunion unter Stalin generell prägend gewesen seien. Nach der Ausschaltung aller politischen Gegner des Bolschewismus sei es dann zu einer „Überrepressionskrise" gekommen, nachdem kein gemeinsamer Gegner mehr zur Verfügung stand. Dabei seien die zunächst parteiinternen Fraktionskämpfe schließlich auf die ganze Bevölkerung projiziert worden (395). Diesem Erklärungsansatz ist allerdings kritisch entgegengehalten worden, dass er die Parteibürokratie zu isoliert von der Bevölkerung betrachte und zudem unzutreffenderweise von einer tatsächlich realisierten „totalitären" Herrschaft des Apparats über die Bevölkerung ausgehe (383, S. 342f.). In jüngerer Zeit haben nun kulturgeschichtlich orientierte Forscher in bewusster Absetzung sowohl vom totalitarismustheoretischen bzw. personalistischen Deutungsmuster als auch von der revisionistischen Interpretation einen dritten Erklärungsansatz entwickelt. Als einer der wichtigsten Vertreter dieser Richtung hat Stephen Kotkin eine Lokalstudie über die am Rande des Ural gelegene Stahlstadt Magnitogorsk vorgelegt, die paradigmatische Bedeutung gewonnen hat. Kotkin sieht die Ursachen des Terrors als systeminhärent an, interpretiert diesen jedoch gleichzeitig als Teil einer spezifischen „stalinistischen Zivilisation". Der von Stalin und seinem Geheimdienst NKVD verbreitete Terror sei intentional als „sozialistischer Klassenkampf" zu verstehen, dessen Ideologie die Lebenspraxis der Stadt bestimmt habe (vgl. 383, S. 340f.; dort auch weiterführende Literaturhinweise zu allen genannten Positionen). Aus rechtssoziologischer Sicht hat Daniel Suter den Terror als „ein dynamisches, antinormatives Prinzip" qualifiziert, das jede Rechtsordnung negiert. Unter psychologischen Gesichtspunkten könne er als „Rechtsauflösung durch Angst und Schrecken" bezeichnet werden. In ihrer herrschaftspraktischen Umsetzung stelle die Säuberung demnach eine Kette von Gewalttaten dar, die bei ihren Opfern in zunehmendem Maße Angst erzeugt. Daher erschöpfe sich der Terrorprozess nicht in der Massenvernichtung, sondern er mache auch die Überlebenden zu „seelischen Krüppeln" (396, S. 191 ff.).

Die in Ursprung, Zielen und Mechanismen in vieler Hinsicht unterschiedlichen Formen des Terrors im Nationalsozialismus und im Stalinismus sind durch einen gemeinsamen Referenzpunkt verbunden, der zugleich das in Europa wohl prägnanteste Symbol für den beklagten „Verlust der Menschlichkeit" im 20. Jahrhundert bildet: das *Lager* (den derzeit breitesten Überblick hierzu bietet: 386). Einen ersten, vor allem beschreibenden Ansatz zu einer umfassenden Gesamtgeschichte der Konzentrationslager in den faschistischen und kommunistischen Diktaturen hat zu Beginn der achtziger Jahre der polnische Historiker Andrzej Kamiński (388) vorgelegt, der 1944/45 selbst im Stammlager des KZ Groß-Rosen und in zwei KZ-Außenlagern inhaftiert war. Als „Maschinen des Terrors" und damit in der Konsequenz als *„Stigma der Moderne"* hat der Sozial- und Kulturhistoriker Gerhard Armanski die in der NS-Diktatur und in der stalinistischen Sowjetunion eingerichteten Lager beschrieben. Er unterscheidet sie aber auch nach ihren spezifischen Merkmalen voneinander: Während das nationalsozialistische System der Konzentrationslager auf dem „Willen zum Massenmord" basiere und daher ganz konsequent die „Vernichtung durch Arbeit" realisiere, sei der sowjetische Archipel GULag in erster Linie auf die „ökonomischen und politischen Projektionen der stalinistischen Entwicklungsdiktatur" fixiert gewesen und dementsprechend habe er „in erster Linie die menschenverachtende Auspressung der Opfer zum Ziel" (381, S. 169) gehabt. Diese gravierende Differenz zwischen der zielstrebigen Umsetzung eines industriellen Vernichtungsprogramms und dem „billigenden bis achselzuckenden" Inkaufnehmen des Massensterbens verweise auf den unterschiedlichen Endzweck (Telos) beider Systeme: „Der Faschismus als rassistisches Herrenmenschenprojekt kam gerade in seinen Terroraktionen zu sich selbst; der Sozialismus in den GULag-Zeiten war von sich als Projekt, Ausbeutung und Herrschaft zu überwinden, am weitesten entfernt." (381, S. 169)

Dagegen hat Ernst Nolte nicht nur die These vertreten, dass ein „kausaler Nexus" zwischen dem Bolschewismus und dem Nationalsozialismus insgesamt bestehe, und damit letzterer als eine Art überschießende Antwort auf die kommunistische Gefahr zu verstehen sei (zuletzt wieder in: 392), sondern diese Denkfigur sogar auf den Bereich von Terror und Verfolgung übertragen: Es gebe auch einen „kausalen Nexus" „zwischen den Vernichtungsintentionen der beiden feindlichen Bewegungen" und es könne kein Zweifel bestehen, dass dem kommunistischen Terror „die Priorität" (392, S. 177) zuzuschreiben sei und dieser mithin als Vorbild und Handlungsanleitung für die Nationalsozialisten gewirkt habe. Mit seinen wiederholten Versuchen einer Relativierung der NS-Verbrechen hat sich Nolte allerdings wissenschaftlich weitgehend isoliert und wird von großen Teilen der Forschung überhaupt nicht mehr wahrgenommen.

Die signifikanten *Unterschiede* zwischen dem nationalsozialistischen System der Konzentrationslager und dem Archipel GULag werden in der einschlägigen Forschung praktisch durchgängig hervorgehoben: Für Dan Diner ist das „Signum" des Nationalsozialismus das Todeslager, während für den Stalinismus eine „Welt der Arbeitslager" (375, S. 479) charakteristisch sei. Alan Bullock betont, dass der Stalinismus den Terror und auch den Massenmord als Mittel zur Erreichung politischer und gesellschaftlicher, jedoch niemals rassistischer Ziele benutzte. Für die Sowjetunion finde sich „nirgendwo […] eine Entsprechung zum Holocaust". Für den Nationalsozialismus sei der Massenmord dagegen nicht „Mittel zum Zweck" gewesen, „sondern Zweck an sich" (292, S. 1254). In seiner raumbezogenen Studie, die Osteuropa als das „Schlachtfeld" der beiden Diktatoren Hitler und Stalin begreift, kommt Dietrich Beyrau zu dem Ergebnis, dass das „Programm" Hitlers den millionenfachen, in „industrieller Art" umgesetzten Mord „beabsichtigte und realisierte". Möglicherweise sei in den rund drei Jahrzehnten des Stalinismus die Zahl der Opfer, die durch die „traditionellen" Methoden des Terrors (Verhungernlassen, Massenexekutionen, Zugrunderichten und „Vernichten durch Arbeit") ihr Leben verloren, nicht geringer gewesen als in den nur zwölf Jahren der NS-Herrschaft. Nach dem bisherigen Kenntnisstand habe der stalinistische Terror aber „eher auf Unterwerfung und Wehrlosmachung als auf die physische Liquidierung" gezielt. „In wechselnden Konstellationen wurde der Tod teils in Kauf genommen, teils erwies er sich als Ergebnis der immer gleichen Exekutivschwäche sowjetischer ‚Organe'. Sie waren mit den Aufgaben von Deportation und Zwangsansiedlung schlicht überfordert, unterlagen aber zugleich dem Diktat der Planerfüllung." (275, S. 119) Dieser analytische Befund stelle zwar keine moralische Entlastung für die sowjetische Führung dar, da diese die Folgen ihres Handelns gekannt habe, er verweise aber auf die unterschiedlichen *Intentionen.* Im Ergebnis sei der NS-Terror als „zivilisierte Perversität, die sich planender und technischer Expertise bediente" zu beschreiben. Der stalinistische Terror könne dagegen als „brutale Barbarei" qualifiziert werden, „die mehr Unheil durch kriminelle Vernachlässigung als durch systematischen Mord anrichtete" (275, S. 119). Für Gerd Koenen bleibt der nationalsozialistische Judenmord deshalb „singulär", weil er „den radikalsten Versuch eines Genozids darstellte, der jemals unternommen worden ist. Es war der Versuch, mit den Mitteln quasi-wissenschaftlicher, rassenbiologischer Argumente plus den Mitteln einer modernen Bürokratie plus den technischen Möglichkeiten einer Massentötung von Menschen so etwas wie einen perfekten, lückenlos vollzogenen Genozid zu vollbringen. Dieses Unternehmen steht in der Geschichte der Menschheit einzig dar." (389, S. 199).

Vor dem Hintergrund dieser empirischen Befunde und analytischen Bewertungen muss die konfrontative Debatte über das 1997 erschienene „Schwarzbuch des Kommunismus" betrachtet werden. Vorauszuschicken ist, dass das „Schwarzbuch" zunächst einmal als pointierter Beitrag zur „Vergangenheitsbewältigung" in Frankreich zu verstehen ist, die in Gestalt einer überaus kontrovers und emotional geführten Diskussion über die Einordnung und Bewertung der französischen Geschichte (speziell der Résistance, aber auch der Kollaboration) im „Zeitalter der Extreme" stattfindet. Der argumentative Fluchtpunkt des „Schwarzbuchs" ist der Vorwurf einer moralischen Mitverantwortung der linken Intellektuellen für die in den empirischen Beiträgen dieses Sammelbandes belegten Verbrechen „des" Kommunismus. Zu Recht ist von der Mehrzahl der Rezensenten anerkannt worden, dass der Sammelband einige hervorragende empirische Studien enthält, wobei z. B. Nicolas Werths komprimierte Bilanz über „Gewalt, Unterdrückung und Terror in der Sowjetunion" besonders hervorzuheben ist.

In seiner Einleitung und in der Gesamtkonzeption des Bandes (sowie mit besonderer Schärfe in Interviews und Stellungnahmen) hat der Herausgeber Stéphane Courtois aber seine „Botschaft", der kommunistische „Klassenmord" stelle ein mindestens gleichwertiges Pendant zum nationalsozialistischen „Rassenmord" dar, immer wieder gezielt zugespitzt. Insofern wurde die streitbare Publikation in der öffentlichen Debatte von Beginn an weniger als nüchterne empirische Analyse eingeordnet, denn als ein angesichts der sensiblen Probleme überpointierter Diskussionsbeitrag zu einem intensiven französischen Diskurs über den Kommunismus überhaupt und speziell über die Wirkung seiner Ideologie für das linksintellektuelle Frankreich. In der von Courtouis aufgebauten Argumentationsfigur stehen am Ende, trotz eines gegenteiligen Lippenbekenntnisses, die Toten des Kommunismus den Opfer der NS-Herrschaft als nackte Ziffern und nützliches Argument gegenüber. Eine zentrale Passage des Vorwortes lautet: „Es geht hier nicht darum, irgendwelche makabren arithmetischen Vergleiche aufzustellen, eine Art doppelte Buchführung des Horrors, eine Hierarchie der Grausamkeit. Die Fakten zeigen aber unwiderleglich, dass die kommunistische Regime rund hundert Millionen Menschen umgebracht haben, während es im Nationalsozialismus rund 25 Millionen waren. Diese einfache Feststellung sollte zumindest zum Nachdenken über die Ähnlichkeit anregen, die zwischen dem NS-Regime, das seit 1945 als das verbrecherischste System des Jahrhunderts angesehen wird, und dem kommunistischen besteht, dessen Legitimität auf internationaler Ebene bis 1991 unangefochten war, das bis heute in bestimmten Ländern die Macht innehat und nach wie vor über Anhänger in der ganzen Welt verfügt." (385, Vorwort, S. 27)

Die gravierenden Problempunkte, die das „Schwarzbuch" aufweist, sind in der kontroversen Rezeptionsdebatte (vgl. hierzu 391) umfassend herausgearbeitet worden. Angesichts der Vielzahl der substanziellen Wortbeiträge können nur einige markante Eckpunkte herausgegriffen werden: Der amerikanische Historiker Eric D. Weitz hat Courtois vorgehalten, seine komparatistische Perspektive beschränke sich „auf die schlichte Zählung von Leichen", denn die Leser des Schwarzbuches stießen „auf keinen Versuch, die Ideologien, die administrative Praxis oder den Alltag unter den beiden Diktaturen systematisch zu vergleichen" (399, S. 76). Zudem stifte Courtois mit seiner „sensationalistischen und unpräzisen Erweiterung des Begriffes ‚Genozid'" Verwirrung. Eine in der Form moderatere, in der Sache aber ähnliche Position nimmt Waclaw Dlugoborski, der Kurator für Forschungsfragen in der Gedenkstätte Auschwitz-Birkenau ist, ein. Er sieht ebenfalls die Fixierung auf die Opferzahlen als problematisch an (im selben Sinne: 398, S. VII) und plädiert für einen „Vergleich der von beiden Regimen angewandten Methoden der Massenvernichtung", der nach seiner Überzeugung „die These von der Singularität des Holocausts bestätigen würde" (in: 391, S. 86–94, hier S. 89). Überdies seien die von Courtois geschätzten Opferzahlen „zweifelhaft hoch". Manfred Hildermeier moniert, dass in der undifferenzierten Aneinanderreihung „der" kommunistischen Verbrechen „Sequenzen entstehen, die höchst Unterschiedliches miteinander verbinden". Dies scheine die Autoren entweder nicht zu stören oder es „gehöre zur Methode" (in: 391, S. 130–136, hier S. 135). Durch Bildung von abstrakten Quersummen wird man den Opfern von Diktaturen jedenfalls nicht gerecht werden können. Courtois' (385, S. 16) sensationsheischende Opferarithmetik (geschätzte 20 Millionen Tote in der Sowjetunion, 65 Millionen Tote in China und, großzügig über den Daumen gepeilt, fast 10 Millionen Tote in anderen Linksdiktaturen von Kambodscha bis Lateinamerika), ist nicht nur deshalb vulgär, weil es in dieser Argumentation auf einige Millionen Menschen gar nicht mehr anzukommen scheint, sondern auch, weil hier die Opfer des Massenterrors und die Toten aus Bürgerkriegen sowie von verheerenden Hungerkatastrophen (die es im 20. Jahrhundert auch in nicht-kommunistischen Staaten in unerträglich hoher Zahl gegeben hat) in einen Topf geworfen werden.

Zu den schärfsten Kritikern gehören Jens Mecklenburg und Wolfgang Wippermann, die einigen, nicht allen Autoren des Schwarzbuchs über die bereits angesprochenen Punkte (Verzicht auf exakte Definitionen, teilweise zweifelhafte empirische Nachweise,

Aufrechnen von Opferzahlen zum Zwecke der Relativierung des Holocaust) hinaus vorwerfen, ihre „Anprangerung der Verbrechen des Kommunismus an der Macht" diene in erster Linie einer „Delegitimierung der gesamten Linken" (390, S. 282). Besonders ins Visier genommen wird der Beitrag von Erhart Neubert, der „auch den minimalsten wissenschaftlichen Standards" nicht genüge (390, S. 281). Auch wenn dieses Verdikt überzogen erscheint, so zieht Neuberts Beitrag (in: 385, S. 829–884) durch seine teilweise nicht nachvollziehbaren Wertungen und die zwischen den Zeilen mitschwingenden Assoziationen zwangsläufig grundsätzliche Kritik auf sich. Kann man in Relation zum Holocaust und zum nationalsozialistischem Weltanschauungskrieg im Osten, aber auch zum Massenterror in der Sowjetunion wirklich davon sprechen, dass es im kleinen Rahmen der SBZ/DDR „nahezu alle politisch motivierten Massenverbrechen" (so Neubert in 385, S. 862) gegeben habe? Welchen Sinn macht in einem Beitrag über politische Verbrechen in der DDR eine pauschale These wie „Die kommunistische Idee war und ist tödlich, sie war ein Liquidationsprogramm von Anfang an."? Was bedeutet es für die analytische Qualität dieses hier beispielhaft für die Problematik des Schwarzbuchs herausgegriffenen Beitrags, wenn Neubert moniert, dass in der Geschichtswissenschaft immer wieder „auf die im Verhältnis zu den Verbrechen in der DDR ungleich größere Verbrechensbilanz der Nationalsozialisten" (in: 385, S. 882) verwiesen werde, und dabei dann unterstellt, das Motiv für eine solche differenzierende Betrachtung sei eine „Flucht aus der Geschichte", um hierdurch den Kommunismus zu entlasten. Selbstverständlich relativieren die NS-Verbrechen die Menschen- und Bürgerrechtsverletzungen in der DDR in keiner Weise, aber ebenso selbstverständlich muss doch erwartet werden können, dass ein Historiker die völlig andere Dimension und Intensität von politischer Verfolgung erkennen und benennen kann (vgl. hierzu auch: 376, S. 280). Insofern wird hier exemplarisch eine mit dem Ansatz des Schwarzbuches verbundene Gefahr deutlich: die politische Verfolgung in der DDR, der Massenterror in der Sowjetunion, die „killing fields" von Kambodscha, kommunistische Bewegungen in Lateinamerika – alles verschwimmt in der amorphen Denkfigur „der" Verbrechen „des" Kommunismus.

Was bleibt von der geschichtspolitisch aufgeladenen Kontroverse um das Schwarzbuch? *Erstens* ein umfassender Überblick über Terror und Gewalt in ganz unterschiedlichen Linksdiktaturen, der allerdings wenig neue Fakten zu Tage gefördert, aber immerhin den aktuellen Forschungsstand gebündelt hat. Dies gilt unbeschadet der Tatsache, dass pauschale Zurechnungen und problematische Einordnungen in einzelnen Teilstudien des Schwarzbuches aus guten Gründen umstritten bleiben müssen. *Zweitens* ist es durch die öffentliche Debatte gelungen, das Problem von Gewalt und Terror, denen nicht nur im Nationalsozialismus und Faschismus sondern auch in den kommunistischen Diktaturen eine ungeheure Zahl von Menschen zum Opfer gefallen sind, stärker in das öffentliche Bewusstsein zu rücken und damit dieses Problemfeld zugleich als einen zentralen Bereich der vergleichenden Diktaturforschung zu markieren. *Drittens* werden sich kritische Rezipienten des Schwarzbuches und der von ihm ausgelösten Debatte in der bereits einige Jahre früher von Allan Bullock formulierten Erkenntnis bestärkt sehen, dass *eine Einzigartigkeit nicht eine andere aufhebt* (vgl. 292, S. 1254). Einen „roten Holocaust" hat es – jedenfalls nach der Überzeugung einer Mehrheit der empirischen Diktaturforscher (exemplarisch: 279, S. 8; 399; 389; 275) – in den kommunistischen Diktaturen *nicht* gegeben, wohl aber barbarische Formen von Terror und Gewalt, die in ihrem jeweiligen historischen Kontext analysiert und dabei prinzipiell auch zu *vergleichbaren* Formen politischen Terrors in Relation gesetzt, aber eben nicht mit dem anders besetzten Begriff des „Holocausts" erfasst werden können.

b) Antisemitismus und Judenverfolgung im NS-Staat und im faschistischen Italien

Lange Zeit galt es als ausgemacht, dass Judenfeindschaft und Judenverfolgung zwar ein signifikanter Bestandteil des Nationalsozialismus, aber kein gemeinsames Merkmal der faschistischen Regime dargestellt habe. Für Renzo de Felice und die von ihm geprägte „exkulpatorische" (so 250, S. 101) Richtung der italienischen Geschichtswissenschaft bot die These, der italienische Faschismus sei „weder rassistisch noch gar antisemitisch" gewesen (vgl. hierzu 402, 72) einen wichtigen Ausgangspunkt, um jeden Vergleich der beiden faschistischen Regime als unangemessen abzulehnen. Diese historiographische Verdrängungsleistung konnte erfolgreich an eine öffentliche Wahrnehmung der antisemitischen Verfolgungen anknüpfen, die vor allem durch die Tatsache bestimmt war, dass die Deportationen in die Phase der deutschen Besatzungsherrschaft (Herbst 1943–Frühjahr 1945) fielen. Auch in der deutschen Forschung galt Mussolinis Diktatur über lange Jahre als in dieser Hinsicht unproblematisch (vgl. 403, S. 86), was in Relation zu den Gräueln des Völkermordes an den Juden, die eben ursächlich und untrennbar mit der „deutschen Diktatur" des Nationalsozialismus verbunden bleiben, verständlich erscheint. In dieses positive Bild fügte sich zudem die Tatsache ein, dass viele in den dreißiger Jahren aus Deutschland emigrierte Juden in Italien einen Zufluchtsort gefunden hatten. Diese optimistische Interpretation schien eine weitere Bestätigung zu erfahren, als Jonathan Steinberg belegen konnte, dass italienische Dienststellen den Abtransport von mehreren Tausend Juden aus italienisch besetzten Gebieten verhindert und damit, so Steinbergs Interpretation, gezielt die nationalsozialistische Vernichtungspolitik sabotiert hatten. Bis zum Waffenstillstand am 8. September 1943, der die Partnerschaft der beiden Achsenmächte beendete, war tatsächlich kein Jude aus dem Gewahrsam der italienischen Streitkräfte ausgeliefert worden (405, S. 18f.). Warum retteten diese Italiener die in ihrer Gewalt befindlichen Juden? Konnten es die an der Aktion beteiligten Diplomaten und Offiziere „einfach nicht über sich bringen, so unmenschlich zu handeln" (405, S. 84), wie es die deutschen Verbündeten von ihnen erwarteten und übrigens auch ein Befehl des „Duce" angeordnet hatte? Stellte möglicherweise auch „die Behauptung einer nationalen Entscheidungshoheit" gegenüber einem fordernd auftretenden Achsenpartner eine handlungsleitende Motivation dar (so eine Erwägung von Collotti, 402, S. 67) oder fehlten in Italien mit seinem geringen Bevölkerungsanteil an Menschen jüdischen Glaubens und eher liberalen Traditionen (404) einfach entsprechende Prädispositionen für den Antisemitismus, wie die „revisionistische" Geschichtsschreibung Glauben machen will?

Aufgrund des mittlerweile erreichten Forschungsstandes (vgl. vor allem 402, S. 59) ist von einer definitiven Falsifizierung der schönfärberischen These des in puncto Antisemitismus „unschuldigen Italien" auszugehen. *Erstens* ist ein ausgeprägter rassistischer Grundzug für das „superiotá"-Denken gegenüber Slawen und Afrikanern, das die italienische Außen- und Kolonialpolitik bestimmte, nachgewiesen worden (vgl. 38, S. 200). In Äthiopien wurde sogar Giftgas gegen zivile Bevölkerung eingesetzt (vgl. 258, S. 318). *Zweitens* erscheint Steinbergs Fallbeispiel in einem ganz anderen Licht, wenn auch zur Kenntnis genommen wird, dass sich dieselben Personen, die die Juden durch ihr hinhaltendes Handeln retteten, gegenüber Slowenen und Kroaten ausgesprochen rassistisch verhielten (402, S. 67f.). *Drittens* ist festzuhalten, dass publizistische Kampagnen gegen die Juden bereits 1936 begannen, Diskriminierungen und Verdrängungsmaßnahmen aus dem öffentlichen Dienst wenig später folgten und das im November 1938 erlassene Gesetz über „Maßnahmen zur Verteidigung der italienischen Rasse" (auch wenn es gegenüber den Rassegesetzen des NS-Staates zurückblieb) die Ausgrenzung der Juden auch unter rassistischen Kriterien festschrieb. Dabei handelte es sich keineswegs um einen Alleingang Mussolinis, denn in den Kreisen der Faschisten und speziell auch unter der jungen Generation fand diese Politik viele Anhänger (38, S. 199f.). Mit Kriegsbeginn wurden die ausländischen und zum Teil auch italienische Juden in Konzentrationslagern interniert. Obwohl kein Arbeitskräftemangel herrschte, wurden 1942 – „aus demagogischen Gründen" (so 402, S. 66f.) – die Juden zur Zwangarbeit verpflichtet. *Viertens* ist nachgewiesen worden, dass die antijüdischen Gesetze und Maßnahmen in Italien keineswegs dem Druck der deutschen Verbündeten entsprangen (403, S. 89ff.), sondern Mussolini zu einer rassistischen Judenpolitik überging, um hierdurch eine neuerliche Mobilisierung der Bevölkerung und damit deren weitergehende Faschisierung zu erreichen. Im Ergebnis bedeute dies, dass ein „innerer Zusammenhang zwischen faschistischer Gesetzgebung und der Verfolgung, die nach dem 8. September 1943 stattfand", besteht (402, S. 64). Schließlich unterstreichen *fünftens* auch die in der Republik von Salò zu Tage tretenden Entwicklungen, dass es einen genuinen italienischen Antisemitismus gegeben hat, der mindestens auf ein Akzeptieren, wenn nicht auf eine Beteiligung am Holocaust hinauslief (250, S. 103). Im Gesamturteil ist daher für Collotti evident, dass die Verfolgung der Juden im faschistischen Italien speziell von der italienischen, aber auch von der internationalen Geschichtswissenschaft „lange Zeit unterschätzt" (402, S. 59) und „zur Nebensache" heruntergeredet worden ist. Im Gegensatz zu Hitler wurde Mussolini nicht zum Massenmörder, aber er und seine Gefolgsleute trugen im vollen Bewusstsein der Konsequenzen ihres Handelns dazu bei, die Ausgangsbedingungen zu schaffen, auf deren Basis die „Endlösung" auch in Italien durchgeführt werden konnte (403, S. 97; vgl. auch 402, S. 65).

c) Geheimpolizei und Denunziationen als Herrschaftsinstrumente der Diktatur

Kein auf totalitäre Herrschaft zielender Staat könne sich, so eine zutreffende Feststellung des Moskauer Historikers Sergej Slutsch, ohne eine politische Geheimpolizei etablieren und machtstrategisch absichern (305, S. 143f.). Bereits in einer ersten vergleichend angelegten Studie auf diesem Gebiet, die das Opera Volontaria per la Repressione Antifascista (OVRA) des faschistischen Italien und die deutsche Geheime Staatspolizei bzw. SS behandelt, ist auf den gezielt aufgebauten Mythos der Allmächtigkeit, Effizienz und Omnipräsenz aufmerksam gemacht worden, den jede moderne Geheimpolizei als Teil ihres Selbstbildes pflegt. Er stabilisiert die diktatorische Herrschaft, denn er bildet die Basis für eine durch tatsächliche oder auch nur potenzielle Zwangsmaßnahmen erreichte Anpassung und macht „Kontrolle durch Angst" erst möglich. Ernest Bramstedt hat schon 1945 die These vertreten, dass in jedem Polizeistaat die *Denunziation als korrespondierender Herrschaftsmechanismus* zur Geheimpolizei auftritt (406, S. 161). Suter hat letztere auch als „vertikalen Kommunikationsprozess" in der Diktatur interpretiert, der der Bevölkerung die Möglichkeit eröffnet, sich aktiv an Maßnahmen der „politischen Säuberung" zu beteiligen (396, S. 196). Insofern haben die in den letzten Jahren zahlreichen Studien auf den eng miteinander zusammenhängenden Arbeitsgebieten Geheimpolizei und Denunziation (am wichtigsten: 410; 415) keine völlig neuen Erkenntnisse herausgearbeitet, sie haben aber in Reaktion auf eine NS-Forschung, in der über lange Zeit die Rolle der Politischen Polizei dämonisiert und die Gestapo als „allwissend und allgegenwärtig" verzeichnet worden ist, auf breiter empirischer Basis eine notwendige Korrektur vorgenommen.

Am Beispiel der Gestapo wird deutlich, dass eine Geheimpolizei in einer modernen Diktatur mit totalitärem Herrschaftsanspruch auch als personell relativ schlecht ausgestattete Behörde, die in vieler Hinsicht auf Zuarbeit anderer Stellen und Personen angewiesen war, an chronischer Arbeitsüberlastung litt und häufig improvisieren musste, mit der notwendigen Effizienz arbeiten konnte, da sie auf eine erhebliche Kooperationsbereitschaft in weiten Teilen der Bevölkerung (als aktuelle Darstellung des NS-Staates aus dieser Perspektive: 411) bauen konnte. So ist in der Forschungsdebatte das Bild einer „selbstüberwachenden Bevölkerung" (Robert Gellately) entworfen worden und Gisela Diewald-Kerkmann hat die These vertreten, dass die Denunziationsbereitschaft im NS-Staat ein „unvorstellbares Ausmaß" erreicht habe (407, S. 9). Sollte nach dieser Entzauberung des Mythos „Gestapo" das nationalsozialistische Deutschland nicht eher als *„Denunziationsgesellschaft"* beschrieben werden? Hatte am Ende die freiwillige Mitteilsamkeit der Bevölkerung eine viel größere Bedeutung für die Aufrechterhaltung der NS-Herrschaft als der lange Zeit ins Zentrum der Wahrnehmung gerückte Repressionsapparat? Bernward Dörner (408) hat *gegen* eine solche Zuspitzung mit Recht eingewandt, dass erstens die große Mehrheit der deutschen Bevölkerung eben *nicht* zur Denunziation bereit gewesen ist, und zweitens im NS-Staat wie in anderen Diktaturen bereits eine kleine Minderheit an Denunzianten ausgereicht hat, um ein terroristisches Regime wirksam zu unterstützen.

Insofern ist zu problematisieren, ob nicht durch zu stark ausgereizte Deutungsansätze und verengte Fragehorizonte mittlerweile eine interpretative Schieflage entstanden ist, wie etwa Eric Johnson meint: „[...] the recent trend in historical scholarschip threatens to underestimate and obscure the enormous culpability and capability of the leading organs of Nazi terror, such as the Gestapo, and to overestimate the culpability of ordinary German citizens." (414, S. 483) Auch stellt sich die Frage, ob nicht die rund 2 Millionen „Blockwarte" der lokalen NSDAP-Gliederungen als „Zuträger und Assistenten des NS-Terrors" (316) und damit als ein zwar untergeordnetes und zuarbeitendes, aber einen flächendeckenden Zugriff gewährleistendes und somit konstitutives Element des nationalsozialistischen Verfolgungs- und Terrorapparates viel stärker berücksichtigt werden müssen.

Festzuhalten ist, dass die Debatte über die Denunziationsbereitschaft und die Rolle der Gestapo im NS-Staat in den letzten Jahren paradigmatischen Charakter für die gesamte Diktaturforschung gewonnen hat. Relevante Quellenbestände sind intensiv ausgewertet und auf dieser Basis kontroverse (oder genauer: unterschiedlich akzentuierte) Interpretationen entwickelt worden. Im weiteren Gang der Forschung wird es darauf ankommen, die am Fallbeispiel des NS-Staates exemplarisch entwickelten Thesen durch komparative Forschung auch für andere Diktaturen zu überprüfen. Erste Annäherungen liegen vor (409; 86; 413; 416), und in den nächsten Jahren sind wichtige Forschungsergebnisse zu erwarten, u. a. aus dem von Inge Marßolek geleiteten Bremer Forschungsprojekt zu diesem Komplex.

Die bislang wichtigsten empirischen Beiträge in komparativer Perspektive stammen von Robert Gellately (412) und Clemens Vollnhals (417). In seiner vergleichenden Analyse zu den Terrorsystemen in den beiden deutschen Diktaturen stellt Gellately vor allem gravierende *Unterschiede* heraus: Im NS-Staat gab es keine Verpflichtung zur Denunziation, die Polizeiorgane misstrauten freiwilligen Denunziationen auch durchaus und verfolgten falsche, zur Durchsetzung privater Interessen vorgebrachte Anschuldigungen. Dennoch stützte sich die Gestapo in ihren Ermittlungen sehr häufig auf Anzeigen aus der Bevölkerung. Man nutzte die Denunziationen, aber man verachtete die Denunzianten. Im Kontrast hierzu beruhte in der DDR das System der vertraulichen Informationsbeschaffung auf dem massenhaften Einsatz von so genannten „Informellen Mitarbeitern", die das Ministerium für Staatssicherheit auf einem streng formalisierten Wege anwarb und durch „Führungsoffiziere" bei ihrer systematischen Spitzeltätigkeit steuerte. Daher erreichte der aus hauptamtlichen plus „informellen" Mitarbeitern bestehende Apparat der Geheimpolizei in der DDR eine weitaus größere quantitative Dimension als der der Geheimen Staatspolizei im NS-Staat. Die alltägliche Überwachung und politische Kontrolle, so nicht nur das quantitative sondern auch das qualitative Fazit, funktionierte in den beiden deutschen Diktaturen recht unterschiedlich. Über diese unstrittigen Befunde hinaus kommt Clemens Vollnhals, der seinem funktionalistischen Vergleichsansatz eine Variante des Totalitarismuskonzeptes zugrunde legt, zu dem Ergebnis, dass ein entscheidendes Charakteristikum der geheimdienstlichen Repressionsapparate im NS-Staat und in der DDR vor allem in „ihrer prinzipiellen Loslösung aus allen rechtlichen Bindungen" bestanden habe. In dieser Perspektive sei die zentrale Gemeinsamkeit „nicht der konkret praktizierte Terror, der sich jeweils und in durchaus ganz unterschiedlichem Ausmaß aus der ideologischen Fixierung der jeweiligen politischen Führung ableitet", sondern vielmehr die „prinzipiell schrankenlose Verfügbarkeit und Funktionsbestimmung" dieser „Weltanschauungsexekutive" (417, S. 57).

Zusammenfassend ist für den in diesem Kapitel untersuchten Bereich der Diktaturforschung festzuhalten, dass sich Terror und Verfolgung im Nationalsozialismus und im sowjetischen Stalinismus in einer völlig anderen *Dimension* bewegten als etwa im italienischen Faschismus oder in der DDR bzw. den anderen kommunistischen Diktaturen Osteuropas. Dies gilt sowohl in quantitativer Hinsicht, wie die oben genannten Opferzahlen deutlich machen, als auch in qualitativer Hinsicht: Als „Maschinen des Terrors" (Armanski) wurden die *Lager* des Nationalsozialismus und des Stalinismus zum *Symbol für die totalitäre Seite einer ambivalenten Moderne* (vgl. auch 370), die neben der Möglichkeit zivilisierten Zusammenlebens stets auch die Option der brutalsten Barbarei enthält. Dies erklärt, warum sich die erst seit dem Zusammenbruch des Kommunismus (mit dem die partielle Öffnung wichtiger sowjetischer Archive verbunden war) überhaupt etwas breiter betriebene komparative Forschung bislang in sehr hohem Maße auf diese beiden hervorstechenden Fallbeispiele bezogen hat.

In der kontroversen Debatte über den Sinn und die Berechtigung komparativer Studien in diesem Bereich scheint sich als mehrheitsfähiger Kompromiss abzuzeichnen, dass die diktaturvergleichende Perspektive, die sich „durch keine wie gut auch immer begründbare Tabuisierung aufhalten lassen" wird (375, S. 469), erstens grundsätzlich moralisch „statthaft" und zweitens „nötig und dringlich zugleich" ist. Dabei darf aber der Diktaturenvergleich gerade auf diesem Sektor die potenzielle Gefahr, dass seine Ergebnisse missbraucht werden könnten, um die Untaten einer Diktatur durch die einer anderen zu relativeren oder gar zu legitimieren, nicht außer Acht lassen und muss dieser nach Kräften entgegenwirken, z. B. dadurch, dass die Grenzen der Vergleichbarkeit präzise aufgezeigt und unangemessene Gleichsetzungen oder falsche begriffliche Einordnungen kritisiert werden. Schließlich kann eine exklusive Beschränkung auf die Extremfälle NS-Staat und Stalinismus auf Dauer nicht sinnvoll sein, denn auch der Terror und die Massenverbrechen anderer Regime sind, in jeweils angemessener Kontextualisierung, vergleichend zu untersuchen. Der lange Zeit verharmloste Antisemitismus und Rassismus des italienischen Faschismus liefert hierfür einen exemplarischen Beleg. Insgesamt bleibt festzuhalten, dass neben dem Lager (in den skizzierten unterschiedlichen Ausprägungen) auch die politische „Säuberung", die Instrumentalisierung der Justiz als

Medium politischer Verfolgung, der Aufbau von in unterschiedlicher Weise agierenden geheimpolizeilichen Apparaten (wie GPU, Gestapo oder Stasi) und schließlich mit dem Phänomen der Denunziationen auch die Mitwirkung der Bevölkerung an der eigenen Unterdrückung zum Repertoire der wichtigen Unterdrückungsinstrumente in modernen Diktaturen zählen.

6. Opposition und Widerstand

Diktaturen gründen sich auf das „Mitmachen" bzw. die Anpassungsbereitschaft der Beherrschten, sie provozieren stets aber auch Opposition und Widerstand. Auf totalitäre Herrschaft zielende Machtausübung und der Mut des Individuums zum Widerstand gegen die Barbarei der „weltanschaulichen" Diktaturen – das sind zwei korrespondierende Handlungsmuster und anthropologische Grunderfahrungen des 20. Jahrhunderts. Politisch und herrschaftstechnisch zielen Diktaturen auf die Monopolisierung aller Machtmittel, auf die Zerstörung von Rechtsstaatlichkeit, die Unterbindung einer unabhängigen öffentlichen Meinungsbildung und die Vernichtung des Minderheitenschutzes. Aber der Versuch, mithilfe von Ideologie und Terror einen „totalen Staat" (Hannah Arendt) zu errichten, produziert regelmäßig auch Gegnerschaft: „Gegen Gleichschaltungsprozesse richtet sich der erste Widerstand. Auf die Zerstörung kultureller Manifestationen und Organisationen folgt in der Regel ein neuer Schub oppositionellen Verhaltens. Auch Versuche, mit den sozialen Strukturen Milieus zu verändern, ziehen Widerspruch nach sich." (237, S. 72) Im Laufe der Zeit – so das hier von Peter Steinbach skizzierte idealtypische Modell – entsteht ein breites Spektrum distanzierten und oppositionellen Verhaltens das „von der Verweigerung über den Protest und die Flucht bis zur aktiven Konspiration" (237, S. 73) reicht. Im Ergebnis verschränken sich die Diktaturerfahrung der gesamten Bevölkerung und die Widerstandserfahrung einer meist kleinen Minderheit in vielfältiger Weise, denn der von Einzelnen gegenüber einer diktatorischen Staatsmacht geleistete Widerstand bezeugt, „dass es Alternativen zur Anpassung, zum Gehorsam, zur Folgebereitschaft und zum Mitläufertum gibt." (237, S. 79)

Diktatur- und Widerstandserfahrung stehen im schwierigen Prozess der späteren „Aufarbeitung" einer totalitären oder autoritären Vergangenheit in einem markanten Spannungsverhältnis zueinander. Das „Bekenntnis zum Widerstand" (aus forschungspraktischen Gründen wird hier von einem weit gefassten Widerstandsbegriff ausgegangen, der auch partielles Verweigerungsverhalten und punktuelle Nonkonformität einbezieht) wird zum „Ausdruck eines souveränen Umgangs postdiktatorischer Gesellschaften mit ihrer Geschichte" (237, S. 81).

Überträgt man diese am deutschen Beispiel gewonnenen Einsichten auf die diktaturvergleichende Perspektive, so ergibt sich eine Leitlinie für die komparative Behandlung dieses zentralen Aspektes der Diktaturforschung: Der erste Schritt einer im europäischen Rahmen vergleichend angelegten Widerstandsforschung, die immer noch in den Anfängen steckt, muss die Formulierung übergreifender Fragestellungen und Untersuchungskonzepte sein, die die Widerstandsforschung in den einzelnen Ländern miteinander verbinden können. Gibt es beispielsweise „Grundformen" des Widerstandes, die sich durchgängig in (fast) allen Ländern ausmachen lassen? Andererseits aber auch: Wo liegen gravierende Unterschiede, etwa zwischen dem Widerstand in den diktatorischen Machtzentren, in ausgeprägten Kollaborationsregimes und in den besetzten Ländern, wo sich Diktatur und Fremdherrschaft überlagerten?

a) Der europäische Widerstand gegen den Faschismus

Der aus der Verzweiflung über die kulminierende Gewaltherrschaft des NS-Regimes geborene, sich erst spät organisierende und in der deutschen Bevölkerung weitgehend isolierte Widerstand eines Teiles der alten Eliten gegen Hitler zielte auf die Wiederherstellung des Rechts und einer legitimierten staatlichen Ordnung. Daher war für die am Umsturzversuch vom 20. Juli 1944 Beteiligten auch nicht die Abwägung ihrer Erfolgschancen der entscheidende Maßstab, sondern die moralische Verpflichtung, zumindest einen Versuch zu unternehmen, dem Unrechtsstaat ein Ende zu setzen (vgl. hierzu auch 423). Widerstand als „letztes Auskunftsmittel" gegen die Diktatur (421, S. 22ff.), als Aufstand des Rechtsempfindens gegen nicht legitimierte totalitäre Herrschaft – dieses Leitmotiv des Widerstandes gegen Hitler musste im europäischen Kontext ganz unterschiedliche Ausprägungen erfahren, denn die Ausgangsbedingungen für die jeweiligen Widerstandsbewegungen waren überaus unterschiedlich, wie schon ein flüchtiger Blick auf drei markante Fallbeispiele verdeutlicht: Im kampflos besetzten Dänemark, in dem eine Besatzungspolitik der möglichst geringen Reibungsflächen mit den Angehörigen einer germanischen „Rasse" betrieben wurde, boten sich erhebliche Spielräume für solidarisches Handeln und couragierten zivilen Ungehorsam, ohne sofort mit einschneidenden Maßnahmen gegen Leib und Leben rechnen zu müssen. Durch Gewährung von Unterschlupf und Fluchthilfe aus der Bevölkerung konnte am Ende der größte Teil der in Dänemark lebenden Juden gerettet werden; über 6000 Personen flüchteten über den Sund in das neutrale Schweden. Dieser Vorgang dokumentiert die exzeptionelle Position Dänemarks im von den Nazis besetzten Europa. Völlig anders stellten sich dagegen die Verhältnisse im besetzten Polen dar, wo eine im Zeichen von Antisemitismus und Antislawismus auf kompromisslose Unterjochung zielende Okkupationspolitik jeder auch nur im Ansatz widerständigen Regung mit drakonischen Strafen begegnete. Eine wiederum völlig andere Konstellation existierte seit Herbst 1943 im Norden Italiens, wo sich der antifaschistische Widerstandskampf nicht nur gegen die Besatzungsmacht, sondern in voller Härte auch gegen die Faschisten unter den eigenen Landsleuten richtete. Angesichts dieser Heterogenität ist es eine sehr anspruchsvolle Aufgabe, ein integrierendes Gesamtkonzept für eine vergleichende Analyse des europäischen Widerstandes gegen den Faschismus zu entwickeln. Drei wichtige neuere Ansätze komparativer Geschichtsbetrachtung stehen im Mittelpunkt der folgenden Erörterung, während die ältere (und hierdurch weitgehend überholte) Literatur zu diesem Komplex nicht berücksichtigt wird (Nachweise hierzu bei 419, S. 18ff. und 275ff.).

Anlässlich der Gedenkjahre 1984 (40 Jahre nach dem Umsturzversuch vom 20. Juli 1944) und 1985 (40 Jahre Kriegsende und Befreiung vom Faschismus) fanden auf eine polnisch-niederländische Initiative hin und in Zusammenarbeit mit dem „Internationalen Komitee für die Geschichte des Zweiten Weltkriegs" in Amsterdam wissenschaftliche Konferenzen statt, deren Ziel es war, den europäischen Widerstand gegen den Faschismus zu würdigen. Zwar konnte das hoch gesteckte Ziel dieser internationalen Kooperation, „gemeinschaftlich zu neuen Forschungsmethoden zu gelangen, die sowohl auf den italienischen und deutschen als auch auf den Widerstand in den besetzten Ländern anwendbar wären" (420, S. 7), am Ende nur bruchstückhaft eingelöst werden. Die von einer Arbeitsgruppe formulierten „Gesichtspunkte für eine vergleichende Untersuchung des Widerstandes" (z. B. Umfang und Bedeutung der Untergrundtätigkeit, aber auch der ihr entgegenwirkenden Kollaboration, Voraussetzungen, Formen, Methoden, Motive und Ziele des Widerstandes sowie schließlich auch programmatische Vorstellungen für die Zeit nach der Befreiung; vgl. hierzu 420, S. 38–42) wurden vor dem Hintergrund der jeweils ganz spezifischen Problemlagen und der sehr heterogenen Forschungstraditionen in den einzelnen Fallstudien recht unterschiedlich umgesetzt. Dem als Ergebnis der Schlusskonferenz publizierten Sammelband kommt aber das Verdienst zu, erstmals unterschiedliche Zugänge und zentrale Ergebnisse der Forschung in 18 europäischen Staaten nebeneinander zu stellen und damit das Feld für aufbauende, auch konzeptionell stärker auf der komparativen Methode beruhende Analysen abzustecken. In einem sehr knappen Fazit umreißt Ger van Roon einige Erkenntnisse dieser vergleichenden Betrachtung: Vor dem Hintergrund des erst spät in seiner Dimension und Bedeutung wahrgenommenen Kollaborationsverhaltens in den meisten besetzten Ländern verdiene der Widerstand in den faschistischen Ausgangszentren mehr Beachtung, als ihm über lange Jahre entgegengebracht worden sei: „Als Hitler in anderen europäischen Ländern noch gelobt und geschont wurde, leistete man in Italien und in Deutschland bereits individuell oder in kleinen Gruppen Widerstand – Widerstand zudem gegen die eigene Regierung.“ (420, S. 403) In den besetzten Ländern hätten die Widerstandsbewegungen prinzipiell günstigere Ausgangsbedingungen vorgefunden, denn hier richtete sich die Untergrundtätigkeit gegen einen von außen eingedrungenen Feind und daher war nicht jeder Mitbürger potenziell als Verräter anzusehen. Dennoch sei für etliche Länder (u. a. für die Niederlande) eine „mehr oder weniger lange Übergangsperiode“ zu konstatieren, „bevor man von Widerstand in breiten Kreisen sprechen konnte“. Insbesondere die brutale Variante der Besatzungspolitik, die vor allem in Polen und der Sowjetunion mit einer Rassenpolitik verbunden wurde, „die nichts und niemanden schonte“, habe aber über kurz oder lang zu immer größerem Widerstand geführt, wenn auch insgesamt festzuhalten sei, „dass es in den meisten Ländern nur eine Minderheit war, die Widerstand geleistet hat“ (420, S. 404 f.). (Beispielsweise ist die Kerngruppe der aktiv Widerstand Leistenden für Frankreich auf 2%, für die Niederlande auf 0,6% geschätzt worden; vgl. 419, S. 260.) Insgesamt hat sich der Versuch eines quantitativen Vergleichs von Widerstand und Kollaboration in den einzelnen Ländern als problematisch erwiesen. Van Roon bringt den qualitativen Ertrag der Konferenzen auf folgenden kleinsten gemeinsamen Nenner: „Die fast ganz Europa überschwemmende Welle von Faschismus und Nationalsozialismus hatte einen nahezu ganz Europa umfassenden Widerstand zur Folge. In den meisten Ländern war der Widerstand auf nationale Interessen gerichtet, aber in einigen Fällen wurde mit Widerstandskämpfern aus anderen Ländern zusammengearbeitet und auf eine internationale und europäische Zusammenarbeit nach Kriegsende gehofft.“ (420, S. 405)

Denkanstöße für eine noch zu schreibende *europäische* Geschichte des Widerstandes gibt auch ein genau zehn Jahre später erschienenes Sammelwerk. Es geht von der normativen Setzung aus, dass in den unterschiedlichen nationalen Widerstandsbewegungen insgesamt „die Grundlagen europäischer Humanität und Zivilisation zurückerobert oder neu behauptet worden sind, daß der Widerstand gegen den Nationalsozialismus also zu einem europäischen Geschichtsbewußtsein gehören muß“ (so Wolfgang Altgeld in seiner Einführung, 418, S. 7). Für die drei am intensivsten betrachteten Fallbeispiele (den deutschen Widerstand, die französische Résistance und die italienische Resistenza) werden gleichzeitig trennscharf die besonderen nationalen Eigentümlichkeiten herausgearbeitet. In deutlichem Kontrast zum französischen und italienischen Fallbeispiel könne dabei für Deutschland, so der Eichstätter Kirchenhistoriker Heinz Hürten, von einer „'Widerstandsbewegung' im Sinne einer noch so locker gefügten organisatorischen Einheit nicht die Rede sein“. Vielfach sei die Beteiligung am aktiven

Widerstand aus der „nüchternen Alltags- und Lebenspraxis" (etwa als Pfarrer oder Offizier) heraus entstanden und in diese eingebettet geblieben. Insofern sei es sachgerecht, dass der deutsche Widerstand vor allem in gruppenspezifischen Kategorien beschrieben wird: „als Widerstand der Arbeiter, der Militärs, der bürgerlichen Konservativen, der Jugend und so fort" (Hürten in 418, S. 15). Anders als in den besetzten Ländern, wo es das erste und selbstverständliche Ziel jeder Untergrundtätigkeit sein musste, zur Beendigung der deutschen Besatzungsherrschaft beizutragen, seien in Deutschland die Ziele oppositionell eingestellter Kreise und damit zwangsläufig auch die Formen und die Intensität der Widerstandstätigkeit wesentlich heterogener gewesen. Gemengelagen von Dissens- und Konsenspotenzialen mündeten vielfach in nur sehr begrenzte und das Regime insgesamt gar nicht infrage stellende Formen des „Teilwiderstandes". In Frankreich und im Italien der letzten Kriegsjahre seien diese Konturen gradliniger: Im ersten Falle existierte ein auf den Sturz der Okkupationsmacht gerichtetes Zwecksbündnis, das so heterogene Gruppen wie gaullistische und kommunistische Untergrundkämpfer vereinigte, im zweiten ein unterschiedliche Gruppen zusammenfassendes Kampfkomitee, das konsequent auf den Sturz von Mussolinis Marionettenregierung in Salò hinarbeitete. Für den deutschen Widerstand ergab sich dagegen ein zentrales Problem: Er war – wie es der britische Historiker und Hitler-Biograph Ian Kershaw auf eine viel zitierte Deutungsformel gebracht hat – ein „Widerstand ohne Volk"; ihm fehlte die Möglichkeit, seine Aktivisten unter Nutzung patriotischer Gefühle gegen die fremden Besatzer sowie die Kollaborateure im eigenen Land zu mobilisieren. Mehr noch: Für viele am Widerstand Beteiligten war es ein langer und quälender Weg der Erkenntnis, dass Hitler beseitigt werden müsse, auch wenn man sich selbst dabei dem Vorwurf des Hoch- bzw. Landesverrats aussetzte. Diese Überlegungen treffen sich mit einer Einschätzung, die der selbst am Widerstand beteiligte Politikwissenschaftler Richard Löwenthal bereits früher formuliert hatte: „Einen deutschen ‚Untergrundstaat' wie in Polen, ein deutsches ‚Maquis' des offenen Partisanenkampfes wie in Jugoslawien, in einigen Gebieten Frankreichs und in Norditalien nach dem Herbst 1943 hat es nicht gegeben und nicht geben können, so wenig wie deutsche offene Massenstreiks nach dem Vorbild etwa der holländischen und dänischen ‚Volksstreiks'." (311, S. 13)

Auch der dritte wichtige Beitrag zur komparativen Widerstandsforschung bemüht die angesichts der Forschungslage nahe liegende Hilfskonstruktion, separat entstandene länderspezifische Fallstudien zum Charakter, zum Umfang und zur Historiographie des Widerstandes additiv zusammenzutragen und nachträglich in ein vergleichendes Rahmenkonzept zu integrieren (419). In dem von Bob Moore herausgegebenen Sammelband wird dabei der Untersuchungsbereich durch eine Konzentration auf die Widerstandsbewegungen in sieben ausgewählten westeuropäischen Ländern bzw. Bereichen (Norwegen, Dänemark, die Niederlande, Belgien, Frankreich, Italien sowie die Kanalinseln) erheblich eingegrenzt. Für Moore ist es evident, dass der im öffentlichen Bewusstsein vor allem präsente und in der Nachkriegszeit identitätsstiftende aktive Widerstand, wie er zum Beispiel in Sabotageaktionen, Anschlägen und organisierter Fluchthilfe seinen Ausdruck fand, nur *ein* Teil eines größeren Zusammenhangs gewesen ist, der ebenso auch zivilen Ungehorsam und oppositionelle Grundhaltungen (von der Verweigerung der Zusammenarbeit über das Unterlaufen von Abgabepflichten für bestimmte Güter bis zur patriotischen Gestaltung des Gartens in den Nationalfarben) gegenüber dem Nationalsozialismus bzw. den Besatzern umfasste. Insofern müsse die weitere Forschung vor allem auf eine angemessene Berücksichtigung der sehr vielfältigen Realität des Widerstandes zielen: „ [...] it is important to recognize that the nature of what has been interpreted as ‚resistance' and the motivations of those involved are many and various and do not tolerate rigid categorization, either in relation to Germany itself or for any of the occupied countries." (419, S. 1) Zugleich wird aber auch auf das starke Missverhältnis zwischen einem insgesamt überaus umfangreichen Schrifttum zum Widerstand und dem ins Auge stechenden Defizit an typologisierenden Ansätzen verwiesen, auf deren Basis erst ein stimmiges Gesamtbild entworfen werden könne. Auf ältere Arbeiten zurückgreifend, fasst Moore vier wichtige Gesichtspunkte für die vergleichende Forschung noch einmal zusammen: *Erstens* habe der Widerstand gegen die deutschen Besatzer zur Bildung von Koalitionen zwischen gesellschaftlichen Gruppen geführt, die sich zuvor feindlich gegenübergestanden hatten, wie etwa Katholiken und Kommunisten. *Zweitens* hätten die am Widerstand beteiligten Organisationen ganz unterschiedliche Langzeitperspektiven verfolgt, die von der Wiederherstellung der traditionellen Ordnung bis zur revolutionären Umgestaltung der Gesellschaft reichten. Daher wurden *drittens* Auslandskontakte und politische Verbindungen in unterschiedliche Richtungen geknüpft, zum einen zu den Westmächten, zum anderen nach Moskau. Nur in ganz wenigen Fällen bildeten beide Pole wichtige Referenzpartner. *Viertens* sei es besonders kompliziert, den Beitrag der einzelnen Widerstandsbewegungen zur Befreiung vom Faschismus und zum Aufbau des Nachkriegseuropas adäquat zu bewerten, da sie angesichts ganz heterogener Ausgangsbedingungen sehr unterschiedliche Dimensionen erreichten und Erfolge erzielten (419, S. 6). In seinem die Erträge der sieben Fallstudien zusammenführenden Fazit unterstreicht Moore, dass insgesamt sehr gravierende *Unterschiede* zwischen den verschiedenen Widerstandsbewegungen festzustellen seien, was in gewissem Maße auch als Reflex auf unterschiedliche Varianten der deutschen Besatzungsherrschaft und dem hiervon abhängigen gewissen Grad an „self government" (etwa in Dänemark oder im Vichy-Regime) zu interpretieren sei. Neben den bereits skizzierten politischen Präferenzen hätten auch unterschiedliche äußere Rahmenbedingungen eine nicht zu unterschätzende Rolle gespielt, wie zum Beispiel die Topographie des jeweiligen Landes. Während man in den bergigen Regionen Norwegens, Norditaliens oder Südfrankreichs einen Guerillakrieg aus dem Untergrund organisieren konnte, mussten in dicht besiedelten urbanen Landstrichen zwangsläufig ganz andere Kampfformen entwickelt werden. Zugleich seien aber auch wichtige *Gemeinsamkeiten* zu konstatieren: Die nicht erwartete „relative Milde" der deutschen Besatzungsherrschaft in Westeuropa habe besonders zu Beginn der Okkupationszeit und in Teilen der Bevölkerung eine passive und tendenziell loyale Haltung befördert. Da sich keine realistischen Perspektiven für eine Beseitigung der deutschen Herrschaft abzeichneten, arrangierte sich die große Mehrheit zunächst mit der als unabwendbar akzeptierten „Realität der Okkupation" (419, S. 249 ff.). Erst die militärische Niederlage der deutschen Wehrmacht im Russlandfeldzug habe den Boden für einen stetig breitere Schichten erfassenden „Volkswiderstand" (popular resistance) bereitet. Zudem konnten sich nach dem Überfall auf die Sowjetunion die zuvor durch den Hitler-Stalin-Pakt weitgehend paralysierten kommunistischen Gruppen in das gesellschaftliche Spektrum der westeuropäischen Widerstandsbewegungen integrieren. Zu einem Katalysator des sich ausbreitenden Verweigerungsverhaltens habe sich die Rekrutierung von Zwangsarbeitern in den besetzten Gebieten entwickelt, der sich immer mehr Betroffene durch ein Ausweichen in die Illegalität zu entziehen suchten. Zu einer weiteren Zuspitzung sei es 1944/45 gekommen, als die Besatzungsbehörden angesichts der stetig aussichtsloser werdenden militärischen Gesamtlage zu immer drakonischeren Maßnahmen übergegangen seien, während sich gleichzeitig immer größere Kreise der Bevölkerung genötigt sahen, ihre Versorgung über den florierenden Schwarzmarkt zu sichern und damit zwangsläufig gegen die erlassenen Anordnungen zu verstoßen. Erst als sich die deutsche Niederlage klar abgezeichnet habe und die Befreiung der west- und nordeuropäischen Staaten von der faschistischen Okkupation nur noch eine Frage des Zeitpunktes gewesen sei, seien oppositionelle Grundhaltungen, ziviler Ungehorsam und Widerstand in diesen Ländern zu einer breiten Volksbewegung verschmolzen, die freilich nicht in erster Linie auf bewusste politische Entscheidungen zurückzuführen gewesen sei, sondern eher eine Art Überlebensstrategie dargestellt habe (419, S. 255 sowie S. 5).

Welche Herausforderungen für die weitere Forschung ergeben sich aus diesen Versuchen einer flächendeckend, aber additiv vorgehenden Bilanzierung (420), einer vor allem generalisierenden Betrachtung im europäischen Kontext (418) sowie einer zwischen Differenzierung und Generalisierung pendelnden Analyse (419)? *Zusammenfassend* wird man Moores Analyse des Forschungsstands zustimmen können, dass einige zentrale Probleme des europäischen Widerstandes gegen den Faschismus bereits aufgegriffen worden sind, wobei freilich komparative Perspektiven vielfach noch nicht in ausreichender Weise Berücksichtigung gefunden haben. Zugleich ist aber auch festzuhalten, dass andere wichtige Aspekte (etwa die Frage nach der Verankerung des Widerstandes in den einzelnen Schichten der Bevölkerung bzw. seine Verwurzelung in den bestimmten sozialmoralischen Milieus oder auch die Frage nach signifikanten Situationen, in denen der individuelle Entschluss zum aktiven Widerstand gefasst wurde) in der international vergleichenden Forschung bislang vernachlässigt oder gar ignoriert worden sind. Einen wichtigen Orientierungspunkt der künftigen Forschung wird dabei der ehrgeizige Anspruch bilden, das Phänomen Widerstand/Résistance in eine internationale Sozialgeschichte des Zweiten Weltkriegs einzubetten (419, S. 262). Die allgemeinen Rahmenbedingungen für ein in diese Richtung weisendes systematisches Arbeitsprogramm einer „vergleichenden antidiktatorischen Widerstandsforschung" zum „Europa der Diktaturen" sind in Grundzügen bereits skizziert worden (422) – die Umsetzung in der empirischen Forschungspraxis ist freilich noch nicht einmal ansatzweise erfolgt. Widerstandsgeschichte, so ein erster konzeptioneller Eckpunkt, „wird immer in starkem Maße durch die Verfolger überliefert. Dadurch spiegelt sich in der Überlieferung der Verfolger auch deren Verständnis von Widerstand." (422, S. 17) Es kann also nicht nur darum gehen, die bereits im nationalen und erst recht im europäischen Maßstab überaus heterogenen Formen und Ausprägungen von Widerstand im Verhältnis zum stets dominierenden Anpassungsverhalten zu betrachten und damit in den größeren Kontext einer breit angelegten Verhaltens- oder Gesellschaftsgeschichte im „Zeitalter der Diktaturen" zu stellen. Zugleich ist die besondere Beziehung zwischen Verfolgung und Widerstand zu thematisieren, ohne dabei die Widerstandsgeschichte auf diesen Konnex mit der Verfolgungs- und Unterdrückungspraxis zu verkürzen. Daher sind, als zweiter konzeptioneller Eckpunkt, systematische Fragestellungen und Zugriffsebenen für die komparative Widerstandsforschung zu bestimmen. Zentrale Bausteine könnten sein: die Analyse der *Voraussetzungen* von Widerständigkeit, die Bestimmung von *Schwellen* des Widerstands und die Frage, wo die *Grenzen der Zumutbarkeit* von diktatorischen Verhaltensanforderungen liegen, durch deren Überschreiten sich ein Regime seine politischen Gegner erst selbst schafft und Widerstand evoziert (427, S. 18). Schließlich darf sich drittens der komparative Ansatz nicht auf eine oberflächliche Parallelisierung der Widerstandsgeschichte einlassen, also etwa mechanisch studentische Widerstandsgruppen in der DDR mit der „Weißen Rose" oder die gegen Ulbricht gerichtete SED-interne Oppositionsgruppe um Janka und Harich mit der gegen Hitler gerichteten „Schwarzen

Front" des dissidenten Nationalsozialisten Otto Strasser vergleichen. Ziel einer vergleichend angelegten „antidiktatorischen Widerstandsforschung" im europäischen Maßstab hätte vielmehr „die Analyse individueller Voraussetzungen des Widerstehens in totalitären Systemen im Zusammenhang mit den Auswirkungen bewusster Auseinandersetzung mit Traditionen der Autonomie, der Menschenwürde, der Trennung von Staat und Gesellschaft und politischen Ordnungsvorstellungen des freiheitlichen Verfassungsstaates" zu sein (422, S. 25).

b) Widerstand und Opposition im NS-Staat und in der DDR

Anhand der diachronen Vergleichsperspektive zwischen den beiden deutschen Diktaturen werden im Folgenden die methodologischen Probleme und die Chancen des sektoralen komparativen Ansatzes für das Problemfeld Opposition und Widerstand exemplarisch diskutiert. Seit den achtziger Jahren ist die Zahl der lokal- und regionalgeschichtlichen Studien zur NS-Zeit ins kaum noch Überblickbare gewachsen und der regionale Vergleich (429; 434) ist als eine weitere Untersuchungsperspektive (neben dem struktur- und sozialgeschichtlichen, dem biographischen, dem ideologiekritischen Ansatz usw.) hinzugefügt worden. Gegenüber der nach mehr als einem halben Jahrhundert intensiver historischer Analyse konzeptionell und methodisch inzwischen sehr differenzierten und in ihren empirischen Ergebnissen beeindruckend umfangreichen NS-Forschung können die Resultate einer DDR-Forschung, die erst seit 1989 über einen freien Zugriff auf ihre Quellen verfügt, naturgemäß eine vergleichbare empirische wie theoretische Differenzierung noch nicht erreicht haben (vgl. auch Kap. III, 2, e). Es ist nahe liegend, dass diese massive Ungleichgewichtigkeit im Forschungsstand zu den beiden deutschen Diktaturen auch auf die vergleichende Analyseperspektive ausstrahlt. So gibt es bislang keine auf einzelne Regionen oder Orte bezogenen exemplarischen Fallstudien, die das vielfältige Spektrum unterschiedlicher Formen, Gruppen und Ansätze von Widerstand und Opposition gegen das NS-Regime und die SED-Herrschaft in einem abgegrenzten räumlichen Untersuchungsgebiet und damit zugleich in einer konkretisierten beziehungsgeschichtlichen Perspektive ausleuchten. Mit Ausnahme des kirchlichen Bereiches sind auch sozial-moralische Milieus bzw. politische Institutionen und Gruppen noch nicht Gegenstand solcher direkt vergleichender empirischer Sektoranalysen gewesen. Insofern ist es sinnvoll und notwendig, der konzeptionellen und methodologischen Diskussion der sektoralen komparativen Perspektive jeweils knappe Skizzierungen einiger zentraler Befunde voranzustellen, die in mehreren Jahrzehnten einer breit entfalteten Widerstandsforschung zum Nationalsozialismus sowie in den seit 1989 mit hohem Aufwand betriebenen Forschungen zur DDR-Opposition getrennt voneinander herausgearbeitet worden sind. Wie die anschließend diskutierten methodologischen Vorüberlegungen unterstreichen, spielt der sektorale Diktaturenvergleich mit der NS-Zeit *implizit,* d.h. im Sinne einer möglichen Vorbildfunktion, eine überaus wichtige Rolle. Das in diesem Abschnitt in den Mittelpunkt gestellte Forschungsproblem lässt sich daher auf die Frage zuspitzen, inwiefern aus der NS-Widerstandsforschung methodologische Anregungen oder gar ein konzeptioneller Orientierungsrahmen für die Analyse der DDR-Opposition gewonnen werden können. Dieser Fragenkomplex könnte sogar paradigmatische Bedeutung für die empirisch vergleichende sektorale Analyse des Widerstandes in „rechten" und „linken" Diktaturen gewinnen, da bislang auch noch keine empirisch vergleichenden Spezialstudien zum NS-Staat und zur Sowjetunion vorliegen.

Wichtige Ergebnisse der NS-Forschung sind, dass der Widerstand gegen Hitler nicht isoliert betrachtet werden darf, sondern immer in Relation zum dominierenden Verhaltensmuster der Anpassung zu untersuchen ist. Es wurde nachgewiesen, dass die Einbindung des Einzelnen in ein sozialmoralisches Milieu die Bereitschaft zu nonkonformem Handeln oder gar zum organisierten Widerstand beeinflussen (sowohl fördern als auch hemmen) kann, dass aber der Entschluss zum aktiven Widerstand immer eine ganz individuelle Entscheidung bleibt. Das breite Spektrum unterschiedlicher Motive, gegen die Diktatur aktiv zu werden, ist herausgearbeitet worden: Widerstand kann in politischen, religiösen oder auch humanitären Überzeugungen wurzeln. Vorrangig ist es Aufgabe der Forschung (und ebenso des öffentlichen Gedenkens) diese unterschiedlichen Facetten des Widerstandes in ihrer jeweiligen Gegebenheit zur Kenntnis zu nehmen und sie nicht a priori im Sinne einer Hierarchisierung zu bewerten. Schließlich stehen Verfolgung und Widerstand in einem engen Zusammenhang, denn wie jede Diktatur schuf sich auch das NS-Regime einen erheblichen Teil seiner Gegner selbst (den aktuellen Forschungsstand in seiner ganzen Breite repräsentieren im Überblick: 428; 436). Durch eine Vielzahl von Spezialstudien (umfassende Literaturnachweise in: 433) ist mittlerweile das breite gesellschaftliche Spektrum, aus dem heraus Widerstand gegen Hitler geleistet wurde, ausgeleuchtet worden. Zwar gilt grundsätzlich, dass widerständiges Verhalten gegen die NS-Diktatur nur die Option einer verschwindend kleinen Minderheit in der Bevölkerung war; zugleich ist aber auch festzuhalten, dass er sich in nahezu allen Gruppen der Gesellschaft nachweisen lässt (komprimierte Überblicke und biographische Nachweise in: 424; 435).

Weite Verbreitung hat eine grobe, in dem unter Leitung von Martin Broszat am Münchener Institut für Zeitgeschichte durchgeführten und für die NS-Forschung in vieler Hinsicht wegweisenden Forschungsprojekt „Bayern in der NS-Zeit" entwickelte Periodisierung des Widerstandes gefunden, die auf drei phasenweise besonders hervorstechende Formen des Widerstandes abhebt. Danach ist für die Jahre 1933/34 vor allem der auf das proletarischen Milieu gestützte organisierte kommunistisch-sozialistische Widerstand charakteristisch, für die Zeitspanne zwischen 1935 und 1940/41 eine partielle „Resistenz" oder „Volksopposition", die sich besonders aus dem kirchlich-religiösen Bereich speiste, und schließlich für die Phase von 1938 bis 1944 eine „Fundamentalopposition" konservativer Eliten, die in konkrete Umsturzplanungen mündete (vgl. hierzu auch: 425, S. 75). Allerdings wurde der von Broszat in die Debatte eingeführte Begriff der „Resistenz" nicht nur aus terminologischen Gründen kritisiert (das aus der Medizin entlehnte Bild ist nicht treffend und die Begriffsbildung suggeriert überdies zu Unrecht eine enge Verwandtschaft mit der „Résistance"), sondern vielfach auch als eine zu positive Beschreibung der hauptsächlich durch Anpassung und nicht durch Dissenspotenziale geprägten Realität im „Dritten Reich" abgelehnt (zusammenfassend hierzu: 362, S. 461 ff.). Noch weitaus problematischer ist der vorübergehend in Mode gekommene Begriff der „Volksopposition", klingt hier doch eine Interpretation an, nach der die Deutschen am Ende zu einem „Volk der Widerständler" verzeichnet werden könnten. Immer wieder haben jedoch empirische Studien, sofern sie einzelne Gruppen oder Formen des Widerstandes nicht aus ihren Kontexten isolieren, sondern sie in Relation zu ihrem von Anpassung geprägten Umfeld bestimmen, eindeutig belegt, dass die wenigen Mutigen, die sich Hitler aktiv entgegen stellten, einen „Widerstand ohne Volk" konstituierten.

Zur Kategorisierung der vielfältigen Formen des Widerstandes (hier wird auf den aus der empirischen Forschung heraus entwickelten weiten Widerstandsbegriff rekurriert) wird im Allgemeinen ein Stufenschema herangezogen. Ein bereits frühzeitig von Richard Löwenthal entwickeltes Modell (311) sieht eine Differenzierung in drei „Grundformen des antitotalitären Widerstandes" vor: eine eher allgemeine, vielfach als „innere Emigration" abstrakt und weitgehend folgenlos bleibende „weltanschauliche Dissidenz", die „gesellschaftliche Verweigerung", die ohne eine durchgängige politische Perspektive als stets nur partielle Distanzierung vom Regime auftritt, sowie schließlich der Widerstand im engeren Sinne des Begriffes, der sich bewusst als politische Opposition konstituiert und auf den Sturz des Regimes hinarbeitet. Im weiteren Verlauf der Forschung ist diese kategorisierende Aufgliederung erweitert worden. Danach erscheint es sinnvoll, zu differenzieren in: erstens punktuelle Unzufriedenheit bzw. vereinzelt auftretendes nonkonformes Verhalten, zweitens ein partielles Verweigerungsverhalten, das alternativ auch als „Nicht-Anpassung", „Selbstbehauptung" oder mit dem umstrittenen Terminus „Resistenz" beschrieben worden ist, drittens Formen des öffentlichen Protestes und viertens den aktiven, auf die Beseitigung des NS-Staates zielenden Widerstand (vgl. auch 393, S. 94ff.).

Nach gut einem Jahrzehnt intensiv betriebener DDR-Forschung zeichnen sich auch für dieses Feld erste Systematisierungen ab. Dabei können die publizierten Materialien der Enquete-Kommission „Aufarbeitung von Geschichte und Folgen der SED-Diktatur in Deutschland" mit ihrer Vielzahl von speziellen Gutachten, Expertisen und Zeitzeugenanhörungen als eine groß angelegte Analyse des Forschungsstands angesehen werden, die den Mitte der neunziger Jahre erreichten Kenntnisstand bündelt (zum aktuellen Stand der Forschung im Überblick: 290). Auch für die DDR-Opposition ergibt sich ein vielfältiges gesellschaftliches Spektrum, das von im engeren Sinne „politischen" Aktivisten wie den Kontaktleuten der „Ostbüros" von SPD, CDU und FDP über die aus christlicher Überzeugung gespeisten Aktivitäten der „Jungen Gemeinde" bis zu konkreten Manifestationen des Protestes (am 17. Juni 1953, in Gestalt der „Republikflucht" vor dem Mauerbau, gegen die Unterdrückung des „Prager Frühlings" 1968 oder gegen die Biermann-Ausbürgerung) reicht (als breite Überblicke: 427; 432).

Nach dem inzwischen erreichten Stand der Forschung, der als vorläufige Annäherung an die einzelnen Gruppen und Phänomene der DDR-Opposition zu charakterisieren ist, zeichnet sich folgende zeitliche Strukturierung ab: Bis 1961 (bei manchen Autoren auch nur bis 1953) ist eine erste Phase anzusetzen, in der oppositionelle Bestrebungen noch an tradierte Milieubindungen (z. B. in der Sozialdemokratie, aber auch im Bildungsbürgertum) sowie an mit der SED konkurrierende politische Traditionen anknüpfen konnten. Mit der Abschottung durch den Mauerbau, der politischen Gegnern des SED-Regimes die alternative Verhaltensoption der Flucht in den Westen nahm, setzte eine Phase des verstärkten Anpassungsdruckes und einer Zersetzung oppositioneller Strömungen ein. Vor dem Hintergrund einer vorübergehenden ökonomischen Stabilisierung der DDR und punktueller Liberalisierungen, die den Bürgern teilweise neue Handlungsspielräume brachten, gewann diese Anpassung den Charakter eines (vor allem unter den älteren Bürgern häufig eher widerwilligen) Arrangements mit der Regimeführung (vgl. 290, S. 60ff.). Der von der Konferenz über Sicherheit und Zusammenarbeit in Europa (KSZE) ausgehende Druck auf Einhaltung der garantierten Menschen- und Bürgerrechte wurde dann in den siebziger Jahren zu einem systematischen Anknüpfungs- und Kristallisationspunkt für oppositionelle Regimekritik. In den achtziger Jahren entfalteten sich schließlich auf immer breiterer Front oppositionelle Gruppen, die vor allem die evangelische Kirche als „Schutzraum" und Diskussionsforum zu nutzen wussten.

Gleichsam als Pendant zu dem oben erwähnten funktionalen Stufenschema, das für den NS-Widerstand entwickelt worden ist, liegt ein erster Typologisierungsversuch zur DDR-Opposition vor. Ilko-Sascha Kowalczuk hat vorgeschlagen, vier „Grundformen" zu unterscheiden (vgl. 425, S. 83): „gesellschaftliche Verweigerung", „sozialen Protest" (z. B. Eingaben, „Meckern", Streiks usw.), politische Dissenz und schließlich „Massenprotest" (wie 1953 und wieder in den späten achtziger Jahren). Es liegt auf der Hand, dass diese zu einem vergleichsweise frühen Zeitpunkt entworfene Arbeitshypothese im Laufe der weiteren Forschung noch erhebliche Modifikationen, Korrekturen und Ergänzungen erfahren wird. Rainer Eckert bezeichnet seine Überlegungen zu einer möglichen *Vorbildfunktion* der NS-Widerstandsforschung für die Untersuchung oppositioneller Gruppen in der DDR als kritische Annäherung an die „Vergleichbarkeit des Unvergleichbaren" (425). Sein Ausgangspunkt ist die Existenz von zwei Diktaturen auf deutschem Boden: „Beide wurden bekämpft, und zweimal wurde der Widerstand – wenn auch mit unterschiedlicher Härte – unterdrückt." Diese Parallelität lege es nahe, die jeweiligen Oppositionsbewegungen in vergleichender Perspektive zu erforschen. Konkret könnten dabei die Ergebnisse der NS-Widerstandsforschung „als heuristisches Modell für die Analyse von Widerstand, Opposition und kollektiven Verhaltensweisen der Bevölkerung in der DDR angewandt werden." (425, S. 69) Damit wirft Eckert eine Vielzahl von forschungspraktischen Fragen (etwa nach zeitlichen Phasen, Kontexten und Entwicklungsprozessen sowie nach unterschiedlichen Zielen und Intensitätsgraden widerständigen Verhaltens) auf, die – wie er zu Recht betont – erst im Rahmen eines längeren Forschungsprozesses beantwortet werden können, da sich die wissenschaftliche Untersuchung der DDR-Opposition derzeit noch weitgehend in einem „Stadium der Deskription" befinde (426, S. 165). Als grundlegender generalisierender Bezugspunkt steht dabei für Eckert fest, dass sich die Aktivitäten regimekritischer Gruppen in der DDR „gegen die Allmachtsansprüche eines totalen Staates" richteten. Zugleich sei aber auch zu konstatieren, dass es diesen Oppositionskreisen eher um die Reform als um den Sturz des Gesamtsystems ging. Als Konsequenz aus dieser grundlegenden Differenzierung schlägt er vor, „für die Bürgerrechtsgruppen in der DDR den Begriff *Widerstand* zu vermeiden und statt dessen von *Opposition* zu sprechen" (425, S. 81; noch restriktiver ist Kleßmann mit dem Begriff der „*Teil*opposition", vgl. 362), denn der Terminus „Widerstand" sei eben reserviert für eine fundamentale, auf den Sturz des Gesamtsystems abzielende Gegnerschaft.

In einem stärker generalisierende Aspekte betonenden Ansatz hebt Klaus-Dieter Müller auf die Handlungsbedingungen von Systemgegnern in totalitären Diktaturen als Gegenstand eines komparativen Untersuchungsprogramms ab (430). Er bezieht dabei in seine Überlegungen neben den beiden deutschen Diktaturen auch die Sowjetunion ein und schlägt vor, die Widerstandsaktivitäten in diesen drei Systemen nicht nur vorrangig nach Gruppen und Richtungen, sondern vor allem auch nach *zeitlichen Phasen* zu differenzieren. Als viergliederiges Schema ergibt sich in seinem Ansatz: erstens Herrschaftsübernahme, zweitens Herrschaftssicherung, drittens eine Periode der voll funktionierenden Herrschaft und schließlich viertens Auflösung bzw. Ablösung. Dabei gelte für alle drei betrachteten Regime, dass Phase 3 (Müller setzt hier für die NS-Herrschaft die Jahre 1938 bis 1943 an, für die SED-Herrschaft den Zeitraum von 1961 bis 1985) die schwierigsten Bedingungen für den Widerstand repräsentiere. Zu konstatieren sei, dass nach vollzogener Etablierung der Diktatur ein erfolgreicher Umsturz kaum noch im Bereich des Möglichen gelegen habe: „Etablierte totalitäre Regime gingen entweder in einem Krieg zugrunde, verstrickten ihre Gesellschaft in einen sehr langen und gewalttätigen Bürgerkrieg oder hatten eine extrem langes Leben, ehe sie schließlich verschwanden." (430, S. 152f.) Eine empirische Bestätigung für seine optimistische Einschätzung, dass sich die drei genannten Vergleichsfälle im Hinblick auf die Handlungsbedingungen des Widerstandes recht gut parallelisieren lassen, steht allerdings aus, denn bislang hat Müller seine Skizze noch keiner umfassenden empirischen Überprüfung unterzogen.

Während Erhart Neubert (431) suggeriert, der Widerstand gegen Hitler und die „Widerständigkeit" gegen das SED-Regime könnten konzeptionell wie terminologisch ohne größeren Aufwand weitgehend parallelisiert werden, unterstreicht Bernd Stöver (238) in seiner methodologischen Reflexion zu Recht die diffizilen Probleme des Diktaturenvergleichs auf diesem Gebiet. Bereits die Forschungen zum NS-Widerstand hätten nämlich gezeigt, dass das konkrete Verhalten (sei es Opposition, sei es Anpassung) einzelner Personen oder bestimmter sozialer Gruppen in der Diktatur durch *Kategorisierung* immer nur annäherungsweise abgebildet werden könne. Tatsächlich verweise die Vielfalt der in die NS-Forschung eingeführten Begriffe darauf, „welchen Schwierigkeiten der Historiker ausgesetzt ist, wenn er im Rückblick versucht, die aus den Quellen ersichtliche Fülle von Verhaltensweisen zu ordnen und zu differenzieren" (238, S. 30). Mit Bezug auf das von ihm exemplarisch untersuchte Arbeiterverhalten vertritt Stöver die Auffassung, dass sich die künftige DDR-Oppositionsforschung – analog zu Broszats Forderung für die NS-Zeit – auf eine noch deutlichere „Historisierung" der DDR-Geschichte orientieren müsse. Dies bedeute auch, „viele der ausschließlich moralisierenden Kategorien in der Analyse von Bevölkerungsverhalten zu überwinden und deutlicher die Erfahrungen der bisherigen Widerstandsforschung anzuwenden". Schon jetzt zeichne sich ab, dass eine *unmittelbare* Übertragung von Begriffen und Paradigmen der NS-Widerstandsforschung auf die DDR-Opposition nicht in jedem Falle „hilfreich" sei, weil „trotz aller Ähnlichkeiten moderner Diktaturen Formen des Verhaltens sich entlang der tatsächlich vorgegebenen Bedingungen entwickeln", wie sich etwa an der unterschiedlichen Ausprägung dissidenter Kreise zeige. Konkret habe die Radikalität, mit der das NS-Regime in der Kriegszeit auch „mindere Formen der Devianz" (wie etwa regimekritische Witze) verfolgt und nicht selten mit der Todesstrafe geahndet habe, im Ergebnis dazu geführt, „den Umfang des abweichenden Verhaltens einzudämmen" (alle Zitate: 238, S. 49). Im Kontrast hierzu sei die SED-Diktatur wesentlich „liberaler" gewesen, habe sie doch immerhin weitaus „ungefährlichere" Möglichkeiten zum Ausleben von regimekritischer Gegnerschaft geboten, wie sich vor allem an den in ihrer Spätphase „unter dem Dach der Kirchen entstehenden Alternativkulturen" gezeigt habe.

In der *zusammenfassenden* Zwischenbilanz ergibt sich, dass eine zurückhaltendere, in der vergleichenden Betrachtung eher auf Problematisierung und Differenzierung denn auf eine zu vorschnelle und empirisch nicht ausreichend abgesicherte und verifizierte Generalisierung setzende Forschungsstrategie derzeit angemessener erscheint als eine – angesichts des in weiten Teilen noch umrisshaften Kenntnisstandes zur DDR-Opposition – zwangsläufig oberflächliche Parallelisierung.

c) Institutionelle Anpassung und religiöser Dissens: die Kirchen und das Kirchenvolk unter den beiden deutschen Diktaturen

Die Herausforderung der christlichen Kirchen durch totalitäre Regime stellt für Hans Maier (443) ein prägendes Grundmotiv im „Zeitalter der Diktaturen" dar. Als exemplarischer Ausschnitt aus dem Gebiet der weit gefassten Widerstandsforschung wird im

Folgenden das Verhalten der beiden großen Kirchen und des Kirchenvolkes unter der NS- und der SED-Herrschaft als mittlerweile vergleichsweise intensiv erforschtes Untersuchungsfeld betrachtet (vgl. hierzu auch 442). Vor allem die Arbeiten von Gerhard Besier über das Verhältnis zwischen SED-Staat und der evangelischen Kirche in der DDR (als knapp gefasster Problemaufriss: 437) haben die überaus kontroverse Diskussion über das Verhalten des organisierten Protestantismus in den beiden deutschen Diktaturen vorangetrieben. Im Kern geht es um die Frage, ob das Verhalten der Institution Kirche eher mit dem Prädikat „Opposition" (oder gar „kirchlicher Widerstand") zu fassen oder vorrangig als „Anpassung" zu beschreiben ist. Besonders brisant wird diese historische Bewertung dadurch, dass sie eine moralische Frage impliziert: Wie weit *dürfen* die führenden Vertreter der Kirchen politische Arrangements mit diktatorischen Machthabern eingehen, um den Fortbestand der Institution Kirche als nahezu einziger vom Staat nicht unmittelbar und umfassend durchdrungener gesellschaftlicher Großgruppe zu erhalten? Da sich die Kirchen vielfach als „Bollwerke geistiger Autonomie und wertbewusster Selbstbehauptung" präsentiert haben, wird ihr Verhalten unter den Bedingungen der Diktatur unter anderem daran gemessen, in welcher Weise sie sich dem Widerspruch zwischen der Verteidigung ihrer geistigen Autonomie und dem weltanschaulichen Führungsanspruch des Staates gestellt haben (vgl. 422, S. 21 ff.) In welch starkem Maße sich die historisch vergleichende Analyse bei der „Aufarbeitung" der geistigen Hinterlassenschaft von untergegangenen Diktaturen zur aktuellen politischen Streitfrage entwickeln kann, haben die Auseinandersetzungen um Manfred Stolpe und seine frühere Tätigkeit als Konsistorialpräsident der evangelischen Kirche in Berlin-Brandenburg schlaglichtartig gezeigt.

Aus der Perspektive des empirischen Sektorvergleiches haben Günther Heydemann und Christopher Beckmann 1997 eine sehr instruktive Zwischenbilanz der empirischen Forschungen zu den Kirchen unter der NS- und der SED-Diktatur vorgelegt (65), die anhand von drei systematischen Grundlinien entfaltet wird: Was waren *erstens* die Ziele der jeweiligen Kirchenpolitik und wie gestaltete sich *zweitens* in der Praxis die „Infiltration" und „Penetration" der kirchlichen Strukturen? Welche Formen widerständigen Verhaltens sind schließlich *drittens* als Reaktionen der Kirchen und der Gläubigen nachzuweisen? Unter Berücksichtigung der inzwischen hinzugekommenen Ergebnisse ergibt sich folgender Stand der kontroversen Debatte:

Im Hinblick auf die *Kirchenpolitik* ist unbestreitbar, dass – trotz ganz unterschiedlicher ideologischer Ausgangspunkte – *beide* Diktaturen darauf *zielten,* den gesellschaftlichen Einfluss der evangelischen wie der katholischen Kirche sukzessive zurückzudrängen. Dabei wurden freilich unterschiedliche Strategien verfolgt: Die Nationalsozialisten nahmen zunächst – unter Rückgriff auf die propagandistische Leerformel des „positiven Christentums" und in Gestalt der nationalsozialistisch ausgerichteten „Deutschen Christen" – eine vermeintlich kirchenfreundliche Haltung ein. Im Zuge der „Machtergreifung" wurden beispielsweise SA-Abteilungen geschlossen in den Gottesdienst abgeordnet und in zahlreichen protestantischen Gotteshäusern die „Fahnen der Bewegung" geweiht. Angesichts des weltanschaulichen Absolutheitsanspruches des NS-Regimes entwickelten sich aber schon bald Reibungsflächen, die in unterschiedlich gewichtenden Interpretationen entweder als „Kirchenkampf" (zusammenfassend hierzu: 309, S. 37 ff.) – also als existenzieller Angriff auf die Glaubensgemeinschaften und gleichzeitig als gesellschaftspolitischer Abwehrkampf der Kirchen gegen einen totalitären Staat – oder aber als unvermeidliche, aber gleichwohl keinen prinzipiellen *politischen* Gegensatz widerspiegelnde Herrschaftskonflikte zwischen der NS-Führung und den zwischen Anpassung und partieller Opposition pendelnden, grundsätzlich aber auch zum diktatorischen Staat loyalen kirchlichen Großinstitutionen (repräsentativ für diese Position etwa Günther van Nordens Beitrag in: 424, S. 68–82) gedeutet worden sind. Fest steht, dass die Regimeführung in der Phase der sich stetig radikalisierenden NS-Herrschaft (1938–1945) die „Lösung der Kirchenfrage" (im Klartext: die Zerschlagung der Kirchen als mit der Ersatzreligion des Nationalsozialismus konkurrierende *Glaubens*gemeinschaften und noch teilweise autonome gesellschaftliche Institutionen) auf die Zeit nach dem erwarteten „Endsieg" vertagte.

Anders als die NS-Führung bekannte sich die SED von vornherein als Gegner der Kirchen und trieb insbesondere in den fünfziger Jahren eine offen kirchenfeindliche Politik (zusammenfassend hierzu: 290, S. 203 f.), die sich u. a. im Vorgehen gegen die in der „Jungen Gemeinde" durchgeführte evangelische Jugendarbeit sowie gegen Studentengemeinden niederschlug. Durch Druck konnte sich der propagierte sozialistische Initiationsritus der Jugendweihe gegen die traditionelle Form der Konfirmation mehr und mehr durchzusetzen. In den siebziger Jahren ging die SED-Führung zunehmend zu einer Strategie der begrenzten Kooperation über, die sogar als „eingeschränkter Pluralismus" im Herrschaftssystem der DDR interpretiert worden ist (438, S. 113 f.). Zugleich ist aber davon auszugehen, dass die SED-Führung das „Absterben" der Kirchen als langfristige Zielperspektive keineswegs aus den Augen verloren hat (65, S. 37). Festzuhalten ist zudem, dass es unter beiden Diktaturen erhebliche Repressionen gegen aktive Christen gab, die teilweise den Charakter von Menschen- und Bürgerrechtsverletzungen gewannen. Differenzierend hervorzuheben ist in diesem Zusammenhang allerdings die „erheblich höhere kriminelle Energie" des NS-Staates (65, S. 37; vgl. auch den Beitrag von Heise in: 440, S. 126–154).

Im Hinblick auf die staatlichen Bemühungen zur *Infiltration und Penetration* kirchlicher Strukturen hat sich im Ergebnis die katholische Kirche sowohl während der NS-Zeit (309, S. 38 f.; pessimistischer in der Bewertung: 444) als auch in den Jahren der DDR als insgesamt geschlossener (die weitergehende Qualifizierung „resistent" wird umstritten bleiben; vgl. 446, S. 405 ff.) erwiesen als der Protestantismus. Für die Besatzungszeit und die frühen Jahre der DDR (1945–1951), die als „Formierungsphase des ostdeutschen Katholizismus" gedeutet werden können, kommt Wolfgang Tischner zu dem Schluss, die katholische Bevölkerung habe sich in der DDR als „funktional differenzierte Subgesellschaft" (verstanden als eine „sozialmoralisch" geprägte Struktur unterhalb der Stufe eines ausgebildeten Sozialmilieus) konstituiert. Zeitgleich mit der kommunistischen Durchdringung der Gesellschaft seien dabei die Grundlagen für eine „katholische Gegenkultur" gelegt worden, die schließlich bis in die achtziger Jahre mentalitätsbildend geblieben sei und „eine Bewahrung der katholischen Weltanschauung auch in einem militant atheistischen Staatswesen ermöglicht" hätte (447, S. 568). Zu einer weitaus skeptischeren Einschätzung gelangt Bernd Schäfer, für den die ambivalente Position des organisierten Katholizismus dadurch gekennzeichnet ist, dass er einerseits „Räume menschlicher Freiheiten" eröffnen und damit partiell eine Art „Ersatzöffentlichkeit" bereitstellen konnte, dass andererseits aber auch kirchliche Vertreter die von der SED-Diktatur gesetzten Rahmenbedingungen bewusst „zur Bewahrung oder Durchsetzung hierarchischer Praktiken und zentralistischer Interessen im eigenen Binnenraum" nutzten. Mauer und innerdeutsche Grenze als die manifesten „Grenzen der Diktatur" hätten aus der Sicht einiger Amtsträger durchaus auch positive Wirkungen gehabt, indem sie von der im Westen vorherrschenden materialistischen Konsumorientierung und „Permissivität" abschotteten und den Katholiken in der DDR, so ein bekanntes Diktum von Kardinal Joachim Meisner, „weniger Gelegenheit zum Sündigen“ gaben. Aus dieser Deutungsperspektive war es mithin nicht allein die Verteidigung von Freiräumen, die im Ergebnis zur weitgehend erfolgreichen Selbstbehauptung einer spezifischen Bevölkerungsminderheit in der DDR führte. In diametralem Gegensatz zu den erklärten Intentionen der Machthaber könnten gerade die strikte Trennung von Staat und Kirche sowie die Stigmatisierung des christlichen Glaubens ganz ungewollt zu einem stärkeren Zusammenhalt der Religionsgemeinschaft geführt und damit im Ergebnis „die Überlebensfähigkeit eines kleinen, aber stabilen katholischen Milieus“ gefördert haben (445, S. 461). Hinzuzufügen ist, dass aus der im DDR-Maßstab untergeordneten politischen Bedeutung des Diaspora-Katholizismus gleichzeitig auch ein nur sehr begrenzter gesellschaftlicher Einfluss resultierte, wie sich beispielhaft an der Bürgerbewegung der achtziger Jahre gezeigt hat. Aus einer erweiterten komparativen Perspektive (für die sich u.a. der Vergleich mit dem polnischen Katholizismus in der Phase der deutschen Besetzung und unter dem Kommunismus anbietet; erste Ansätze hierzu in: 441) wird vermutlich präzisier zu bestimmen sein, ob und in welchem Maße eine gewisse politische Loyalität, die in der Praxis zu einer „Abstinenz von öffentlicher Kritik“ geführt habe (so eine These von Bernd Schäfer, vgl. den Beitrag in 441, S. 93–101, hier S. 101), zu der auf einem Modus Vivendi beruhenden „Geschäftsgrundlage“ der Beziehungen zwischen SED-Führung und katholischer Kirche geworden ist.

Es kann kein Zweifel bestehen, dass die Beeinflussung und Durchdringung des organisierten Protestantismus durch die NS-Diktatur wie auch durch die SED und die Stasi, die zahlreiche Informelle Mitarbeiter in kirchlichen Gremien und Gruppen platziert hatte, in Relation zum Katholizismus erheblich höher war. In ihrer kirchenpolitischen Gesamtkonzeption verband die SED mehrere „Modelle der Herrschaftsausübung“ (vgl. 439) miteinander: Wie auch in anderen Bereichen der Gesellschaft verfolgte sie eine Avantgardekonzeption und richtete ihre „Bündnispolitik“ auf die Gewinnung von „fortschrittlichen Kräften“ im kirchlichen Raum aus. Soweit möglich, versuchte das Regime, durch „Kaderpolitik“ und regelmäßige „Gespräche“ mit Kirchenvertreten Einfluss auszuüben. Schließlich wurden kirchliche Gremien und Organisationen gezielt (und erfolgreich) durch Informelle Mitarbeiter (IM) des Staatssicherheitsdienstes unterwandert. Umstritten ist, ob einflussreiche Amtsträger der evangelischen Kirche in der DDR (und nicht nur einzelne prinzipienlose Exponenten eines SED-kompatiblen Protestantismus wie etwa der thüringische Landesbischof Moritz Mitzenheim) willig oder mindestens in fahrlässiger Weise einen „Weg der Anpassung“ (Besier) beschritten haben oder aber das mit besten Absichten verfolgte Konzept einer „Kirche im Sozialismus“ angesichts einer in den späteren Jahren in der Zielperspektive unveränderten, aber in den Methoden vergleichsweise flexiblen Herrschaftsstrategie der SED schlicht gescheitert ist (kontroverse Beiträge hierzu in: 440). In der kritischen Rückschau (und in Kenntnis der mittlerweile offen liegenden Akten) ist unschwer festzustellen, dass Hoffungen, an Reformen mitwirken zu können, jederzeit illusionär waren. Die historische Analyse ergibt zudem, dass das „Programm“ einer „Kirche im Sozialismus“ de facto nicht nur ein „Überlebenskonzept“ darstellte, sondern auch zu einem „Beeinflussungskonzept“ (422, S. 23) geriet. Zugleich wird in der historischen Würdigung aber auch zu berücksichtigen sein, wie schwierig für die Beteiligten eine angemessene Lagebeurteilung angesichts der Tatsache sein musste, dass die kontinuierliche, aber insgesamt eher kalkulierbare Drucksituation unter der sozialistischen Parteidiktatur der SED nicht mit dem kulminierenden Terrorismus des NS-Regimes gleichgesetzt werden durfte. Hier werden wohl auch in Zukunft die Bewertungen kontrovers bleiben, wobei der Hinweis, dass die evangelischen Kirchen sich über immerhin vier Jahrzehnte in einer Position der faktischen Rechtlosigkeit befunden haben, aus der heraus ein gewisser Zwang zu „steter Dialogbereitschaft" resultierte, nicht völlig zu entkräften sein wird (65, S. 38). Schließlich ist auch in Rechnung zu stellen, dass die evangelische Kirche in der DDR niemals zu einer „abhängigen Variablen" der SED-Kirchenpolitik geworden ist, „sonst wäre ihre wichtige Rolle während der Wende unmöglich gewesen" (65, S. 38).

Die vorliegenden empirischen Sektoranalysen zum Verhalten der Kirchen und der Gläubigen unter der NS- und der SED-Herrschaft ergeben eindeutig, dass auf die Beseitigung der Diktatur zielender *Widerstand* (hier im Sinne des engen Widerstandsbegriffs) in beiden Diktaturen nur von Einzelpersonen oder kleinen Gruppen geleistet wurde – und vielleicht auch nur geleistet werden konnte, denn nur der Einzelne ist in der Lage, die ebenso mutige wie einsame Entscheidung zum kompromisslosen Widerstand zu treffen, während die Kirchen als Institutionen auch im diktatorischen Staat zu einem Mindestmaß an Kooperation gezwungen blieben, solange sie ihre Fortexistenz als gesellschaftlich relevante Großgruppe bewahren wollten und nicht als Fundamentalopposition den Weg in den Untergrund wählten. Hieraus ergibt sich die ambivalente, in gewisser Weise auch tragische Rolle der Kirchen unter beiden Diktaturen: Einerseits entstammen ihrem Bereich markante Persönlichkeiten des Widerstandes gegen Hitler, wie beispielsweise Dietrich Bonhoeffer, Paul Schneider oder Bernhard Lichtenberg. Die Bekennende Kirche zählte zu den ganz wenigen Kristallisationspunkten des öffentlichen Protestes gegen das NS-Regime. Aus diesem Grunde betrachteten die westlichen Besatzungsmächte nach der Befreiung vom Faschismus die Kirchen auch als eine ganz wesentliche gesellschaftliche Kraft beim demokratischen Neuaufbau. Ebenso ist die herausragende Beteiligung engagierter Christen an der Bürgerbewegung der achtziger Jahre in der DDR (symbolisch gebündelt etwa in dem von der christlichen Friedensbewegung propagierten Slogan „Schwerter zu Pflugscharen") offensichtlich. Andererseits trugen kirchliche Hierarchien und ihre Repräsentanten als in den diktatorischen Staat eingebundene Amtsträger teilweise wissentlich, vielfach aber auch wider Willen zur Systemstabilisierung bei: im Nationalsozialismus zum Beispiel durch ihren vehementen Antibolschewismus, der vor allem im Hinblick auf den Weltanschauungskrieg im Osten ein nachhaltig wirkendes Integrationsmoment dargestellte. Die Erkenntnis des eigenen moralischen Scheiterns angesichts der Herausforderungen einer totalitären Diktatur führte schließlich im Herbst 1945 in der evangelischen Kirche zum „Stuttgarter Schuldbekenntnis", mit dem zum Ausdruck gebracht wurde, dass die Kirche und ihre führenden Repräsentanten dem NS-Regime in vieler Hinsicht zu kompromissbereit entgegengekommen waren. Die auch in den Reihen der Bekennenden Kirche, die ja mit ihrer Barmer Theologischen Erklärung durchaus deutlichen Protest gegen den Totalitätsanspruch des NS-Staates formuliert hatte, verbreitete selbstkritische Sichtweise brachte der Bekenntnispfarrer Eberhard Bethge auf eine prägnante Formel: „Wir haben widerstanden mit dem Bekenntnis, aber wir haben nicht bekannt mit dem Widerstand." Während das Verhältnis von Protestantismus und NS-Staat inzwischen in seinen wesentlichen Grundzügen weitgehend unstrittig ist (die Interpretationen zur Rolle des Katholizismus fallen, wie oben gezeigt, stärker auseinander), wird die Rolle der evangelischen Kirche in der DDR wesentlich kontroverser diskutiert. So ist kritisch darauf verwiesen worden, dass eine radikale Infragestellung des eigenen Verhaltens, wie sie nach 1945 erfolgte, bislang ausgeblieben ist: „Selbsterklärungen und Selbstentlastungen herrschen vor und machen die Auseinandersetzung mit der Zeitgeschichte zum Gegenstand eines Meinungsstreits, in dem es nur um Positionen, nicht aber um Herrschaftsdenken und Einflußnahme, um Steuerung und politische Unterdrückung geht." (422, S. 23) Hier liegen wichtige Aufgaben für die weitere DDR-Forschung aber auch für die breiter angelegte vergleichende Diktaturforschung. Wie eine Fallstudie zum Verhalten der Leipziger Pfarrerschaft nach 1933 und nach 1945 (448) belegt, erscheint auch in diesem Falle der Weg über kleinräumig dimensionierte empirische Sektoranalysen vielversprechend.

In der *bilanzierenden* Gesamtschau stehen zwei kontroverse Deutungsmuster gegeneinander: Im Rahmen der positiven Interpretation wird vor allem darauf hingewiesen, dass die Kirchen die einzigen sozialen Großinstitutionen waren, die sich in beiden deutschen Diktaturen gewisse *Freiräume* erhalten konnten und damit kontinuierlich auf eine *Begrenzung* der totalitären Herrschaftsintentionen hinwirkten. Insbesondere für den Katholizismus (hier verstanden als sozialmoralisches Milieu bzw. als in sich kohärente Subgesellschaft) wird eine besondere *Resistenzkraft* gegenüber den Diktaturen reklamiert. Die skeptische Gegenposition hebt darauf ab, dass es immer nur Einzelne waren, die *Widerstand* geleistet haben. Angesichts der vorherrschenden *Anpassung* an die Diktaturen könne von einer oppositionellen Grundhaltung *der* Kirchen oder kirchlich geprägter Milieus keine Rede sein. Eine wichtige *Differenzierung* ergibt sich für das Verhältnis zwischen Kirche und NS- bzw. SED-Diktatur durch die unvergleichlich höhere Zahl an Opfern im Nationalsozialismus, in der sich auch für diesen Sektor des empirischen Diktaturenvergleichs die außerordentliche kriminelle Energie der Nationalsozialisten widerspiegelt. Eine zentrale *Gemeinsamkeit* besteht darin, dass die Kirchenleitungen mit ihrer Politik jeweils vorrangig auf den „Erhalt der kirchlichen Strukturen in geistiger wie materieller Hinsicht" zielten. „Die Abwehr und Ablehnung des weltanschaulichen Monopol- und Omnipotenzanspruchs der jeweiligen Einparteienherrschaft blieb die entscheidende Motivation – bei immer wiederkehrenden Schwankungen, wie man sich der diktatorischen Staatsautorität gegenüber verhalten sollte." (65, S. 38)

IV. Fazit und Ausblick

1. Sinn und Zweck, Chancen und Grenzen der vergleichenden Analyse von Diktaturen

Das Generalthema dieses Buches, das die in den einzelnen Kapiteln behandelten Forschungskontroversen auf einer Metaebene miteinander verbindet, lautet: Ist der Vergleich von Diktaturen aus geschichts- und politikwissenschaftlicher Perspektive *sinnvoll* bzw. sogar *notwendig,* ist er in methodologischer Hinsicht *realisierbar* und ist er schließlich auf moralischer Ebene *vertretbar?* Aus welchen Gründen der Verfasser alle drei Fragen grundlegend bejaht, dürfte bereits aus der Behandlung der in den einzelnen Abschnitten in den Mittelpunkt gerückten Probleme deutlich geworden sein. An dieser Stelle sei noch einmal stichpunktartig zusammengefasst:

Das 20. Jahrhundert ist zu Recht als ein „Jahrhundert der Diktaturen" charakterisiert worden. Der zunächst unaufhaltsam erscheinende Aufstieg moderner Diktaturen und die nach einem Versinken in Massenterror, Völkermord und „totalen Krieg" mit einem hohen Blutzoll erkaufte Überwindung weltanschaulicher Regime mit totalitärem Herrschaftsanspruch sind zum *Signum* dieses „Zeitalters der Extreme" geworden. Wie die in den letzten Jahren in großer Zahl publizierten „Nachrufe" auf das vergangene Jahrhundert (siehe Kap. I, 1) belegt haben, reicht der lange Schatten dieser Diktaturen bis in die unmittelbare Vergangenheit und er wirft zugleich Fragen für die weitere Entwicklung auf.

Die überwiegende Mehrheit der Zeithistoriker und Politikwissenschaftler ist davon überzeugt, dass eine Wiederkehr von Diktaturen mir totalitärem Herrschaftsanspruch in den in diesem Problemaufriss untersuchten *historischen* Erscheinungsformen sehr unwahrscheinlich ist. Nach dem Zusammenbruch des Kommunismus 1989/91 hat sich freilich auch sehr schnell und überaus drastisch gezeigt, dass die Vorstellung von einem nun erreichten glücklichen „Ende der Geschichte" im Sinne einer fortan durch individuelle Freiheiten, demokratische Partizipationsmöglichkeiten und eine globalisierte Wirtschaft gekennzeichneten Weltgesellschaft allzu optimistisch ist. Totalitäre Herausforderungen erwachsen stetig neu und häufig in veränderter Gestalt. Demokratie kann immer nur Prozess und Idealvorstellung sein, aber nie ein für alle Zeiten gesichertes Endergebnis. Daher bleibt das Studium von Demokratie und Diktatur bzw. eine auf immer neue Entwicklungen eingehende Analyse von demokratischen, autoritären und totalitären Tendenzen auch im 21. Jahrhundert eine historisch-politische Aufgabe von herausragender Bedeutung.

Die allgemeine methodologische Betrachtung (Kap. II, 1) hat gezeigt, dass für den Vergleich von Diktaturen keine anderen Grundregeln gelten können als etwa für die komparative Behandlung von sozialgeschichtlichen Fragestellungen. Grundsätzlich kann die historische Komparatistik Leistungen auf vier Ebenen erbringen: In *heuristischer* Perspektive verweist sie auf neue Problemfelder und Fragehorizonte, in ihrer *deskriptiven* Funktion ermöglicht sie prägnantere Konturierungen und Profilierungen der untersuchten Fallbeispiele, in *analytischer* Hinsicht werden Ursachen und Bedingungen bestimmter Entwicklungen präziser herauspräpariert und schließlich öffnet sie in ihrer *paradigmatischen* Funktion den Blick für alternative Optionen und Konstellationen.

Der vergleichenden Untersuchung historischer Formen der Diktatur kommt vor allem deshalb eine wichtige Bedeutung zu, weil durch die Analyse unterschiedlicher Herrschaftstechniken und sich wandelnder Legitimationsmuster die spezifischen Merkmale zeitgenössischer Diktaturen und damit auch die von ihnen ausgehenden Bedrohungen besonders prägnant herausgearbeitet werden können. Dabei ist es sinnvoll, auf die richtungweisenden Überlegungen der älteren Diktaturforschung zurückzugreifen und mit Franz Neumann und Otto Stammer die komplexen Mechanismen moderner, mit einem totalitären Herrschaftsanspruch auftretender Diktaturen von den älteren Typen diktatorischer Herrschaft abzugrenzen (siehe Kap. I, 2). Insgesamt stellt der Vergleich von Diktaturen zum einen ein zentrales Element einer historisch fundierten, sich als „Demokratiewissenschaft" definierenden Politikwissenschaft dar, und zum anderen bildet er einen unverzichtbaren Baustein einer Geschichtswissenschaft, die sich als Historische Sozialwissenschaft dem anspruchsvollen Programm einer international vergleichenden Geschichte von Herrschaft und Gesellschaft stellt. Aufgrund seiner herausragenden Bedeutung für die historisch-politische Auseinandersetzung mit der unmittelbaren Vorgeschichte vieler heutigen Gesellschaften und aufgrund seiner interdisziplinären methodischen Grundlagen wird der Vergleich von Diktaturen ein Essential der „Humanities and Social Sciences" im 21. Jahrhundert darstellen.

Die Praxis empirischer Forschung belegt, dass die vergleichende Betrachtung von Diktaturen (und ebenso auch von Diktaturen und Demokratien) den Horizont und die Erkenntnismöglichkeiten der historisch-politikwissenschaftlichen Analyse erheblich erweitert. Insofern laufen die von unterschiedlicher Seite unternommenen Vorstöße, ein prinzipielles Verdikt über den Diktaturenvergleich zu verhängen, ins Leere. Besonders augenfällig sind in der jüngeren Vergangenheit solche Versuche der Tabuisierung unter den neuen Apologeten des Faschismus in Italien sowie in den Reihen der rückwärtsgewandten Anhänger des SED-Regimes gewesen. Gegen derartige Tendenzen ist festzuhalten: Komparative Forschungen bedürfen keiner moralischen „Erlaubnis", sie müssen sich einzig und allein durch wissenschaftliche Korrektheit legitimieren, d. h. auf einer reflektierten, überprüfbaren und in sich schlüssigen methodischen Grundlage stattfinden. Diese Grundaussage schließt allerdings ein, dass nur vergleichbare Phänomene, die tatsächlich eine relevante Schnittmenge haben, sinnvoll in Relation zueinander gesetzt werden können und dass die von der Sache her gegebenen Grenzen der Vergleichsmöglichkeiten akzeptiert werden müssen, also eine Konzentration auf diejenigen Aspekte stattfindet, für die eine komparative Untersuchung forschungspraktisch operationalisierbar sind.

Der diktaturvergleichende Ansatz erbringt Erkenntnisse, die über die Ergebnisse von isolierten Einzelfallanalysen hinausreichen, aber dies hat auch seinen wissenschaftlichen Preis: Er besteht in der zwingenden Notwendigkeit der *Abstraktion* und der *Beschränkung* auf die wirklich vergleichbaren Aspekte bzw. Dimensionen (vgl. Kap. II, 3). Dies bedeutet gleichzeitig die Nichtberücksichtigung vieler nicht vergleichbarer Bereiche und das Angewiesensein auf quellengesättigte Detailanalysen und „dichte Beschreibungen" der einzelnen Phänomene, auf deren Basis häufig erst abstrahierende komparative Zugriffe möglich werden. Hierdurch wird der bisweilen formulierte überzogene Anspruch, die komparative Methode sei stets und überall der exklusive „Königsweg" der zeitgeschichtlichen bzw. politikwissenschaftlichen Forschung, ganz erheblich relativiert. Letztlich gilt als Grundregel noch immer, was Theodor Schieder bereits vor beinahe vier Jahrzehnten festgestellt hat: Der Historiker müsse sich „dessen bewusst bleiben, dass der Vergleich und die vergleichende Methode *dienende* Funktion besitzen und niemals Zweck an sich sein dürfen" (73, S. 217). Erst in der Kombination mit sozialgeschichtlichen, herrschaftssoziologischen, kulturwissenschaftlichen und weiteren Analysen und methodischen Zugriffen wird eine umfassende Annäherung an eine angemessene Gesamtinterpretation der untersuchten Diktaturen möglich.

Insgesamt kann der Vergleich von Diktaturen damit als ein *zentraler* Bestandteil und Baustein des ambitionierten Gesamtprogramms einer umfassend angelegten Gesellschaftsgeschichte im internationalen Maßstab bestimmt werden. Dabei sind die Totalitarismusforschung und die komparative Analyse moderner Diktaturen sowie die vergleichende Faschismus- und Kommunismusforschung nicht vorrangig als konkurrierende, sondern in erster Linie als sich gegenseitig ergänzende Teildisziplinen zu begreifen.

2. Leistungen und Grenzen der konkurrierenden Paradigmen der vergleichenden Diktaturforschung

Forschungsgeschichtlich ist zunächst ein Befund festzuhalten, der angesichts der ausufernden Quantität der Publikationen zur Totalitarismus-, Faschismus- und Kommunismusforschung ins Bewusstsein zurückgerufen werden muss: In Europa existierte in der Zwischenkriegszeit eine ganz unterschiedliche Fallbeispiele integrierende und nicht auf eine der drei genannten Richtungen zu reduzierende allgemeine *Diktaturforschung*, die sich teilweise auch auf komparative Ansätze stützte (Kap. III, 1, a). Erst in den vierziger und fünfziger Jahren, also unter dem übermächtigenden Eindruck von Hitlers „totaler Herrschaft" und des Holocaust sowie im weiteren Zeitverlauf angesichts einer immer stärker polarisierenden Ost-West-Konfrontation im Kalten Krieg, zerfiel diese umfassender angelegte Diktaturforschung in unterschiedliche bzw. gegensätzliche programmatische Richtungen (vor allem Totalitarismus- versus Faschismusforschung) bzw. in nun weitgehend isoliert nebeneinander betriebene Spezialgebiete (Faschismus- und Kommunismusforschung).

Die in den neunziger Jahren intensiv geführte Debatte, ob das Paradigma des Totalitarismus oder aber die Orientierung an einem offener formulierten Konzept der „modernen Diktaturen" die Erfolg versprechenderen Perspektiven für die weitere wissenschaftliche Erforschung der Diktaturen des 20. Jahrhunderts bietet, ist nicht allein als eine geschichtspolitische Kontroverse am Ende des „Jahrhunderts der Diktaturen" zu verstehen. Aus wissenschaftlicher Sicht ging und geht es vielmehr um die Frage, welche Erklärungsmodelle und Forschungsansätze für eine methodisch möglichst flexible und interdisziplinär angelegte Diktaturforschung am sinnvollsten sind. Ist die ursprüngliche Diktaturforschung durch das normativ stärker aufgeladene Konzept des Totalitarismus endgültig und irreversibel abgelöst worden oder hat sich der „Sonderweg" eines zu stark auf einzelne prägnante Phänomene und statische Momentaufnahmen fixierten Totalitarismuskonzeptes als Sackgasse erwiesen, der durch die Rückbesinnung auf die Qualitäten einer integrationsfähigen vergleichenden Diktaturforschung zu begegnen ist? Für die drei konkurrierenden Konzepte haben sich folgende zentrale Gesichtspunkte ergeben:

Der Begriff des *Totalitarismus* (Kap. III, 1, b) hat eine historisch gewachsene Doppelstruktur – er ist wissenschaftlicher Terminus und politischer Kampfbegriff zugleich. Hieraus ergibt sich für wissenschaftliche Anwendungen ein erhöhter Klärungsbedarf, der aber die Nutzung dieses Konzeptes nicht prinzipiell ausschließt. Als wichtigste Argumente werden *für* den Totalitarismusansatz ins Feld geführt: Begriff und Konzept sind in der Epoche der zu untersuchenden Phänomene geprägt und von vielen Zeitgenossen übernommen worden, und zwar mit dem erklärten Ziel, die völlig neue Intensität diktatorischer Herrschaft explizit auf einen Begriff zu bringen und diese Zuspitzung des Diktaturphänomens von früheren Formen der Tyrannei und Despotie terminologisch scharf abzuheben. Mit der Betonung von Herrschaftstechniken und Herrschaftsinstrumenten konzentriere sich dieser Ansatz genau auf solche Aspekte, die die weltanschaulichen Diktaturen des 20. Jahrhunderts signifikant von ihren Vorgängern in früherer Zeit unterscheiden. Schließlich verfüge das Konzept über eine starke normative Komponente, die der politischen Notwendigkeit Rechnung trage, den prinzipiellen Antagonismus von pluralistischer Demokratie und unterschiedlichen Varianten von nach totalitärer Herrschaft strebenden Diktaturen herauszustellen. Die wichtigsten Einwände *gegen* dieses Konzept lassen sich thesenartig wie folgt zusammenfassen: Aus der starken Konzentration auf formale Gemeinsamkeiten und zum Teil oberflächliche Ähnlichkeiten in der Herrschaftsstruktur resultiere eine problematische Vernachlässigung der ganz unterschiedlichen Ziele und Inhalte von „linken" und „rechten" weltanschaulichen Diktaturen im 20. Jahrhundert. Die Subsumierung beider Regimetypen unter dem gemeinsamen Oberbegriff des Totalitarismus könne zu einer Verharmlosung der NS-Diktatur und zu einer Relativierung des Holocaust führen. In der empirischen Anwendung erweise sich überdies die analytische Reichweite des Totalitarismusansatzes als sehr begrenzt: Selbst modifizierte Varianten des Totalitarismusansatzes seien nicht in der Lage, den – etwa im Falle der Sowjetunion und der ehemaligen kommunistischen Diktaturen Osteuropas ganz offensichtlichen – Systemwandel zu erklären. Schließlich sei die gesellschaftliche Realität unter der Diktatur mit dem normativ aufgeladenen Konzept des Totalitarismus nicht angemessen zu erfassen, weil dieses zwar den Herrschaftsanspruch sehr deutlich ausleuchte, aber dabei die in der Praxis immer gegebene Begrenzung diktatorischer Herrschaft übersehe.

Der Erklärungsansatz der *politischen Religion* (Kap. III, 1, c) ist – teils als eine Variante des Totalitarismuskonzeptes, teils aber auch als ganz eigenständiges Deutungsmuster verstanden – ebenfalls immer wieder herangezogen worden, um das Neuartige und Spezifische der weltanschaulichen Diktaturen des 20. Jahrhunderts zu charakterisieren. Seine besondere *Kompetenz* liegt darin, die psychologischen und mentalen Voraussetzungen für den Aufstieg moderner Massenbewegungen, die Analyse ihrer Symbolik, ihrer Mythen und liturgischen Formen sowie die Bedeutung des Charismas für die Herrschaftssicherung zu erfassen und damit Aspekte in den Blickpunkt zu rücken, die in stark strukturell ausgerichteten Analysen häufig ausgeblendet werden. Die *Kritik* konzentriert sich vor allem auf drei Argumentationsebenen: Erstens wird die Verwendung des Begriffes „Religion" beanstandet, weil dieser eindeutig positiv besetzt sei und daher die Begriffsbildung „politische Religion" abzulehnen sei. Tatsächlich stellten die so genannten politischen Religionen bestenfalls ein Surrogat dar, das an die Stelle tradierter Religionen trete. Zweitens verweise die Tatsache, dass dieses Konzept für die komparativ angelegte empirische Diktaturforschung keinerlei Bedeutung gewonnen habe, auf die mangelnde analytische Reichweite des Ansatzes. Drittens dürfe die Inszenierung nicht mit der Substanz verwechselt werden. Am Beispiel des Nationalsozialismus, der unter Betonung bestimmter Erscheinungsformen immer wieder als politische Religion interpretiert worden ist, werde deutlich, dass mit diesem Deutungsmuster eine ideologische Stringenz und Kohärenz unterstellt werde, die in der Realität nicht existierte. Der partiell zweifellos bestehende ersatzreligiöse Charakter, so der argumentative Fluchtpunkt dieser Kritik, sei eben keineswegs die zentrale Determinante der NS-Diktatur gewesen.

Als adäquate Forschungsstrategie ist das Konzept der *„modernen Diktaturen"* (Kap. III, 1, d) seit rund einem Jahrzehnt immer wieder in unterschiedlichen Varianten und begrifflichen Zusammensetzungen in die Debatte geworfen worden. Seine *Verfechter* können als Argumente ins Feld führen, dass dieser Ansatz, der derzeit eher einen offenen Bezugsrahmen und keinesfalls eine ausformulierte Theorie darstellt, in der Forschungspraxis ein hohes Maß an methodischer Flexibilität ermöglicht, offen für interdisziplinäre Zugriffe ist und sich daher bereits als innovative Umsetzung vergleichender Diktaturforschung erwiesen hat. Sie gehen davon aus, dass sich mit dem keineswegs wertneutralen Begriff der „Diktatur" (der als terminologische Opposition zur „Demokratie" verstanden wird) einerseits die signifikanten Gemeinsamkeiten, aber eben gleichzeitig auch die gravierenden Unterschiede zwischen den „modernen Diktaturen" erfassen lassen. Damit ergebe sich ein entscheidender Vorteil gegenüber dem Totalitarismusansatz, der vor allem normativ aufgeladenen und in der Forschungspraxis stark auf Deduktion der empirischen Befunde von der a priori fixierten Theorie ausgerichtet sei. Die *Gegner* des Konzepts der „modernen Diktaturen" führen folgende Kritikpunkte an: Erstens sei der Begriff in normativer Hinsicht zu offen und wertneutral, ja sogar verharmlosend und beschönigend. Zweitens sei das Konzept im Vergleich zum klar definierten Totalitarismusansatz zu unpräzise. Drittens sei der Begriff der „modernen Diktatur" terminologisch verwirrend, weil die begriffliche Abgrenzung zu älteren Formen der Diktatur nicht eindeutig genug sei.

Im vorliegenden Problemaufriss wurde versucht, die kontroversen Positionen und ihre Argumente möglichst unvoreingenommen darzustellen, um auf diesem Wege Basisinformationen für eine noch andauernde Debatte zur Verfügung zu stellen. Im Ergebnis wird dafür plädiert, die weitere empirische Erforschung diktatorischer Regime auf der *pragmatischen Basis* des zunächst nur in groben Zügen abgesteckten und also methodologisch wie theoretisch noch zu präzisierenden Orientierungsrahmens der „modernen Diktatur" zu betreiben. Gleichzeitig ist hiermit die Überzeugung verbunden, dass die im Hinblick auf wichtige Untersuchungsfelder und spezifische Erkenntnisinteressen zweifellos vorhandene analytische Kompetenz der enger gefassten Konzepte des „Totalitarismus" und der „politischen Religionen" in diesen Bezugsrahmen produktiv integriert werden können. Jedenfalls sprechen die Erfahrungen des in den letzten zehn Jahren in zahlreichen Forschungsprojekten betriebenen empirischen Diktaturenvergleiches dafür, dass sich die theoretisch so selbstgewisse Profilierung der sich nur vermeintlich ausschließenden Grundpositionen in den Niederungen der Empirie in nebulöse Chimären auflöst.

3. Kontroversen, Ergebnisse und Desiderate der empirisch vergleichenden Diktaturforschung

Als ein erstes grundlegendes Ergebnis ist die bestehende und auch durch künftige Forschungen nur tendenziell zu verringernde und nie ganz aufzulösende *Ambivalenz der integralen Vergleichsperspektive* festzuhalten. Der Gesamtvergleich von Diktaturen ist als orientierender Bezugsrahmen eine notwendige Voraussetzung für die auf einer geringeren Aggregathöhe ansetzenden sektoralen Vergleiche. Gleichzeitig ist er auf die empirische Fundierung durch solche Detailstudien angewiesen und muss sich einer kontinuierlichen Überprüfung und Präzisierung durch neue Ergebnisse des sektoralen Vergleiches stellen. Wie jeder historische Vergleich beruht auch der integrale Vergleich von Diktaturen auf der vergleichenden Analyse *ausgewählter* zentraler Aspekte oder Strukturdeterminanten seiner Fallbeispiele. Die *empirische Konkretion* und die *komparative Abstraktion* stehen mithin stets in einem Spannungsverhältnis zueinander. Dieses spiegelt sich auch im Rahmen der notwendigen wissenschaftlichen Arbeitsteilung wider: Erst in der Kombination mit sozial- und kulturwissenschaftlichen Analysen kann sich der Vergleich von Diktaturen einer angemessenen Gesamtinterpretation der untersuchten Gesellschaften annähern. Umgekehrt erfassen aber auch auf die Mikroebene zielende Untersuchungen zu Herrschaft und Alltag in der Diktatur erst in Verbindung mit diktaturvergleichenden und damit abstrahierenden und klassifizierenden Analysen den spezifischen Charakter einer diktatorischen Gesellschaft. Vor diesem allgemeinen erkenntnistheoretischen Hintergrund sind für die untersuchten integralen Vergleichsperspektiven folgende Ergebnisse festzuhalten:

Die dominierenden Bezugspunkte der *vergleichenden Faschismusforschung* (Kap. III, 2, b) bilden ohne Zweifel der Nationalsozialismus und der italienische Faschismus. Diese Forschungsrichtung hat vor allem bezüglich der Entstehung und Entwicklung sowie der sozialen Basis der faschistischen Bewegungen und Regime, ihrer ideologischen Wurzeln und ihrer kulturellen Inszenierungen richtungweisende Ergebnisse erbracht, die vielfach erheblich über die Erkenntnismöglichkeiten isolierter Fallstudien hinausreichen. Obwohl frappante Ähnlichkeiten in der kulturellen Selbstrepräsentation der beiden hervorstechenden faschistischen Regime zu konstatieren sind, kann aber dennoch nicht von einer Gleichartigkeit der beiden Herrschaftssysteme ausgegangen werden. Von Max Webers Grundüberlegungen ausgehend, kann der NS-Staat als eine charismatisch legitimierte Diktatur mit einer ebenso dynamisch wie selbstzerstörerisch fortschreitenden Charismatisierung seiner Stäbe gekennzeichnet werden, während der italienische Faschismus als eine auf Charisma beruhende Diktatur zu qualifizieren wäre, die gleichzeitig ihre bürokratischen Verwaltungsstäbe ausbaute statt sie zu konterkarieren. Hitlers wie Mussolinis Ziel war erklärtermaßen der „totalitäre" Staat, aber in der Praxis wurde daraus in Italien ein „unvollendeter Totalitarismus", in Deutschland dagegen ein exzessives Massenvernichtungsregime, das in einem Prozess der kumulativen Radikalisierung untergehen musste. Für die hier in den Mittelpunkt gerückte Kontroverse um die Sinnhaftigkeit einer typologisierenden Kategorie des Faschismus bedeutet dies im Ergebnis, dass ein übergreifender Faschismusbegriff grundsätzlich sinnvoll und vor allem auf bestimmten Gebieten ertragreich für die Forschung ist, dass seine begrenzte analytische Reichweite aber nicht durch zu weitgehende Generalisierungen überreizt werden darf.

Für die *vergleichende Kommunismusforschung* (Kap. III, 2, c) waren in den letzten Jahrzehnten völlig andere Rahmenbedingungen kennzeichnend als für die komparative Faschismusforschung. Während letztere sich ihren Gegenständen vor allem im historischen Rückblick nähern konnte, musste erstere angesichts der Fortdauer der von ihr untersuchten Regime immer wieder neue Erklärungsmodelle entwickeln, deren Relevanz sich unmittelbar an der sich verändernden Realität überprüfen lassen musste. Zu einer Schlüsselfrage wurde dabei die Kontroverse über die umstrittene Entwicklungsfähigkeit kommunistischer Regime. Ein großer Teil der komparativ arbeitenden Kommunismusforscher geht heute davon aus, dass in der Sowjetunion und den anderen Ländern Osteuropas eine Transformation von der totalitären zur autoritären Herrschaft stattgefunden habe. Inwieweit modifizierte und zur Empirie hin geöffnete Varianten der Totalitarismustheorie diese Entwicklungen analytisch fassen können, ist umstritten. Als Alternative sind Modelle vorgeschlagen worden, die vor allem auf die Entwicklungsdymanik sozialistischer Diktaturen abheben. Weitgehend akzeptiert ist die grundsätzliche Feststellung, dass der Kommunismus einen doppelten Charakter hatte: Er war zugleich politische und soziale Bewegung und er wurde zu einem diktatorisch verfassten Herrschaftssystem.

Im Mittelpunkt *systemübergreifender Vergleiche* zwischen „rechten" und „linken" weltanschaulichen Diktaturen (Kap. III, 2, a) sowie des Vergleiches der beiden Extremfälle (Kap. III, 2, d) stehen nach wie vor die Kontroverse über die analytische Reichweite des Totalitarismuskonzeptes sowie eine grundsätzliche Debatte darüber, ob ein solcher Vergleich angesichts der Einzigartigkeit bzw. der großen Unterschiedlichkeit der betrachteten Fallbeispiele sinnvoll ist. Wie gezeigt wurde (vgl. Kap. I, 1), ist das 20. Jahrhundert zutreffend als „Zeitalter der Extreme" oder Jahrhundert der Diktaturen charakterisiert worden. Im nächsten Schritt ist es unabdingbar, die besonders einflussreichen Regime auch in komparativer, d. h. in diktaturvergleichender Perspektive zu untersuchen. Dabei ist nach den signifikanten Herrschaftsstrukturen zu fragen und sowohl auf normativ aufgeladene Deutungsmuster zurückzugreifen (Totalitarismus versus Demokratie) als auch – auf der Basis von systemtypologischen Rastern (totalitäre, autoritäre und demokratische Herrschaft) – nach Inhalten und Zielen zu differenzieren. Im Vergleich der beiden *Extremfälle* (Kap. III, 2, d) werden die nach wie vor kontroversen Grundpositionen besonders deutlich: Auf der einen Seite wird eine prägnante Markierung des NS-Staates und der Sowjetunion als „totalitäre" Regime eingefordert, auf der anderen Seite der Erkenntniswert des Totalitarismusansatzes grundsätzlich infrage gestellt oder bestritten. Die Mehrheit der komparativ arbeitenden Diktaturforscher bewegt sich zwischen diesen Eckpositionen und dringt vor allem darauf, die Vergleichsperspektive auf den NS- Staat und die Periode des Stalinismus in der Sowjetunion zu konzentrieren. Einen interessanten Sonderfall stellt der *Vergleich der beiden deutschen Diktaturen* (Kap. III, 2, e) als diachroner Vergleich innerhalb einer Nation dar. Aufgrund der außergewöhnlich guten Quellensituation hat er im letzten Jahrzehnt für die empirische Forschung große Bedeutung gewonnen, während er gleichzeitig Gegenstand einer intensiven geschichtspolitischen Kontroverse war (und ist).

Im Hinblick auf die in diesem Band diskutierten Kontroversen zu *ausgewählten empirischen Spezialvergleichen* ergibt sich folgendes Bild: Während Einigkeit darüber besteht, dass Hitler den Prototyp des sich auf charismatische Legitimation stützenden Diktators darstellt, ist die Einschätzung Stalins umstritten (Kap. III, 3). Eine Interpretation lautet, dieser sei als ebenso berechnender wie skrupelloser Exponent einer bürokratischen Parteiherrschaft an die Macht gelangt. Die Gegenposition geht davon aus, dass es Stalin, dem das natürliche Charisma Hitlers gefehlt habe, gelungen sei eine Art „kultisches Charisma" gezielt aufzubauen und damit am Ende ebenfalls zur Verkörperung des Herrschaftssystems zu werden. Seine Macht würde sich dann auf eine Kombination von bürokratischer Organisation und konstruiertem Charisma gründen. Im Kontrast hierzu ist Mussolinis Herrschaftsstil als charismatisch legitimierte Diktatur mit einer „cäsarenhaften Natur" interpretiert worden. Erste Arbeiten zum sektoralen Vergleich der Staatsparteien und Massenorganisationen in modernen Diktaturen, der sich erst in der Anfangsphase befindet und weiterer empirischer Präzisierung bedarf, weisen insgesamt auf mehr Unterschiede als Gemeinsamkeiten hin.

Die von modernen Diktaturen verfolgte (und auch von einigen Vertretern des Totalitarismusansatzes als tatsächlich eingelöst unterstellte) Intention einer „totalen Planung" und einer vollständigen „Durchherrschung" der Gesellschaft wurde anhand des „eigensinnigen" Verhaltens von Arbeitern und der Situation von Frauen unter der Diktatur sowie schließlich anhand der Versuche, Literatur und Sprache für die Diktatur zu vereinnahmen, untersucht. Die in allen untersuchten Teilbereichen festzustellenden Grenzen der Diktatur (Kap. III, 4) belegen, dass das Projekt der totalen diktatorischen „Durchherrschung" der Gesellschaft eine stets unvollendete negative Utopie bleibt.

Das 20. Jahrhundert war auch ein „Zeitalter der Gewalt". In unterschiedlichen Varianten wurden „Lager" zu „Maschinen des Terrors". Die systematische Pervertierung einer unter dem Vorbehalt des Maßnahmenstaates stehenden Justiz zum Werkzeug der politischen Verfolgung und das Herrschaftsinstrument der „politischen Säuberung" ergänzten die klassischen Verfolgungsmechanismen der geheimpolizeilichen Überwachung und der freiwilligen Denunziation aus der Bevölkerung. Wie die kontroverse Debatte über das „Schwarzbuch des Kommunismus" gezeigt hat, sind neben den Gemeinsamkeiten von Terror und Verfolgung in der modernen Diktatur (Kap. III, 5) vor allem auch gravierende Unterschiede zu betonen. Insbesondere bleibt der Völkermord an den Juden singulär – einen „roten Holocaust" hat es nach der Interpretation einer überwiegenden Mehrheit der auf diesem Gebiet arbeitenden Diktaturforscher nicht gegeben, wohl aber barbarische Formen von Terror und Gewalt im Stalinismus.

Widerstand und Opposition (Kap. III, 6) gegen die Barbarei weltanschaulicher Diktaturen bilden als alternative Optionen zu Anpassung und Mitläufertum ein Hoffnung vermittelndes Pendant zur Erfahrung der Übermächtigung durch die Diktatur. Während sich vergleichende Forschungen zum europäischern Widerstand gegen den Faschismus noch im Stadium konzeptioneller Entwürfe und des Abgleichs arbeitsteiliger nationaler Widerstandsanalysen befinden, werden seit 1989 für den Vergleich von Widerstand und Opposition in der NS-Zeit und in der DDR intensiv die methodologischen Grundlagen und Probleme diskutiert. Exemplarisch wurde der bereits recht intensiv bearbeitete Komplex von institutioneller Anpassung der Kirchen und christlichem Widerstand in den beiden deutschen Diktaturen betrachtet. Hier stehen sich zwei kontroverse Deutungsmuster gegenüber. Die eine Sichtweise hebt vor allem darauf ab, dass die Kirchen die einzigen gesellschaftlichen Großinstitutionen waren, die sich unter der NS- wie der SED-Herrschaft gewisse Freiräume erhalten konnten. Die skeptische Gegenposition betont dagegen, dass es immer nur Einzelne waren, die aus christlicher Motivation Widerstand geleistet haben, während für Kirchen und Kirchenvolk nicht von einer oppositionellen Grundhaltung, sondern vielmehr von einer dominierenden Anpassungsbereitschaft gesprochen werden müsse.

Betrachtet man den Forschungsstand im Überblick, so stehen derzeit einigen intensiv bearbeiteten Bereichen wichtige Desiderata vor allem im Bereich der komparativ angelegten empirischen Sektorstudien gegenüber. Dies gilt beispielsweise für vielfältige Aspekte des Herrschaftsalltages in den modernen Diktaturen, für den Problemkomplex des Zusammenspiels und der Wechselbeziehungen unterschiedlicher Herrschaftsagenturen (wie Staatspartei, Massenorganisationen, staatliche Bürokratie, Polizeibehörden und Geheimdienste), für die hiermit korrespondierenden Phänomene der Überzeugung, der Akzeptanz und des Arrangierens in der Bevölkerung sowie für den systemübergreifenden Vergleich von Widerstand und Opposition gegen die Diktatur. Ebenfalls erst in Ansätzen sind unter *komparativen* Gesichtspunkten erforscht: die Sphäre der Betriebe und des Wirtschaftslebens, die Bedeutung der Massenmedien für die Herrschaftssicherung, die Lage spezifischer Gruppen der Bevölkerung, wie z. B. Kinder und Jugendliche unter der Diktatur. Zugleich sind es vor allem relevante Themenfelder des sektoral angelegten empirischen Vergleiches, die richtungweisende neue Erkenntnisse für die vergleichende Diktaturforschung versprechen.

4. Demokratie und Diktatur im 21. Jahrhundert – ein notwendiges Forschungsprogramm

Der perspektivische Ausblick führt uns zurück zum Ausgangspunkt des Buches, nämlich der Frage nach dem Verhältnis von Diktatur und Demokratie im „kurzen" 20. Jahrhundert. Am Beispiel der nationalsozialistischen Verbrechen haben wir erkennen müssen, dass – wie es wegweisend der früh verstorbene Historiker Detlev Peukert auf eine treffende Formel gebracht hat – „die *Moderne*" keine „Einbahnstraße zur Freiheit" (393, S. 296) darstellt, sondern ein Janusgesicht trägt: Die stets mögliche und drohende alternative Option zur *Zivilisation* ist die *Barbarei,* die sich bereits im 20. und erst recht im 21. Jahrhundert modernster technischer Mittel bedient, um ihre atavistischen Ziele zu verfolgen. Wie die meisten Vertreter der heutigen Diktaturforschung teilt auch der Verfasser die Ansicht, dass „klassische" moderne Diktaturen mit totalitärem Herrschaftsanspruch, die sich auf eine in sich geschlossene und exklusive „weltanschauliche" Ideologie und zugleich auf systematischen Terror stützen, mit hoher Wahrscheinlichkeit als ein *abgeschlossenes historisches Phänomen* des vergangenen „Zeitalters der Extreme" anzusehen sind. Gleichwohl wäre es kurzsichtig und fahrlässig, die andauernde und wohl auch niemals endgültig zu überwindende Bedrohung durch autoritäre und totalitäre Tendenzen zu verkennen, die epochenspezifisch in jeweils besonderer Gestalt aufgetreten sind und auch weiterhin auftreten werden.

An der Schwelle vom 20. zum 21. Jahrhundert gibt es zahlreiche Beispiele hierfür. Dies gilt nicht nur für ferne, unterentwickelte Länder, sondern auch für die nahe gelegene Peripherie und bisweilen sogar für die Zentren des sich globalisierenden Weltsystems. In Abwandlung des eingangs verwandten Zitates von Maurice Duverger kann daher formuliert werden: Die Diktatur wird auch in Zukunft die heute lebenden und die folgenden Generationen „wie ein wildes Tier beschleichen", auch wenn sie vermutlich (und hoffentlich) nicht mehr in Gestalt neuer Hitlers und Stalins, sondern in einem zeittypischen Gewand und bisweilen auf leiseren Sohlen daherkommen wird. Auf ganz unterschiedlichen Ebenen und mit deutlich abgestufter Brisanz verweisen hierauf exemplarisch die nationalistischen Exzesse und die „ethnischen Säuberungen" in den jüngsten Balkankriegen, die Erfolge rechtspopulistischer Bauernfänger und die virulente Fremdenfeindlichkeit in wichtigen Ländern der Europäischen Union, aber auch die zunächst ganz banal wirkende, alltägliche und medial transportierte „Big-Brother-Mentalität". Während die letzten Zeilen dieses Manuskriptes geschrieben wurden, hat der barbarische Anschlag auf das World Trade Center in New York schlaglichtartig ins Bewusstsein gerückt, dass in Gestalt des religiösen und politischen Fundamentalismus sowie dem hieraus entspringenden internationalen Terrorismus eine neuartige Herausforderung entstanden ist, die nicht nur sicherheitspolitische Gegenmaßnahmen, sondern gleichzeitig auch eine intensive intellektuelle Auseinandersetzung mit dieser Variante des Totalitarismus erfordert. In der „großen Politik" wie im täglichen Leben bleibt die entschlossene Verteidigung demokratischer Werte eine stetige Aufgabe. Daher stellt die in der Verbindung von Empirie und Theorie auf Präzisierung zielende, methodisch vielfältige und auf normativer Ebene überprüfbare Wertmaßstäbe begründende kritische Analyse von Demokratie und Diktatur für die Wissenschaft nicht nur ein anspruchsvolles und herausforderndes, sondern auch ein existenziell notwendiges Forschungsprogramm für die Zukunft dar.

Dank und Widmung

Ohne die vielfältigen inhaltlichen Herausforderungen und methodischen Anregungen, die ich im Rahmen meiner fünfjährigen Tätigkeit als Dozent in der Abteilung Historische Grundlagen der Politik am Otto-Suhr-Institut für Politikwissenschaft der Freien Universität Berlin und einer anschließenden Forschungstätigkeit an der Gedenkstätte Deutscher Widerstand in Berlin erfahren habe, wäre dieses Buch *nicht* oder zumindest *anders* geschrieben worden. Insbesondere danke ich Peter Steinbach und Johannes Tuchel dafür, dass sie die Durchführung von zwei größeren Forschungsprojekten zum Diktaturenvergleich (zu den lokalen Parteiorganisationen von NSDAP und SED sowie zu Regionalkulturen in Demokratie und Diktatur) ermöglicht und begleitet haben. Überaus motivierend und sehr fruchtbar waren die engagierten Diskussionen mit den Kolleginnen und Kollegen aus der „Forschungsstelle Widerstandsgeschichte" der FU Berlin und der Gedenkstätte Deutscher Widerstand. Dies gilt ebenso für die sehr ertragreiche und inspirierende Kooperation mit Günther Heydemann und seinen Mitarbeiterinnen und Mitarbeitern, die am Historischen Seminar der Universität Leipzig auf dem Feld des Diktaturenvergleichs forschen. Schließlich gebührt der Volkswagen-Stiftung ein besonderer Dank für ihre großzügige Förderung der genannten empirischen Forschungsprojekte. Ganz besonders danke ich Edgar Wolfrum, der die Entstehung des Buches vom Stadium der Konzeption bis zu seiner Realisierung kontinuierlich begleitet hat. Teile des Manuskripts gelesen und mich durch kollegiale Kritik zur Präzisierung wichtiger Punkte angeregt haben Petra Behrens, Andrea Genest, Adelheid von Saldern und Thomas Schaarschmidt sowie Rüdiger Hachtmann, der mir überdies seine bis dato noch nicht publizierten Überlegungen zum Vergleich von DAF und FDGB zur Verfügung stellte. Joachim Drews verdanke ich zahlreiche wichtige bibliographische Hinweise. Für etwa vorkommende Fehler und für die in dem Problemaufriss vermittelten Interpretationen bin ich als Autor selbstverständlich allein verantwortlich.

Schließlich möchte ich meiner Frau Renate ganz herzlich danken, die mir mit viel Verständnis die nötigen Freiräume eröffnet hat, um neben dem beruflichen Spagat zwischen empirischer Forschung und universitärer Lehre diesen Aufriss der größeren Zusammenhänge realisieren zu können. *Widmen* möchte ich dieses Buch erstens meinem Großvater Alfred Rossbach, der als Sozialdemokrat zunächst in den Jahren der NS-Herrschaft und dann in den frühen Jahren der DDR Repressionen erfahren hat, zweitens meinem Vater, der fast noch als Jugendlicher Soldat werden musste und als junger Erwachsener mit einer praktischen Anschauung von Demokratie aus der amerikanischen Kriegsgefangenschaft zurückkehrte, sowie schließlich meinen Töchtern Mareike, Sina und Jana: Möge ihnen und ihrer Generation das Brüllen des „wilden Tieres" Diktatur erspart bleiben, das die Generation der Groß- und Urgroßeltern umgetrieben hat, und möge auch ihre Generation Kraft und Mut haben, den modernen Formen der Barbarei und des Totalitarismus erfolgreich entgegenzutreten.

Literatur

Zu I.: Einleitung

1. Das Signum des 20. Jahrhunderts

(1) Hannah Arendt, Elemente und Ursprünge totaler Herrschaft. Antisemitismus, Imperialismus, Totalitarismus, München u. a. [6]1998 (orig.: The Origins of Totalitarianism, New York 1951).
(2) Raymond Aron, Demokratie und Totalitarismus, Hamburg 1970 (orig.: Démokratie et Totalitarisme, Paris 1965).
(3) Arnd Bauerkämper, Die „radikale Rechte" in Großbritannien. Nationalistische, antisemitische und faschistische Bewegungen vom späten 19. Jahrhundert bis 1945, Göttingen 1991.
(4) Walther L. Bernecker, Spanische Geschichte, München 1999.
(5) Moritz Julius Bonn, Wandering Scholar, London 1949.
(6) Moritz Julius Bonn, Die Krisis der europäischen Demokratie, München 1925 (orig.: The Crisis of European Democracy, New Haven 1925).
(7) Karl Dietrich Bracher, Der umstrittene Totalitarismus. Erfahrung und Aktualität. In: ders., Zeitgeschichtliche Kontroversen. Um Faschismus, Totalitarismus, Demokratie, München/Zürich [5]1984, S. 33–62.
(8) Karl Dietrich Bracher, Das 20. Jahrhundert als Zeitalter der ideologischen Auseinandersetzungen zwischen demokratischen und totalitären Systemen. In: (21), S. 137–151.
(9) Karl Dietrich Bracher, Formen und Probleme des Umgangs mit der Vergangenheit aus deutscher Sicht. In: (148), S. 31–46.
(10) Zbigniew Brzesinski, Totalitarismus und Rationalität. In: (178), S. 267–288 (orig.: Totalitarianism and Rationality, in: The American Political Science Review 50 (1956), S. 751–763).
(11) Dan Diner, Das Jahrhundert verstehen. Eine universalhistorische Deutung, München 1999.
(12) Maurice Duverger, Über die Diktatur, Wien u. a. 1961 (orig.: De la dictature, Paris 1961).
(13) Theodor Eschenburg, Der Zerfall der demokratischen Ordnungen zwischen Erstem und Zweitem Weltkrieg. In: ders. u. a., Der Weg in die Diktatur 1918–1933, München 1962, S. 7–28.
(14) Otto Forst de Battaglia (Hrsg.), Prozess der Diktatur, Zürich/Leipzig/Wien 1930.
(15) Carl Joachim Friedrich/Zbigniew Brzesinski, Totalitarian Dictatorship and Autocracy, Cambridge/Mass. 1956.
(16) Carl Joachim Friedrich, Totalitäre Diktatur, Stuttgart 1957.
(17) Eric Hobsbawm, Das Zeitalter der Extreme. Weltgeschichte des 20. Jahrhunderts, München/Wien 1995 (orig.: Age of Extremes. The Short Twentieth Century 1914–1991, London 1994).
(18) Klaus Hornung, Das totalitäre Zeitalter. Bilanz des 20. Jahrhunderts, Berlin/Frankfurt am Main 1993.
(19) Samuel P. Huntington, Der Kampf der Kulturen. The Clash of Civilisations. Die Neugestaltung der Weltpolitik im 21. Jahrhundert, München/Wien [4]1997 (zuerst: New York 1996).
(20) Eberhard Jäckel, Das deutsche Jahrhundert. Eine historische Bilanz, Stuttgart 1996.
(21) Eckhard Jesse (Hrsg.), Totalitarismus im 20. Jahrhundert. Eine Bilanz der internationalen Forschung, Bonn 1996.
(22) Eckhard Jesse, 1917–1933 – 1945–1989. Das 20. Jahrhundert als Zeitalter des Totalitarismus. In: (79), S. 23–39.
(23) Hans Kohn, Das zwanzigste Jahrhundert. Eine Zwischenbilanz des Westens, Zürich u. a. 1950.
(24) Peter Krüger, Der Erste Weltkrieg als Epochenschwelle. In: (378), S. 70–91.
(25) Stephen J. Lee, The European Dictatorships 1918–1945, London/New York [2]2000.
(26) Gerhard Leibholz, Das Phänomen des totalen Staates. In: Mensch und Staat in Recht und Geschichte. Festschrift für Herbert Kraus, Kitzingen 1954, S. 156–162 (wiederabgedruckt in: [178], S. 123–132).
(27) Juan Linz/Alfred Stepan, The Breakdown of Democratic Regimes: Europe, Baltimore/London 1978.
(28) Mark Mazower, Der dunkle Kontinent. Europa im 20. Jahrhundert, Berlin 2000.
(29) Horst Möller, Europa zwischen den Weltkriegen, München 1998.
(30) Hans Mommsen, Die verspielte Freiheit. Der Weg von Weimar in den Untergang 1918 bis 1933, Berlin 1989.
(31) Sigmund Neumann, Permanent Revolution. The Total State in A World At War, New York/London 1942.
(32) Ernst Nolte, Der europäische Bürgerkrieg 1917–1945. Nationalsozialismus und Bolschewismus, München [5]1997.
(33) Amos Perlmutter, Making the world safe for

democracy. A century of Wilsonianism and its totalitarian challengers, Chapel Hill 1997.
(34) Friedrich Pohlmann, Deutschland im Zeitalter des Totalitarismus. Überlegungen zu den Schlüsseljahren deutscher Geschichte im 20. Jahrhundert. In: Zeitschrift für Politik 47 (2000), S. 201–216.
(35) Ellen Schrecker, Many are the Crimes. McCarthyism in America, Princeton 1998.
(36) Wolfgang Wippermann, Europäischer Faschismus im Vergleich 1922–1982, Frankfurt am Main 1983.
(37) Andreas Wirsching, Vom Weltkrieg zum Bürgerkrieg. Politische Extremismus in Deutschland und Frankreich 1918–1933/39. Berlin und Paris im Vergleich, München 1998.
(38) Hans Woller, Rom, 28. Oktober 1922. Die faschistische Herausforderung, München 1999.
(39) Janusz Żarnowski (Hrsg.), Dictatorships in East-Central Europe 1918–1939, Wroclaw u. a. 1983.

2. Diktatorische Herrschaft im Wandel

(40) Alfred Cobban, Dictatorship. Its history and theory, New York 1971 (Reprint des Originals: New York 1939).
(41) André und Francine Demichel, Les dictatures européennes, Paris 1973.
(42) Julius Deutsch, Wesen und Wandlung der Diktaturen, München [2]1968 (erstmals: Wien u. a. 1953).
(43) Georg Eickhoff, Das Charisma der Caudillos. Cárdenas, Franco, Perón, Frankfurt am Main 1999.
(44) Juan P. Fusi Aizpurua, Franco. Spanien unter der Diktatur 1936–1975, München 1992.
(45) George W. F. Hallgarten, Dämonen oder Retter? Eine kurze Geschichte der Diktatur seit 600 v. Chr., München 1966 (orig.: Devils or Saviours: A History of Dictatorship since 600 B.C., London 1957).
(46) Karl Hammer/Peter Claus Hartmann (Hrsg.), Der Bonarpartismus. Historisches Phänomen und politischer Mythos, Zürich/München 1977.
(47) E. E. Kellett, The Story of Dictatorship. From the Earliest Times till To-day, London/New York 1937.
(48) John A. Marriott, Dictatorship and Democracy, Oxford 1935.
(49) Franz L. Neumann, Notizen zur Theorie der Diktatur. In: ders., Demokratischer und autoritärer Staat. Studien zur politischen Theorie, Frankfurt am Main 1986 (ND), S. 224–247 (orig.: Notes on the Theory of Dictatorship. In: The Democratic and The Autoritarian State. Essays in Political and Legal Theory, New York 1957, S. 233–256).
(50) Lainová Radka, Zum Vergleich der Diktaturen in den baltischen Staaten in der Zwischenkriegszeit. In: (246), S. 109–117.
(51) David F. Schmitz, Thank God they're on our side. The United States and right-wing dictatorships, 1921–1965, Chapel Hill 1999.
(52) Carlo Sforza, Europäische Diktaturen, Berlin 1932 (Originalausgabe: European Dictatorships, London 1932).
(53) Georg Sørensen, Democracy, Dictatorship and Development. Economic Development in Selected Regimes of the Third World, Basingstoke/London 1991.
(54) Otto Stammer, Dictatorship. In: David L. Sills (Hrsg.), International Encyclopedia of the Social Sciences, Volume 4, New York 1968, S. 161–169 (dt. Ursprungsfassung als hektographiertes Typoskript, 1967).
(55) Max Weber, Wirtschaft und Gesellschaft, Grundriß der verstehenden Soziologie. Zweiter Halbband, Tübingen 1956.

Zu II.: Überblick

1. Die vergleichende Methode

(56) Klaus von Beyme, Der Vergleich in der Politikwissenschaft, München/Zürich 1988.
(57) Peter Birle/Christoph Wagner, Vergleichende Politikwissenschaft: Analyse und Vergleich politischer Systeme. In: Manfred Mols/Hans-Joachim Lauth/Christian Wagner (Hrsg.), Politikwissenschaft: Eine Einführung, Paderborn u. a. 1994, S. 12–135.
(58) Marc Bloch, Für eine vergleichende Geschichtsbetrachtung der europäischen Gesellschaften. In: Matthias Middell/Steffen Sammler (Hrsg.), Alles Gewordene ist Geschichte. Die Schule der Annales in ihren Texten 1929–1992, Leipzig 1994, S. 121–167 (orig.: Pour une histoire comparée des sociétés européennes. In: Revue de synthèse historique, 1928)
(59) John Breuilly, Introduction: Making Comparisons in History. In: ders., Labour and liberalism in nineteenth Century Europe. Essays in Comparative History, Manchester 1992, S. 1–25.
(60) Jürgen Hartmann, Vergleichende Politikwissenschaft. Ein Lehrbuch, Frankfurt am Main 1995.
(61) Heinz-Gerhard Haupt/Jürgen Kocka, Historischer Vergleich: Methoden, Aufgaben, Probleme. Eine Einleitung. In: dieselben (Hrsg.), Geschichte und Vergleich. Ansätze und Ergebnisse international vergleichender Geschichtsschreibung, Frankfurt am Main/New York 1996, S. 9–46.
(62) Günther Heydemann, Integraler und sektoraler Vergleich – Zur Methodologie der empirischen Diktaturforschung. In: (79), S. 227–234.

(63) Günther Heydemann, Zur Theorie und Methodologie des Diktaturenvergleichs. In: Norbert Haase/Bert Pampel (Hrsg.), Doppelte Last – doppelte Herausforderung. Gedenkstättenarbeit und Diktaturenvergleich an Orten mit doppelter Vergangenheit, Frankfurt am Main u.a. 1998, S. 53–59.
(64) Günther Heydemann, Die DDR-Vergangenheit im Spiegel des NS-Regimes? Zur Theorie und Methodologie des empirischen Diktaturenvergleichs. In: Internationale Schulbuchforschung 22 (2000), S. 407–416.
(65) Günther Heydemann/Christopher Beckmann, Zwei Diktaturen in Deutschland. Möglichkeiten und Grenzen des historischen Diktaturenvergleichs. In: Deutschland Archiv 30 (1997), S. 10–40.
(66) Otto Hintze, Soziologische und geschichtliche Staatsauffassung. In: ders., Soziologie und Geschichte. Gesammelte Abhandlungen, hrsg. von G. Oestreich, Bd. 2, Göttingen 1964.
(67) Hartmut Kaelble, Der historische Vergleich. Eine Einführung zum 19. und 20. Jahrhundert, Frankfurt am Main/New York 1999.
(68) Hartmut Kaelble, Der historische Zivilisationsvergleich. In: ders./Jürgen Schriewer (Hrsg.), Diskurse und Entwicklungspfade. Der Gesellschaftsvergleich in den Geschichts- und Sozialwissenschaften, Frankfurt am Main/New York 1999, S. 29–52.
(69) Jürgen Kocka, Historische Komparatistik in Deutschland. In: Heinz-Gerhard Haupt/Jürgen Kocka (Hrsg.), Geschichte und Vergleich. Ansätze und Ergebnisse international vergleichender Geschichtsschreibung, Frankfurt am Main/New York 1996, S. 47–60.
(70) Jürgen Kocka, Annäherung und neue Distanz. Historiker und Sozialwissenschaftler seit den fünfziger Jahren. In: Helmut Berding/Manfred Hettling (Hrsg.), Nation und Gesellschaft in Deutschland. Historische Essays, München 1996, S. 15–31.
(71) Jürgen Osterhammel, Sozialgeschichte im Zivilisationsvergleich. Zu künftigen Möglichkeiten komparativer Geschichtswissenschaft, In: Geschichte und Gesellschaft 22 (1996), S. 143–164.
(72) Stein Rokkan, Vergleichende Sozialwissenschaft. Die Entwicklung der inter-kulturellen, inter-gesellschaftlichen und inter-nationalen Forschung. Hauptströmungen der sozialwissenschaftlichen Forschung, Frankfurt am Main u.a. 1972.
(73) Theodor Schieder, Möglichkeiten und Grenzen vergleichender Methoden in der Geschichtswissenschaft. In: ders., Geschichte als Wissenschaft. Eine Einführung, München 1965, S. 187–211.
(74) Thomas Welskopp, Stolpersteine auf dem Königsweg. Methodenkritische Anmerkungen zum internationalen Vergleich in der Gesellschaftsgeschichte. In: Archiv für Sozialgeschichte 35 (1995), S. 339–367.

2. Entwicklung und systematische Aufgliederung

(75) Guy Stanton Ford (Hrsg.), Dictatorship in the Modern World, London ²1939 (erstmals Minneapolis 1935).
(76) Élie Halévy, The Era of Tyrannies. In: ders., The Era of Tyrannies, translated by R. K.Webb, Garden City, NY 1965, S. 265–285, die Diskussion hierzu: S. 287–316 (orig.: L'ère des tyrannies. In: Bulletin de la Société Française de Philosophie, 1936, S. 181–253).
(77) Eduard Heimann, Communism, Fascism or Democracy?, New York 1938.
(78) Hermann Heller, Europa und der Fascismus, Berlin/Leipzig 1929.
(79) Günther Heydemann/Eckhard Jesse (Hrsg.), Diktaturvergleich als Herausforderung. Theorie und Praxis, Berlin 1998.
(80) Christoph Kleßmann, Zeitgeschichte in Deutschland nach dem Ende des Ost-West-Konfliktes, Essen 1998.
(81) Juan J. Linz, Totalitäre und autoritäre Regime, Berlin 2000 (orig.: Totalitarian and Authoritarian Regimes. In: Fred I. Greenstein/Nelson. Polsby (Hrsg.), Handbook of Political Science, Vol. 3: Macropolitical Theory, Reading/Mass. 1975, S. 187–350).
(82) Barrington Moore, Soziale Ursprünge von Diktatur und Demokratie. Die Rolle der Grundbesitzer und Bauern bei der Entstehung der modernen Welt, Frankfurt am Main 1969.
(83) Diana Spearman, Modern Dictatorship, New York 1939.
(84) Lucie Varga, Die Entstehung des Nationalsozialismus. Sozialhistorische Anmerkungen. In: dies., Zeitenwende. Mentalitätshistorische Studien 1936–1939, hrsg. von Peter Schöttler, Frankfurt am Main 1991, S. 115–137 (orig.: La genese du national-socialisme. Notes d'analyse sociale. In: Annales d´histoire économique et sociale 9 (1937), S. 529–546).
(85) Eric Voegelin, Die politischen Religionen, München 1993 (ND, orig.: Wien 1938).

3. Chancen, methodische Probleme und Grenzen

(86) Sheila Fitzpatrick/Robert Gellately (Hrsg.), Accusatory Practices. Denunciation in Modern European History, 1789–1989, Chicago/London 1997.

(87) Ian Kershaw, Der NS-Staat. Geschichtsinterpretationen und Kontroversen im Überblick, Reinbek [2]1994 (orig.: The Nazi Dictatorship. Problems and Perspectives of Interpretation, London 1985).

(88) Jürgen Kocka, Chance und Herausforderung. Aufgaben der Zeitgeschichte im Umgang mit der DDR-Vergangenheit. In: Bernd Faulenbach/Markus Meckel/Hermann Weber (Hrsg.), Die Partei hatte immer recht – Aufarbeitung von Geschichte und Folgen der SED-Diktatur, Essen 1994, S. 239–249.

(89) Rainer M. Lepsius, Plädoyer für eine Soziologisierung der beiden deutschen Diktaturen. In: Christian Jansen/Lutz Niethammer/Bernd Weisbrod (Hrsg.), Von der Aufgabe der Freiheit. Politische Verantwortung und bürgerliche Gesellschaft im 19. und 20. Jhdt. Festschrift für Hans Mommsen zum 5. November 1995, Berlin 1995, S. 609–615.

(90) Klaus Sühl (Hrsg.), Vergangenheitsbewältigung 1945 und 1989. Ein unmöglicher Vergleich? Eine Diskussion, Berlin 1994.

Zu III.: Forschungsprobleme

1. Totalitarismus, politische Religionen, moderne Diktaturen

a) Traditionen und Konzepte der älteren Diktaturforschung

(91) Raymond Aron, Das Zeitalter der Tyranneien. In: ders., Über Deutschland und den Nationalsozialismus. Frühe politische Schriften 1930–1939, hrsg. von Joachim Stark, Opladen 1993, S. 186–208 (orig. in: Revue de métaphysique et de morale, Mai 1939).

(92) Arkadij Gurland, Maxismus und Diktatur, Frankfurt am Main 1981 (ursprünglich: Diss. Univ. Leipzig, 1928).

(93) Hans Kelsen, The Party-Dictatorship. In: Politica (London), März 1936, S. 19–32.

(94) Hans Kohn, Die kommunistische und die faschistische Diktatur. Eine vergleichende Studie. In: (178), S. 49–63 (im engl. Original zuerst in: (75), S. 141–160).

(95) Hans Kohn, The Totalitarian Crisis. In: ders., Revolutions and Dictatorships. Essays in Contemporary History, Cambridge/Mass. 1941, S. 331–416.

(96) Max Lerner, Das Grundmuster der Diktatur. In: (178), S. 30–48 (zuerst in: [75], S. 3–25).

(97) Karl Loewenstein, Autocracy versus Democracy in Contemporary Europe. In: The American Political Science Review, 29 (August 1935), No. 4, S. 571–593 und 29 (October 1935), No. 5, S. 755–784.

(98) Carl Schmitt, Die Diktatur. Von den Anfängen des modernen Souveränitätsgedankens bis zum proletarischen Klassenkampf, München/Leipzig [2]1928, mit Anhang! (zuerst: München/Leipzig 1921; inzwischen: Berlin [6]1994).

(99) Henry R. Spencer, European Dictatorships. In: American Political Science Review, Vol. XXI (1927), S. 537–549.

(100) Rudolf Walkenhaus, Totalität als Anpassungskategorie. Eine Momentaufnahme der Denkentwicklung von Carl Schmitt und Ernst Rudolf Huber. In: (182), S. 77–104.

b) Totalitarismuskonzept und Totalitarismusforschung

(101) Hannah Arendt, Ideologie und Terror: eine neue Staatsform. In: Offener Horizont. Festschrift für Karl Jaspers, München 1953, S. 229–254 (wiederabgedruckt in: [178], S. 133–167).

(102) Raymond Aron, Das Wesen des Totalitarismus. In: ders., Über Deutschland und den Nationalsozialismus. Frühe politische Schriften 1930–1939, hrsg. von Joachim Stark, Opladen 1993, S. 275–293 (orig.: L'essence du totalitarisme. In: Critique, Januar 1954, S. 51–70).

(103) Karl Graf Ballestrem, Aporien der Totalitarismus-Theorie, in: (21), S. 237–251.

(104) Karl Graf Ballestrem, Der Totalitarismus in Osteuropa und seine Folgen – eine theoretische Betrachtung. In: (160), S. 251–259.

(105) Seyla Benhabib, Hannah Arendt. Die melancholische Denkerin der Moderne, Hamburg 1998 (orig.: The Reluctant Modernism of Hannah Arendt, Thousand Oaks/California 1996).

(106) Richard Bessel/Ralph Jessen (Hrsg.), Die Grenzen der Diktatur. Staat und Gesellschaft in der DDR, Göttingen 1996.

(107) Klaus von Beyme, Totalitarismus – zur Renaissance eines Begriffes nach dem Ende der kommunistischen Regime. In: (180), S. 23–36.

(108) Franz Borkenau, The Totalitarian Enemy, London 1940.

(109) David Bosshart, Politische Intellektualität und totalitäre Erfahrung. Hauptströmungen der französischen Totalitarismuskritik, Berlin 1992.

(110) Die französische Totalitarismusdiskussion. In: Mittelweg 36, 2 (1993) Heft 10, S. 72–80 (jetzt auch in: [21], S. 252–260).

(111) Karl Dietrich Bracher, Die totalitäre Erfahrung, München/Zürich 1987.

(112) Paul Brooker, Non-Democratic Regimes. Theory, Government and Politics, Houndsmills 2000.

(113) Archie Brown, The Study of Totalitarianism and Authoritarianism. In: Jack Hayward/Brian Barry/Archie Brown (Hrsg.), The British Study of Politics in the Twentieth Century, Oxford/New York 1999, S. 345–393.

(114) Hans Buchheim, Totalitäre Herrschaft. Wesen und Merkmale, München ²1962.
(115) Hubertus Buchstein, Totalitarismustheorie und empirische Politikforschung – Die Wandlung der Totalitarismuskonzeption in der frühen Berliner Politikwissenschaft, in: (182), S. 239–266.
(116) Dictature, absolutisme, totalitarisme. Colloque des 15 et 16 mai 1997 à la Fondation Singer-Polignac. In: Revue française d'histoire des idées politiques 6 (1997), S. 227–406.
(117) Bernd Faulenbach, Die SED-Diktatur in der DDR. In: (148), S. 127–141.
(118) Karsten Fischer, Totalitarismus als komparative Epochenkategorie – Zur Renaissance des Konzepts in der Historiographie des 20. Jahrhunderts. In: (182), S. 284–296.
(119) Wolfgang-Uwe Friedrich, Denkblockaden: Das Totalitarismusmodell aus der Sicht der PDS. In: Rainer Eckert/Bernd Faulenbach (Hrsg.), Halbherziger Revisionismus: zum postkommunistischen Geschichtsbild, München u. a. 1996, S. 111–139.
(120) Wolfgang-Uwe Friedrich, Bürokratischer Totalitarismus – Zur Typologie des SED-Regimes. In: (121), S. 1–22.
(121) Wolfgang-Uwe Friedrich (Hrsg.), Die totalitäre Herrschaft der SED. Wirklichkeit und Nachwirkungen, München 1998.
(122) Lothar Fritze, Unschärfen des Totalitarismusbegriffs. Methodologische Bemerkungen zu Carl Joachim Friedrichs Begriff der totalitären Diktatur. In: Zeitschrift für Geschichtswissenschaft 43 (1995), S. 629–641.
(123) Manfred Funke, Erfahrung und Aktualität des Totalitarismus – Zur definitorischen Sicherung eines umstrittenen Begriffs moderner Herrschaftslehre. In: (153), S. 44–62.
(124) François Furet, Das Ende der Illusion. Der Kommunismus im 20. Jahrhundert, München 1996 (orig.: Le passé d'une illusion, Paris 1995).
(125) Immanuel Geiss, Die Totalitarismen unseres Jahrhunderts. Kommunismus und Nationalsozialismus im historisch-politischen Vergleich. In: (21), S. 160–175.
(126) Brigitte Gess, Liberales Denken und intellektuelles Engagement. Die Grundzüge der philosophisch-politischen Reflexionen Raymond Arons, München 1988.
(127) Brigitte Gess, Die Totalitarismuskonzeption von Raymond Aron und Hannah Arendt. In: (160), S. 264–274.
(128) Gert-Joachim Glaeßner, Kommunismus – Totalitarismus – Demokratie. Studien zu einer säkularen Auseinandersetzung, Frankfurt am Main u. a. 1995.
(129) Abbott Gleason, Totalitarianism: The Inner History of the Cold War, New York/Oxford 1995.
(130) Helga Grebing, Linksradikalismus gleich Rechtsradikalismus. Eine falsche Gleichung, Stuttgart u. a. 1971.
(131) Martin Greiffenhagen, Der Totalitarismusbegriff in der Regimenlehre. In: ders./Reinhard Kühnl/Johann Baptist Müller, Totalitarismus. Zur Problematik eines politischen Begriffs, München 1972, S. 23–59.
(132) Klaus-Dietmar Henke, Für eine „Anatomie des SED-Sozialismus". In: Deutschland Archiv 31 (1998), S. 83–86.
(133) Klaus-Dietmar Henke (Hrsg.), Totalitarismus. Sechs Vorträge über Gehalt und Reichweite eines klassischen Konzepts der Diktaturforschung, Dresden 1999.
(134) Klaus-Dietmar Henke, Achsen des Augenmerkes in der historischen Totalitarismusforschung. In: (133), S. 9–18.
(135) Ludolf Herbst, Das nationalsozialistische Herrschaftssystem als Vergleichsgegenstand und der Ansatz der Totalitarismustheorien. In: (133), S. 19–26.
(136) Heinz Hürten, Modernitätskritik und Totalitarismustheorie im Frühwerk von Waldemar Gurian. In: (182), S. 25–34.
(137) Markus Huttner, Totalitarismus und säkulare Religionen. Zur Frühgeschichte totalitarismuskritischer Begriffs- und Theoriebildung in Großbritannien, Bonn 1999.
(138) Martin Jänicke, Totalitäre Herrschaft. Anatomie eines politischen Begriffs, Berlin 1971.
(139) Eckhard Jesse, Der Totalitarismusbegriff: Inhaltsbestimmung und Entwicklungsgeschichte. In: (148), S. 47–60.
(140) Eckhard Jesse, Die Totalitarismusforschung und ihre Repräsentanten. Konzeptionen von Carl J. Friedrich, Hannah Arendt, Eric Voegelin, Ernst Nolte und Karl Dietrich Bracher. In: Aus Politik und Zeitgeschichte, B 20/98, 8. Mai 1998, S. 3–18.
(141) Eckhard Jesse, Die Wechselbeziehungen der beiden Großtotalitarismen im 20. Jahrhundert. Interpretationen und Fehlperzeptionen, in: (180), S. 125–142.
(142) Eckhard Jesse, Die „Totalitarismus-Doktrin" aus DDR-Sicht. In: (153), S. 63–87 (wiederabgedruckt in: [21], S. 424–449).
(143) Norbert Kapferer, Der Totalitarismusbegriff auf dem Prüfstand. Ideengeschichtliche, komparatistische und politische Aspekte eines umstrittenen Terminus, Dresden 1995.
(144) Ian Kershaw, Nationalsozialistische und stalinistische Herrschaft. Möglichkeiten und Grenzen des Vergleichs. In: Mittelweg 36, Jg. 3 (1994), Heft 5, S. 55–64 (wiederabgedruckt in: [21], S. 213–222).
(145) Peter Graf Kielmansegg, Krise der Totalitarismustheorie? In: Manfred Funke (Hrsg.), Totalitarismus. Ein Studien-Reader zur Herrschaftsanaly-

se moderner Diktaturen, Düsseldorf 1978, S. 61–80 (wiederabgedruckt in: [21], S. 286–304).
(146) Alexander Korchak, Contemporary Totalitarianism. A Systems Approach, Boulder 1994.
(147) Wolfgang Kraushaar, Sich aufs Eis wagen. Plädoyer für eine Auseinandersetzung mit der Totalitarismustheorie. In: Mittelweg 36, 2 (1993) Heft 2, S. 6–29.
(148) Ludger Kühnhardt/Alexander Tschubarjan (Hrsg.), Rußland und Deutschland auf dem Weg zum antitotalitären Konsens, Baden-Baden 1999.
(149) Reinhard Kühnl, Zur politischen Funktion der Totalitarismustheorien in der BRD. In: Martin Greiffenhagen/Reinhard Kühnl/Johann Baptist Müller, Totalitarismus. Zur Problematik eines politischen Begriffs, München 1972, S. 7–21.
(150) Reinhard Kühnl, Faschismustheorien. Texte zur Faschismusdiskussion 2. Ein Leitfaden, Reinbek 1979.
(151) Karl Christian Lammers, Totalitäre Diktatur, moderne Diktatur oder Erziehungsdiktatur? Probleme einer historischen und begrifflichen Einordnung der DDR (= Karl-Lamprecht-Vortrag 1998), Leipzig 1999.
(152) Hans J. Lietzmann, Politikwissenschaft im „Zeitalter der Diktaturen". Die Entwicklung der Totalitarismustheorie Carl Joachim Friedrichs, Opladen 1999.
(153) Konrad Löw (Hrsg.), Totalitarismus, Berlin 1988.
(154) Richard Löwenthal, Totalitäre und demokratische Revolution. In: Der Monat 13 (1960/61), Heft 146, S. 29–49 (wiederabgedruckt in: [178], S. 359–381).
(155) Gerhard Lozek, Die antikommunistische „Totalitarismus-Doktrin". In: Werner Berthold u. a. (Hrsg.), Kritik der bürgerlichen Geschichtsschreibung, Köln [4]1977, S. 38–47.
(156) Gerhard Lozek, Genesis, Wandlung und Wirksamkeit der imperialistischen Totalitarismus-Doktrin. In: Zeitschrift für Geschichtswissenschaft 14 (1966), S. 525–541.
(157) Gerhard Lozek, Zum Diktaturenvergleich von NS-Regime und SED-Staat. Zum Wesen der DDR im Spannungsfeld von autoritären und totalitären, aber auch demokratischen Strukturen und Praktiken. In: Dietmar Keller/Hans Modrow/Herbert Wolf (Hrsg.), Ansichten zur Geschichte der DDR, Band IV, Bonn/Berlin 1994, S. 109–121.
(158) Peter Christian Ludz, Offene Fragen in der Totalitarismusforschung. In: Politische Vierteljahresschrift 2 (1962), S. 319–348 (wiederabgedruckt in: (178), S. 466–512).
(159) Peter Christian Ludz, Entwurf einer soziologischen Theorie totalitär verfasster Gesellschaft, in: Studien und Materialien zur Soziologie der DDR. Sonderheft 8 der Kölner Zeitschrift für Soziologie und Sozialpsychologie, Köln/Opladen 1964, S. 11–58 (wiederabgedruckt in: (178), S. 532–599).
(160) Hans Maier (Hrsg.), ‚Totalitarismus' und ‚Politische Religionen'. Konzepte des Diktaturenvergleichs, Paderborn u. a. 1996.
(161) Hans Maier/Michael Schäfer (Hrsg.), ‚Totalitarismus' und ‚Politische Religionen'. Konzepte des Diktaturenvergleichs, Band II, Paderborn u. a. 1997.
(162) Siegfried Mampel, Versuch eines Ansatzes für eine Theorie des Totalitarismus. In: (153), S. 13–15.
(163) Bernhard Marquardt, Der Totalitarismus – ein gescheitertes Herrschaftssystem. Eine Analyse der Sowjetunion und anderer Staaten Ost-Mitteleuropas, Bochum 1991.
(164) Ljudmila Andreevna Mercalowa, Stalinismus und Hitlerismus – Versuch einer vergleichenden Analyse. In: (21), S. 200–212.
(165) Sigrid Meuschel, Totalitarismustheorie und moderne Diktaturen. Versuch einer Annäherung. In: (133), S. 61–77.
(166) Marc-Pierre Möll, Gesellschaft und totalitäre Ordnung. Eine theoriegeschichtliche Auseinandersetzung mit dem Totalitarismus, Baden-Baden 1998.
(167) Horst Möller, Sind nationalsozialistische und kommunistische Diktaturen vergleichbar? In: Potsdamer Bulletin für Zeithistorische Studien, Nr. 2 (1994), S. 9–19 (= gekürzte Fassung des Vortrages bei der 75. Sitzung der Enquete-Kommission, abgedruckt in: Materialien der Enquete-Kommission „Aufarbeitung von Geschichte und Folgen der SED-Diktatur in Deutschland", Band IX, Baden-Baden 1995, S. 576–588).
(168) Hans Mommsen, Leistungen und Grenzen des Totalitarismus-Theorems: die Anwendung auf die nationalsozialistische Diktatur. In: (160), S. 291–300.
(169) Thomas Noetzel, Die angelsächsische Totalitarismusdiskussion. In: Mittelweg 36, 3 (1994), Heft 4, S. 66–71.
(170) Ernst Nolte, Der Faschismus in seiner Epoche. Action française, Italienischer Faschismus, Nationalsozialismus, München/Zürich [9]1995 (erstmals 1963).
(171) Leszek Nowak, Totalitarismus und Realsozialismus. Eine Konzeption zur Aufhebung des Totalitarismusansatzes. In: (180), S. 81–103.
(172) Amos Perlmutter, Modern Authoritarianism. A Comparative Institutional Analysis, New Haven/London 1981.
(173) Jens Petersen, Die Geschichte des Totalitarismusbegriffs in Italien. In: (160), S. 15–35.
(174) Jacques Rupnik, Der Totalitarismus aus der Sicht des Ostens. In: (21), S. 389–415 (orig.: Le Totalitarisme vu de l'Est. In: Guy Hermet/Pierre

Hassner/Jacques Rupnik (Hrsg.), Totalitarismes, Paris 1984, S. 43–71).
(175) Walter Schlangen, Die Totalitarismus-Theorie. Entwicklung und Probleme, Stuttgart u.a. 1976.
(176) Michael Schöngarth, Die Totalitarismusdiskussion in der neuen Bundesrepublik 1990 bis 1995, Köln 1996.
(177) Klaus Schroeder, Der SED-Staat. Geschichte und Strukturen der DDR, München 1998.
(178) Bruno Seidel/Siegfried Jenkner (Hrsg.), Wege der Totalitarismus-Forschung, Darmstadt 1968.
(179) Harald Seubert, Erinnerung an den ‚Engagierten Beobachter' in veränderter Zeit. Raymond Aron als Theoretiker des Totalitarismus und der nuklearen Weltlage. In: (161), S. 311–361.
(180) Achim Siegel (Hrsg.), Totalitarismustheorien nach dem Ende des Kommunismus, Köln/Weimar 1998.
(181) Achim Siegel, Carl Joachim Friedrichs Konzeption der totalitären Diktatur – eine Neuinterpretation. In: (180), S. 273–307.
(182) Alfons Söllner/Ralf Walkenhaus/Karin Wieland (Hrsg.), Totalitarismus. Eine Ideengeschichte des 20. Jahrhunderts, Berlin 1997.
(183) Alfons Söllner, Das Totalitarismuskonzept in der Ideengeschichte des 20. Jahrhunderts. In: (182), S. 10–21.
(184) Alfons Söllner, Totalitarismus. Eine notwendige Denkfigur des 20. Jahrhunderts. In: Mittelweg 36, 2 (1993), S. 83–88.
(185) Otto Stammer, Aspekte der Totalitarismusforschung. In: Soziale Welt 12 (1961), S. 97–111 (wiederabgedruckt in: (178), S. 414–437).
(186) Joachim Stark, Das unvollendete Abenteuer. Geschichte, Gesellschaft und Politik im Werk Raymond Arons, Würzburg 1986.
(187) Joachim Stark, Raymond Aron und der Gestaltwandel des Totalitarismus. In: (182), S. 195–207.
(188) Arnold Sywottek, „Stalinismus" und „Totalitarismus" in der DDR-Geschichte. In: Deutsche Studien 30 (1993), Heft 117/118, S. 25–38.
(189) Paul Tillich, The Totalitarian State and the Claims of the Church. In: Social Research 1 (1934), S. 405–433.
(190) Totalitarismus und Faschismus. Eine wissenschaftliche und politische Begriffskontroverse. Kolloquium im Institut für Zeitgeschichte am 24. November 1978, München 1980.
(191) Hans-Ulrich Wehler, Diktaturenvergleich, Totalitarismustheorie und DDR-Geschichte. In: Arnd Bauerkämper/Martin Sabrow/Bernd Stöver (Hrsg.), Doppelte Zeitgeschichte. Deutsch-deutsche Beziehungen 1945–1990, Bonn 1998, S. 346–352.
(192) Wolfgang Wippermann, Totalitarismustheorien. Die Entwicklung der Diskussion von den Anfängen bis heute, Darmstadt 1997.
(193) Wolfgang Wippermann, Wessen Schuld? Vom Historikerstreit zur Goldhagen-Kontroverse, Berlin 1997.
(194) Elisabeth Young-Bruehl, Hannah Arendt. Leben, Werk und Zeit, Frankfurt am Main [2]1991, (orig.: Hannah Arendt. For Love of the World, New Haven/London 1982).

c) Das Paradigma der „politischen Religion"

(195) Hannah Arendt, Zwischen Vergangenheit und Zukunft. Übungen im politischen Denken I, hrsg. von Ursula Ludz, München/Zürich 1994.
(196) Raymond Aron, L'avenir des religions séculières. In: Commentaire 8 (1985), S. 369–383 (erstmals in: La France libre (1944), S. 210–217 und 269–277).
(197) Bronislaw Baczko, Hat die Französische Revolution den Totalitarismus hervorgebracht? In: (378), S. 11–36.
(198) Claus-Ekkehard Bärsch, Die politische Religion des Nationalsozialismus. Die religiöse Dimension der NS-Ideologie in den Schriften von Dietrich Eckart, Joseph Goebbels, Alfred Rosenberg und Adolf Hitler, München 1998.
(199) François Bédarida, Nationalsozialistische Verkündigung und säkulare Religion. In: (206), S. 153–167.
(200) Michael Burleigh, Die Zeit des Nationalsozialismus. Eine Gesamtdarstellung, Frankfurt am Main 2000.
(201) Philippe Burrin, Die politischen Religionen: Das Mythologisch-Symbolische in einer säkularen Welt. In: (206), S. 168–185.
(202) Philippe Burrin, Political Religion. The Relevance of a Concept. In: History & Memory 9 (1997), S. 321–352.
(203) Emilio Gentile, Der Liktorenkult. In: (254), S. 247–261.
(204) Emilio Gentile, Die Sakralisierung der Politik. In: (378), S. 166–182.
(205) Hans-Christof Kraus, Eric Voegelin redivivus? Politische Wissenschaft als Politische Theologie. In: (206), S. 74–88.
(206) Michael Ley/Julius H. Schoeps (Hrsg.), Der Nationalsozialismus als politische Religion, Bodenheim 1997.
(207) Michael Ley, Apokalyptische Bewegungen in der Moderne. In: (206), S. 12–29.
(208) Juan J. Linz, Der religiöse Gebrauch der Politik und/oder der politische Gebrauch der Religion. Ersatzideologie gegen Ersatzreligion. In: (160), S. 129–154.
(209) Hermann Lübbe (Hrsg.), Heilserwartung und Terror. Politische Religionen des 20. Jahrhunderts, Düsseldorf 1995.
(210) Hans Maier, „Politische Religionen". Ein

Konzept des Diktaturenvergleichs. In: (209), S. 94–112.
(211) Hans Maier, Politische Religionen. Die totalitären Regime und das Christentum, Freiburg u. a. 1995.
(212) Hans Maier, ‚Politische Religionen' – Möglichkeiten und Grenzen eines Begriffs. In: (161), S. 299–310.
(213) Hans Mommsen, Nationalsozialismus als politische Religion. In: (161), S. 173–181.
(214) Klaus-Georg Riegel, Der Marxismus-Leninismus als politische Religion. In: (161), S. 75–128.
(215) Peter Schöttler, Lucie Varga – eine österreichische Historikerin im Umkreis der „Annales" (1904–1941). In: Lucie Varga, Zeitenwende. Mentalitätshistorische Studien 1936–1969, hrsg. von Peter Schöttler, Frankfurt am Main 1991, S. 13–110.
(216) Peter Schöttler, Das Konzept der politischen Religionen bei Lucie Varga und Franz Borkenau. In: (206), S. 186–205.
(217) Jean-Pierre Sironneau, Sécularisation et religions politiques, Den Haag u. a. 1982.
(218) Erhard Stölting, Charismatische Aspekte des politischen Führertums. Das Beispiel Stalins. In: Richard Faber (Hrsg.), Politische Religion – religiöse Politik, Würzburg 1997, S. 47–74.
(219) Jacob L. Talmon, Politischer Messianismus, Köln/Opladen 1963.
(220) Lucie Varga, Über die Jugend im Dritten Reich. In: dies., Zeitenwende. Mentalitätshistorische Studien 1936–1939, hrsg. von Peter Schöttler, Frankfurt am Main 1991, S. 142–145 (orig.: Sur la jeunesse du Troisième Reich. In: Annales d'histoire économique et sociale 9 [1937], S. 612–614).

d) „Moderne Diktatur"
(221) Arnd Bauerkämper, Abweichendes Verhalten in der Diktatur. Probleme einer kategorialen Einordnung am Beispiel der Kollektivierung der Landwirtschaft in der DDR. In: ders./Martin Sabrow/Bernd Stöver (Hrsg.), Doppelte Zeitgeschichte. Deutsch-deutsche Beziehungen 1945–1990, Bonn 1998, S. 294–311.
(222) Thorsten Diedrich/Hans Ehlert, „Moderne Diktatur" – „Erziehungsdiktatur" –„Fürsorgediktatur" oder was sonst? Das Herrschaftssystem der DDR und der Versuch seiner Definition. Ein Tagungsbericht. In: Potsdamer Bulletin Bulletin für Zeithistorische Studien 12 (1998), S. 17–25.
(223) Konrad Jarausch, Realer Sozialismus als Fürsorgediktatur. Zur begrifflichen Einordnung der DDR. In: Aus Politik und Zeitgeschichte, B 20/90, S. 33–46.
(224) Eckhard Jesse, Die Totalitarismusforschung im Streit der Meinungen. In: (21), S. 9–39.
(225) Jürgen Kocka, Nationalsozialismus und SED-Diktatur in vergleichender Perspektive. In: Potsdamer Bulletin für Zeithistorische Studien, Nr. 2 (1994), S. 20–27 (= gekürzte Fassung des Vortrages bei der 75. Sitzung der Enquete-Kommission, abgedruckt in: Materialien der Enquete-Kommission „Aufarbeitung von Geschichte und Folgen der SED-Diktatur in Deutschland", Band IX, Baden-Baden 1995, S. 588–597).
(226) Jürgen Kocka, Eine durchherrschte Gesellschaft. In: Hartmut Kaelble/Jürgen Kocka/Hartmut Zwahr (Hrsg.), Sozialgeschichte der DDR, Stuttgart 1994, S. 547–553.
(227) Jürgen Kocka, Die DDR – eine moderne Diktatur? Überlegungen zur Begriffswahl. In: Michael Grüttner/Rüdiger Hachtmann/Heinz-Gerhard Haupt (Hrsg.), Geschichte und Emanzipation. Festschrift für Reinhard Rürup, Frankfurt am Main/New York 1999, S. 540–550.
(228) Martin Kühnel/Gerlinde Sommer, Diktaturen im Vergleich. Zu Walter Euchners 60. Geburtstag. In: Politische Vierteljahresschrift 35 (1994), Heft 2, S. 277–295.
(229) Sigrid Meuschel, Nationalsozialismus und SED-Diktatur in vergleichender Perspektive. In: Deutschland Archiv 27 (1994), Heft 9, S. 1001–1007.
(230) Franz Neumann, Behemoth. Struktur und Praxis des Nationalsozialismus 1933–1944, Frankfurt am Main1984 (orig.: Behemoth, New York 1942/44).
(231) Sigmund Neumann, Die Parteien der Weimarer Republik, Stuttgart u. a. [5]1986 (orig.: Die politischen Parteien in Deutschland, Berlin 1932).
(232) Sigmund Neumann, Zum vergleichenden Studium politischer Parteien. In: Gilbert Ziebura (Hrsg.), Beiträge zur allgemeinen Parteienlehre. Zur Theorie, Typologie und Vergleichung politischer Parteien, Darmstadt 1969, S. 215–264.
(233) Sigmund Neumann (Hrsg.), Modern Political Parties, Chicago/London 1955.
(234) Richard Saage (Hrsg.), Das Scheitern diktatorischer Legitimationsmuster und die Zukunftsfähigkeit der Demokratie. Festschrift für Walter Euchner, Berlin 1995.
(235) Alfons Söllner, Sigmund Neumanns „Permanent Revolution". Ein vergessener Klassiker der vergleichenden Diktaturforschung. In: (182), S. 53–73.
(236) Otto Stammer, Demokratie und Diktatur. In: ders., Politische Soziologie und Demokratieforschung. Ausgewählte Reden und Aufsätze zur Soziologie und Politik, Berlin 1965, S. 185–207.
(237) Peter Steinbach, Diktaturerfahrung und Widerstand. In: (432), S. 57–84.
(238) Bernd Stöver, Leben in Deutschen Diktaturen. Historiographische und methodologische Aspekte der Erforschung von Widerstand und Op-

position im Dritten Reich und in der DDR. In: Detlef Pollack/Dieter Rink (Hrsg.), Zwischen Verweigerung und Opposition. Politischer Protest in der DDR 1970–1989, Frankfurt am Main/New York 1997, S. 30–53.
(239) Hans-Ulrich Thamer, Staatsmacht und Freiheit in beiden Diktaturen. In: Kirchliche Zeitgeschichte 9 (1996), Heft 1, S. 28–42.

2. Der integrale Vergleich von Diktaturen

(240) Krzysztof Pomian, Totalitarisme. In: Vingtième Siècle 47 (1995), S. 4–23.
(241) Henry Rousso (Hrsg.), Stalinisme et nazisme. Histoire et mémoire comparées, Brüssel 1999.

a) Diktaturen des 20. Jahrhunderts

(242) Paul Brooker, Twentieth-Century Dictatorships. The Ideological One-Party States, Houndsmills/London 1995.
(243) C. W. Cassinelli, Total Revolution. A Comparative Study of Germany under Hitler, the Soviet Union under Stalin and China under Mao, Santa Barbara/Oxford 1976.
(244) Bernd Faulenbach/Manfred Stadelmaier (Hrsg.), Diktatur und Emanzipation. Zur russischen und deutschen Entwicklung 1917–1991, Essen 1993.
(245) Hans Mommsen, Nationalsozialismus als vorgetäuschte Modernisierung. In: ders., Der Nationalsozialismus und die deutsche Gesellschaft. Ausgewählte Aufsätze, Reinbek 1991, S. 405–427.
(246) Heiner Timmermann/Wolf D. Gruner (Hrsg.), Demokratie und Diktatur in Europa. Geschichte und Wechsel der politischen Systeme im 20. Jahrhundert, Berlin 2001.

b) Faschistische Herrschaft

(247) Maurizio Bach, Die charismatischen Führerdiktaturen. Drittes Reich und italienischer Faschismus im Vergleich ihrer Herrschaftsstrukturen, Baden-Baden 1990.
(248) Richard Bessel (Hrsg.), Fascist Italy and Nazi Germany. Comparisons and contrasts, Cambridge 1996.
(249) Jerzy W. Borejsza, Schulen des Hasses. Faschistische Systeme in Europa, Frankfurt am Main 1999.
(250) Richard J. B. Bosworth, The Italian Dictatorship. Problems and perspectives in the interpretation of Mussolini and the Fascism, London u. a. 1998.
(251) Karl Dietrich Bracher/Leo Valiani (Hrsg.), Faschismus und Nationalsozialismus, Berlin 1991.
(252) Stefan Breuer, Faschismus in Italien und Deutschland: Gesichtspunkte zum Vergleich. In: Leviathan 11 (1983), S. 28–54.
(253) Alexander J. De Grand, Fascist Italy and Nazi Germany. The ‚Fascist' Style of Rule, London/New York 1995.
(254) Christof Dipper/Rainer Hudemann/Jens Petersen (Hrsg.), Faschismus und Faschismen im Vergleich. Wolfgang Schieder zum 60. Geburtstag, Köln 1998.
(255) MacGregor Knox, Common Destiny. Dictatorship, Foreign Policy, and War in Fascist Italy and Nazi Germany, Cambridge 2000.
(256) Brunello Mantelli, Faschismus, Geschichte Italiens, Selbstverständnis der Republik. Kritische Anmerkungen zur jüngsten Debatte über die Beziehung von Geschichte und Gegenwart. In: (254), S. 79–104.
(257) Claudio Natoli, Antifaschismus und Resistenza in der Geschichte des italienischen Einheitsstaats. In: Jens Petersen/Wolfgang Schieder (Hrsg), Faschismus und Gesellschaft in Italien. Staat, Wirtschaft, Kultur, Köln 1998, S. 307–327.
(258) Alexander Nützenadel, Der italienische Faschismus. Eine Bilanz der Forschung. In: Neue Politische Literatur 44 (1999), Heft 2, S. 311–324.
(259) Stanley G. Payne, Geschichte des Faschismus. Aufstieg und Fall einer europäischen Bewegung, München/Berlin 2001.
(260) Robert O. Paxton, Les fascismes, Essai d'histoire comparée. In: Vingtième Siècle 45 (1995), S. 3–13.
(261) Jens Petersen, Der Faschismus in Italien im Urteil der Historiker. In: (254), S. 39–58.
(262) Wolfgang Schieder (Hrsg.), Faschismus als soziale Bewegung. Deutschland und Italien im Vergleich, Göttingen 1983.

c) Der europäische Kommunismus

(263) Arnd Bauerkämper u. a. (Hrsg.), Gesellschaft ohne Eliten? Führungsgruppen in der DDR, Berlin 1997.
(264) Carl Beck u. a., Comparative Communist Political Leadership, New York 1973.
(265) François Furet, Die Vergangenheit einer Illusion. In: Mittelweg 36, Heft 3 (1996), S. 77–89.
(266) Gert-Joachim Glaeßner, Sozialistische Systeme. Einführung in die Kommunismus- und DDR-Forschung, Opladen 1982.
(267) Manfred Hildermeier, Geschichte der Sowjetunion 1917–1991. Entstehung und Niedergang des ersten sozialistischen Staates, München 1998.
(268) Jerzy Holzer, Der Kommunismus in Europa. Politische Bewegung und Herrschaftssystem, Frankfurt am Main 1998.
(269) Bernhard Marquardt, Die DDR auf dem Weg vom totalitären zum autoritären Staat? In: (153), S. 108–141.

(270) Michael Rohrwasser, Der Kommunismus. Verführung, Massenwirksamkeit, Entzauberung. In: (378), S. 121–142.
(271) Helmut Rothermel, Aufbau, Entwicklung und Verfall kommunistischer Parteiherrschaft in Polen und der DDR. Zur gesellschaftlichen Dynamik in post-totalitären sozialistischen Systemen, Pfaffenweiler 1997.
(272) Robert C. Tucker, Auf dem Weg zu einer politikwissenschaftlichen vergleichenden Beitrachtung der „Massenbewegungsregime". In: (178), S. 382–404 (orig.: Towards a Comparative Politics of Movement-Regimes. In: The American Political Science Review 55 (1961), S. 281–289).
(273) Hermann Weber, Zur Rolle des Terrors im Kommunismus. In: Jahrbuch für Historische Kommunismusforschung 1999, Berlin 1999, S. 39–62.
(274) Helga A. Welsh, Die kommunistischen Eliten als Gegenstand der Forschung. In: (263), S. 131–150.

d) Nationalsozialismus und Stalinismus
(275) Dietrich Beyrau, Schlachtfeld der Diktatoren. Osteuropa im Schatten von Hitler und Stalin, Göttingen 2000.
(276) Paul Dukes/John W. Hiden, Towards an historical comparison of Nazi Germany and Soviet Russia in the 1930s. In: New Zealand Slavonic Journal 1 (1979), S. 45–77.
(277) Sheila Fitzpatrick (Hrsg.), Stalinism. New Directions, London/New York 2000.
(278) Manfred Hildermeier, Interpretationen des Stalinismus. In: Historische Zeitschrift 264 (1997), S. 655–674.
(279) Ian Kershaw/Moshe Lewin (Hrsg.), Stalinism and Nazism. Dictatorships in Comparison, Cambridge 1997.
(280) Leonid Luks, Bolschewismus, Faschismus, Nationalsozialismus – verwandte Gegner? In: Geschichte und Gesellschaft 14 (1988), S. 96–115 (wiederabgedruckt in: (21), S. 370–386).
(281) Michael Mann, The contradictions of continuous revolution. In: (279), S. 135–157.
(282) Hans Mommsen, Nationalsozialismus und Stalinismus. Diktaturen im Vergleich. In: (90), S. 109–126 (wiederabgedruckt in: [21], S. 471–481).
(283) Stefan Plaggenborg (Hrsg.), Stalinismus. Neue Forschungen und Konzepte, Berlin 1998.
(284) Matthias Vetter (Hrsg.), Terroristische Diktaturen im 20. Jahrhundert. Strukturelemente der nationalsozialistischen und stalinistischen Herrschaft, Opladen 1996.
(285) Nicolas Werth, Comparer nazisme et stalinisme aujourd'hui. In: (148), S. 143–151.

e) NS-Regime und SED-Herrschaft
(286) Ludger Kühnhardt u. a. (Hrsg.), Die doppelte deutsche Diktaturerfahrung. Drittes Reich und DDR – ein historisch-politikwissenschaftlicher Vergleich, Frankfurt am Main ²1996.
(287) Detlef Schmiechen-Ackermann, NS-Regime und SED-Herrschaft – Chancen, Grenzen und Probleme des empirischen Diktaturenvergleichs. In: Geschichte in Wissenschaft und Unterricht 52 (2001), S. 644–659.
(288) Wolfgang Schuller, Deutscher Diktaturenvergleich. In: (289), S. 849–857.
(289) Heiner Timmermann (Hrsg.), Die DDR – Analysen eines aufgegebenen Staates, Berlin 2001.
(290) Hermann Weber, Die DDR 1945–1990, München ³2000.

3. Diktatoren und Herrschaftsapparate

a) Hitler, Stalin und Mussolini
(291) Hans Buchheim, Befehl und Gehorsam. In: Ders. u. a., Anatomie des SS-Staates, München 1967, S. 213–318.
(292) Alan Bullock, Hitler und Stalin. Parallele Leben, Berlin 1991.
(293) Benno Ennker, Führerdiktatur – Sozialdynamik und Ideologie. Stalinistische Herrschaft in vergleichender Perspektive. In: (284), S. 85–117.
(294) Roland Mushat Frye, Hitler, Stalin, and Shakespeare's Macbeth. Modern Totalitarianism and Ancient Tyranny. In: Proceedings of the American Philosophical Society 142 (1998), S. 81–109.
(295) Emilio Gentile, Partei, Staat und Duce in der Mythologie und der Organisation des Faschismus. In: (251), S. 195–216.
(296) Ian Kershaw, Hitler 1889–1936, Stuttgart 1998.
(297) Ian Kershaw, Hitler 1936–1945, Stuttgart 2000.
(298) Christoph Kivelitz, Die Propagandaausstellung in europäischen Diktaturen. Konfrontation und Vergleich: Nationalsozialismus in Deutschland, Faschismus in Italien und die UdSSR der Stalinzeit, Bochum 1999.
(299) Kunst und Macht im Europa der Diktatoren 1930 bis 1945. Katalog zur XXIII. Kunstausstellung des Europarates, zusammengestellt von Dawn Ades u. a., London 1996.
(300) Walter Laqueur, Postfascism, Postcommunism. In: Partisan Review 62 (1995), Heft 3, S. 383–396.
(301) Martin Loiperdinger/Rudolf Herz/Ulrich Pohlmann (Hrsg.), Führerbilder. Hitler, Mussolini, Roosevelt, Stalin in Fotografie und Film, München/Zürich 1995.

(302) Anton Neumayr, Diktatoren im Spiegel der Medizin. Napoleon, Hitler, Stalin, Wien 1995.
(303) Paolo Pombeni, Die besondere Form der Partei vom Faschismus und Nationalsozialismus. In: (251), S. 161–194.
(304) Gert Schäfer, Lenin und Stalin als Diktatoren. In: (234), S. 47–57.
(305) Sergej Slutsch, Auschwitz und Archipel Gulag – Zur Struktur zweier Terrorsysteme. In: Leonid Luks/Donald O'Sullivan (Hrsg.), Rußland und Deutschland im 19. und 20. Jahrhundert. Zwei „Sonderwege" im Vergleich, Köln u. a. 2001, S. 137–161.
(306) Hans-Ulrich Thamer, Die Repräsentation der Diktatur. Geschichts- und Propagandaausstellungen im nationalsozialistischen Deutschland und im faschistischen Italien. In: (254), S. 229–246.

b) Die Staatsparteien

(307) Peter Diehl-Thiele, Partei und Staat im Dritten Reich. Untersuchungen zum Verhältnis von NSDAP und allgemeiner innerer Staatsverwaltung 1933–1945, München 1969.
(308) Emilio Gentile, The Problem of the Party in Italian Fascism. In: Journal of Contemporary History 19 (1984), S, 251–274.
(309) Ulrich von Hehl, Nationalsozialistische Herrschaft, München ^{2}2001.
(310) Harold D. Laswell/Daniel Lerner (Hrsg.), World Revolutionary Elites. Studies in Coercive Ideological Movements, Cambridge 1965.
(311) Richard Löwenthal, Widerstand im totalen Staat. In: ders./Patrick von zur Mühlen (Hrsg.), Widerstand und Verweigerung in Deutschland 1933 bis 1945, Berlin/Bonn 1984, S. 11–24.
(312) Hans Mommsen, Die NSDAP: Typus und Profil einer faschistischen Partei. In: (254), S. 23–35.
(313) Hans Mommsen, Hitlers Stellung im nationalsozialistischen Herrschaftssystem. In: ders., Der Nationalsozialismus und die deutsche Gesellschaft. Ausgewählte Aufsätze, Reinbek 1991, S. 67–101.
(314) Christine Müller, Die Binnenstruktur von NSDAP und SED auf lokaler Ebene im Vergleich (1933–1945/1946–1970). In: Geschichte in Wissenschaft und Unterricht 52 (2001), S. 671–683.
(315) Wolfgang Schieder, Die NSDAP vor 1933. Profil einer faschistischen Partei. In: Geschichte und Gesellschaft 19 (1993), S. 141–154.
(316) Detlef Schmiechen-Ackermann, Der „Blockwart". Die unteren Parteifunktionäre im nationalsozialistischen Terror- und Überwachungsapparat. In: Vierteljahrhefte für Zeitgeschichte 48 (2000), S. 575–602.
(317) Hans-Ulrich Thamer, Verführung und Gewalt. Deutschland 1933–1945, Berlin 1986.
(318) Aryeh L. Unger, The Totalitarian Party. Party and People in Nazi Germany and Soviet Russia, Cambridge 1974.
(319) Nicolas Werth, Staline et son système dans les années 1930. In: (241), S. 45–78.

c) Die Bedeutung der Massenorganisationen

(320) Daniela Giovanna Liebscher, Organisierte Freizeit als Sozialpolitik. Das faschistische Werk Nazionale Dopolavoro und die NS-Gemeinschaft Kraft durch Freude 1925–1939. In: Jens Petersen/Wolfgang Schieder (Hrsg.), Faschismus und Gesellschaft in Italien. Staat, Wirtschaft, Kultur, Köln 1998, S. 67–90.
(321) Friederike Niederdalhoff, „Im Sinne des Systems einsatzbereit ..." Mädchenarbeit im ‚Bund Deutscher Mädel' (BDM) und in der ‚Freien Deutschen Jugend' (FDJ) – Ein Vergleich, Münster 1997.
(322) Sebastian Simsch, Aufgeschlossenheit und Indifferenz. Deutsche Arbeiterinnen und Arbeiter, Deutsche Arbeitsfront und Freier Deutscher Gewerkschaftsbund 1919–1962. In: (337), S. 751–786.

4. Totalitärer Herrschaftsanspruch und Grenzen der Diktatur

(323) Lothar Baar/Dietmar Petzina (Hrsg.), Deutsch-deutsche Wirtschaft 1945 bis 1990. Strukturveränderungen, Innovationen und regionaler Wandel. Ein Vergleich, St. Katharinen 1999.
(324) Peter Büchner/Heinz-Hermann Krüger (Hrsg.), Aufwachsen hüben und drüben. Deutsch-deutsche Kindheit und Jugend vor und nach der Vereinigung, Opladen 1991.
(325) Sheila Fitzpatrick, Everyday Stalinism. Ordinary Life in Extraordinary Times: Soviet Russia in the 1930s, New York/Oxford 1999.
(326) Thomas Großbölting, Diktatur und Gesellschaft: Bürgertum, Bürgerlichkeit und Entbürgerlichung in der NS- und der SED-Diktatur. In: Geschichte in Wissenschaft und Unterricht 52 (2001) S. 660–670.
(327) Gisela Helwig/Hildegard Maria Nickel (Hrsg.), Frauen in Deutschland 1945–1992, Bonn 1993.
(328) Hans Günter Hockerts (Hrsg.), Drei Wege deutscher Sozialstaatlichkeit. NS-Diktatur, Bundesrepublik und DDR im Vergleich, München 1998.
(329) Heinz Hürten, Totalitäre Herrschaft und ihre Grenzen. In: Zeitschrift für Politik 47 (2000), S. 117–130.
(330) Thomas Lindenberger (Hrsg.), Herrschaft und Eigensinn in der Diktatur. Studien zur Gesellschaftsgeschichte der DDR, Köln u. a. 1999.

(331) Richard Löwenthal, Die totalitäre Diktatur. In: Gegenwartskunde 15 (1966), S. 199–208.
(332) Inge Marßolek/Adelheid von Saldern (Hrsg.), Zuhören und Gehörtwerden, Tübingen 1998, 2 Bde.
(333) Willi Oberkrome, Heimatschutz und Naturschutz in Lippe und Thüringen 1930–1960. Strukturen und Entwicklungen. In: Matthias Frese/Michael Prinz (Hrsg.), Politische Zäsuren und gesellschaftlicher Wandel im 20. Jahrhundert. Regionale und vergleichende Perspektiven, Paderborn 1996, S. 419–438.
(334) Thomas Schaarschmidt, Vom völkischen Mythos zum „sozialistischen Patriotismus" – Sächsische Regionalkultur im Dritten Reich und in der SBZ/DDR. In: (79), S. 235–257.
(335) Oliver Werner, Ein Betrieb in zwei Diktaturen: Die Bleichert Transportanlagen GmbH/VEB VTA Leipzig im Dritten Reich und in der SBZ/DDR. In: (79), S. 303–320.

a) „Hinnehmen" und „Mitmachen"
(336) Wolfgang Engler, Die Ostdeutschen. Kunde von einem verlorenen Land, Berlin 2000.
(337) Peter Hübner/Klaus Tenfelde (Hrsg.), Arbeiter in der SBZ-DDR, Essen 1999.
(338) Alf Lüdtke (Hrsg.), Herrschaft als soziale Praxis. Historische und sozial-anthropologische Studien, Göttingen 1991.
(339) Alf Lüdtke, Die Praxis von Herrschaft: Zur Analyse von Hinnehmen und Mitmachen im deutschern Faschismus. In: Brigitte Berlekamp/Werner Röhr (Hrsg.), Terror, Herrschaft und Alltag im Nationalsozialismus. Probleme einer Sozialgeschichte des deutschen Faschismus, Münster 1995, S. 226–245.
(340) Alf Lüdtke, „Helden der Arbeit" – Mühen beim Arbeiten. Zur missmutigen Loyalität von Industriearbeitern in der DDR. In: Hartmut Kaelble/Jürgen Kocka/Hartmut Zwahr (Hrsg.), Sozialgeschichte der DDR, Stuttgart 1994, S. 188–213.
(341) Alf Lüdtke, Wo blieb die „rote Glut"? Arbeitererfahrungen und deutscher Faschismus. In: ders., Eigen-Sinn. Fabrikalltag, Arbeitererfahrungen und Politik vom Kaiserreich bis in den Faschismus, Hamburg 1993, S. 221–282.
(342) Michael Schneider, Unterm Hakenkreuz. Arbeiter und Arbeiterbewegung 1933 bis 1939, Bonn 1999.

b) Literatur, intellektuelles Leben und Sprache
(343) Jan-Pieter Barbian, Die vollendete Ohnmacht? Das Verhältnis der Schriftsteller zu den staatlichen und parteiamtlichen ‚Schrifttumsstellen' im ‚Dritten Reich'. In: Internationales Archiv für Sozialgeschichte der deutschen Literatur 20 (1995), S. 137–160.
(344) Dietrich Beyrau, Bildungsschichten unter totalitären Bedingungen. Überlegungen zu einem Vergleich zwischen NS-Deutschland und der Sowjetunion unter Stalin. In: Archiv für Sozialgeschichte 34 (1994), S. 35–54.
(345) Dietrich Beyrau (Hrsg.), Im Dschungel der Macht. Intellektuelle Professionen unter Stalin und Hitler, Göttingen 2000.
(346) Helmuth Kiesel/Jan Peter Grevel, Die modernen Gewaltregime und die Literatur. In: (160), S. 211–232.
(347) Uwe Klawitter, The Theme of Totalitarianism in ‚English' Fiction. Koestler, Orwell, Vonnegut, Kosinski, Burgess, Atwood, Amis, Frankfurt am Main u. a. 1997.
(348) Arthur Koestler u. a., Ein Gott der keiner war. Arthur Koestler, André Gide, Ignazio Silone, Louis Fischer, Richard Wright, Stephen Spender schildern ihren Weg zum Kommunismus und ihre Abkehr, Konstanz u. a. 1950.
(349) Edwin Kratschmer (Hrsg.), Literatur + Diktatur. Internationales Autorencolloquium Kunst + Freiheit, Literatur + Diktatur, 14.–16. November 1997 an der Friedrich-Schiller-Universität Jena, Jena 1997.
(350) Dieter Nelles, Jan Valtins „Tagebuch der Hölle" – Legende und Wirklichkeit eines Schlüsselromans der Totalitarismustheorie. In: 1999, Heft1/1994, S. 11–45.
(351) Andrei Pleşu, Intellektuelles Leben im Zeichen der Diktatur. In: Merkur. Deutsche Zeitschrift für europäisches Denken 50 (1996), S. 204–215.
(352) Michael Rohrwasser, Der Stalinismus und die Renegaten. Die Literatur der Exkommunisten, Stuttgart 1991.
(353) Günther Rüther (Hrsg.), Literatur in der Diktatur. Schreiben im Nationalsozialismus und DDR-Sozialismus, Paderborn 1997.
(354) Klaus Steinke (Hrsg.), Die Sprache der Diktaturen und Diktatoren, Heidelberg 1995.
(355) Joachim Walther, Sicherungsbereich Literatur. Schriftsteller und Staatssicherheit in der Deutschen Demokratischen Republik, Berlin 1996.

c) Frauen und Frauenpolitik
(356) Mildred Adams, Women under Dictatorships. In: (75); S. 272–292.
(357) Gabriele Czarnowski, ‚The value of marriage for the *Volksgemeinschaft*': policies towards women and marriage under National Socialism. In: (248), S. 94–112.
(358) Victoria de Grazia, How Fascism Ruled Women. Italy, 1922–1945, Berkeley u. a. 1992.
(359) Martin Durham, Women and Fascism, London/New York 1998.
(360) Elizabeth D. Heinemann, What Difference Does a Husband Make? Women and Martial Sta-

tus in Nazi and Postwar Germany, Berkeley u.a. 1999.
(361) Kirsten Heinsohn/Barbara Vogel/Ulrike Weckel (Hrsg.), Zwischen Karriere und Verfolgung. Handlungsräume von Frauen im nationalsozialistischen Deutschland, Frankfurt am Main/New York 1997.
(362) Christop Kleßmann, Opposition und Widerstand in zwei Diktaturen in Deutschland. In: Historische Zeitschrift 262 (1996), S. 453–479.
(363) Birthe Kundrus, Frauen und Nationalsozialismus. Überlegungen zum Stand der Forschung. In: Archiv für Sozialgeschichte 36 (1996), S. 481–499.
(364) Maria Sophie Quine, Population Politics in Twentieth-Century Europe Fascist dictatorships and liberal democracies, London/New York 1996.
(365) Robert Maier, Von Pilotinnen, Melkerinnen und Heldenmüttern. Frau und Familie unter Stalin – Vergleichsebenen zum Nationalsozialismus. In: (284), S. 64–84.
(366) Günther Schulz, Soziale Sicherung von Frauen und Familien. In: (328), S. 117–150.
(367) Elizabeth H. Tobin/Jennifer Gibson, The Meanings of Labor. East German Women's Work in the Transition from nazism to Communism. In: Central European History 28 (1998), S. 299–342.
(368) Dorothee Wierling, Die Töchter der Weimarer Republik in der SBZ/DDR. Weibliche Jugend zwischen Aufbau und Aufstieg. In: Comparativ 3 (1993), Heft 5, S. 100–108.
(369) Perry R. Wilson, Women in Fascist Italy. In: (248), S. 78–93.

5. Terror und Verfolgung

(370) Zygmunt Baumann, Dialektik der Ordnung. Die Moderne und der Holocaust, Hamburg 1992.
(371) Friedhelm Boll (Hrsg.), Verfolgung und Lebensgeschichte. Diktaturerfahrungen unter nationalsozialistischer und stalinistischer Herrschaft in Deutschland, Berlin 1997.
(372) Friedhelm Boll/Anette Kaminsky (Hrsg.), Gedenkstättenarbeit und Oral History. Lebensgeschichtliche Beiträge zur Verfolgung in zwei Diktaturen, Berlin 1999.
(373) Philippe Burrin, Totalitäre Gewalt als historische Möglichkeit. In: (378); S. 183–201.
(374) Frank Chalk/Kurt Jonassohn, The History and Sociology of Genocide. Analyses and Case Studies, New Haven 1990.
(375) Dan Diner, Massenverbrechen im 20. Jahrhundert: über Nationalsozialismus und Stalinismus. In: Rolf Steininger (Hrsg.), Der Umgang mit dem Holocaust. Europa – USA – Israel, Köln u.a. ^{2}1994, S. 468–481.
(376) Bernd Faulenbach, Die Verfolgungssysteme des Nationalsozialismus und des Stalinismus. Zur Frage ihrer Vergleichbarkeit. In: Arnd Bauerkämper/Martin Sabrow/Bernd Stöver (Hrsg.), Doppelte Zeitgeschichte. Deutsch-deutsche Beziehungen 1945–1990, Bonn 1998, S. 268–281.
(377) Alain Finkielkraut, Verlust der Menschlichkeit. Versuch über das 20. Jahrhundert, Stuttgart 1998.
(378) Hans Maier (Hrsg.), Wege in die Gewalt. Die modernen politischen Religionen, Frankfurt am Main 2000.
(379) Samuel Totten/William S. Parsons/Israel W. Charny (Hrsg.), Genocide in the Twentieth Century. Critical Essays and Eyewitness Accounts, New York/London 1995.
(380) Jürgen Weber/Michael Piazolo (Hrsg.), Justiz im Zwielicht. Ihre Rolle in Diktaturen und die Antwort des Rechtsstaates, München 1998.

a) Massenverbrechen im 20. Jahrhundert

(381) Gerhard Armanski, Das Lager (KZ und GULag) als Stigma der Moderne, in: (284), S. 157–171.
(382) Gerhard Armanski, Maschinen des Terrors. Das Lager (KZ und GULAG) in der Moderne, Münster 1993.
(383) Johannes Baur, „Großer Terror" und „Säuberungen" im Stalinismus. Eine Forschungsübersicht. In: Zeitschrift für Geschichtswissenschaft 45 (1997), S. 331–348.
(384) Wolfgang Benz, Der Holocaust, München 1999.
(385) Stéphane Courtois u.a., Das Schwarzbuch des Kommunismus. Unterdrückung, Verbrechen und Terror, München/Zürich ^{4}1998.
(386) Dittmar Dahlmann/Gerhard Hirschfeld (Hrsg.), Lager, Zwangsarbeit, Vertreibung und Deportation. Dimensionen der Massenverbrechen in der Sowjetunion und in Deutschland 1933 bis 1945, Essen 1999.
(387) Ernst Fraenkel, Der Doppelstaat. Recht und Justiz im „Dritten Reich", Frankfurt am Main 1974.
(388) Andrzej J. Kamiński, Konzentrationslager 1896 bis heute. Eine Analyse, Stuttgart u.a. 1982.
(389) Gerd Koenen, Bolschewismus und Nationalsozialismus. Geschichtsbild und Gesellschaftsentwurf. In: (284), S. 172–207.
(390) Jens Mecklenburg/Wolfgang Wippermann (Hrsg.), „Roter Holocaust"? Kritik des Schwarzbuchs des Kommunismus, Hamburg 1998.
(391) Horst Möller (Hrsg.), Der rote Holocaust und die Deutschen. Die Debatte um das „Schwarzbuch des Kommunismus", München/Zürich 1999.
(392) Ernst Nolte, „Gulag" und „Auschwitz": Unvergleichbarkeit – Parallele – kausaler Nexus? In: (246), S. 163–185.

(393) Detlev Peukert, Volksgenossen und Gemeinschaftsfremde. Anpassung, Ausmerze und Aufbegehren unter dem Nationalsozialismus, Köln 1982.
(394) Ralf Stettner, „Archipel GULag": Stalins Zwangslager. Terrorinstrument und Wirtschaftsgigant. Entstehung, Organisation und Funktion des sowjetischen Lagersystems 1928–1956, Paderborn u. a. 1996.
(395) Achim Siegel, Die Dynamik des Terrors im Stalinismus. Ein strukturtheoretischer Erklärungsversuch, Pfaffenweiler 1992.
(396) Daniel Suter, Rechtsauflösung durch Angst und Schrecken. Zur Dynamik des Terrors im totalitären System, Berlin 1983.
(397) Aleksandr Vatlin, Die Erfindung des „Bundes polnischer Patrioten" (1937–1938). Aus den Archiven des NKVD. In: Forum für osteuropäische Ideen- und Zeitgeschichte 2 (1998), S. 117–139.
(398) Hermann Weber/Ulrich Mählert (Hrsg.), Terror. Stalinistische Parteisäuberungen 1936–1953, Paderborn 1998.
(399) Eric D. Weitz, Race, Nation, Class. Das „Schwarzbuch des Kommunismus" und das Problem des Vergleichs zwischen nationalsozialistischen und sowjetischen Verbrechen. In: Werkstatt Geschichte 22 (1999), S. 75–91.
(400) Stephen G. Wheatcroft, Ausmaß und Wesen der deutschen und sowjetischen Repressionen und Massentötungen 1930 bis 1945. In: (386), S. 67–109.
(401) Jürgen Zarusky, Die stalinistische und die nationalsozialistische „Justiz". Eine Problemskizze in diktaturvergleichender Perspektive. In: Leonid Luks/Donald O´Sullivan (Hrsg.), Rußland und Deutschland im 19. und 20. Jahrhundert. Zwei „Sonderwege" im Vergleich, Köln u. a. 2001, S. 163–191.

b) Antisemitismus und Judenverfolgung

(402) Enzo Collotti, Die Historiker und die Rassengesetze in Italien. In: (254); S. 59–78.
(403) Meir Michaelis, Fascism, Totalitarianism and the Holocaust: Reflections on Current Interpretations of National Socialist Anti-Semitism. In: European History Quarterly 19 (1989), S. 85–103.
(404) Volker Sellin, Judenemanzipation und Antisemitismus in Italien im 19. Jahrhundert. In: (254), S. 107–124.
(405) Jonathan Steinberg, Deutsche, Italiener und Juden. Der italienische Widerstand gegen den Holocaust, Göttingen [2]1997.

c) Geheimpolizei und Denunziationen

(406) Ernest K. Bramstedt, Dictatorship and Political Police. The Technique of Control by Fear, New York 1945.
(407) Gisela Diewald-Kerkmann, Politische Denunziation im NS-Regime oder die kleine Macht der „Volksgenossen", Bonn 1995.
(408) Bernward Dörner, „Heimtücke". Das Gesetz als Waffe. Kontrolle, Abschreckung und Verfolgung in Deutschland, Paderborn u. a. 1998.
(409) Bernd Florath/Armin Mitter/Stefan Wolle (Hrsg.), Die Ohnmacht der Allmächtigen. Geheimdienste und politische Polizei in der modernen Gesellschaft, Berlin 1992.
(410) Robert Gellately, Die Gestapo und die deutsche Gesellschaft. Die Durchsetzung der Rassenpolitik 1933–1945, Paderborn u. a. 1993.
(411) Robert Gellately, Backing Hitler. Consent and coercion in Nazi Germany, Oxford/New York 2001.
(412) Robert Gellately, Denunciations in Twentieth-Century Germany: Aspects of Self-Policing in the Third Reich and the German Democratic Republic. In: (86), S. 185–221.
(413) Günter Jerouschek/Inge Marßolek/Hedwig Röckelein (Hrsg.), Denunziation. Historische, juristische und psychologische Aspekte, Tübingen 1997.
(414) Eric Johnson, Terror. The Gestapo, Jews and Ordinary Germans, New York 1999.
(415) Gerhard Paul/Klaus-Michael Mallmann (Hrsg.), Die Gestapo. Mythos und Realität, Darmstadt 1995.
(416) Karol Sauerland, Dreißig Silberlinge. Denunziation: Gegenwart und Geschichte, Berlin 2000.
(417) Clemens Vollnhals, Geheimpolizei und politische Justiz im Nationalsozialismus und im SED-Staat. In: (133), S. 39–59.

6. Opposition und Widerstand

a) Der europäische Widerstand gegen den Faschismus

(418) Wolfgang Altgeld/Harm-Hinrich Brandt/Michael Kißener (Hrsg.), Widerstand in Europa. Zeitgeschichtliche Erinnerungen und Studien, Konstanz 1995.
(419) Bob Moore (Hrsg.), Resistance in Western Europe, Oxford 2000.
(420) Ger van Roon, Europäischer Widerstand im Vergleich. Die Internationalen Konferenzen von Amsterdam, Berlin 1985.
(421) Peter Steinbach, Widerstand: Ein Problem zwischen Recht und Geschichte. In: ders., Widerstand im Widerstreit. Der Widerstand gegen den Nationalsozialismus in der Erinnerung der Deutschen. Ausgewählte Studien, Paderborn u. a. 1994, S. 21–38.
(422) Peter Steinbach, Widerstand im Europa der Diktaturen. Überlegungen zu einem Forschungs-

problem. In: Kirchliche Zeitgeschichte 9 (1996), S. 9–27.
(423) James D. Wilkinson, The Intellectual Resistance in Europe, Cambridge, Mass./London 1981.

b) Widerstand und Opposition im NS-Staat und in der DDR

(424) Wolfgang Benz/Walter H. Pehle (Hrsg.), Lexikon des deutschen Widerstandes, Frankfurt am Main 1994.
(425) Rainer Eckert, Die Vergleichbarkeit des Unvergleichbaren. Die Widerstandsforschung über die NS-Zeit als methodisches Beispiel. In: (432), S. 68–84.
(426) Rainer Eckert, Vorläufer der parlamentarischen Demokratie? Widerstand und Opposition im Dritten Reich und in der DDR. In: (79), S. 155–168.
(427) Klaus-Dietmar Henke/Peter Steinbach/Johannes Tuchel (Hrsg.), Widerstand und Opposition in der DDR, Köln u. a. 1999.
(428) Hartmut Mehringer, Widerstand und Emigration. Das NS-Regime und seine Gegner, München 1997.
(429) Horst Möller/Andreas Wirsching/Walter Ziegler (Hrsg.), Nationalsozialismus in der Region. Beiträge zur regionalen und lokalen Forschung und zum internationalen Vergleich, München 1996.
(430) Klaus-Dieter Müller, Handlungsbedingungen von Systemgegnern. Widerstand in den totalitären Diktaturen des 20. Jahrhunderts. In: (79), S. 121–154.
(431) Erhart Neubert, Widerständigkeit im NS-Staat und im SED-Staat. In: Kirchliche Zeitgeschichte 9 (1996), S. 43–69.
(432) Ulrike Poppe/Rainer Eckert/Ilko-Sascha Kowalczuk (Hrsg.), Zwischen Selbstbehauptung und Anpassung. Formen des Widerstandes und der Opposition in der DDR, Berlin 1995.
(433) Michael Ruck, Bibliographie zum Nationalsozialismus, Darmstadt ^{2}2000.
(434) Detlef Schmiechen-Ackermann (Hrsg.), Anpassung, Verweigerung, Widerstand. Soziale Milieus, Politische Kultur und der Widerstand gegen den Nationalsozialismus in Deutschland im regionalen Vergleich, Berlin 1997.
(435) Peter Steinbach/Johannes Tuchel (Hrsg.), Lexikon des Widerstandes 1933–1945, München 1994.
(436) Peter Steinbach/Johannes Tuchel (Hrsg.), Widerstand gegen den Nationalsozialismus, Bonn 1994.

c) Kirchen unter den beiden deutschen Diktaturen

(437) Gerhard Besier, Bekennende Kirche und Bürgerrechtsbewegung. Resistenz vor dem Hintergrund großkirchlicher Bestandserhaltung, politischer Theologien und totalitärer Ideologien im NS- und SED-Staat. In: Kirchliche Zeitgeschichte 9 (1996), S. 70–89.
(438) Stefanie Virginia Gerlach, Staat und Kirche in der DDR. War die DDR ein totalitäres System?, Frankfurt am Main u. a. 1999.
(439) Martin Georg Goerner, Die Kirche als Problem der SED. Strukturen kommunistischer Herrschaftsausübung gegenüber der evangelischen Kirche 1945 bis 1958, Berlin 1997.
(440) Günther Heydemann/Lothar Kettenacker (Hrsg.), Kirchen in der Diktatur. Drittes Reich und SED-Staat, Göttingen 1993.
(441) Hans-Jürgen Karp/Joachim Köhler (Hrsg.), Katholische Kirche unter nationalsozialistischer und kommunistischer Diktatur. Deutschland und Polen 1939–1989, Köln u. a. 2001.
(442) Claudia Lepp u. a. (Hrsg.), Evangelische Kirche im geteilten Deutschland 1945–1989/90, Göttingen 2001.
(443) Hans Maier, Die totalitäre Herausforderung und die Kirchen. In: Historisches Jahrbuch 112 (1992), S. 383–411.
(444) Cornelia Rauh-Kühne, Anpassung und Widerstand? Kritische Bemerkungen zur Erforschung des katholischen Milieus. In: (434), S. 145–163.
(445) Bernd Schäfer, Staat und katholische Kirche in der DDR, Köln 1999, 2. Aufl.
(446) Detlef Schmiechen-Ackermann, Kooperation und Abgrenzung. Bürgerliche Gruppen, evangelische Kirchengemeinden und katholisches Sozialmilieu in der Auseinandersetzung mit dem Nationalsozialismus in Hannover, Hannover 1999.
(447) Wolfgang Tischner, Katholische Kirche in der SBZ/DDR 1945–1951. Die Formierung einer Subgesellschaft im entstehenden sozialistischen Staat, Paderborn u. a. 2001.
(448) Georg Wilhelm, Zweierlei Obrigkeit – Die Haltung der Leipziger Pfarrerschaft nach 1933 und 1945. In: (79), S. 283–301.

Personen- und Sachregister

Erschlossen werden nur ausgewählte Sachbegriffe und Personen sowie die im Text genannten Verfasser. Ständig auftauchende Begriffe – wie „(liberale) Demokratie", „Liberalismus", „Herrschaft", „Ideologie", „(moderne) Diktatur", „(diktatorische) Regime", „Totalitarismus/totalitär", „Politische Religion", „Faschismus(forschung)", „Kommunismus"(forschung) usw. – werden nicht nachgewiesen. Dies gilt auch für die vier zentralen Fallbeispiele („italienischer Faschismus", „Sowjetunion" bzw. „Stalinismus", „NS-Staat" bzw. „Drittes Reich" und „SED-Herrschaft"), deren schwerpunktmäßige Behandlung durch das Inhaltsverzeichnis zu erschließen ist, sowie für Länder, Orte und Organisationen. Schließlich musste aus Platzgründen auch auf Verweise zu methodologischen Fachbegriffen („Komparatistik", „Diktaturenvergleich", „Zivilisationsvergleich", „integraler/sektoraler Vergleich", „Generalisierung", „Kontrastierung", „diachron", „synchron", „Kompatibilität" usw.) verzichtet werden.